U0493990

九
色
鹿

僧侣·士人·土官

明朝统治下的西南人群与历史

连瑞枝 著

社会科学文献出版社
SOCIAL SCIENCES ACADEMIC PRESS (CHINA)

版權所有 @ 連瑞枝
本書版權經由聯經出版事業公司授權
社會科學文獻出版社簡體中文版
委任安伯文化事業有限公司代理授權
非經書面同意，不得以任何形式任意重制、轉載

自序　扉页上的历史现场

　　从边疆的角度重写历史，犹如在荒芜中找寻路径，大概是那些隐藏在幽微处的故事，鼓舞我完成这一书写计划。考究这些故事时，总得冒着各式各样的风险，尤其当我们宣称要从统治者的手中拯救历史时，如何用新的叙事架构来描写芸芸众生的历史，就成为一项新的挑战。

　　或许，我先从一位山乡夷酋自久的故事谈起。历史上有许多被轻描淡写、一笔带过，却在地方扮演关键角色的人物。我在明初土官墓志铭中偶然发现自久与邻近土官联姻，他似乎不仅是山乡部酋，还被封赐锦衣卫指挥的头衔。后来，为追踪大理山乡盐井治理所引发的山乡动乱，我发现自久曾因夺取盐官之印，打劫官兵，逃到大理和姚安之间的山区，隐匿十余年。这样的人物不可能仅是一位夷贼。在书缝间找寻山乡流窜的人物时，也逐渐发现更多的自久身影，山里有地名称自久寨，族谱有自久后裔！翻遍志书，幸好某位官员在百无聊赖的乡野生活中，编写了一部符合体例的志书，扉页上夹带着边陲山乡的自久被擒捕后赴京和皇帝的一段关键对话。他向我娓娓道来，其抗明是因为山乡秩序已崩坏。字里行间的弦外之音是隐藏在史册扉页里的历史现场。

正史也记录相关的侧面叙事。当我们要从地方角度重写历史时，必须留意官方对事件的看法与地方究竟有多大的距离。官方文献是引证自久的权威证据吗？没被记录的又会是什么？自久并非重要土官，也不是英雄，又没有造成惊动天下的重大叛乱，他是一名窜逃山乡的部酋！历史学的工作应是把这些看起来相互矛盾、混杂的信息，放回地方既有的政治与社会语境下，重新赋予其适当的解释。在这个过程中，地方行动者的历史，不仅是视角的选择，也是解构与建构同时进行的方法论问题。

书中另一个不起眼的事件，是云南副使姜龙前往山乡招抚夷民，这也涉及重构地方情境。自久之后，山乡动乱不断，官方文献习惯性地以特定的目光描写动乱或歌颂政绩，无意间留下不少线索，包括事发地点与时间、空间分布，群聚的规模，人群分类，掠夺路线，城市灾难，官方动员及因应措施等。经由考证排比后，我才理解史册中的土官，有时也是夷贼或盗匪，文字的断裂性虽有叙事碎片化的危险，却也直指山乡人群具有难以捉摸的灵活性与机动性。这类官方说法充其量只是帮助我们厘清官府采用什么样制度化的方式来划分人群，并标志以夷属。有些制度在推动时甚至没有经过通盘的考虑，被各种不同地方情境糅合成另一种社会面貌，使其在时间上呈现一层一层由历史偶然性条件组织成的后果，在空间上呈现犹如马赛克般的文化拼图。这不仅考验我们对国家末端基层制度的认识，也挑战着我们头脑里既有的正统叙事架构，以及对于松散又机动之社群组织在不同时空脉络下的基本想象。更深沉的问题是：我们更关心的是官兵动员还是山乡夷民的行动？是国家的制度，抑或社会实相？书中虽然没有回答白人、倮倮、爨人、么些、傈僳等单一民族形成的问题，但在国家视之为动乱的框架下，我们看到的是人群如何被动员及自我重组，如何学习以各种机动的方式维持社群分类的界线，进而重新认识到族群是参与区域历史，同时用以回避或抵制国家直接治理的政治策略。这种动态性使我们清晰地认知到单一民族框架无法解决族群形成的历史问题。

流寓士人杨慎（1488~1559）为姜龙撰写的《去思碑》，记录其抚乱之功业。姜龙或许是一位明理的官员，他亲自前往山乡和夷酋谈判，与夷酋的对话也被记录下来：夷民提及他们进城便被视为盗贼，无法获得城邑之粮食，处处遭到排斥，山乡也遭到围堵，所以才有下山打劫之举。山乡生活不只是静态的亲属与小规模的交换经济，更是一套具有延展性的政治体系，他们遭到的歧视与生计问题，正说明新政治对传统体制造成的矛盾与冲突。《去思碑》原是歌颂姜龙劝导夷酋有功，但某夷酋日益贫困，妻怨怼之，其为守诺而自尽，反而像是一个具有道德教化意味的悲剧故事。杨慎记录这段故事，或许别有用心。有意思的是，《明史》以几近标准化的眼光描写姜龙，赞之以"番汉大治"，说明了统治者形塑过的历史叙事与地方经验相去甚远。

我并非一开始就打算研究山乡社会。坝子里的贵胄世族前往南京，留下许多历史文献，使得有文字和没有文字的世界形成强烈的反差，也成为两种不同类型的社会。这批转型士人的地方精英和他们所留下的文献，成为我们认识西南历史的另一种眼光。他们经历一段不寻常的历史，先是一批一批贵族、僧人与部酋领袖前往南京，随之又有土官及其部民前往北京，成为官员与夷民的中间人群。继之其后的大理士人，如杨士云、杨南金和李元阳等，却以极其隐晦的方式回避过去王国的历史。外来官员们热烈地期待大理士族是移民西南的古汉人，以便于他们在较大的知识系谱中拉拢其与边境精英的关系。这些随着政治局势摆荡所留下的文字，不时影响我们对地方历史的"正确／客观"评估。于是，我逐渐将区域内不同人群的历史研究，扩大到不同身份阶层"如何记忆历史"等层面。这涉及历史的双面性，也就是真实的过去以及其被记忆的方式，前者涉及许多细节的考证，后者涉及政治权力与书写技术的支配性。尤其，白人精英识字能文，娴熟各种知识与治理技术，留下各式文字以及传说文本，使村民得以灵活地维持多重的集体记忆，包括乡野传诵之南诏、大理国的故事。考证虽似科学方式，但乡民的历史创造，重点不在真伪，而在"何以致之"，其朴素史法与前卫史识呈现灵活的社会面相！如果将这些看似零碎与矛盾的叙事加以模拟，我们反而可以看到一幅各自表述、各自想象的历史心志，以及彼此影响与交错的动态过程。换句话说，本书无法以"客观历史"为写作的目的。与乡民比较，他们的历史写作显得更大方、更自由、更前卫，而且在细节上创意十足。有时，他们甚至更为精准。

近年来，历史学与人类学界正追踪一些热门的议题，如詹姆斯·斯科特（James Scott）以逃离国家治理的 Zomia 概念来讨论东南亚高地社会。我在大理山乡腹地进行长期的考察，不论在议题还是地缘脉络上都无法忽略其颇具启发性的宏观论点。此学理发想，不时地使我产生既兴奋、又回避的疏离感。16 世纪之大理四周山乡，是结亲、开采资源、山林负贩、盐井贸易等活动热烈开展的地区，呈现一幅人口与物资流动的景象。在那里，他们不只逃离治理，更热烈地追求随资源往来而产生大小不一且变化多端的社会网络。本书最后篇章写下《鸡足山志》的故事，更多的是想要表达山乡政治也积极仿效国家的正统文类，以更极端的书写策略来表达作为"他者"的历史意志。其写下的是古印度的历史。背后对资源的竞逐，不言而喻。文字书写在这样的边境社会，也格外显露出其辩证性。在书写过程中，最大的挑战在于重新检视自己使用史料的习惯，或是对文字记录的依赖。走一趟田野后，来自现场的直觉必将回过头来改变我们解读史料的方式。本书的目的与其说是解构书写者的权力与正统历史，倒不如说是重建边境社会与人群的历史，并因此获得观看历史的另一种眼光。

本书是在《隐藏的祖先：妙香国的传说和社会》[1]的基础上继续讨论大理世族及其山乡邻居如何采取新的政治模式来适应明朝的治理。十余年来，另辟新的研究地点与继续从事大理研究，成为拉扯我的两股力量，但是，这种结合历史与田野的研究取径，也意外地使我将不同的地方史串联在更大的历史框架中来思考。庆幸的是，总有许多朋友共同分享着这种生机盎然的田野工作，将研究地点推展到不同的边疆地带，像是滨海、湖泊、苗疆、草原、岭南山区及岛屿等，这些研究伙伴也成为我学术工作上最好的盟友。无论如何，我们分享着极其类似的学理经验。

近二十年来的中国西南，经历相当剧烈的变化，一批令人敬佩的地方学者从事着民间碑刻搜集与整理的工作。楚雄的张方玉、凤仪的马存兆、丽江的杨林军、永胜的简良开等，诸位老师无私又热情地提供第一现场的知识。大理和昆明学界的朋友们也一起面对田野与时代的变化。无法一一列举的还有流寓大理的朋友们，微信账号里的司机，总是报道着正发生的许多故事。这些朋友和他们各自的家乡联结在一起，使我并不认为自己在进行历史研究，而是在不同的空间里找到观看历史的方式。

本书经历了一段漫长的研究与写作过程。2012年我前往哈佛大学费正清东亚研究中心进行访问，感谢宋怡明教授的接待以及哈佛燕京图书馆为读者提供古籍借阅的气派做法，优渥与平静的学术环境为本书奠定写作的基础。2010~2016年科大卫教授在香港中文大学主持"中国社会的历史人类学计划"（AOE，卓越学科领域计

---

[1] 生活・读书・新知三联书店，2007。

划），时时敦促我将研究写出来。2016年我在香港中文大学历史人类学研究中心访问，终于完成书稿。学者养成不易，我在计划团队里看到更多的是犹如禅宗道场里的棒喝与诘问，这应是一场永不停止的辩驳。刘志伟、胡晓真、卜永坚与洪丽完几位老师大方提供出版建言等，在此一并感谢。还有许多学界前辈与朋友，没有你们，学术生活就未免太煎熬了。

书中部分内容曾投稿于国内外学术会议，以单篇论文发表，并改写于其他期刊或专书论文中。其中，发表于《民俗曲艺》的《龙神、龙王与官祀》，改写为本书第五、六章之部分内容；发表于《历史人类学学刊》的《土酋、盗匪与编民》、发表于《汉学研究》的《大理山乡与土官政治》、发表于台湾《新史学》的《山乡政治与人群流动》以及发表于《社会》的《佛寺与家庙》改写成本书第四部"土官政治与山乡"。发表于《历史人类学学刊》的《书写西南：二种典范历史的建构与对话》收为本书之第二章。感谢历来的研究助理陪我走过这段研究与写作的过程，她们是洪婉芝、陈怡如、何佩容、陈肇萱、陈碧玲、张慧娜（Eveline）。

佳文总是第一位读者，我把草稿放在餐桌，他在高压工作之余，又将画满红字的稿子放回餐桌。写作在某种意义上犹如一种巫术，无论它试图要描写的是多么理性的活动。没有身边的家人与朋友，这本书是无法完成的。

谨志于竹北

• 目 录 •

绪　论 / 1

第一部　云之南

第一章　关键的一年 / 31
第二章　书写者：华夷之间的历史与神话 / 54

第二部　僧　侣

第三章　入京的僧侣 / 93
第四章　辟邪 / 125
第五章　从寺院庄园到乡里社会 / 155
第六章　重建仪式秩序 / 191

第三部　乡士大夫

第七章　成为士人 / 221
第八章　南京归来 / 242
第九章　改造佛寺 / 270

第四部 土官政治与山乡

第十章 澜沧江沿岸的山乡联盟 / 317

第十一章 从山乡盗匪到编民 / 352

第十二章 金沙江沿岸的土官联盟 / 385

第十三章 土官政治与鸡足山 / 422

结语 合法性的追求:仪式权与历史话语权 / 466

征引书目 / 490

后　记 / 510

绪　论

　　边境社会（border society）是一个被集体建构出来的概念。历史上的中国政治建立一套华夏中心的天下观，通过朝贡与土司羁縻的方式来维持其与边缘四夷的政治秩序。[1]华夏中心的视角形塑一套"典范历史"的框架，使边境人群随着华夏边缘的"漂移"而不断被重新定义。[2]然而，当我们仔细检视此二元论述背后的历史现场，将会发现国家边缘曾经出现多元且规模不一之政治体系，在云南地区便出现大理、罗甸、麓川与八百媳妇等，它们

---

1 滨下武志：《近代中国的国际契机：朝贡贸易体系与近代亚洲经济圈》，朱荫贵、欧阳菲译，中国社会科学出版社，1999；葛兆光：《历史中国的内与外：有关"中国"与"周边"概念的再澄清》，香港中文大学出版社，2017。
2 王明珂：《华夏边缘：历史记忆与族群认同》，允晨文化，1997。

在天下仪礼与正统书写架构下被以淡漠的方式一笔带过。在习以为常的历史语境中重新建构不同人群所经历的历史，是值得尝试的方向。

大理曾是南诏、大理国之都城，虽历元朝治理，其政体在西南地区仍保有相当之政治威望。自洪武十五年（1382）明军进入大理以来，一系列治理政策逐一实施：先是大量封赐土官，后来有一拨拨汉人卫所移驻计划。统治者视大理政治精英为沟通中央与西南夷的中间人群，将之编整到一套以中央王朝为中心的政治体系。他们先被称为僰人，后被更正为白人。这批白人政治精英，先后前往南京和北京，返乡后，在王朝政治架构上发展出一套新的身份与社会网络；与此同时，许多非白人土酋也被封赐在大理四周山乡腹地。这些从大理到北京，自山乡丛岭浮现于历史舞台的世族、僧人、土酋、流动人群与新兴势力，为本书拉开了一幅生动历史的卷轴。直到明中叶，许多白人持续地在各地移徙，滇藏蜀边境以丽江木氏为中心的么些人势力也逐渐崛起，将我们的视野从大理带到北方金沙江沿岸。此地缘社会扩张的过程，不仅是"国家"边界往北"漂移"，而且是不同人群竞争、结盟与相互协商出来的一段历史。

本书便试图以西南人群为主体，来讨论他们在被明朝统治后，其居住区域成为政治意义上的边境社会时，人群流动、重组以及其为争取身份合法性而致力于重建历史的过程。值得提出来的问题是：多元的政治体系如何适应明朝的政治？人群如何区辨彼此，界线如何维持？白人与么些政治之消长，是中央削弱地方的后果，还是土官社会的扩大？无疑，身为"华夷"中介者的白人尤其关键，他们或积极参与官僚体制，成为高度文人化的群体，或担任土官。二者身份各不相同，但都在中央王朝与西南人群间扮演着至为关键的角色，也因此成为本书研究的主体。假如说，本书以白人为研究对象，那么我更强调的是其作为主体所发展出来的社会流动与身份选择，以及因而延展出来与邻近人群的社会关系。书中尤其集中讨论他们如何通过联姻将治理与书写技术传播到邻近人群，并形塑一套整合社会的仪式体系与历史话语权。这涉及我们应如何把"族群"放回历史动态的过程来讨论，并且以历史中的行动者来重新加以思考。

一 作为中心的边境社会

边境社会是相对于政治中心而形成的，为认识其整体之生存条件，我们必须重新检视其区域地理与历史之脉络。[1]首先，简单介绍西南地理与历史的基本架构。云南分为东西两个部分，以大理、剑川到元江河谷为界，迤东为崎岖不平的高原，迤西包括了三江纵谷区、群山以及平缓河谷地带。[2]其西北方是番夷居处的广大山区，以青藏高原与西藏为界，北方与四川接壤，极西则有三江与缅甸为邻，形成一个南北向高山纵谷的地理结构。其东南有南盘江与元江，是为西江与红河上游，通往东南沿海地区，也是百越人群的通道，故有滇西北多氐羌，滇东南多濮越文化之说。[3]其次，在这条通道上，白人和么些人组织的政治体系尤值得注意：8-13世纪，南诏、大理国以大理为中心，其势力向北扩及四川南

---

[1] 学者以边境（borderland）或中间地带（middle ground）来取代边疆（frontier）的概念。何翠萍提出用"界域"的概念来取代"边界"或"边陲"用语中所潜藏之中央与边陲的二元性，她认为应重视界域内在的文化跨越与身份流动。参见 Patterson Giersch, *Asian Borderlands: The Transformation of Qing China's Yunnan Frontier* (Cambridge: Harvard University Press, 2006); 何翠萍、魏捷兹、黄淑莉《论 James Scott 高地东南亚新命名 Zomia 的意义与未来》，《历史人类学刊》第9卷第1期，2011年；沈海梅《中间地带·西南中国的社会性别、族群与认同》，商务印书馆，2012。

[2] 云南以元江为界，划为东西两个部分，称为迤东与迤西。清代以后，进而形成三迤的概念。雍正时设迤东道，统辖滇东北、滇东、滇中、滇东南一带；迤西道，泛指滇西、滇西北地区，乾隆时析迤西道，另设普洱府；统辖滇中、滇南等地的为迤南道。可参见方铁主编《西南通史》，中州出版社，2003，第1~2页。

[3] 《白族简史》编写组编《白族简史》，云南人民出版社，1988，第32页。

方，向南延伸到东南亚北部一带。由于其治理主要集中在群山平缓之区，古称为赕（即坝子），赕与赕之间形成相互交织的政治与社会网络，使得大理统治阶层在云贵高原人文社会中呈现分散型的贵族统领格局。再次，本书以山乡统称联结赕与赕之间的山区社会，想要以此凸显山乡与坝子在环境与政治生态中的互依互倚，乃至明朝治理下山乡疆域（mountain frontier）越来越重要的情形。

在历史中，大理代表着西南王权的中心，其曾以佛教立国，通过佛教政治体系成为维系四周人群与部酋政治联盟的纽带。[1]同时，北方另一股人群，称为么些，长期游走于大渡河以南一带，是散居于大理与吐蕃间的中间人群。13世纪中叶，么些酋长助忽必烈蒙古大军南下攻占大理，被封为世袭丽江路宣抚使，成为滇川间越来越重要的势力。以白人为中心的大理金齿宣慰司与以么些为中心的丽江宣抚司成为迤西两股重要的政治势力。于是，我们大致看到此两部分人群各自建立其政治体系：大理维持数百年的佛教王权，直到14世纪明军进入云南，其贵族势力仍然是组织西南人群的重要政治架构；而北方么些人群则在14世纪崛起，丽江府木氏成为滇藏蜀间越来越重要的政治势力。[2]

自15世纪以来，移居云南的汉人逐渐增加，其中包括制度性移民如卫所汉人，还有许多商人以及数量未明的寄籍者，其人口总数很难有效评估。据研究指出，万历年间，汉人卫所登记之壮丁便有二十三万人，方国瑜先生认为此应是二十三万"户"，这一数字尚还不包括商人、流寓与寄籍者。再者，18世纪时移民人口

---

[1] 连瑞枝：《隐藏的祖先：妙香国的传说和社会》。
[2] 在今日之少数民族识别政策下，么些被划为纳西族（还包括摩梭人）。参见李霖灿《永宁土司世系》《永宁么些族的母系社会》，《么些研究论文集》，台北"故宫博物院"，1984；Chuan-Kang Shih, "Genesis of Marriage Among the Moso and Empire-Building in Late Imperial China," in Christine Mathieu, *A History and Anthropological Study of the Ancient Kingdoms of Sino-Tibetan Borderland: Naxi and Mosuo*（Lewiston, N.Y.: Edwin Mellen Press, 2003）。

绪 论

呈现戏剧性的增加，19世纪到达顶峰。[1] 这些增加的人口给地方社会带来许多变数，如间接推动区域世居居民人口的移徙与流动。战争、军队征调、矿产开采与盐销制度等影响地方社会人群结构的制度性条件，也使得人群在坝区或山乡更频繁地交通往来，产生更多的合作与冲突。

人口流动与移徙背后的趋力更值得我们加以留意。施坚雅（W. Skinner）将中国西南划入中国九个区域之一，无疑的，它是对外开放的一个体系：滇缅藏边境的三条河呈南北流向，由东南亚港口出海，来自海洋越来越重要的贸易也使此"区域"（region）的概念不应只停留在"云南"或"中国西南"，而应随着一拨一拨的人群与资源的流动、交换与贸易，扩展到更大的区域范畴。[2] 14世纪末至17世纪末的三百年间，中国南方发生了一系列重大外缘条件变化，我们很难忽略白银贸易在以港口为中心的海洋贸易中所扮演的重要角色。

有两股力量特别值得提出来讨论。其一是港口的力量。当太平洋的白银在沿海扮演越来越重要的角色时，原来以内陆为中心的政治经济交换网络，逐渐被以港口为中心的市场腹地关系所牵制。东南亚史的研究者维克多·利伯曼（Victor Lieberman）在其巨著《形异神似：全球背景下的东南亚（约800~1830）》中指出，16世纪以来的沿海港口贸易，造成东南亚内陆邦酋政治体与港口新兴政治体间的二元拉锯战。[3] 李塔娜（Li Tana）指出在安南南方崛起的阮氏集团，也随着不同人群、移民与商业贸易，产生一股新兴的政治文

---

1 方国瑜：《明代在云南的军屯制度与汉族移民》，收入林超民主编《方国瑜文集》第3辑，云南教育出版社，2003；James Lee, "Food Supply and Population Growth in Southwest China, 1250-1850," *The Journal of Asian Studies*, Vol. 41, No. 4, 1982。

2 William Skinner, "Marketing and Social Structure in Rural China," *The Journal of Asian Studies*, Vol.24, No.1-3, 1965。

3 Victor Lieberman, *Strange Parallels: Southeast Asia in Global Context, c. 800-1830*, Vol. 1, *Integration on the Mainland* (New York: Cambridge University Press, 2003).

化。[1]再者，16世纪末以来，西南流通货币由贝币转向白银，这种来自印度洋流通千年的海贝，在白银的竞争下，长期走贬，17世纪末，白银终于成为西南具有支配性的流通货币。[2]这也说明海洋贸易在经济层面不断地改变内陆政治的局势。

亚洲内陆政权另一股力量来自"变化"：明永乐帝在北方夺取皇位后，积极在边区扩展并部署隶属于皇帝个人的侦伺体系，虽非正式之官僚机构，但其延伸势力以及所造成的效果几可与之匹敌！他为拉拢边境势力，人力延请藏传佛教高僧到北京，封赐头衔以及僧官职衔，此举并非单纯出自皇帝个人宗教上的兴趣，更多的是为了巩固边境之政治联盟。藏汉边境之政教势力如何在明朝宫廷支持下获得长足发展，是亚洲内陆极为重要的历史议题。这种结盟间接鼓励藏传佛教噶举派的势力往青海、四川以及云南北部扩张。[3]西藏历史研究者杰弗里·萨缪尔（Geoffrey Samuel）便指出亚洲内陆存在着以拉萨为中心的政治联盟模式。[4]近年来提倡"新清史"的研究者更扩大其研究范围与视角，指出清朝在关内行省地区以儒家意识形态进行统治，然在与国家之北方、西北部落政治联盟以及西藏政权之间仍然采取古老的佛教仪式强化政治结盟，建立多元族群的佛

---

[1] 李塔娜：《越南阮氏王朝社会经济史》，李亚舒、杜耀文译，文津出版社，2000。

[2] 张彬村：《十七世纪云南贝币崩溃的原因》，收入张彬村、刘石吉主编《中国海洋发展史论文集》第5辑，中研院中山人文社会科学研究所，1993；Yang Bin, *Between Winds and Clouds: The Making of Yunnan* (New York: Columbia University Press, 2008)。

[3] 祝启源：《明代藏区行政建置史迹钩沉》，收入《藏学研究论丛》第5辑，西藏人民出版社，1993；Hoong-teik Toh, Tibetan Buddhism in Ming China (Ph. D. dissertation, 2004)；陈楠：《明代大慈法王研究》，中央民族大学出版社，2005；佐藤长：《明代西藏八大教王考》，邓锐龄译，《西藏民族学院学报》(社会科学版) 1987年第3~4期。建立在汉籍文献的密教高僧研究很难显示藏传佛教不同教派之间的政治与资源竞争。但如果从地方社会来观察，可以看到许多藏传佛教社会内部政教歧异的过程，参见约瑟夫·洛克《中国西南古纳西王国》，刘宗岳等译，云南美术出版社，1999；郭大烈、和志武《纳西族史》，四川民族出版社，1999。

[4] Geoffrey Samuel, *Civilized Shamans: Buddhism in Tibetan Societies* (Washington: Smithsonian Institution Press, 1993)。

教政治（multiethnic Buddhist state）。[1] 亚洲内陆的佛教政教关系，不只是政治性的，也是经济性的，它们在长程贸易整合周边人群与资源时扮演极其重要的角色。

在这场前近代全球化的过程中，王朝边境的外缘贸易使得金、银与盐等资源越来越重要，而强化对盛产矿产的云南地区的治理便显得越来越迫切，丽江木氏土官势力因此逐步扩大，成为后来整合各地方资源的政治力量。再者，明宫廷对采买孟密宝石保持高度的兴趣，致使西南边区兴起另一股"宝石热"（gem fever），大批流动人口投入银矿开采的活动。云南之白银被运到南方跨境的孟密一带，人们进行采买与交易活动，又促使其邦酋将该地整合成一个足以应付其贸易规模之政治体；孟密邻邦如八百大甸，也在明朝朝贡贸易过程中重新整合内部之部酋政体。[2] 繁荣的经济活动不断刺激部酋之间的相互整合。

来自海洋与内陆两股不同性质的贸易与朝贡风潮，是人群不断在山谷间缓缓流动的趋力。不论是来自外地的官员、商人还是为寻求生存的采矿者、亡命之徒，中央王朝对土官与流官的行政划分都无法阻止造成人口流动的趋力在有形与无形的界线上游移。人群流动的规模以及在西南地区的空间向度上所经营的网络，已超出正统史册与文字所能记录的范围。我们必须将地方社会之时空脉络放在上述宏观的地理与历史发展中，才能更清晰地厘清看起来小规模的族群形成背后之重大意义。

1　Johan Elverskog, *Our Great Qing: The Mongols, Buddhism and the State in Late Imperial China* (Cambridge: Harvard University Press, 2006); John R. MacRae, "Comparing East Asian and Southeast Asian Buddhism: Looking at Traditional China from Margins,"《中华佛学研究所》第22卷，2009.

2　Sun Laichen, "Shan Gems, Chinese Silver and The Rise of Shan Principalities in Northern Burma, c. 1450–1527," Volker Grabowsky, "The Northern Tai Polity of Lan Na (Ba-bai Da-dian) in the 14th and 15th Centuries: the Ming Factor," in Geoff Wade and Sun Laichen, eds., *Southeast Asia in the Fifteenth Century: The China Factor* (Hong Kong: Hong Kong University Press, 2013).

由于国家边缘历史与人群之复杂性，若不对空间范畴与研究架构加以界定的话，就可能有捉襟见肘或是顾此失彼之风险。也因为如此，为使研究议题可以获得更具体的讨论，本书主要将澜沧江、金沙江与红河之上游地区作为研究场域。人口流动与族群形成息息相关，这看起来是相当吊诡的现象，但人口流动所造成的文化相遇（encounter）正好提供区辨异己此种分类概念的温床。从人文地理的角度来看，大理非常适合被放在两种不同文化交汇处来加以讨论。从南京或北京的政治中心来看，大理无疑是极其边陲的；从印度或东南亚的角度来看，大理也是边陲；又从吐蕃的角度来看，大理则是其东南之边陲。作为亚洲诸文明之边缘，大理及四周人群社会在吸收周边文化与诸大政治体系交涉与协商过程中，却相当核心。

二　从身份到族群

大理统治贵族被称为白人，在少数民族识别政策下被称作白族。新兴崛起的么些土酋，则被称为纳西族；大理统治贵族成为白族，丽江土官成为纳西族，二者并不是一个静态的、线性发展的过程，在白人和么些之间，文献还记载着如古宗、百夷、倮夷、西番等，这些人群分类概念都必须放回地方语境的脉络中来加以讨论。

（一）族群与历史

我们先倒过来看当代对于族群的讨论。族群往往是不同人群相遇时为有所区辨而相互形塑的结果。学者对族群的讨论主要分为三种，包括了本质论、建构论、主观情境论。20世纪50年代，中国参考斯大林对民族所采取的定义，将境内之各种不同语言、祖先、文化与风俗的人群划分为不同的民族。本质论的好处是便于政治管理，然对生活经验中的人群来说，本质论往往不符合实际社会运作之情形，如吴燕和在关于白族地区的研究中指出，当地居民有许多跨人群通婚之情形。[1] 郝瑞（Steven Harrell）在关于大小凉山的研究中则指出：国家在政策建构与塑造民族时扮演积极性角色，但实际上彝族不同支系在自称、语言、文化、社会组织方面都有差异。[2] 显然，上述研究皆指出本质论在人群界限层面的讨论相当勉强，也不符合生活经验。但如果因此就认为少数民族是国家民族政策一手建构的，那又简化了人群内在长期所共享的价值与历史经验。也就是说，我们既无法单一地接受国家的、行政界定的时空框架及人群概念，而人群之主观认知又往往受限于其与日常生活的结构关系，于是人群与制度相互对话与调节的过程便成为族群形成的主题。此历史过程的讨论涉及族群史的研究对象究竟是谁，在趋近区域社会中的行动者时，也要处理方法论的问题。[3]

昔日之民族史和边疆史的研究和上述致力于厘清族群主体的研究取径擦身而过。顾名思义，民族史是以民族作为研究单位，如白族史、彝族史或纳西族史等。民族史学者更重视特定人群之文化特色、语言、风俗，乃至于以既定民族范畴的历史为讨论主题。边疆史研究则侧重于国家治理的层面，包括土官制度、移民与儒学教化等政策的推动。前者是带着现今既有的民族框架来追溯过去，其基本假设是人群长期处于相对稳定的状态；后者是由古而今，从治理者的角度出发，假设中央和边疆社会的关系是稳定的统治者与被统治者两方。此二者都预设社会内部与外在的关系是持续性的，忽略社会内在随着各种交换与流动所产生的其他形式的变化。如果，民族史和边疆史二者之间能够产生共同研究焦点，那便是处于中介地

---

1 吴燕和（David Wu），"Chinese Minority Policy and the Meaning of Minority Culture: The Example of Bai in Yunna," *Human Organization*, Vol.49, No.1, 1990.
2 参见温春来《彝、汉文献所见之彝族认同问题——兼与郝瑞教授对话》，《民族研究》2007年第5期。
3 刘志伟、孙歌：《在历史中寻找中国：关于区域史研究认识论的对话》，大家良友书局有限公司，2014。

位的土官社会与土官制度。在文献材料上相对易于操作，这也使得政治代理者的土官集团成为受人注目的对象。

近年之土官相关研究积累了不少成果，其重心逐渐从制度转到制度对世居社会（indigenous society）的影响，如儒学教化与父子继承对土官世系政治生态的冲击、土官制度如何改变地方社会的权力结构进而将其纳入国家疆界的一部分等，从黔西北、广西到中缅泰边境都有相当丰富的研究成果。[1]然而，土官（native official）作为中央与边境社会的中介者，犹如地方精英的角色，土官政治如何成为标志人群的象征符号，乃至于其身份与社会分流如何导向族群的形成等，都是有待进一步讨论的议题。

（二）仪式政体

由于明朝在广大的西南地区实行大规模的土官制度，许多研究的焦点放在土官制度的实施，反而忽略作为凝聚人群的仪式架构。我们应将西南放在亚洲内陆不同地理条件与仪式体系之地缘条件下，重视其周边文化及东南亚王权研究带给我们的启发。无疑的，即便最单纯的部酋社会都有一套维系其运作的仪式，如东南亚高地或低地不同政体的社会模式；[2]还有东南亚许多古老王权建立在从佛教意识形态上

---

[1] John Herman, "Empire in the Southwest: Early Qing Reforms to the Native Chieftain System," *The Journal of Asian Studies*, Vol. 56, No.1, 1997; John E. Herman, *Amid the Clouds and Mist: China's Colonization of Guizhou, 1200–1700*（Cambridge: Harvard University, 2007）；温春来：《从"异域"到"旧疆"：宋至清贵州西北部地区的制度、开发与认同》，生活·读书·新知三联书店，2008；Jennifer Took, *A Native Chieftaincy in Southwest China: Franchising a Tai Chieftaincy under the Tusi System of Late Imperial China*（Leiden: Brill Press, 2005）；C. Patterson Giersch, *Asian Borderlands: The Transformation of Qing China's Yunnan Frontier*（Cambridge: Harvard University Press, 2006）；Pamela Kyle Crossley, Helen F. Siu and Donald S. Sutton, eds, *Empire at the Margins: Cultures, Ethnicity, and Frontier in Early Modern China*（Berkeley: University of California Press, 2006）.

[2] 李区：《上缅甸诸政治体制——克钦社会结构之研究》，张恭启、黄道琳译，唐山出版社，2003；James C. Scott, *The Art of Not Being Governed: An Anarchist History of Upland Southeast Asia*（New Haven: Yale University Press, 2009）。

绪 论

所发展出来的仪式政体（ritual polity）。依据汤比耶（Tambiah）的说法，其犹如银河星系（galactic）般，虽有类中心政体，然其多元的中心以及其与周边社会的多重关系，并不是建立在政治机构性设置与人身及经济的支配上的，而是建立在仪式性的馈赠与互惠原则之上的。[1]

西南历史的持续性以及多元性与该地区拥有如此丰富之仪式传统和政治体系密切相关。西南政治以联姻来巩固跨氏族的部酋联盟，并通过佛教圣王阿育王与古哀牢夷的九隆兄弟两种传说来扩大与周边政治的系谱关系。许多氏族社会通过联姻与信仰佛教成为政治体系中的一员，而其贵族社会也通过此仪式联盟来维持身份与社会秩序。[2] 与之相对等的势力是滇黔蜀间另一股以彝人为主体的雄长政治，其采取部酋联盟、祖先叙事以及特有的仪式体系来建构其政体。[3] 也因为如此，仪式与传说俨然成为重组与区辨人群的重要政治机制。仪式的重要性不止于此，它还具有凝聚亲属与确定社会关系的作用，进而产生日常生活之意义感与价值体系。许多重要研究揭示仪式与亲属在建构基层社会时之至关重要性，表现在对居住模式、生命仪礼乃至人生观的讨论。[4]

但若要将仪式与亲属放在历史脉络中来讨论，势必涉及不同规模之政治体系遭遇的过程。明朝推动的里社制度以及仪式改革，成为基层社会重组人群与区辨异己的重要框架。中国南方人群在仪式转向时，也发生一连串社会重组的过程。我们必须注意两个层次的

1　Stanley Tambiah, "The Galactic Polity in Southeast Asia," in *Culture, Thought, and Social Action* (Cambridge: Harvard University Press, 1973), pp. 3–31.
2　参见连瑞枝《隐藏的祖先：妙香国的传说和社会》。
3　这部分请参考温春来《从"异域"到"旧疆"：宋至清贵州西北部地区的制度、开发与认同》。
4　参考李区《上缅甸诸政治体制：克钦社会结构之研究》。中国西南之相关研究，请参见 Ho Ts'ui-p'ing, "Gendering Community Across the Chinese Southwest Borderland," in David Faure and Ho Ts'ui-p'ing, eds., *Chieftains into Ancestors: Imperial Expansion and Indigenous Society in Southwest China* (Vancouver: University of British Columbia Press, 2013)；何翠萍《变动中的亲属伦理：二十世纪晚期中国山居载瓦人家屋人观的案例》，《台湾人类学刊》第11卷第2期，2013年。

讨论：一是仪式到礼仪，地方社会原来有各式各样的"仪式"，经由不同的经典化过程，抬升为抽象及具有普遍意义的"礼仪"；二是经典化奠定仪式正统，强化华夷之别。

中国社会之历史人类学研究已有许多丰硕的成果。包括从广东珠江三角洲宗族社会，到福建莆田平原村社联盟社会，再到其周边不断开展出来一系列的讨论，乃至华北地区等。在16世纪大局势的变化下，两套制度的设置极其关键，一是嘉靖年间全国礼仪改革，二是万历年间之赋役折银。珠江三角洲的士人采用正统礼仪将此仪式贯彻到基层社会，进而塑造了以祭祖为名义的仪式机构。地方人群也纷纷通过新制度所建立的合法性基础，以文字书写、符号使用来赋予社会组织能动性；基层社会之仪式单位与政治治理的架构相互强化，使儒家意识形态得以成为文化标签，继续推动社会运作。万历赋役折银的改革措施又强化了人群与社会流动的机会，使得越来越多具有正统意义的文化标签，被新兴社群用来作为重构、扩大或重组社会的合法性基础。不同性质的"边境"，也随着国家军事制度以及地方历史条件的变化，形成不同的社会样貌。[1]

"华夏社会"不是一套静态的社会设计，它是不同人群通过攀附祖先、文字化系谱、编纂族谱、参与科举考试或符合王朝期待的正统仪式等共同形塑而成，它是边缘人群积极参与文化建构的后

---

[1] 最为典型的讨论可从华琛（James Watson）的天后标准化一文谈起，官府需要用封赐神来吸收地方神明，乡里社会也通过正统符号的使用来论证其行为的合法性。于是，民间不是采纳官府颁订的仪式符号如天后，而是在历史谱系中找到符合其心理形象的祖先，作为仪式的对象。参见 James L. Watson, "Standardizing the Gods: The Promotion of T'ien Hou（'Empress of Heaven'）along the South China Coast, 960-1960," in David Johnson et al., ed., *Popular Culture in Late Imperial Culture*（Berkeley: University of California Press, 1985）；刘志伟《在国家与社会之间：明清广东地区里甲赋役制度与乡村社会》，中国人民大学出版社，2010；郑振满《神庙祭典与小区发展模式：莆田江口平原的例证》《明清福建里社组织的演变》，《乡族与国家：多元视野中的闽台传统社会》，生活·读书·新知三联书店，2009；科大卫《明清社会和礼仪》，曾宪冠译，北京师范大学出版社，2016；赵世瑜主编《长城内外：社会史视野下的制度、族群与区域开发》，北京大学出版社，2016。

果。[1]昔日之学者以"汉化"来描写"夷人"学习儒教并使用汉人的符号的过程,这些描述往往淡化行动者的主动性,也简化了在地方上所发生的各种复杂的历史过程,包括中央政府的治理技术如何影响边区社会,以及地方人群又如何选择迁移或进行其他有效的因应措施,等等。

中国南方人群各有不同的适应国家统治的方式,形成了畲、瑶、疍、黎人,等等。不论住在深山丛岭或水边,他们接受与适应王朝统治之情形不一,或无法以官方礼仪体系作为组织人群的架构,后来人们亦采用宗族或乡社组织的外衣,通过追溯祖先、制作谱系,将其人群的过去攀附在正统历史的文化架构中。[2]这些人以不同的方式与媒介来创造想象中的文化正统,有的用英雄取代祖先,如瑶与壮采用改造后之道教经文与仪式来组织社会。[3]这些人即便吸收正统文化符号成为汉人,在官方漠视或容忍之下,草根的泛灵与

---

1 刘志伟:《祖先谱系的重构及其意义——从珠江三角洲一个宗族的个案分析》,《中国社会经济史研究》1992年第4期;郑振满:《莆田平原的宗族与宗教:福建兴化府历代碑铭解析》,《历史人类学刊》第4卷第1期,2006年;科大卫、刘志伟:《"标准化"还是"正统化"？——从民间信仰与礼仪看中国文化的大一统》,《历史人类学刊》第6卷第1、2期合刊,2008年;科大卫:《皇帝和祖宗:华南的国家与宗族》,卜永坚译,江苏人民出版社,2009;Michael Szonyi, *Practicing Kinship: Lineage and Descent in Late Imperial China* (Stanford: Stanford University Press, 2002)。

2 濑川昌久:《族谱:华南汉族的宗族、风水、移居》,钱杭译,上海书店出版社,1999;David Faure an Ho Ts'ui-ping, eds., *Chieftains into Ancestors: Imperial Expansion and Indigenous Society in Southwest China*。近来有关水上人的研究可参见 He Xi and David Faure, eds., *The Fisher Folk of Late Imperial and Modern China: An Historical Anthropology of Boat-and-Shed Living* (London: Routledge, 2016)。

3 David Holm, *Killing a Buffalo for Ancestors: A Zhuang Cosmological Text from Southwest China* (Dekalb: Northern Illinois University Monograph Series on Southeast Asia, No. 5), Kao Yaning, "Chief, God, or National Hero? Representing Nong Zhigao in Chinese Ethnic Minority Society," in David Faure and Ho Ts'ui-p'ing, eds., *Chieftains into Ancestors Imperial Expansion and Indigenous Society in Southwest China*; Chen Meiwen, Gendered Religion and Manuscript: Women, Goddesses, and the Chinese Imperial State (Ph.D.dissertation, Leiden University, 2016); Barend J. Ter Harr, "A New Interpretation of the Yao Charters," in Paul van der Velde and Alex McKay, eds., *New Developments in Asian Studies* (London: Kegan Paul International, 1998).

地方信仰，仍得以依附在合法祀典的架构下解决社会共同面对之危机。[1]这种长时段的政治相遇与文化适应，持续地产生许多不同族群政治的格局，如怒人与苗人长期逃离到政治未及之边缘地带，在清末民初以基督教或天主教的仪式作为重构社群现代性的媒介。这种视仪式为"拟官僚体系"的认知与权力架构，是形塑南方人群内在认同的重要理路。[2]中央政权扩张与文化边缘往外"漂移"互为表里，这都与人群学习和抵制所谓"正统仪式"的过程有关。

适应中央政权的制度是否等同于国家的内化呢？不论是汉人社会还是非汉人社会，其在历史中并不是以均质的二元化过程形成的，尤其可从其亲属、婚姻乃至在社会结群的仪式展演所形成的文化机制中窥见微妙之差异。最根本的，还必须从基层亲属关系来讨论其组织社会的核心力量。如宗族这种意识形态及权力架构如何在婚姻及财产继承层面影响社会的日常生活；西南的土官如何通过神话、传说和各种仪式性符号来强化地方政治，甚至利用土官制度来强化氏族部酋处理地方政治危机的能动性。因而，我们往往可以看到这些"非汉"人群在仿效中央制度的同时，也以此来适应、仿效或抵制"文化霸权"的扩张。

三 明朝制度与"边境"社会

本书所讨论的时间主要从洪武十五年明军进入大理，至清初大规模改土归流。"明朝"对西南政治有许多重要的意义，一是土官制度，二是官办盐课，三是差发金银。自此以后，大理的政治范围

---

[1] 从历史的角度来看，"汉人社会"仍是个有待讨论的议题。如果以接受儒家礼教与科举来界定"汉人社会"的话，那么中国周边之王朝如越南社会（其长期保留汉文教育、乡社与儒学科举制度），将是个绝佳的案例。若从宗教仪式或亲属原则来界定，我们也无法简化不同地方文化在复杂历史过程中所留下的许多"非典型"文化表现。

[2] Huang Shuli, From Millenarians to Christians: The History of Christian Bureaucracy in Ahmao (Miao/Hmong) Society, 1850s-2012 (Ph. D. dissertation, University of Michigan, 2014).

从大理金齿宣慰司缩小到只剩下大理府。虽然以大理为中心的社会网络、贸易圈与人群流动之幅员无法用行政划分的架构来讨论，但明初土官制度的实行对其政治生态之影响意义深远。

　　明朝在西南实行的土官羁縻制度并不是一套一开始就规划完善的制度，它在实际运作时往往为适应当地之局势而做出弹性的调整。本书之所以特别重视地方政治，主要因为明初之西南还保留许多贵族与部酋政治的传统，他们以多元的方式适应土官制度；也正是此区域历史的特殊条件，使云南土官之数量位居各少数民族地区之冠。[1] 其次，土官制度至今仍是一个有待讨论的问题，如明朝将土官分为两类，一是文官系统的土官，一是武职土司。土官是在流官辖区所设，而土司指的是宣慰司，前者属吏部掌管，后者则由兵部掌管。[2] 这种羁縻政治将广大区域设计成一个具有内外渐变关系的政治领域，对土流并置区的人群而言，他们长期游走于两种身份的选择之下，成为土人，或成为齐民百姓。土官虽有被改流的可能，但边地仍然高度仰赖土官治理，所以多重氛围下的地方政治是变化多端的。再次，土官虽是羁縻政治，然迫于中央财政困难，明中叶以来土官承袭改以纳银，土官身份逐渐货币化，间接形成土官社会内部土地流动并资本化的情形。[3] 不论是制度、身份的选择还是货币化

---

[1] 龚荫：《中国土司制度》，云南民族出版社，1992，第56页。

[2] 学者皆注意到土官与土司有所区别。如龚荫将土司分为文职土司与武职土司；江应樑认为土官与土司不同，前者隶吏部，后者隶兵部。杜玉亭则认为此二者并没有实质上的区别，主要是土知州府县等可以领土兵作战。参见龚荫《中国土司制度》，第57~70页；江应樑《明代云南境内的土官与土司》，云南人民出版社，1958；杜玉亭《土司职称及其演变考释》，《学术研究》1963年第6期。结合土司制度与黔西北地区政治的讨论，参见温春来《从"异域"到"旧疆"：宋至清贵州西北部地区的制度、开发与认同》，第45~53页。

[3] 这方面的研究逐渐引起学界的讨论，如温春来对土官赋役问题的讨论可见其书第二章第三节。詹妮弗·图克（Jennifer Took）书中第八章讨论广西土官辖地之地权问题。又参见James Wilkerson, "The Wancheng Native Officialdom," in David Faure and Ho Ts'ui-P'ing, eds., *Chieftains into Ancestors: Imperial Expansion and Indigenous Society in Southwest China*, pp. 187~205。这些对土官辖区土地买卖的讨论大多集中在清雍正改土归流以后。然滇西山乡情形略有不同，山乡罗罗人的土地登记始于嘉靖年间，万历时便有土地交易的记录。见连瑞枝《鹤庆地区契约的整理与初探》，收入寸云激主编《大理民族文化研究论丛》第5辑，民族出版社，2012，第186~235页。

的过程，土官制度在形塑边区社会时所产生的结构性影响相当深远：如么些分别受丽江府与永宁府两位土官治理，随其政治与文化策略不同而形成有文字的纳西人与无文字的摩梭（即么些）人。[1] 同样的，白人被划入受土官与流官治理，也产生世居化与士人化两种极端的转型。这些都是在明朝土官制度的历史脉络下所形成的变化。

明朝"析土分治"来削弱土官势力，但土官承袭折银的货币化过程，又使得其政治网络与社会结构发生"变形"与重组。"变形"是指政治网络产生扭曲并且形成上下的支配力量，尤其万历边战所引发之财政问题，使得掌握资源的土官在货币化过程中扮演越来越重要的角色。当我们进入土官社会内部的发展细节时，也发现折银导致的财政问题强化了土官社会的紧张关系。也就是说，政治制度在引入西南地区时，的确发挥相关的作用，但本书更想要描写地方社会如何借由这种局势的改变来创造新的局面，这一变化正好发生在18世纪初清初改土归流以前。

没有被编入土官制度之中的，则有僧侣集团，编户齐民下的太和县民、灶户，山上的"盗匪"以及自外移来的卫所军人等。他们以不同的文化符号来区辨彼此的社会界限，也建构出得以容纳身份流动与相互协调的文化机制。正是这一段历史经验，奠定了西南不同人群间的系谱关系以及异己观，包括他们如何对过去进行选择性的记忆与遗忘，进而在历史系谱中重构不同人群的社会关系。

冲击区域政治秩序的还包括官盐政策。由于盐井多位于土官辖区，盐课与土官制度在地方上形成结构互斥的两项政策。对山乡地区来说，盐是社会交换的基本资源，官收盐课，便深深威胁山乡政

---

[1] 李霖灿指出川滇边界的永宁曾是没有文字的么些人所居住的地方，在丽江木氏土司的扩张下，永宁么些人分为有文字与无文字的两种人群，其婚姻法则亦划分为父系与母系两种。李霖灿《永宁土司世系》《永宁么些族的母系社会》，《么些研究论文集》，第249~265页。相关研究也可以参考 Christine Mathieu, *A History and Anthropological Study of the Ancient Kingdoms of Sino-Tibetan Borderland: Naxi and Mosuo*。

治。[1] 官盐政策先是冲击大理东部之山乡夷民，导致长期的山乡动乱。[2] 远在大理西部极边的盐井，仍掌握在土酋手上，直到万历盐课纳银，货币化经济才正式冲击山乡社会，其所引发的人群流动与政治效应也相当重要。[3] 观察大理邻近土官辖区盐课情形，便可以看到山乡人群流动以及社会关系的变化。

最后，需要注意的是差发金。差发与珍贡是边境土司向中央朝廷定期定额的贡赋，原来只针对边境土司进行征收，然因朝廷征派无度，后来竟以银课方式将差发与珍贡摊派至云南诸府，对民间经济影响甚巨。[4] 这虽非本书重点，但丽江土官地位的崛起，与其在金沙江控制矿产资源所造成的财富累积有关，这使得木氏成为富甲一方之边藩世家，也在西南土官政治中扮演了支配性的角色。由上述几项政策可知，土官辖有土民，盐课与差发则攸关人群网络、贸易与社会流动；前者倾向建立固定的政治关系，后者鼓励人群的流动与移徙。从制度层面来看，二者似不相涉，但土官与非土官辖区不对等的政治与经济制度，为族群政治创造许多变因。本书无法针

---

[1] 明朝将盐纳入官卖，颁定户口盐课制，盐课也因而成为国家财政的来源。参见徐泓《明代的盐法》，台湾大学博士学位论文，1973。关于清朝山乡盐区的讨论，参见黄国信《区与界：清代湘粤赣界邻地区食盐专卖研究》，生活·读书·新知三联书店，2006。

[2] 连瑞枝：《土酋、盗匪与编民——以云南山乡夷民为核心的讨论》，《历史人类学学刊》第13卷第1期，2015年。

[3] 万历盐课征银占全国课税之半，其商品经济繁荣的假象是国家财政太过仰赖承揽包税的中介者商人的结果。参见黄国信《万历年间的盐法改革与明代财政体系演变》，收入明代研究学会编《全球化明史研究之新视野论文集》（三），东吴大学历史系，2008；Wing-kin Puk, *The Rise and Fall of a Public Debt Market in 16th-Century China: The Story of the Ming Salt Certificate* (Leiden: Brill, 2016)。又，滇西盐井文化研究，参见赵敏《隐存的白金时代：洱海区域盐井文化研究》，云南人民出版社，2011。

[4] 梁方仲：《论差发金银》，《梁方仲文集：明清赋税与社会经济》，中华书局，2008；古永继：《明代宦官与云南》，《思想战线》1998年第1期；杨煜达、杨慧芳：《花马礼——16-19世纪中缅边界的主权之争》，《中国边疆史地研究》2004年第2期。云南白银流入东南亚对其内陆宝井邦酋之政治影响，可参 Sun Laichen, "Shan Gems, Chinese Silver and the Rise of Shan Principalities in Northern Burma, c. 1450-1527," in Geoff Wade and Sun Laichen, eds., *Southeast Asia in the Fifteenth Century: The China Factor*。

对上述三项制度的历史与演变加以讨论，但将会重视这些制度所产生的阶序化与货币化效果，以及其对山乡土地与社会关系所产生的影响。

四　社会内在的趋力

在上述时间与空间的研究脉络下，区域社会内部有两种力量同时发生：一是随着资源交换、运输以及网络经营而形成平行的、流动的联盟关系；二是重视资源控制与机构的设置，讲究整合的、有秩序的阶序社会，不论是土官还是流官政治。理论上，在平缓之农业生产与人口聚集处，采用中央官僚体系管理之，鼓励士人建立一套符合儒教伦理的乡里社会秩序；相对的，山乡地形与物质条件的限制，使松散的部落邦酋与平行的联盟政治成为常态。但是，盛产各种矿产资源以及联系人群的道路，使得流动人口涌入山乡，不断冲击着这种看似稳定的二元社会。虽然斯科特指出高地社会是人群为逃离低地社会所产生的政治后果，但是长时期进行的历史研究指出，高地与低地社会是在不断地、持续地和周遭变化的环境打交道，进而做出不同程度的调整。[1] 重要的是，山乡自然资源与条件也促使其人群在某种局势下卷入"货币化经济"，他们也会重新建立一套足以支持其生存下去的运作模式。本书想要处理的是山乡社会如何形成一套响应外来力量介入的机制，他们又如何重新组织并修复社会关系。

为讨论这样的过程，本书以制度性身份为架构，依循着不同人群的历史经验来谈他们重组社会的过程。主要有四个切入点。

---

[1] 李区：《上缅甸诸政治体制——克钦社会结构之研究》；James C. Scott, *The Art of Not Being Governed: An Anarchist History of Upland Southeast Asia*。

（一）身份形塑

本书以三种身份，分别是僧人、士人与土官为书写架构。这三种身份由三类不同的制度所支持，一是僧侣与僧纲司制度，二是士人与儒学制度，三是土酋与土官制度。大理世族共享这三种制度带给人们的不同的历史经验，同一世族可能产生内部身份之分流，分别担任僧人、儒学官吏或土官；相同的是他们都必须离开大理社会，赴京朝贡、进入国子监，或是被派往遥远的州县担任低阶官员、吏职或学官；但也因此，在返回大理后，他们以此身份作为重组人群与社会的框架，形成三套结群的方向与网络。吊诡的是，明初的政治气氛似乎为他们带来表面上的乐观情调，但后来此三者在制度化身份上渐行渐远，甚至产生结构性互斥的情形：僧人世族与士人集团在价值选择上不同；土官社会和士人集团所象征的利益也不同。这些冲突与竞争并不来自社会内部，而是来自授予身份合法性的制度。

（二）仪式和系谱

这些不同身份的人如何采用新旧两套仪式语言来重新建构他们的社会关系？云南地区原有一套联结人群的仪式体系，即人群依附在神山与山神之保护下，并在佛教经典化（Buddhist canonization）的政治过程中，将国王、贵族与部曲氏族的关系，组织成佛王、山川护法或龙王的信仰模式。佛寺成为联结此三者的社会纽带，将宗教、王权与地域社会串联成一整体的机构性关系（institutional relationship）。这虽然是被简化后的理想模式，但我们必须在此基础上进一步分析它如何适应明朝正统仪式的运作。僧人、士人与土官各有其象征性的合法机构来维持其仪式性的身份。较重要的改变发生在正德、嘉靖年间，在打击淫祀与正祀典的氛围下，原来仪式传统转而成为以儒教意识为主导的对乡贤与名宦的崇拜。本书借由不同身份人群参与"新"仪式时，为维持身份而采用的各种文化符号来建构系谱，进而讨论其祖先纳入中国古典历史叙事的经典化的历程（canonization of Chinese classics）。

　　华夷和异己成为行动者用来宣称仪式权的双重策略。为区辨身份，被编入太和县的白人，以士人的身份建构出一套"南京人"的历史叙事。僧人要么是攀附在中原正统的禅宗法脉上，要么是建构一个与之匹配的梵僧或摩伽陀祖师传说；土官们必须在土民社会宣称具有正统性，强化神话与地方历史的建构。尤其在嘉靖年间，士人集团在乡贤祠的祭典下纷纷编纂族谱；土官们则封建边臣之祀典来巩固历史系谱和记忆，致力于家庙、佛寺与勋祠等仪式。汉人在清初裁撤卫所时，也积极投入将祖先奉为官祀的活动。

　　这三者之间并不是对等的关系，尤其佛寺的仪式与经济基础受到不同势力的竞争，僧人首先受到冲击。寺院不断地被挪用，成为庙学、书院、宗祠、家庙与乡里社祭的地方。

（三）联姻与结盟

　　系谱关系和历史叙事是西南人群适应不同政治制度时为调节身份而建构出来的，其意图是政治性的，表现形式是宗教性的，更根本的是内部的社会关系决定操作的方式。这种社会关系非常重视联姻的价值，僧人、士人与土官社会皆然，与联姻密切相关的是认养异姓与赘婿之地方传统。

　　正因为如此，西南社会的运作法则与中央王朝所提倡的父子相承的概念背离，土官被废大多源自此类冲突，以违背儒家伦理的结论收场。另一方面，土官采取折中方式，通过更大的联姻网络来强化他们的政治联盟，并以横向的亲属网络来巩固父子世系的身份继承。也因为如此，土官采用世袭制度与联姻策略，造成其集团势力的扩大，同时也形成等级明确的阶序社会。

（四）作为技术的历史书写

文字书写是一种特殊的技术，在传播知识与建构社群所扮演的角色应该受到更多的重视。不同身份的书写者，对边境人群的投射以及后续所产生知识积累的效果，是我们建构他者历史的重要素材。[1] 但是，我们应该更大胆地追问：地方人群如何主动参与书写历史，其潜在的社会意图何在，他们如何学习技术，来论证身份的合法性？当象征典范的、正统的历史叙事越来越具主导性时，寻常百姓与乡士大夫仍然仰赖昔日开国观音与祖师信仰来维护乡里生活的正当性，并通过各种神话式的传奇书写，来论证地方社会的传统。这些白人的书写与文字技术，通过墓志铭、志书、族谱来传达不同性质的意义体系，它们意味着多重的意识架构以及集体意图。同时，越来越具有文化与政治实力的土官，为与国家和官员所建立的典范历史相抗衡，另行建构了一套以山乡为中心的古天竺历史叙事。西南地区这种复杂又看似矛盾与荒诞的传说文本，其历史旨趣便在于此。

五　地方语境：文类、叙事与多重记忆

上述的研究视角与架构使得本书在档案使用的重心上略有不同。政治遭遇往往产生具有支配性的历史话语权，代表统治者的官方论述以及所留下的档案往往引导研究者以特定方式认知历史现场。研究方法上最大的挑战在于如何将研究的焦点放在社会内在的历史经验，而不是官方论述，或制度史的讨论，更不是制度在

1　近来学界对描写西南的文类与文本分析有不少研究成果，主要从人类学与文学的角度对相关图册与文集进行分析与讨论。参见王鹏惠《族群想象与异己建构》，台湾大学硕士学位论文，1999；Laura Hostetler, *Qing Colonial Enterprise: Ethnography and Cartography in Early Modern China* (Chicago: University of Chicago Press, 2001)；胡晓真《明清文学中的西南叙事》，台大出版中心，2017。

地方所产生的"影响"，或"冲击与回应"二元式的讨论上。我们不能视地方社会对制度全盘接受，而应研究地方人群适应、冲突、重组并重建社会的过程。为回到地方语境来重建社会内在的历史经验，本书尽可能采用不同性质的档案相互论证，尤其当官府留下的档案更具支配性时，我们需要尽量搜集民间文献来做平衡性的分析与讨论。

本书甚至更重视民间留下的材料，如墓志铭、族谱碑、族谱以及庙碑等。这些内容适合用来讨论滇西世族中的个人经历、家族历史、其如何适应社会变化，从而帮助我们进一步讨论贵族社会如何成为充满流动关系的多元社会。这方面的史料较多出自大理周边弘圭山出土的数千片墓志铭，其由民国年间的石钟健系统介绍，后来经学者整理并与大理其他地区墓志铭一起成册出版，收录在《大理丛书·金石篇》《大理古碑存文录》《白族历史调查（四）》中；[1] 在鹤庆地区之碑刻有张了与张锡禄编的《鹤庆碑刻辑录》；[2] 楚雄地区有张方玉主编的《楚雄历代碑刻》；[3] 丽江地区有杨林军主编之《丽江历代碑刻辑录与研究》《纳西族地区历代碑刻辑录与研究》；[4] 赵州有马存兆编的《大理凤仪古碑文集》；[5] 宾川之碑刻可见王富在《鲁川志稿》中的整理。[6]

大理周边的族谱也相当丰富，主要分为两类，一是家谱，二是宦谱。大理僧族原有法脉与世宦家谱的传统，故其转型士人后，留

---

[1] 张树芳主编《大理丛书·金石篇》，中国社会科学出版社，1991；大理市文化丛书编辑委员会编《大理古碑存文录》，云南民族出版社，1995；段金录、张锡禄主编《大理历史名碑》，云南民族出版社，2000；方樹梅纂辑《滇南碑传集》，云南民族出版社，2003；云南省编辑组编《白族社会历史调查》（四），云南人民出版社，1988。

[2] 张了、张锡禄编《鹤庆碑刻辑录》，大理白族自治州南诏史学会，2001。

[3] 张方玉主编《楚雄历代碑刻》，云南民族出版社，2005。

[4] 杨林军主编《丽江历代碑刻辑录与研究》，云南民族出版社，2011；《纳西族地区历代碑刻辑录与研究》，云南人民出版社，2015。

[5] 马存兆编《大理凤仪古碑文集》，香港科技大学华南研究中心，2013。

[6] 王富：《鲁川志稿》，大理白族自治州南诏史研究会，2003。

下不少家谱。这些文类有时称家谱，有时称族谱，正好用来分析世族转型为士族的过程。系谱具有政治上的意义，由于这批士族自认其原来之贵族身份远较移民汉人卫所地位尊贵，也比四周土官的身份高，故其转型士族时反而以更积极的态度仿效华夏文明，采用更为正统的经典来宣称其身份的正统性。本书视家谱为档案，通过其祖先源流、世系到搭建系谱，乃至将姻亲关系纳入书写之社会关系等，来论证大理贵族之世系分流与身份竞争的情形。书中使用的族谱包括《太和龙关赵氏族谱》[1]《大理史城董氏族谱》[2]《龙关段氏族谱》[3]《大理古塔桥赵氏族谱》[4]《巍山李氏族谱》[5]等。

土官编纂的宦谱更值得分析。在明朝统治架构下，土官有别于士大夫，他们以封建诸侯自处，故以宦谱论证其身份的合法性，政治意味尤其浓厚。宦谱的功能在于记录合法的土官继承人，兄弟成为一群被淡漠带过的沉默者。再者，宦谱多强调"异类"起源，故其祖源传说保留草根性的地方特色。西南地区留下不少的土官宦谱，土官间或没有共同祖源，或为兄弟祖先，同土官家族内部也可能有不同的祖源论述，尤其非嫡系土官世系在获士人身份后产生文化转向，这些都可以看出宦谱如何成为土官世系，及土官学习正统文类与书写技术来巩固身份的过程。本书所采用的土官家谱，包括丽江府之《木氏宦谱》、《姚安高氏家谱》、《邓川阿氏族谱》[6]和

---

1 《太和龙关赵氏族谱》至少有三个版本，一是原大理州博物馆收藏之照片翻拍，由侯冲提供；二是由龙尾关赵氏后裔所提供。二者比对，文字略有出入，而后者收录更多明清赵家后裔之墓志铭。第三个版本则由大理白族自治州白族文化研究院整理，收入云保华、阿惟爱主编《大理丛书·族谱篇》第4卷，云南民族出版社，2009。
2 《大理史城董氏族谱》原收藏于大理市图书馆，笔者复印。后收入云保华、阿惟爱主编《大理丛书·族谱篇》第5卷。
3 《龙关段氏族谱》，大理州图书馆藏。
4 《大理古塔桥赵氏族谱》，大理市图书馆藏。
5 《巍山李氏族谱》，收入云保华、阿惟爱主编《大理丛书·族谱篇》第3卷。
6 云保华、阿惟爱主编《大理丛书·族谱篇》第2卷。

《蒙化左氏家谱》[1]等。

正德、嘉靖以来，官府推动编写方志，主要有正德《云南志》、嘉靖《大理府志》以及万历《云南通志》等。官府编写一系列的志书，不只是将边境社会纳入"王土"之下，也格式化"王土"的范畴，以星野、沿革、山川、古迹、乡贤与名宦等名目，将边疆标准化为既定的地方。方志书写之标准化说明书写者所面临的选择，书写架构与内容也呈现当时地方社会适应政治制度之后果，包括地理、财政、礼仪、社会规范与文化价值，具体的是赋役、乡里、庙学、乡贤与名宦祠等条目。虽然，社会实际上如何配合仍有相当大的讨论空间，但"书写"将模糊流动的社会凝固为一组可供我们分析的语言。相对的，"不被志书所书写"的内容也不证自明地浮现出其隐约的轮廓。

家谱与志书背后有其不同的政治考虑，那么传说野史与此二者刚好形成巧妙的对话与互补关系。于是，杨慎的《南诏野史》《滇载记》以及流传于大理和鹤庆的传说文本《白国因由》《掷珠记》便在文类与文本叙事层面具有重大的分析意义。《南诏野史》与《滇载记》是杨慎摘取民间耆老历史叙事，并将之转译而成的文本，先不在此开展论证。《白国因由》是一部由10世纪的《南诏图卷》改编而成的章回小说，内容强调当地古老的传说——观音化身的故事；同样的，《掷珠记》描叙南诏时期来自吐蕃的牟伽陀祖师解除鹤庆水患的故事。[2] 这些正史不录或极其能事予以轻描淡写的传奇人物，在民间却以极其热烈的方式被加以创造，进而成为民间广为流传之文本。此类的章回小说看似一般的野史与传说

---

[1] 《巍山左氏家谱》，笔者翻拍自蒙化左氏后裔。蒙化左氏不同支系留下不同版本的家谱，如《蒙化左族家谱》《蒙化左土官宦谱》，收入云保华、阿惟爱主编《大理丛书·族谱篇》第1卷。

[2] 《掷珠记》作者失考，一说为鹤庆乾隆甲午科（1774）进士赵士圻。杨金铠《鹤庆县志·邑人著述书目附》提到："《掷珠记》一卷，分十二段，不署作者姓名，相传为让朝举人赵士圻撰，民国八年蓝廷举付印。"见杨金铠编《鹤庆县志》卷9，大理白族自治州图书馆，1983，第1351页。

文本，但放在滇西的政治与历史脉络下，正好表现出一种强烈的社会意志与历史意识。

　　山乡的历史书写也呈现出一幅活跃的景象。正当以府州县为中心的方志逐渐成为主流的书写架构时，位于府州县边缘的"山野"岂能无史？明末由丽江木氏土官推动的《鸡足山志》正可以用来说明土官社会的集体意志。鸡足山在明末清初短短的百年间，历经了四次山志编纂与增修。第一次是明末大旅行家徐霞客（1587~1641）到云南旅行时，受丽江土官木增（1587~1646）的请托，写了第一本《鸡山志》，此志已散佚。第二次是明亡之际，南明永历巡按贵州的钱邦芑（？~1673），因削发出家，避世鸡足山，号为大错和尚，他以前志不存，山中无志，遂编纂《鸡足山志》。[1] 第三次是康熙三十一年（1692），首任云南总督范承勋（1641~1714）久闻鸡足山盛名，以旧志内容多神怪不实，僧人以大错和尚之残卷请他增补，范承勋遂以"退时之暇，聊为删其芜陋，补其阙略"，[2]"厌恶札之滛漓，却撮醇去玭"，[3]在大错和尚山志的基础上增修《鸡足山志》（后文部分地方简称范《志》）。[4] 第四次编山志，是范《志》后十年，姚安土官高𪧈映（1647~1707）另外编纂一本《鸡足山志》（后文部分地方简称高《志》）。鸡足山在短短百年内就经历了四次山志的编修，这种现象正为我们提供了分析其之所以成为佛教圣山的重要线索。

　　上述之文类各有其政治脉络，本书不仅把它们视为不同身份人群制作历史的后果，也通过它们来了解多层次历史书写背后，社会被组织的过程。

1　见钱邦芑纂，范承勋增修《鸡足山志》卷7，丹青出版社，1985，第428~429页。
2　临济三十二世之香海本元呈以旧志残编，请范承勋增修《鸡足山志》。见范承勋与本元撰写的两篇《鸡足山志序》，收入钱邦芑纂，范承勋增修《鸡足山志》，第16~31页。
3　高𪧈映在其《鸡足山志》中指出当时范承勋承大错和尚的山志，再思翻刻之情景。见高𪧈映著，侯冲、段晓林点校《〈鸡足山志〉点校》卷首《志例》，中国书籍出版社，2005，第9页。
4　见钱邦芑纂，范承勋增修《鸡足山志》。

六　僧侣、士人与土官

本书主要以僧人、士人与土官等不同身份的历史经验为主轴，内容分为四部分。第一部分先厘清研究对象的时间与空间性架构，包括明初大理四周之政治生态、白人社会与非白人土官势力崛起。大理贵族散居的政治模式使得我们很难在空间地理上厘清研究对象，故在本书之开始先讨论大理四周人群政治生态以及行政划分。此政治部署有助于我们对大理社会四周不同人群的历史有基本的认识，并观察人群流动的政治框架及趋力。再者，厘清边疆人群知识史的建构，从地方语境来讨论华夷意识如何成为书写框架。这部分将一方面通过志书、《土官底簿》与边夷"图册"等文类，讨论正统历史对白人的想象与期待；另一方面，也通过大理士人与周边人群产生的另类传说、野史以及山志等文本来讨论其潜在的抵制。

第二部分以僧人为主体，讨论僧侣与佛寺如何适应明朝的宗教政策。在土流并置的二元政策下，大理僧族究竟隶属于土官政治还是僧官制度？他们如何适应明朝佛教政策以及随之而来的仪式改革？第三章主要讨论三个大理僧团前往南京与北京的故事。第四章讨论流官区与土官区的土僧。前者与宫廷内臣结盟，后者在崇正辟邪时受到政治整肃。第五章讨论乡里佛寺如何适应官府之正统仪典，包括官府朝贺习仪，乡里社神等仪式场所如何从佛寺延伸出来等。第六章则讨论圣贤、祖先与乡里仪式之竞争与妥协的过程。

第三部分以世族身份转型为士人，佛教庄园也转变为乡里社会为主题。第七、八章讨论大理世族转型士人，并前往南京做国子监监生，有的担任儒官或基层胥吏，成为国家官僚体系之成员。返乡后，则从事一系列的文化改造活动。第九章强调明中叶以来的崇正之风、乡贤祠的建立如何改变乡士大夫的历史知识。乡士大夫也改佛寺为社学、书院与宗祠，使得乡里仪典成为祖先、书院以及社坛合祀之所在。

第四部分主要以大理四周山乡夷民和土官为主要讨论对象，他们主要沿澜沧江与金沙江形成一股白人与非白人的跨人群土官联盟。明初白人与非白人群联姻，非白土官的势力逐渐扩大，然而随着土官世袭与接受王朝征调的义务，土官联盟集团的女儿与母亲也成为土官社会中的关键人物。第十章讨论澜沧江沿岸的联盟，包括白人张氏如何协助山乡左氏成为土官，并建构一整套南诏细奴逻后裔的历史叙事；白人段氏与山乡早氏的联盟，以及太和县的白人世族在云龙成为与土官政治相匹敌的人群。第十二章讨论金沙江沿岸丽江、北胜州与姚安三方土官的婚姻联盟，使丽江木氏的女儿成为北胜州高氏土官家庭的重要支柱。同时，丽江府也因其居于滇蕃蜀交界的优势地位，控制金沙江沿岸金银盐等自然资源，而成为土官政治联盟中的关键势力。第十一和十三章讨论山乡盗匪与鸡足山。明初以来大理西部持续了二百年的山乡动乱，官方称之为铁索箐之乱，许多土官被派遣到山乡招抚流民，并陆续在鸡足山建立许多佛寺。鸡足山为禅宗大迦叶道场的传说，应被视为土官社会在正统历史叙事下的沉默抗议，也是丽江木氏以及姚安高氏土官对其身为"他者"的历史话语权所进行的文化创造。

结语部分讨论西南人群争取身份合法性时，对其仪式建构与历史话语权的历史书写。

第一部

云之南

第一章　关键的一年

洪武十五年（1382）是大理社会开始发生改变的一年。三月，总兵官傅友德（1327~1394）与蓝玉带领军队攻进大理，随后设置大理府。第二年，设大理卫。在行政与军事部署下，大理社会第一次面对外来政权的直接统治。

元朝治理过大理。13世纪中期，蒙军自金沙江南下征大理，大理国败，忽必烈仍以其国王段氏继续主持西南政局，担任大理路总管元帅府元帅，并担任大理金齿宣慰使司，统领八府，包括大理、善阐、威楚、统矢、会川、建昌、腾越、谋统等州城，各处万户、千户管民之官，听其节制。[1]

---

1 张道宗：《纪古滇说原集》，收入"玄览堂丛书"，正中书局，1981。"任（段）信苴实为大理宣慰使司，世袭都元帅，阶镇国，复升云南行省参知政事。故，子（段）信苴庆继袭父职，阶亦如之。"　　（转下页注）

当时大理金齿宣慰司以北设有丽江路宣抚司，由么些土酋麦宗为长；东南有威楚开南路宣抚司，以大理贵族高氏主政，整个滇西政治架构，仍然维持着以大理贵族世袭为中心并扩及邻近诸部酋统领之格局。[1]直到洪武十四年，明军自滇东进入云南中部，来年抵达大理。

一 洪武十五年

（一）元末明初之政治格局

明朝统治云南并不是在既定的意识形态下建立起来的。[2]元末以来，滇东与滇西两边形同敌国，相互颉颃。至正年间，四川红巾军南下滇东，危及昆明。滇东的梁王曾向大理总管段功借兵平乱，并将女儿阿盖嫁给段功来缓和紧张关系。段功娶妻后，久居昆明，梁王猜忌其欲夺取昆明，暗杀段功，使得东西二滇陷入水火不容之局势。由此可知元末云南东西二滇泾渭分明之局面。[3]

这种滇东、滇西二方的政治格局，也可以从明初采取分别招谕的方式中获知。朱元璋在天下局势底定后，于洪武五年、七年先后诏谕梁王与大理总管段氏。在诏谕梁王的文字中写道：

（接上页注1）（第368页）又参见方慧《大理总管段氏世次年历及其与蒙元政权关系研究》，云南教育出版社，2001，第14页。

[1] 元朝新制度的实行，包括提刑按察司、屯田管理机构、儒学提举司、广教总管府等，然政治结构大抵不变。参见方铁主编《西南通史》，第494~499页。

[2] 有关洪武平定云南的战役研究，可参见立石谦次《洪武朝的云南平定之战研究》，收入林超民主编《新凤集：云南大学2000～2002届中国民族史硕士研究生毕业论文集》，云南大学出版社，2003。

[3] 元末大理总管府之段功与段宝事略，见谢肇淛《滇略》卷10《杂略》，收入《景印文渊阁四库全书》第494册，台湾商务印书馆，1983，第242~243页；万表辑《皇明经济文录》卷30《云南》，收入《四库禁毁书丛刊》集部第19册，北京出版社，1997，第319页。

第一章 关键的一年

> 盖云南土地人民，本大理所有，自汉通中国，称臣朝贡，至唐宋皆受王封，其来久矣……迩来元祚倾覆已尽，尔尚力据其地不还大理自王，果欺人乎，欺天乎？人虽可欺，天不可欺。[1]

明太祖为表师出有名，在招谕文中指其出兵云南是为消除残元势力，要求梁王退还所据之大理土地。同年，明太祖给大理的招谕文也明白地写着："朕会臣僚议，依唐宋所封，以尔段氏为大理国王，未知信否？故特遣官，先行往谕。"[2] 他希望联合大理段氏来挟制梁王，并引用唐宋故事与大理国维持边境的政治关系。打破这种边境秩序的原因，似乎与大理总管段氏拘留明遣使有关。当时，段氏态度强硬，强拘遣使，使其不还，这成为后来明军进军大理的借口。大理政治局势一直顽强地维持到洪武十四年，时明军傅友德与蓝玉败梁王，段氏以其世仇旧怨，不愿发兵援助梁王："大理段明与其下议关唇齿，然世仇，不欲遣兵相援。"[3] 待明军抵达楚雄时，段氏才遣使表示愿意以一年一小贡、三年一大贡，接受招降。[4] 然为时已晚，洪武十五年闰二月，明军以辱明遣使为由，进军大理。[5]

明军顺利进入云南，与地方土酋的协助有关。早在前一年，蓝玉领军由罗婺部进入滇东，观音保出降。[6] 观音保很可能是一位地位崇高的白人将领，他号召沿路土酋归顺明军。后来，明军分别由

1　刘文征纂《（天启）滇志》卷18《艺文志·本朝太祖高皇帝谕云南诏》，云南教育出版社，1991，第589页。

2　刘文征纂《（天启）滇志》卷18《艺文志》，第589页。又见《明太祖实录》卷92，洪武十年八月甲辰条。

3　诸葛元声：《滇史》卷10，德宏民族出版社，1994，第279页。

4　《明太祖实录》卷143，洪武十五年二月戊戌条。明军曾赴京请示是否进攻大理，朱元璋回复："近因彼肆侮朝廷，命卿讨平之。今诸州已定，惟大理未服，尚生忿恨，当即进讨。"

5　见方慧《大理总管段氏世次年历及其与蒙元政权关系研究》，第104~106页。

6　《明太祖实录》卷140，洪武十四年十二月癸酉条。

北、西、南三路攻进大理：一是自洱海东岸往大理北方龙首关南下，二是自点苍山山背之石门登苍山顶而下大理，三是自大理南方之龙尾关渡河进入大理。于是，大理南方赵州与洱海东岸的海东，成为最先被明军控制的地方。攻下大理，对明朝统治西南来说，意义相当深远。大理往北阻控吐蕃，往西威慑骠国，南驭缅甸百夷，其势固若金汤，且其地据诸江之上游，控制大理便能制西南诸夷，战略位置极其重要。也因为如此，明太祖在初平之时，便令首任云南布政使张纮（？~1043）招抚大理贵族并综理庶务。[1] 然西南诸夷反明势力也随之而来。

许多大理世族及旧官员集结于大理北方之佛光寨抵抗明军，是为佛光寨之役。这场战役之所以重要，是因为大理周围获土知府、土知州以及土巡检等职衔者，多宣称其祖先在此战役中助明有功。在此关键时刻，反明势力一触即发，遍及滇西诸酋，降明土官也纷纷前往助明平乱，因而受封土官、土军头衔，为以后滇西土官、流官并存的政治架构奠下基础。以下针对反明诸役分别论述。

（二）佛光寨以及其他诸役

洪武十五年三月，残元势力结合各地贵族与土酋，动员周边诸蛮，攻打为明军所占领的城池，先在黔西北发动反击，后来扩大到昆明、大理，乃至极西南之金齿，彼此串联呼应。四月，黔西北乌撒诸蛮抗明。[2] 时明将沐英已抵大理，顾及大局，自大理领军返昆明平定乱事。[3] 九月，土酋杨苴叛，围云南城（昆明）。[4] 随后，故元右

---

[1] 张纮：《云南机务钞黄》，收入《百部丛刊集成》，艺文印书馆，1965；李元阳纂《（嘉靖）大理府志》卷1，大理白族自治州文化局据北京图书馆1983年出版明嘉靖影印本翻印，第56页。

[2] 《明太祖实录》卷144，洪武十五年四月己亥条。

[3] 《明太祖实录》卷146，洪武十五年六月丙戌条。

[4] 倪蜕辑《滇云历年传》卷6，云南大学出版社，1992，第253页。

第一章 关键的一年

丞普颜笃叛，据大理佛光寨集结反明势力；金齿土酋高大惠则联合麓川（云南与缅甸边境）诸夷入寇。洪武十五年，滇东有乌撒与云南之役；滇西有大理北方佛光寨与金齿之役。

史册对反明诸役及人名的记录略有不同，主要是汉字音译的问题。如《滇略》记载：

> 是（十五）年六月，元布延图复叛，据佛光寨，额森布哈陷邓川。十月，金齿土官高大惠并额森呼图克构麓川夷，入寇屠永昌。大理土官高生等叛围云南。都督郭英讨平之。十六年，征南将军傅友德、都督郭英击布延图，大破之，布延图自焚死，大惠逃，为白人所杀。[1]

三股较大的反明势力，一是布延图与额森布哈在佛光寨与邓川；二是金齿土司高大惠趁此机会与额森呼图、麓川夷入寇屠永昌；三是高生（或记载为高森）在云南城招集四周蛮酋势力反明。[2]

《滇略》引言所载之"布延图"，就是正史"普颜笃"的另一音译。布延图招集故元势力集结于大理北方佛光寨一带，该地地势险要，是大理通往北方吐蕃之交通要道。《滇史》记载："元将普颜笃复叛，据佛光寨。先不华叛，据邓州。"此处之"先不华"，应是前文"额森布哈"的译音。这些反明势力集结在大理周边的佛光寨与金齿地区。傅友德后又领军再至大理，平定山区诸蛮，包括蒙化、邓川，又破佛光寨，蛮民降者数十万户。[3]

再者，金齿土官高大惠趁此时与额森呼图、麓川夷联合入寇屠

1　谢肇淛：《滇略》卷7《事略》，第181页。
2　《滇略》与《滇史》二者对时间先后之记录略有不同。其中《滇史》记载："（洪武十五年）九月，有大理起到土官高生等悉寓桂城……洪武十六年，元将普颜笃复叛，据佛光寨。先不华叛，据邓州。"见诸葛元声《滇史》卷10，第282页。
3　诸葛元声：《滇史》卷10，第282页。

永昌。这位金齿土官高大惠应是元末治理丽江一带北胜、善巨等郡的高大惠。[1]《滇略》所载高大惠为金齿土官，疑其势力在元末扩大至金齿，或与北胜、善巨等郡同隶大理金齿路宣慰司有关。《何文简疏议》也提及：洪武十五年，金齿司降于明指挥王真；洪武十六年春，王真立卫镇守，附近诸夷忿其地改设卫所，于是共推"土官高公"，引麓川思可发夷兵数万来攻，生擒王真。当时，诸夷共同推举的"土官高公"，便是金齿土官高大惠。后来，被赐名为李观的故元右丞观音保，担任金齿指挥使，在初设永昌府金齿卫时便奉命前往招抚安辑。[2]

滇东则有土官杨苴与高生围云南城。《明实录》对滇东此役记载尤其详细：

> （明军）既平云南，即分兵四出攻诸寨之未服者，云南守城者少，诸夷因相煽为叛。有土官杨苴尤桀黠，绐其下曰：总兵官已领土军俱回，云南城可取也。集二十余万来攻。[3]

由于明军前往各地征战，城池乏军固守，故云南城后为土官杨苴所带领之蛮众攻下，时蛮众动员之数约有二十万人。诸葛元声《滇史》记载此役，指出大理土官高生也参与其事：

> 洪武十五年九月，有大理起到土官高生等悉寓桂城，欲俟途平，俾令朝觐。闻帅失于抚字，至令惊疑，接踵遁还。至云

---

1 李贤：《明一统志》卷87，收入《景印文渊阁四库全书》第473册，第841~842页。
2 李观是明初被重用的土官，被派往金齿抚夷。参见何孟春《何文简疏议》卷7《裁革冗员疏》，收入方国瑜主编《云南史料丛刊》卷5，云南大学出版社，2001，第328页；谢肇淛《滇略》卷5《绩略》，第154页；王世贞《弇山堂别集》卷87，收入《景印文渊阁四库全书》第410册，第332~333页。
3 《明太祖实录》卷148，洪武十五年九月乙亥条。

第一章 关键的一年

南二帅方攻蛮部未回，云南城守者少，诸夷因而相煽为叛谋。[1]

这指的是同一事件，即大理土官高生与土官杨苴，纠集三十六营会于云南城之西北，余蛮等酋则会于东南，一时并起，众至二十万人，进逼城下。后来总官军回城，前后斩首六万余人，生擒四千余人，云南复平。在这场战役中，安宁州土酋董赐领家兵救明军于云南城，其事稍后再叙。

综观这三场战役，可推知当时土酋集结之人数。佛光寨夷众分布在大理北方山区，后降明者有十万户之数；云南城之高生与杨苴诸役，亦有二十余万众。史料虽无金齿之役反明人数，但总体来看，元末明初云南反明的势力不下三十万人，动员之规模不可小觑。但是，云南诸战役很快就被人遗忘，也没有引起太多讨论。此原因一方面固然受限于档案保存，但更主要可能与明初招抚诸酋势力政策有关。当时除了大理段氏成为必须被削弱的对象外，其他诸酋的势力并没有受到太大的撼动，其中大理贵族高氏仍在云南诸府州如北胜、鹤庆、楚雄与姚安等处担任土官要职。

此事平定后，明军的军事布局是先在大理金齿宣慰司辖境部署金齿卫与大理卫，令娴熟云南政治的观音保驻守极边之金齿，封之为金齿卫指挥使。第一位破龙关入大理平原的明将周能，则驻守龙关，为大理都指挥使司。[2] 另一位救明军于云南城的土酋董赐，赐以鹤庆土官知府，令其扼守大理北方与吐蕃交界之重要军镇（尽管董

---

1 高氏势力遍云南，这是12世纪以来云南政治之梗概。此段引自诸葛元声《滇史》卷10，第281页。此役后由土官董赐举家附明，助明平复此役，见诸葛元声《滇史》卷10，第281页。高氏与杨苴同反。《明史》卷126："土官杨苴集蛮众二十万攻云南城。"（中华书局，1982，第3758页）
2 鄂尔泰等监修，靖道谟等编纂《（雍正）云南通志》卷16下《师旅考》，收入《景印文渊阁四库全书》第569册，第505页。

赐婉拒封赏，坚持返乡担任安宁州土官）。[1]明初封赐土酋以土军指挥使的策略，也预示了未来正规的卫所制度将在西南军事部署中占有越来越重要的角色。

二　三江内外

明朝将西南地理划为内外两种不同的政治架构，即汉法区和夷长区。汉法与夷长治理架构必须放在地理脉络上来理解，首先，大理士子李元阳的《大理府志》曾对当时之三江内外描写如下：

> 按全滇幅员万有余里，其间郡县里皆有险可凭，然都不如大理山河四塞，所谓据全省之上游，一夫当关，万夫莫窥之形势也……国初诸公经略南中，其事俱载史牒，其设官之法有曰：三江之外宜土不宜流，三江之内宜流不宜土，盖以潞、澜沧、金沙为三江也。其内可以汉法治，其外非夷自为长不可也。[2]

指出大理为全滇之要地，而明初治理"南中"，以三江为界，三江以内宜流不宜土，三江以外宜土不宜流。此三江分别为潞江、澜沧江与金沙江。明朝之金沙江有大金沙江与小金沙江之分，大金沙江是现今之伊洛瓦底江，小金沙江即长江上游，此三江中之金沙江应是指大金沙江，即伊洛瓦底江。夷长治理区，指的是永昌之外的麓川、车里等区，设宣慰司；汉法区，就是澜沧江以东，以汉法治之。夷长和汉法是一组关键词：夷长区设有宣慰司；汉法是统治架构，土流并置，隶属于云南布政使司。

三江内外的分野概念也出现在《明史》之中，《明史》指出其分

---

[1]《明史》卷314《云南土司》，第8092~8093页。
[2] 李元阳纂《（嘉靖）大理府志》卷1《形势》，第53页。

第一章　关键的一年

隶云南布政使司与宣慰司这两种不同的政治架构：

> 统而稽之，大理、临安以下，元江、永昌以上，皆府治也。孟艮、孟定等处则为司。新化、北胜等处则为州，或设流官，或仍土职。今以诸府、州概列之土司者，从其始者。盖滇省所属，多蛮夷杂处，即正印为流官，亦必以土司佐之。而土司名目淆杂，难以缕析，故系之府州，以括其所辖。[1]

这段文字指出：第一，大理、临安以下，元江、永昌以上是为府治之区；第二，元江以外之孟艮、孟定则以土司辖地，即宣慰司之属。[2] 昔日大理贵族所统辖的范围遍及云南，其核心之大理金齿宣慰司与大理路军民总管府，此时被析分为江外夷长区与江内汉法区，而江内汉法区又被析分为三个土官府：鹤庆府、大理府、蒙化府。"土司名目淆杂"是实情，当时隶于兵部的武职土司，称宣慰司；隶于云南布政使司的文职土官，则为府州县土官。[3] 比较重要的是，在三江内外的统治架构下，传统西南夷的概念也逐渐"漂移"到三江以外的宣慰司地区。

当西南夷的概念"漂移"到三江以外时，西南夷一词便具有政治文化性的指涉。隐藏在人群分类架构中的制度条件是宣慰司（宣抚司）、土官以及卫所，三者将人群分为夷人、土人和汉人。西南夷开始往三江以外的宣慰司移动，三江以内土官辖境之土人也往山乡腹地流动，卫所制度下的军屯则多是汉人。在明朝的治理下，这是三种制度性的人群分类架构。

土流并置是羁縻政治的理想形式，但土官与流官是合作还是竞争，是个大问题。当局势尚未稳定时，流官未及派驻，许多事务

---

[1] 《明史》卷313《云南土司》，第8063页。
[2] 陆韧：《变迁与交融：明代云南汉族移民研究》，云南教育出版社，2001，第14页。
[3] 有关土官与土司的定义与职责见绪论之相关讨论。

仍由原职土官执掌，若派任流官，也多仰赖土官维持地方秩序。再者，一开始建城池工程多由军队主导，卫所虽主军政，但因后续运粮与屯田事务相涉，又与土官及流官产生利害关系。[1] 卫所与土官是两股不同的势力，随着汉人卫所数量增加，其作战实力却越来越弱，土军与土官仍然是云南战场的主力。他们在军事与杂派事务上相互牵制、统属，但又因为种种职务调派而相互抵牾。[2] 从政治结构来看，流官治理平缓之农业生产区，土官掌理山乡社会，二者互不干涉。然卫所势力以及流官派任，往往使土官在地方政治的经营上产生腹背受敌之情形。

对三江之内的汉法区而言，明朝治理的终极目的是革土改流，以流官治理作为最终的目标。为此，土官在辖境中积极设置符合官方正统之机构如庙学，以示其向化之心；同时，为表其具有土人政治的合法性，又以别于汉人之异质性来展现其"他者"身份，游移于汉人与土人之间。同样的，在汉法区之辖民，也游移于两种体制之间。汉法区提供二元治理的可能性，也为人群提供许多不同的身份选择机会，这正是大理世族精英身份摇摆的主要原因。

三　大理内外

大理世族精英对身份有许多不同的选择。洪武十六年二月，征南将军傅友德遣送降明有功的观音保（即李观）以及"酋长"段世等160人，至南京献马，"赐钞有差，仍各赐其家属衣服"。明太祖以观音保助明军有功，赐姓名为李观，视其为征滇有功第一人，任命其为金齿指挥使。[3] 另一位安宁州土酋董赐带领部曲家兵，救明军于云南城，被赐为鹤庆府土同知。明太祖原想拔擢其为指挥使，为

---

[1] 参见方铁主编《云南通史》，第571~582页。
[2] 刘灵坪：《汉土之分：明代云南的卫所土军——以大理卫为中心》，《历史地理》2013年第1期。
[3] 《明太祖实录》卷152，洪武十六年二月庚子条。

其所拒，后仍以安宁州土官任命之。[1]李观与董赐是助明作战中功绩最高，也最受瞩目的二位土官，而金齿与鹤庆也是西南最重要的两个边境要塞，前者通往缅甸，后者通往吐蕃。明太祖将二位指挥使封赐于此，正好说明中央王朝对西南边境治理的初期想象。除此二者外，中央王朝也开始在大理总管府的势力范围内大量封赐降明之土官。

（一）大理府外缘之政治生态

佛光寨位于鹤庆与邓川交界之处，其南崭然险绝，山半有洞，可容万人，山后尤为险峻，其径仅能容一人，又称为一女关。明初为平定佛光寨，明廷动员附近土酋前往平乱，据地方民间文献记载，因此役而封功者有319员，俱给世职。[2]当地土官也追溯其助明有功的祖先，来宣称其土官身份的合法性。

首先来谈鹤庆府的情况。洪武十五年七月：

> 普颜笃、高森等叛，占踞城池。蒙守御指挥脱列伯调拨董信，信招集人民协同官兵昼夜攻击，再令彝民接济军需。十一月内，进征佛光寨，斩杀贼级。[3]

董信是大理世家贵族，佛光寨之役期间建立军功，洪武十六年，奉总兵官征南将军札符，以随军征战有功拟授鹤庆府世袭土官知事，管束人民。鹤庆董信与安宁州土官董赐有何关系，仍有待考证。从引文中也可获知，当时董信具有动员山乡彝民之实力，其使"彝民接济军需"，可窥其状。

---

[1]《明史》卷314《云南土司》，第8092~8093页。
[2]《董氏宗谱碑记》："本年（洪武十六年）二月内，蒙总兵官傅友德题奏云南有功三百一十九员，俱该世职。"收入张树芳主编《大理丛书·金石篇》第10册，第224页。
[3]《董氏宗谱碑记》，收入张树芳主编《大理丛书·金石篇》第10册，第224页。

董赐也曾被赐为鹤庆府土官，傅友德在给他的书信中指出其军功："余征大理，足下又率乡曲子弟五百余人为师前道，招徕剑、丽，降伏西番，威声颇振，有功必报，古之道也。"[1] 当时董赐带着部曲家丁，引领傅友德前往滇西北招服剑川、丽江等地，甚至还抵达丽江北部"西番"之地，其功不可没。但是董赐世居滇东安宁，不想接受明军授予的官爵，自愿回到家乡为安宁土官知州。后又经傅友德与大臣等相议，改董赐为云南前卫世袭指挥佥事。[2] 对统治者而言，卫所指挥的军职比土官地位要高得多，董赐不接受朝廷的安排，明太祖也表示甚为难解。

最终，鹤庆府土官仍然由高隆（1350~1382）来接掌。鹤庆位居通往吐蕃的要道，向来是高氏的势力范围。高隆的儿子高仲（？~1399）听闻明军已入大理，便"备忠烈之诚，率徒众百余人……至大理而投降之"。[3] 随他降服者多为其亲信下属。高仲被赐为鹤庆土同知，其族人高赐亦归附明军从征佛光寨，招谕未附者输金助饷，后授通安州同知。[4] 族人高海，也从征佛光寨有功，授千夫长。[5] 高信，资粮铠仗，从征普颜笃，论功授土知事，其裔高棠荫听袭鹤庆土知事。[6] 其他从属者有杨通、王保、王祥、李清、寸赐、李奴、王公、张生、赵宗等，皆当时之郡人，也获功授百夫长。[7] 鹤庆府山外则有郭生，因从征佛光寨，授观音山土驿丞。在城驿土官田

---

[1] 这一部分可以参见傅友德《与鹤庆知府董赐书》，收入范承勋、吴自肃纂修《（康熙）云南通志》，《北京图书馆古籍珍本丛刊》第44册，书目文献出版社，1988，第707~708页。

[2] 《明史》卷314《云南土司》，第8092页。

[3] 《明故高氏墓碑志》，收入张了、张锡禄编《鹤庆碑刻辑录》，第253页。

[4] 鄂尔泰等监修，靖道谟等编纂《（雍正）云南通志》卷19《名宦》，第676页。

[5] 鄂尔泰等监修，靖道谟等编纂《（雍正）云南通志》卷24《土司》，第234页。高海的势力尤其集中在鹤庆山区："世居郡城西北隅，部夷附郭余驯而柔，山后乌蛮、猡猡依附险阻，犷悍好杀，调以赴敌，无所短长。"又见刘文征纂《（天启）滇志》卷30《羁縻志》，第980页。

[6] 顾炎武：《天下郡国利病书》，艺文印书馆，1977，第2052页。

[7] 顾炎武《天下郡国利病书》："以征佛光、石门及守城馈饷功，得世其官，今其裔有杨绩勋、王屏、王从震、李得麟、寸汝珍、李一龙、王宁、张世立、赵国瑞，皆未能袭其先世之官，仅以土舍署事而已。"（第2052页）

第一章　关键的一年

宗，以刍粟供军佛光寨之役，授土驿丞。高仲（土官）把事，后为观音山巡检。[1] 由此可知，鹤庆高氏及其从属者，大多参与平定佛光寨之役，并因此获得土官身份。显然，大理府北方仍然是高氏世族的势力范围。

剑川土官赵氏也出兵粮，助明军作战。其中，赵觅征民调兵，因佛光讨贼运饷，授剑川土千户。赵觅下属得授百夫长职者，如施保、李善与赵坚等，复又有杨忠、杨保、杨惠、段佑、杨海与李隆等以土舍身份听袭。[2] 民间碑刻记载其事，《龙门邑施姓世系残碑》提及当时施保（施宝）被封为剑川州世袭土官百夫长的情形：

> 时有逋逃普颜都作乱，走据佛光寨叛。大兵云集三营，戮之。于洪武十五年六月内，自统部下小旗土军，前往三营归附总兵官征南将军。管领人夫，搬运粮储，接济大军，同官兵奋勇上前，攻破大寨，生擒叛贼普颜都、高森等七人，解赴纪功，官府验明奖赏。[3]

征南将军向朝廷奏告，封施保为土官。洪武十七年春，吏部勘查，又授土官敕命一道。[4] 再者，剑川州民杨惠讨佛光寨，被授以大理府浪穹主簿。[5]

从《土官底簿》以及民间碑刻中可知，明军依赖大理四周之土官平定佛光寨，也封赐土知府、土巡检、土千夫长、土百夫长、土舍、土驿丞等衔，使得这些土官在新政治架构中得以维持旧关系。明初对西南土官之设置原则相当宽松，其数目远远超过其他边境地

1　顾炎武：《天下郡国利病书》，第2052页。
2　顾炎武：《天下郡国利病书》，第2052页。
3　《龙门邑施姓世系残碑》，收入张树芳主编《大理丛书·金石篇》第10册，第70页。
4　剑川百夫长杨惠之子的墓碑，参见李文海《昭信校尉杨侯墓碑》，收入张树芳主编《大理丛书·金石篇》第10册，第48页。
5　刘文征纂《（天启）滇志》卷30《羁縻志》，第975页。

区，土官也因地、因时制宜，时兴时废，反复设置。[1] 这与官府对西南诸酋所采取的招抚政策有关。对土官来说，其身份的合法性，不只是来自降明，还包括助明军攻打佛光寨事件，军功也成为其后代承继土官的条件。一旦如此，其地必须要有待征之人与待平定之乱事，后来由承袭和军功所引发的纷扰也引起许多的讨论。[2] 在土流并用的二元政治架构中，土官虽多以原官任用，但来自流官与卫所两方的制衡，使得区域政治生态的局势逐渐产生变化。

（二）大理府内部的族群政治

百夷与罗罗土酋也随明军平定大理佛光寨，分别在大理四周担任重要土官，包括阿氏、字姓与左氏等。首先来谈阿氏，据《重修邓川州志》指出：

> 洪武初年，阿这自威远州来，适浪境佛光寨高大惠叛，元丞相普颜笃助之，蒙高皇帝遣西平侯率阿这邓川州知州，世袭。赐十土司【巡】检以隶阿侯家兵。[3]

明中叶之《邓川州土官知州阿氏五世墓表》则记载：

> 惟阿氏为西南盛族，世居威远州。姓刀，其始祖讳这，字开先，随父讳哀者……乃于洪武十五年壬戌，天兵南征，开先公向义奋勇，率众输粮，攻克佛光、三营、寺寨数寨，擒获伪平章高生、右丞普颜都等。一地方赖以平靖，论功授任

---

[1] 江应樑：《明代云南境内的土官与土司》，第3页。
[2] 龚荫：《中国土司制度》，第88~94页。
[3] 艾自修纂《（崇祯）重修邓川州志》，南明隆武二年刊本，中研院历史语言研究所傅斯年图书馆藏缩微胶卷。

本州土官知州。[1]

墓志铭指出他们原是西南盛族刀姓，是南方百夷（摆夷）大姓。[2]阿这"向义奋勇"，率众输粮，助明军攻克佛光寨、三营与寺寨等，事平之后，授任邓川土官知州。阿氏后来定居邓川，其子孙世袭为邓川州土官。据《滇志》记载阿这：

>   羊塘里民，洪武十五年，蛮贼高生与故元右丞普颜笃之乱，惟这执忠不屈，为平西侯所旌。后以擒高生等功，授土知州，世袭。所部皆爨属，强者依山，弱半附郭。[3]

阿这受平西侯征召，助明军平定金齿乱事，授土知州。邓川州隶大理府，位居太和县之北，令百夷部酋担任邓川土官，应非偶然。阿这所统领的部属多是山居爨属，这里的"强者依山，弱半附郭"，指山上强者如罗罗人等扼守于山乡的关哨，而弱者则是南方百夷族类，居于附郭之处。此外，阿这还控制了整个大理府北方山区与西部山区之十个土巡检司。

百夷阿这统辖的十个山乡土巡检司中，便有二位来自滇东之罗婺部：字忠与施姓土酋。罗婺部，又称罗武部，是大理国时期境内三十七部乌蛮之一。[4]武定凤氏是滇东重要政治势力，与滇西大理军民总管府之段氏地位相当。凤氏于洪武十四年受降，十六年入京贡

---

1 杨南金：《邓川州土官知州阿氏五世墓表》，收入张树芳主编《大理丛书·金石篇》第10册，第71~72页。
2 王国祥：《对元明以来北迁大理傣族之考察》，收入赵怀仁主编《大理民族文化研究论丛》第1辑，民族出版社，2004。
3 刘文征纂《（天启）滇志》卷30《羁縻志》，第974页。
4 罗婺酋长阿而能干众服，大理国君段氏举之为罗婺部长，与大理有结盟之约。元世祖南下亲征时，罗婺部酋首先归附，授万户侯，赐姓为凤氏，封为武定土官总管。见何耀华《武定凤氏本末笺证》，云南民族出版社，1986，第1~26页。

马。[1]换句话说，其降明入京朝贡之际，正值大理北方佛光寨举事。明军以东军西调的办法，派遣罗婺部民，将其部署在大理山乡，以此抑制大理贵族之势力。

当时被封的罗婺土官有土巡检字忠，他随颍川侯驻守大理。据雍正《云龙州志》载，箭杆场土巡检字忠，系武定土官安慈次子，洪武十五年随颍川侯定大理，授浪穹县土巡检。《大理府志》也记载："箭杆场土巡检字忠，原武定土官安邦后裔，弘治时钦赐字忠。"随字忠而来的，还有施姓，任罗川土巡检。[2]如从前引《滇志》记载邓川百夷阿这土官所统属者是"强者依山，弱半附郭"来看，这二位来自滇东的土巡检便是依山强悍的游击者，其驻守大理府西面至北面之山区，受阿这召调与节制。

再者，阿这统辖的十位土巡检以罗坪山为界，分布跨越浪穹州与云龙州二州之境。罗坪山以东有五位土巡检，在浪穹州境内；罗坪山以西另有五位土巡检，在云龙州境内。这些土巡检也是平定佛光寨之有功者，如凤羽土巡检尹胜，上江嘴、下江嘴土巡检杨信与何海。[3]另外，土驿丞尹义，因从征佛光寨，后授为定边县土县丞、漾备（今漾濞——引者注）土驿丞，等等。[4]罗坪山以西的五个土巡检，还包括前述的箭杆场巡检字忠、十二关巡检李智、师井巡检杨

---

1 檀萃的《武定凤氏本末》记载："洪武十四年，天兵征云南，差张镇抚招谕。十五年正月，商胜即将金牌印信，缴于千户徐某，自运米千石，开通道路……十六年遣阿额、黑次、苗里、伎迷、赵寺等贡马二十匹。七月，商胜亲身入觐。行至纳溪，上颁印信金带已至矣。领受，即赴都谢恩，即授中顺大夫武定军民府土官知府，赐之世袭诰命。"见何耀华《武定凤氏本末笺证》，第 55~59 页。
2 谢道辛、田怀清调查整理《云龙县、漾濞县罗武人的历史调查》，收入云南省编辑组、中国少数民族社会历史调查资料丛刊修订编辑委员会《大理州彝族社会历史调查》，云南民族出版社，2009，第 60 页。
3 刘文征纂《(天启)滇志》卷 30《羁縻志》，第 974~975 页。
4 鄂尔泰等监修，靖道谟等编纂《(雍正)云南通志》卷 24《土司》，第 896 页。

胜、顺荡井巡检李良、上五井巡检司杨惠等。[1] 除了字忠与施氏土巡检，其余仍是白人的势力范围。

邓川百夷阿氏的政治分为两类，一土官阿这世系，二阿这次子阿世英为罗陋土千户，治理金沙江支流之区。[2] 邓川四周为崇山峻岭，其与邻区交界设有铺舍关隘，另有大把关隘，腊坪哨、花甸哨、石嘴哨、白土坡哨由土官辖下之兵夫住民"猡猡"把守。[3] 设置关隘哨口说明山乡治理的重要性，而这些地点是连接盐场与银矿场之关键，也是区域人群往来与物资交换的重要途径。阿氏非白人的身份相当特殊，其除了引领百夷氏族聚居于邓川一带，又吸收该地白人土巡检维持山乡秩序，还得驾驭罗罗土巡检为其部曲。他在邓川境内编查户口、兴建学校与建立祀典，颇具政绩。[4] 大理府曾一度缺流官派驻，由阿氏代理大理府同知之职，其成为大理府境内地位最高的土官势力。[5]

大理南方也另有一股非白势力崛起，并以罗罗（倮夷）火头左禾充任蒙化州土官。左禾势力越来越受重视，后来蒙化州从大理府划分出来，升为蒙化府，左氏也随之跃居为大理府南方之重要土官势力。[6] 从上述中央王朝在大理四周拔擢滇东罗罗、滇南夷族、滇南倮夷等非白人土官可见，其中有拉拢，有牵制，旨在抑制昔日大理政治中心和世族社会网络的运作。

---

1 谢道辛、田怀清整理《云龙县、漾濞县罗武人的历史调查》，《大理州彝族社会历史调查》，第61页。又见陈希芳修《(雍正)云龙州志》卷9《官师》，手抄本，翻印自云龙县档案馆。
2 艾自修纂《(崇祯)重修邓川州志》卷4《建设志》，第23页。
3 艾自修纂《(崇祯)重修邓川州志》卷4《铺舍》，第29页。
4 杨南金:《邓川州土官知州阿氏五丗墓表》，收入张树芳主编《大理丛书·金石篇》第10册，第71~72页。
5 杨南金:《阿土官署大理府记略》，收入艾自修纂《(崇祯)重修邓川州志》卷14《艺文志》，第104页。
6 左禾原为大理府蒙化州罗罗人，系蒙化州火头。洪武十六年正月投首复业，充摩牙等村火头。十七年，总兵官拟充蒙化判官。永乐三年由里长张保告保，以其夷民信服，升任蒙化土知州。见《土官底簿》上卷《蒙化府知府》，收入《景印文渊阁四库全书》第599册，第345页。

四　驯熟府分：土流并置的大理府

在大理四周封赐非白土官后，大理府改派流官知府，成为西南第一个被明朝直接统治的行政辖境。洪武十五年四月始置大理府，其初领有二县四州，即太和县、云南县、赵州、邓川州、云龙州、蒙化州。后来又因东边山乡长年动乱，弘治年间增置宾川州。正统年间，大理府辖境之蒙化州，独立出大理府外，升为蒙化府。除了核心区大理平原太和县，府内之州县多由土官担任，如云龙州土知州段保、邓川州土知州阿这、云南县土县丞杨奴等，偶佐以流官治理。

卫所是汉法区用来制衡土官的军事设置。大理四周也逐一部署卫所：洪武十五年平定大理后，设置大理卫指挥使司；十六年，在品甸（祥云县境内）设置洱海千户所，三年后，正式置洱海卫；[1] 弘治年间山乡乱事，又增置大罗卫，同宾川州治。[2]

居留在太和县的世家大族被同时划入两套制度之下，一是土军，一是里甲。

（1）土军。分为土巡检与土军两类。大理贵族出现较多的低阶土官，如神摩洞土巡检赵俊和蔓神寨土巡检董宝。据《土官底簿》记载，赵俊原来是元末大理府录事，因招抚金齿土军有功，被封为神摩洞土巡检。太和县民董宝降明后，授大理府土官经历。土巡检可说是文职土官最低阶的一种，但隶属范围似乎不明确，后来未见承袭者。[3] 太和县之山乡地区也封赐更多的土巡检，如青索鼻土巡

---

[1] 陆韧的研究指出，明军入云南分为两个阶段。在洪武十八年以前，便已置有十卫一所，为征南大军留下的兵力。洪武十八年至洪武末有征麓川之役，为充实军力而有调兵与屯戍听征的军事移民。见陆韧《变迁与交融：明代云南汉族移民研究》，第4~10页。

[2] 方国瑜：《卫所设置与名号》，《中国西南历史地理考释》，中华书局，1987，第1135~1145页。

[3] 参见《土官底簿》上卷《太和县神摩洞巡检司巡检》，收入《景印文渊阁四库全书》第599册，第337~338页；《赵州蔓神寨巡检司巡检》，第338~339页。但在顾炎武《天下郡国利病书》中，未列其名，很可能明中叶以后便不传世职。

检杨良、安南坡土巡检李纳麟、你甸土巡检李义、凤羽土巡检尹胜等。明朝为招抚大理四周之土酋，大量封赐土巡检职衔，后来土巡检之承袭受到刁难，叛服不定，时封时废，成为山乡腹地一股浮动的政治势力。

太和县洱海东岸（海东）的世家大族，多被编入土军。[1] 据出土墓志铭记载，明初攻打大理时，段氏将军力集中于两个军事要塞，一是将海东世族军队调到大理守城，二是将大理平原内部的军队集中在龙尾关。大理兵败以后，海东独留李兴与杨惠二人驻守。[2] 后来被编入土军行列，保留其世族军事性格。

李兴是海东世族，其墓志铭记载其祖先是南诏大将军李克铎。元时，李兴封为义军千户，也是海东地区最大的土官。他在降明后，协助明军攻打佛光寨，后充海东等处土官千夫长。[3] 此后，他被调升为郎缥甸军民长官、丽江金宣慰事等。[4] 李兴之子李珠，也因运粮有功被封为武略将军；次子李敏则为土官舍人；其侄子李松到南京入觐，得赏衣而荣归。[5] 李珠被封为土官千夫长时，其地位甚高，但后来云南县（今祥云）增置洱海卫，其子被划为洱海卫中左所土官千户。[6] 土军隶归汉人卫所，被整并到卫所体系之中。

另一重要世族为杨惠，元时为海东等处管民万户所照磨。明军入大理时，他招抚海东等人归附，奉征南将军榜文，后升太和县县尹，又任云南监察御史、选用邓川鼎山场医士等职。他将海东军民予以造册并公告明朝基层治理之政策。其中，他将海东聚族而居的

1　洱海东岸向来称为海东，是明朝控制大理坝子的首要之区。元末时，大理总管在海东设有海东万户和孟州，其目的是要与滇东之梁王分庭抗礼。
2　王富：《鲁川志稿》，第 433 页。
3　《元遗老李兴墓志》，原碑在大坟坪。收入王富《鲁川志稿》，第 374 页。
4　《李公益墓志铭》，收入云南省编辑组编《白族社会历史调查》（四），第 178~179 页。
5　无极：《仁德墓志》，收入张树芳主编《大理丛书·金石篇》第 10 册，第 28~29 页。
6　《故土官舍人李公墓志铭》，收入云南省编辑组编《白族社会历史调查》（四），第 181 页。其配为大理卫左所正千户。洱海卫的建置，参考刘文征纂《（天启）滇志》卷 2《兵食志》，第 258 页。

世族列为土军军籍，而散居的山区居民划为平民，编入里甲。此举也可能和后来大规模的山乡动乱有关。[1]

太和县内的世家大族也被权充为土军，归隶太和所。黄元治等康熙《大理府志》将其情描述得比较清楚，其内容载：

> 按土军本属民也，缘明初平云南奏调各省军三十万弹压诸蛮时，中原多事势未有及，权借农民自办军装马匹，姑充队伍，以应教场之操期，是名太和所也，久假不归，遂为定籍。厥后卫官卫军恣意鱼肉，民不堪命，十逃其九，嘉靖佥事王惟贤严革前弊，稍稍安然。然土军之籍终未除也。既为民又为军，一身而两役之。[2]

土军原来也是世袭性质，地位不低，其有土军指挥使、千夫长、百夫长等头衔，明初时他们也如同土官一般，备马赴京进贡。[3] 太和县之里甲户也被编入太和所，是为土军，每遇有民役随之差使。明初时因操期不定，为卫所官旗科扰万状。明中叶以后，正规卫所兵制破败，军籍逃者甚众，每遇乱事，朝廷还是必须调征土兵与土军协助平乱。[4] 至嘉靖年间，其状况才得以缓解；到万历年间，必须缴纳免操银来免除军事操练的活动。[5] 这些隶籍太和县的土官巡检和土军，往往由世家大族一支系顶充，后来有的则转型为士人，有的则移徙

---

1 《大理府老人杨惠墓志》，收入张树芳主编《大理丛书·金石篇》第10册，第34页。
2 李斯佺、黄元治纂修《(康熙)大理府志》卷7，收入《北京图书馆古籍珍本丛刊》第45册，第88~89页。
3 明初最有名的土军是观音保，他受到朱元璋的赏识，被封为金齿卫指挥使，到南京见朱元璋。另外，具体的个案可以参见李文海《照信校尉杨侯墓碑》，杨侯是剑川土官百夫长，明初须赴京替职，又随大理卫从金齿之役，随大军征讨麓川等处。该碑收入张树芳主编《大理丛书·金石篇》第10册，第48页。
4 方国瑜：《明代在云南的军屯制度与汉族移民》，收入林超民主编《方国瑜文集》第3辑，第183页。
5 刘文征纂《(天启)滇志》卷6《赋役志》，第214页。

第一章 关键的一年

他处。他们在边战频繁的西南地区，采取什么样的生存策略来应对局势，也是相当值得讨论的。

（2）里甲。苍洱间是大理总管府之核心区，也是旧皇城所在地，在被划入太和县后，被划分为城里以及上、中、下三乡，共置50个粮里单位。[1]许多贵族集团也被编入里甲。然而，其里甲施行情形与其他地方稍有不同。《明会典》记载：

> 洪武二十四年奏准，凡云南各府攒造黄册，除流官及土官驯熟府分，依式攒造外，其土官用事边远顽野之处，里甲不拘定式，听从实编造。[2]

指出云南边远"顽野"处之里甲编册是不拘定式，但"流官及土官驯熟府分"则依式攒造里甲，此驯熟府分应包括当时之大理府。许多贵族世家被划入里甲，大理总管段氏之其中一支便担任峨崀里之里长，[3]喜洲董氏也被派任为市户里里曹。[4]这些世族大家很快就通过读书科考的渠道转型为士人或是吏员。由于大理境内之佛寺庄园常住甚厚，地方官员复将太和县境内的三座佛寺纳入粮里。正德《云南志》记载太和县有53里，比明初增加三个里，加设的是感通寺、无为寺与三塔寺。其他州县则包括邓川州编户12里，下辖浪穹县25里；云南县编户15里；宾川州编户12里；赵州编户8里；云龙

---

1 出自大理族谱的资料。《大理府志·名宦类·傅友德》注："大理悉平，定租赋。又田赋类，太和县粮里五十，分在城并上中下三乡，上乡十二里内，其第四曰市户。"见杨士云《明故掾史董公墓表》，收入《大理史城董氏族谱》卷8《艺文》，第22页。太和县分五十粮里，后来被划出额外三个粮里，分别是三塔寺、感通寺与无为寺。参见李斯佺、黄元治纂修《（康熙）大理府志》卷8《田赋·粮里》，第115页。
2 《大明会典》卷20《户口二·黄册》。
3 《阁洞旁段氏族谱》，大理市院塝村采集。
4 列名十三世之董救"洪武初为太和县市户里会"；董宗"名下立为市户里第一甲首户"；董山"祖名下分为第二甲首户"；董恭"以下十二祖分为市户里十甲甲长户"；等等。见《大理史城董氏族谱》卷3，第6~8页。

州编户 2 里。区区太和县被划作 53 个粮里，居全滇各县里甲密度之冠，可知明朝特别重视大理境内世族社会之管理，且尤甚于滇东之云南府。

不只是如此，依据正德《云南志》记载，当时大理府户口登记数量最多，计有 19815 户，比云南府的 16583 户还高。[1] 康熙《大理府志》也注意到这个情形，其记载如下：

> 按《通志》载：全滇民丁止有十四万三千有奇，即云南首府亦不过一万七千余丁。今太和一县耳，自上关至下关南北不过九十里，自苍山麓至洱河滨东西不过五里，其间村堡寥寥可指，所载人丁至有一万八千九百六十余，以一县之丁且较首郡而浮之，似不应如是之多。遍询故老皆曰：明颍川侯傅友德以段氏抗拒，故田赋户丁视他郡特增重焉。今按户而核，十丁未必六丁之存；足额而供，一丁几有二丁之累，故老之言如此然。[2]

全云南登记在案的丁口有 14 万余，清初云南府丁口则有 1.7 万余，但光是太和县一县的丁口数便有 1.8 万余，一县之人丁比云南府所登记的还多。这种现象与明初朝廷对太和县特别关注并进行严格的政治管理有关，此留在册籍中的丁口数成为太和县民严重的赋税负担。虽然具体登记与管理在明中叶才逐渐进行，但万历大理府的人丁仍然比首善之区的云南府高出 4.7 倍。[3] 大致看出明朝对大理府的治理态度。

1　周季凤纂《（正德）云南志》记载当时整个大理府一共有 19815 户、166602 口。参见周季凤纂《（正德）云南志》卷 3《大理府》，收入方国瑜主编《云南史料丛刊》卷 6，云南大学出版社，2000，第 126、135、138 页；陆韧《变迁与交融：明代云南汉族移民研究》，第 106 页。

2　李斯佺、黄元治纂修《（康熙）大理府志》卷 7《户口》，第 66 页。

3　陆韧：《变迁与交融：明代云南汉族移民研究》，第 110~111 页。

小 结

　　佛光寨之役为大理四周土酋转型为土官提供了合法性的基础。中央王朝先在大理府境内四周安置了非大理世族——非白人土官势力，尤以邓川阿氏以及蒙化左氏为代表，其削弱大理平原上贵族势力的意味浓厚。再者，在更外缘的滇西北与吐蕃交接处，仍然仰赖鹤庆与北胜州高氏在大理与吐蕃间金沙江沿岸之屏障势力。其采用"土官"，不仅是原地留任的羁縻性质，也有在不同人群间创造均势的政治版图来抑制大理世族的意味。

　　太和县土流并置的实施方式是将大理世族同时划入土军与里甲，使得太和县民成为赋役、兵源的来源。上述之政治制度一方面将大理社会直接纳入府级行政单位，另一方面也因为其特殊之历史条件，许多土官仍在官府未及之地继续执掌其传统领地。此二元政策为其人口与身份提供了不同的选择机会。

第二章　书写者：华夷之间的历史与神话

　　土流并置的汉法区潜藏着一套以华变夷的政治架构。在进入研究对象与主题前，我们必须先分析相关文献书写背后的权力结构以及时空脉络。为方便讨论，本章先从上层的正统叙事开始：（1）官方的正统史观——僰人论述；（2）士人的正名运动——白人与白国；（3）民间传说文本——口传的文字化。这些历史叙事有其不同的书写架构、格式与内容，也包括一套标准化的意识形态。先对不同文类以及特有的历史叙事做一个讨论，将有助于厘清本书的研究对象。

一 官方论述：僰人

（一）僰人近汉

明朝统治西南，特别重视对大理世族精英的拉拢。朱元璋先派遣云南布政使张紞（？~1402）安抚地方势力，先后在昆明和大理两大佛寺留下碑记，指出僰人与佛教是治理西南不可或缺的重要支柱。张紞在昆明佛寺留下《具足禅院记》，指出当地最易教化的一群人是信仰佛教的僰人。他说：

> 西南诸种曰僰、曰爨、曰獠、曰夷，而旁孽庶丑又不可悉纪。独僰人修缮刹宇，寻袭师宗，事佛惟谨，余种皆不之信。盖其习气使然……予既悯诸夷之寡识，而喜僰人之易化，特为叙其本末。[1]

他将西南诸夷分为四大类，分别是僰、爨、獠与夷。他对僰人颇有好感，认为其有寻袭师宗的传统，是一群事佛易化的人。张紞甚至以僰人之佛寺"宛若华制"，使其心目洒然，忘记行旅之陌生感。后来，他到大理拜会当时地位显要的僧人无极和尚，僰人论调又重复出现。张紞为无极和尚撰写《感通寺记》时，其笔下的大理如下：

> 大理之为土，负山面海，由唐以来，蒙段氏据而有之，始六百年，二氏皆僰人。西南夷为类虽杂，知文教者惟僰焉。其俗事佛而善释，段氏有国用僧为相，或已仕而更出家，故大理中佛教最盛，而僧之拔萃者亦多。收附初，有征无战，其梵宇

---

[1] 张紞：《具足禅院记》，收入北京图书馆金石组编《北京图书馆藏中国历代石刻拓本汇编·云南地区》，中州古籍出版社，1989，第19页。

缁流，悉获安堵。[1]

其指出蒙、段二氏据大理六百余年，皆为僰人，其人"事佛而善释"，文化水平最高。换句话说，僰人被标准化为固定人群的称号，是信仰佛教的人群，也是蒙段统治者的后裔。张紞也强调收附之初"有征无战"，没有引发大规模争战，主要是佛教之功。是以，明初治理西南，必须拉拢僰人，并优礼僧人集团。这是张紞在昆明与大理这两座大佛寺之碑刻中所陈述的重要内容。此后，官方文献多以僰人称呼白人。

僰、白虽然相通，但标准化之"僰"有其政治与文化的意图。晋人《华阳国志》有"汉武开僰道"之说。[2] 这种边缘的历史记忆充斥在正统历史叙事之中，元人李京到西南时也采用"僰道"之说。李京《云南志略》言：

> 白人，有姓氏。汉武帝开僰道，通西南夷道，今叙州属县是也。故中庆、威楚、大理、永昌皆僰人，今转为白人矣。[3]

李京是第一位将僰道的僰人视为白人的官员，他把汉武通西南夷开僰道和13世纪云南诸府之白人相距千年的历史串联起来。他虽然认为白人祖先是僰人，但很快就回到现实，承认僰人已转为白人的事实，这里的"转"是关键，指后来僰人世居化成白人。明人承袭李京的论点，但刻意忽略白人，以华夏正统的架构，用

---

1 张紞：《感通寺记》，收入周季凤纂《（正德）云南志》卷43《外志》，方国瑜主编《云南史料丛刊》卷6，第495页。
2 常璩《华阳国志》卷3《蜀志》有许多僰道之论，"汉祖自汉中出三秦伐楚……高后六年，城僰道，开青衣"，又"犍为郡……孝昭元年，郡治僰道，后遂徙武阳"。参见常璩《华阳国志校注》，刘琳校注，巴蜀书社，1984。
3 李京：《云南志略辑校·诸夷风俗》，收入王叔武校注《大理行记校注 云南志略辑校》，云南民族出版社，1986，第86页。

"僰"取代"白",试图把白人的历史与汉武通西南夷这件事联系在一起。[1]

很明显,典范历史的书写架构主导西南历史的叙事内容与方向,其背后蕴含着一套文化范畴上的华夷观念。若以正统历史叙事来考证僰人的历史,经典化的考据可以追溯到《礼记》,经学考证的崇古之风不断地强化这样的论点:白人即僰人。嘉靖年间,官员姜龙[2]为杨慎所撰之《滇载记》撰写序文,其指出:西南是外徼之地,声教不及,并引用《礼记》所言"王制出学,简不帅教,屏诸西方者曰僰"。[3]僰人成为弥缝南诏、大理与华夏正统两种断裂历史叙事之媒介。不仅如此,当时许多学者也投身于金沙江与黑水的源流考证,试图在经典中重新发现大理之山川水利在汉籍中的踪迹。[4]

明初以来之官方文献以"僰"指大理之统治贵族,并使其符合正统史观中之古汉人。对大理世族而言,"僰"是模棱两可的他称,"僰汉同风"指文化同源,也有夷化汉人之意。[5]这与后来白人转型之文化形象非常吻合:白人世家逐渐转型士人阶层后,继续拥有许多当地既有之政治资源,也有治理地方的统治技术,是沟通明朝与

---

[1] 方国瑜曾从移民的角度考察僰人到白人的历史。他认为东汉晚期因滇东爨氏族势力扩大,原来居住在四川、云南边境上的僰人受到排挤,遂移入洱海与永昌一带。其论点有二。(1)东汉晚期,朱提郡多僰人,且多汉族大姓,然唐代时,朱提悉为乌蛮,显知原住之民已迁往他处。(2)滇东之僰人,西晋以前多见记录。南朝以降则无闻,而唐朝西洱河多白,且有大姓,自云其先本汉人。于是方国瑜先生便认为滇东的僰人是在晋后迁居洱海地区。也因为如此,方国瑜认为南诏、大理的人群结构,是王室以哀牢夷为主,并以河蛮、僰、汉大姓为其国之主要人群。参见方国瑜《唐代前期洱海区域的部族》,收入林超民主编《方国瑜文集》第2辑,云南教育出版社,2001,第42~79页。

[2] 姜龙,南直隶太仓人,正德三年(1508)进士,曾任礼部郎中,后担任云南副使。见《明史》卷165《列传》53,第4476页。

[3] 收入方国瑜主编《云南史料丛刊》卷4,云南大学出版社,1998,第756页。

[4] 李元阳:《黑水辨》,收入刘文征纂《(天启)滇志》卷25《艺文志》,第868页。

[5] 汉僰同风出自《明一统志》卷86,第816页。其形容楚雄府的僰人风俗,"好讼崇释,汉僰同风"(第34页)。

西南诸夷之重要中介，因而很快就成为新朝治理西南之代理人。各府州县设有土流官衙门，莫不以广设儒官、学正为首要政策，其目的在吸收堪为朝廷任用之人员，同时扩大地方治理的社会基础。白人多在土流衙门担任学官等职务，成为官府教化群夷之代表。再者，各府一旦设置儒学，配有庠生员额，其地处邈远之夷民散居山乡，亦难以趋学，白人很容易在科举任选制度下进身为士人阶层。明英宗时，云南按察司提调学校副使姜浚指出景泰元年（1450）西南夷受儒学教育的情形：

> 臣自受命以来，遍历云南各府司州县儒学，见生员多系僰人，罗罗、摩些百夷种类性资愚鲁，不晓读书，不知礼让，廪膳增广，俱不及数，或缺半者有之……惟恐虚费廪禄，因循日久，学政废弛。其各卫所军生多有人物聪俊，有志于学，缘不得补廪，无人养赡，难于读书。乞不拘常例，军民生员，相兼廪膳，庶使生徒向学，不负教养。[1]

这里提及百夷不晓读书，各地儒学以僰人为主。终明之世，云南士子多僰人，僰人也逐渐从"西南夷"转型为士人。曾任云南布政使的陈文在景泰四年奉命撰写《云南图经志书》，他对"僰人"的描写也侧重"易于向化"的特质。僰人风俗古朴，较他处之华人更儒雅，外来官员认为僰人必定是古老的华人，否则无法解释何以其文化如此类于汉。陈文在《云南图经志书》中记载：

> 僰人有姓氏，云南在处有之。初从庄蹻至滇，遂留其地。后与夷人联姻，子姓蕃息。至汉武时，已侏离嗢咿，尽化为夷矣。迨今渐被华风，服食语言，多变其旧，亦皆尚诗书，习礼

---

[1]《明英宗实录》卷192，景泰元年五月己酉条。

第二章　书写者：华夷之间的历史与神话

节,渐与中州齿。[1]

这段文字特别有意思,指僰人原来是汉人,随楚国庄蹻到云南,和夷人联姻,"夷化"为僰人,但今日又渐渐"被华风",尚诗书,习礼节等。也因为如此,官方更愿意视僰人为华夷联姻后夷化的人群,是"古老的汉人"。依据这些文献,我们无法认真计较这些白人是否源自汉人,或是庄蹻的后裔,毕竟华夷之辨是后来才逐渐受到重视的意识框架。也就是说,为了将这些边陲地方精英纳入正统历史的系谱关系,不少书写者开始产生"古代史"的考证兴趣。

再者,僰人担任统治者与行商贸易,散居各地,分布范围很广,包括云南（府）、昆阳、澄江、曲靖、马龙、石屏、楚雄、镇南、姚安、大理、赵州、邓川、蒙化、鹤庆、剑川等,遍及西南各府州。[2]景泰年间,陈文也指出僰人居郡邑附郭,和外来的汉人卫所、官府为邻,往来密切。描写僰人时,他偶以汉僰称之,认为汉人和僰人在文化上和地理分布上相互依存。他对西南诸府僰人之描述,如晋宁州"惟僰人知读书,易于化导";[3]澄江府则是：

> 郡多僰人,而汉人杂处其间。初不知学,今以岁久,渐被文教,有以科第跻仕而封及其亲者。于是闾里翕然向学,相率延师训子,而家有诵读之声,皆乐于仕,非复昔之比矣。[4]

又镇南州：

1　陈文：《（景泰）云南图经志书》卷1,收入方国瑜主编《云南史料丛刊》卷6,第3页。
2　对"白人"历史的考察可见白鸟芳郎「南詔問題研究の遍历」「東南アジアにおける文化复合の性格と民族国家形成の类型」『華南文化史研究』六興出版、1985；伍莉《明清时期云南藏缅语诸族关系研究》,云南人民出版社,2007。
3　陈文：《（景泰）云南图经志书》卷1,收入方国瑜主编《云南史料丛刊》卷6,第25页。
4　陈文：《（景泰）云南图经志书》卷2,收入方国瑜主编《云南史料丛刊》卷6,第32~33页。

> 境内僰人，风俗大抵与云南府同，但每月以戌日祀祖，及每岁伏月、腊月二十四日，具酒馔上坟，告曰某节之期至矣，敢请回家享祭。告毕，相聚饮宴而散，人死则置于中堂，请阿吒力僧遍咒之三日，焚于野，取其骨，贴以金箔，书符咒其上，以磁瓶盛而瘗之。[1]

仔细分析这些不在大理府的僰人，除了诵读学习儒书，基本保留"戌日祭祖"的传统，还有的地方延请阿吒力僧举行火葬，这些都是该地佛教遗风。同时，这些僰人多居住在府邑，是官府与山乡夷民的中介，也是中央与地方之间重要的中间阶层。大理府是昔日政治中心所在地，其汉僰风俗是：

> 郡中之民，少工商而多士类，悦习经史，隆重师友，开科之年，举子恒胜他郡，其登黄甲跻华要者，今相属焉。

当时僰人多转型为士类，乐于学习经史。每当开科取士之时，举者比他府数量为多。陈文对僰人的描写虽非全面，然僰人分布范围很广，各地角色略有不同。正德年间，周季凤（1464~1528）纂《云南志》，多承继《云南图经志书》论调，在此略去不赘录。

僰人不仅住在城邑近处，也有居住在山乡者。如隆庆《楚雄府志》载，僰人多居山中，一在镇南山，一在定边山。在镇南山处"其人尚佛信巫，乐嬉赶集，僰人多祀于戌日，在昔间有科名，近似少衰，儒业者颇知礼让，丧礼亦近古云"；在定边山，该地夷罗杂处，"惟僰人近市者稍善于彼云！"[2] 指僰人之乡语、居室器用与汉人类同，他们多为举贡生员，也从事商贾贸易活动，是一批能够通

---

[1] 陈文：《（景泰）云南图经志书》卷4，收入方国瑜主编《云南史料丛刊》卷6，第64页。
[2] 徐栻、张泽纂修《（隆庆）楚雄府志》卷1《地理志》，《楚雄彝族自治州旧方志全书·楚雄卷》，云南人民出版社，2003，第26、29页。

达深山夷罗语言风俗的人。

总之，官府将"白"标准化为"僰"，具有以下特点：(1) 有姓氏；(2) 多居住在府县郡邑，文化和居住形制和汉人接近；(3) 近邑僰民业儒入仕；(4) 戌日祭祖，丧礼仍主火葬，以阿叱力僧执行之；(5) 山区僰民善市。

（二）僰之土人化

当大部分僰人被视为古汉人的同时，还有部分僰人被归类为土人。另一批世族精英担任土官，在专门登录土官册籍的《土官底簿》中被标为僰人。《土官底簿》的僰人土官多来自大理府、楚雄府、姚安府、鹤庆府、北胜州等地，他们以杨、段、王、高姓为主，高氏势力尤大。《土官底簿》中被登记为僰人身份的土官如表2-1。

表2-1 《土官底簿》僰人土官

官职	姓名和籍贯
德胜关驿丞	王义　大理府太和县僰人
云南县知县	杨奴　大理府赵州云南县僰人
云南县主簿	张兴　大理府赵州云南县僰人
青索鼻巡检司巡检	杨良　大理府太和县僰人
蒙化府样备（今漾濞——引者注）驿驿丞	尹义　蒙化州僰人
楚雄府楚雄县县丞	杨益　僰人
广通县主簿	段玺　僰人
镇南州同知	段良　楚雄府镇南州僰人
英武关巡检司巡检	张宗　僰人
镇南巡检司巡检	杨昌　僰人
沙桥驿驿丞	杨均　僰人
袭姚安府土官	高寿　僰人

续表

官职	姓名和籍贯
姚州同知	高义　僰人
北胜州知州	高策　僰人
通安州同知	高清　鹤庆府土居僰人
楚雄府同知	高政　僰人

资料来源：《土官底簿》，收入《景印文渊阁四库全书》第599册。

从《土官底簿》可知，官府将降明土官之籍贯与族属登记册籍，一旦成为定式，僰人身份便在土官档案中保留下来。以当时势力最大、地位最高的高氏为例，其控制云南八府，后来之势力仍包括楚雄、北胜、姚州、鹤庆等府州，在册籍中被登录为僰人。后来，"僰人"也随着土官政治之边陲化和山乡夷民产生越来越紧密的共生关系，使僰夷与百夷混融在一起。[1]

流官区的僰人很快就转型为士人，成为西南地区和中央王朝间的中介者；土官区的僰人也成为官府与夷民间的中介者，即土官阶层。这很可能是其过去的优越身份，使其继续握有相关之统治技术与治理经验。所以，他们对新兴身份的选择尺度更大，在空间上的流动性亦然。当时土官最容易被质疑的是：僰人是不是土人呢？土人又如何定义呢？有些白人土酋在最初之土官登记时并没有被标为僰人，如太和县民董宝、赵俊等，他们分别获蔓神寨土巡检与神摩洞土巡检二职衔。但土巡检的身份在明初几代便"自动消失"，原因不详。再者，土官也可能因为等级太基层，承袭时受到阻碍，如云南县主簿张兴，他是大理府赵州云南县人，原为千户所世袭土官，归附明朝后，成为土官主簿。因其承袭屡遭挫折，故必须强化

---

[1] 清初僰夷也用来指南方之百夷（即摆夷），同时，僰夷也继续指白人，其用法相当混乱。以北胜州土官高氏为例，其为"本州四城乡僰夷"。参见顾炎武《天下郡国利病书》第31册《云贵》、第32册《云贵交趾》。

土人身份来宣称其承袭的依据，终在永乐六年奉旨以"既是土人，准他袭"，可知土人才是担任土官的重要依据。后来土官承袭程序越来越复杂，皇帝常常说"依例着他作，只不世袭"，使许多土官游走于"例"与"法"之间的模糊地带。[1] 这是汉法区土官，尤其是白人土官承袭时所面临的政治矛盾，也可能是白人对土人身份抱持"摇摆"态度的原因。

（三）《滇夷图说》与《百苗图》

明初朝廷曾派遣官员前往云南绘制滇夷图册，先有《云南诸夷图》，宣德六年（1431）由云南布政使殷序以及黔国公沐晟（1368~1439）合作将之"重锓诸梓"。万历二十二年（1594）云南巡抚陈用宾（1550~1617）又绘撰有《云南诸夷图说》二册。[2] 当时所绘之滇夷诸图已散佚，但清初绘图者承继临摹且保留较为完整者有伯麟之《滇夷图说》。哈佛大学哈佛燕京图书馆也藏有二卷滇夷图，一为由内廷画师顾见龙（1606~1687）绘、清人临摹而成的《滇苗图说》，另一为《夷人图说》。[3] 图说中的白人形象描绘见下。

《滇苗图说》所绘之白人分为三部分，上面是一位着官服官帽正在读书的士人，中间与下面描绘着男耕女织的生活模式（图2-1）。再者，《滇苗图说》之白人图像，右页为图，左页为文字。文字说明为：

---

1 太和县民有时也会被注记为太和县僰人。参见《土官底簿》，收入《景印文渊阁四库全书》第599册。
2 祈庆富、史晖等：《清代少数民族图册研究》，中央民族大学出版社，2012，第36~92页。
3 顾见龙绘《滇苗图说》，清人摹本，哈佛大学哈佛燕京图书馆藏。

图 2-1 《滇苗图说》之白人图像

  白人，古白国之支流也。其先有西海阿育王，奉佛茹素，不为采染，不杀生命，号白饭王，治【白】崖，传至仁果，以慈性治国，国人戴之。汉元狩间，武帝恶滇王，当以果代王其地，仍号白国。传世十五至凤龙佑那，不变其旧。诸葛亮定南中，仍封佑那于其故地，赐姓张氏。沿至唐时，其十七代孙张乐进求以国让蒙氏，而隐其他酋长、张氏子孙，今之白人，即其后也。旧讹僰为白，遂称为一类，其实不相通。云南诸郡皆有之，习俗与华人不甚远。

第二章 书写者：华夷之间的历史与神话

这虽是清人摹抄本，但沿用明中晚期以来的历史叙事，巧妙地以图文两种方式，在文字层面强调白人世系源于印度阿育王，图像上却将白人绘制为"教化"后的形象：读书入仕、男耕女织。

另一幅白人图出自《夷人图说》，与前者比对，可知绘图者刻意省略白人读书入仕与女织，强化其农耕社会与中土无异的形象（图2-2）。然其文字记载如下：

图2-2 《夷人图说》之白人图像

白人古白国之支流，旧伪僰人为白，遂称为一类，而实不相通。力稼知礼又谓之民家子。云南府及大理有之。

内容与明末《滇志》如出一辙，强调其非汉源流，实为"古白国之支流"的异质性。《滇夷图说》的文字和图像之书写脉络是不一样的，文字内容沿着中央官方的知识架构，着重于其之所以为他者／异类来书写，而绘图的内容则取决于其与邻人如何进行文化区隔。

清朝以"百苗"统称南方人群。一批在元末明初被派遣到黔东驻军的白人，也成为画师笔下的"百苗"。在《百苗图》中，僰人被描写成在山洞供奉佛经的人（图 2-3）：

图 2-3 《百苗图》之僰人

僰人，在普安州各营司，男女皆披毡衣，不沐浴，性淳而信佛，每置经于岩洞中礼拜，以申诚敬。通夷语，常诵梵咒。[1]

1　杨庭硕、潘盛之编著《百苗图抄本汇编》上卷，贵州人民出版社，2004，第 227 页。

其他版本《百苗图》的录文如下：

> 僰人，在普安州各营司，男女皆披毡衣，垢不沐浴，性惟佞佛，凡倮罗等诸苗言语不相谙者，常令僰人通之。[1]

《百苗图》所绘之僰人恰巧说明白人离开大理核心区后，在边陲地区留下更为传统的刻板形象，如拜佛、拜佛经等，而通夷语的译者形象是连贯的。当中心区的大理白人已转为耕读入仕的形象时，贵州普安州的僰人，因早期驻守其地，不仅留下僰人名称，还保留更古老的诵经崇佛的文化形象。[2]

这些将夷人标志为国家边陲"他者"的文献，目的绝不仅止于采录奇风异俗，更具有强烈的"殖民治理"的企图。[3] 是以，在这整个他者化的文化治理过程中，大理白人如何努力转型为士人阶层以及他们如何将大理过去的历史编织在正统历史中，便成为一个有意思的观察。

二 士人的正名运动

大理世族精英并不认同正统历史所采用的僰人叙事，尤其是官方册籍将土官登记为僰人时，便在土官和世族之间画下一道身份的界线。李元阳（1497~1580）是一位重要的世族精英，他很可能是改变官府对白人认知的重要人物。在他的那个时代，他和杨士云（1477~1554）为重构过去，分别对大理历史抱持着不同的看法。

---

1 杨庭硕、潘盛之编著《百苗图抄本汇编》上卷，第 223 页。
2 不同版本的《百苗图》对僰人的描写文字大体类似，地点都在普安州各营司。指的是大理国后至元朝大理总管时期移居滇黔之大理遗民。参见杨庭硕、潘盛之编著《百苗图抄本汇编》上卷，第 223~228 页。
3 Laura Hostetler, *Qing Colonial Enterprise: Ethnography and Cartography in Early Modern China*.

（一）志书

明中叶，代表大理社会的两位知识精英是杨士云与李元阳。杨士云，号弘山，字从龙，又号九龙真逸。他于弘治辛酉（1501）以诗经荐云南乡试，在正德丁丑（1517）获进士，改翰林院庶吉士。后从陈白沙学，为白沙门人。他因朝政日坏，选择退隐回乡，在乡里积极推动婚丧礼仪的改革，使得原来世族豪贵之风逐渐趋于简朴。[1] 谢肇淛在《滇略》一书中对杨士云有一段描写："居里二十余年，郡县罕其面，乡人不知婚丧之礼，士云条析教诱，令易奢为俭。国人化之。"[2] 指出他是一位崇尚朴素俭约的礼教隐士。他在家乡推动仪式改革，不遗余力，尤其向乡人条析婚丧之礼。当时，全国有《朱子家礼》精简版《家礼四要》，他为之撰写序文并将之推广到大理基层社会。[3]

李元阳，字仁甫，太和人。嘉靖丙戌（1526）进士，选翰林院庶吉士，历江阴县令、户部主事、监察御史等，四十二岁（1539）见朝政日非，解任回乡，隐居四十年。[4] 时大理乡里经济残破败坏，流徙者众。李元阳发动许多慈善义举，也从事乡里重建工作。他"里居不出，不营生业，薄自奉，厚施予，如婚嫁丧葬饥寒冤抑，以至桥场道路列为三十二事，日以自课，至老不少替，虽废家产不恤也"。[5] 此乃李元阳经世济民于乡里之作风。这两位大理出身的士人有许多值得介绍之处，然研究者较少针对其白人的身份及史实进行讨论。

---

1 李元阳：《户科左给事中杨弘山先生士云墓表》，收入焦竑《国朝献征录》卷80，《续修四库全书》第529册，上海古籍出版社，1995，第328~329页。

2 谢肇淛：《滇略》卷6《献略》，第167页。

3 杨士云：《重刊〈家礼四要〉序》，收入张培爵等修，周宗麟等纂《（民国）大理县志稿》卷26，大理图书馆翻印，1991，第12页。

4 他先后编纂《大理府志》《云南通志》，另有《中溪家传汇稿》《心性图说》。参见刘文征纂《（天启）滇志》卷14《人物志》，第472页。

5 李选：《侍御中溪李元阳行状》，收入张培爵等修，周宗麟等纂《（民国）大理县志稿》卷26，第3~6页。

第二章 书写者：华夷之间的历史与神话

在经历明朝治理约百年之后，此二人从科举入仕，位高德重，在大理乡里凝聚士人社群，形成一股乡士大夫之风气。他们虽然已无强烈的遗民感，但对过去所抱持的态度并不一致，我们正好可以用此凸显地方历史叙事内部潜在的争议。引发争议的关键事件是编纂志书：嘉靖二十一年（1542），大理府守黄岩、蔡绍科邀请杨士云共同编纂府志，谪居的杨慎也往来相互讨论，当时主要参考《华阳国志》中之《南中志》作为《大理府志》书写架构。[1] 我们不清楚官员、杨士云与杨慎三方如何合作，但杨士云后来留有一册名为《郡大纪》的著作，现已佚。二十年后，李元阳以"近事无记"且"凡例纲目多有出入"，又重新编纂《大理府志》；万历年间，李元阳又应云南巡抚之请编纂有《云南通志》。他算是一位有代表性的大理士人。

另一位谪居云南的文人杨慎，虽未列入志书撰写之列，但他和杨士云、李元阳往来密切。在流寓西南期间，杨慎广泛搜集民间文献，依据地方传说编写《滇载记》与《南诏野史》二书。杨慎书名为《滇载志》或《野史》，放在当时之时空脉络来看，或有补充官方正统历史书写不足的意味。从这些士人网络与时间脉络可知，此三位曾参与地方史书的编写，但所秉持的"春秋大义"极为不同。

究竟要如何定义大理呢？大理曾是国名，那么它仍能作为明朝行政单位之名吗？杨士云是一个抱持着文化正统观的人，其史观和他崇尚礼教、春秋大义的思想有关。他视大理府为不正确的府名。大理国是一段僭越的历史，不应以大理作为府名。其诗作《大理传》云：

> 大理传如南诏传，宋人未辨（大理僭号）唐人辨（南诏唐

---

[1] 见李元阳《大理府志序》，李元阳纂《（嘉靖）大理府志》，第1~2页。

封)。春秋大义在纲常,万古日星容易见。[1]

又,《大理国》载:

> 大统如天覆万方,蛮夷谁许错相干。后来史笔知何似,吴楚称王总未刊。丛祠鬼恨古来传,僭号于今六百年。掩卷几番成太息,漫郎呓语在残编。[2]

他认为"大理"是僭号,并以其"僭号于今六百年",建议废除大理府的名称。"大理"是国名,不是地名,此是"僭号",不符春秋之法,不宜作为府州县之名称。他在《大理郡名议》(及《补议》)中指出:

> 谨按:郡名以地,以人,以物,以因事取义,古也。大理之名奚取焉,僭也。僭宜黜。

他又以《补议》一文强调"大理僭号不可不革"![3]大理出于大理国之国名,后来为大理总管府,明朝又以大理为府名,虽然辖境越来越小,但政治属性极为不同,既已隶归郡县,所承袭的应是汉朝故名,即"楪榆",这才符合春秋大义。他在《郡名》诗中写道:

> 我本楪榆人,羞称大理国。欲奏明天子,千古事当白。[4]

---

[1] 杨士云:《大理传》,《杨弘山先生存稿》卷2,收入《丛书集成续编》第143册,新文丰出版公司,1989,第46页。
[2] 杨士云:《大理国》,《杨弘山先生存稿》卷2,第48页。
[3] 杨士云:《大理郡名议》《补议》,《杨弘山先生存稿》卷11,第49~51页。
[4] 杨士云:《郡名》,《杨弘山先生存稿》卷7,第20页。

我本"楪榆人"的意思很明显,强调他时间性的归属感;"羞称"一词是用来表达他对不正确的过去的看法,故建议改用"楪榆"来取代大理。在另一首《建宁郡》的诗作中他也透露出对大理历史的看法:

> 白国山川擅白崖,九隆八族是渠魁。建宁改号兼张姓,千古南征葛亮来。[1]

由这两首诗可以看到杨士云以楪榆取代大理,而"羞称大理国"的用词尤可见其乃立足正统史观来观看大理之过去。若要重写大理历史,他更愿意回到汉朝诸葛南征以前"古白国"九隆八族的历史叙事,并强调二国时期蜀汉南征西南夷的历史。这种强烈的历史感,使其追溯的文化符号也不同。

杨士云的论点不只涉及西南地理考证,也攸关编纂志书者如何重新处理时间、空间与历史人物,也就是如何将地方历史放在典范的、正统的历史架构中来重新论述。若其《郡大纪》是以正统历史之时间为主轴,那么其志书将会回避六百年来,以南诏、大理国与大理总管府为叙事主轴的人物与事件;相对的,志书也会因为"春秋大义"之书写原则,凸显符合正统历史叙事的人物与事件。换句话说,随着地方政治正统的消失,地方史的书写不仅刻意回避并遗忘过去的历史,而且重新塑造地方的记忆。

李元阳和杨士云不同,他更重视历史作为政治实践的文化资源。他认为"风俗"很重要,一地一方之风土是政治之根基。他在《大理府志旧序》中言道:

> 夫五方,地各有宜,民各有俗。善为政者,成其务,不易

---

[1] 杨士云:《建宁郡》,《杨弘山先生存稿》卷6,第13~14页。

其宜；明其教，不易其俗。[1]

他指出为政者必善其俗，故写史必须强调一方之"风俗"与"文化"。他对历史的态度与其说是同情与认同，不如说是写实。虽然，嘉靖《大理府志》仅存二卷，无法得知其全貌，但他对"大理"的看法，确实和杨士云不同。首先，他认为大理是过去西南政治之统称，也是其中心。他在《大理府志》中写道：

> 汉唐之云南，即今府地，元始移其名为路，国朝以其名为省。诸史中凡曰云南者，皆指大理而言。段氏窃据，始名大理国，府名因之。[2]

汉唐时期文献所记录的云南"即今府地"，意指大理府实是昔日云南之中心；元明以来，大理更是大理路总管府的政治中心，而明朝又以云南来统称云南省。所以，不论是大理府还是云南省的名称，皆借自昔日大理国之称号。如果要重构以汉唐为正统的叙事架构，那么大理无疑是西南的核心，其范围甚至应该涵盖整个云南地区。这句话的背后，指出了大理王权在云南有着不可抹杀的地位。对李元阳而言，"大理"名号是一个充满历史感与地方感的词。

也因为如此，李元阳编纂《大理府志》时，将古国历史编入其中。他依据方志体例，在"沿革"条目中，将南诏与大理国之历史编入唐宋王朝架构；在"古迹"条目中，将南诏与大理国之传说遗迹，包括五华楼、大石案、妇负石、南诏城、宾川迦叶门等，以"地景"系事作为托古之架构。再者，他又增加"杂志"，以其"府

---

[1] 李元阳：《大理府志旧序》，收入张培爵等修，周宗麟等纂《（民国）大理县志稿》卷24，第33~34页。
[2] 李元阳纂《（嘉靖）大理府志》卷1，第7页。

地在唐之中叶为南诏都会,故列其本末,名曰杂志以终之"。[1] 换句话说,"沿革"、"古迹"与"杂志"皆符合方志体例,同时也得以变相寄存过去王权历史的架构。若将编纂志书与其终身致力修复大理佛寺塔庙的乡里活动放在一起讨论,可更清楚地观察李元阳将重建地方知识与修复历史的工程整合成一整套的社会实践。

李元阳所抱持的大理中心论述,也可能为其招致各种批评,他后来稍加修正,改以南诏来概括南诏与大理王权。万历年间,李元阳应云南巡抚邹应龙之请编纂《云南通志》。为凸显地方传统,李元阳在《云南通志》中创《羁縻志》,分为"羁縻差发""贡象道路""分制吐蕃""僰夷风俗""爨蛮风俗""滇国始末""白国始末""南诏始末""史传摘语"等条目,为以后西南志书的编纂奠定示范性的基础。

《羁縻志》下有两个重点:一是人群,二是古王权。李元阳以大理为中心,将其边缘人群分为僰与爨二类,所以有"僰夷风俗"与"爨蛮风俗"。[2] 他写道:

> 官军从大将军南下,及五方之人,或以戍,或以徙,或以侨寓不归,是曰汉人;并生夷地,是曰夷人。夷有二种:居黑水之里曰爨,居黑水之表曰僰。爨属郡县,僰属羁縻。总计夷汉,汉人三之,夷人七之;又分计两夷,僰人三之,爨人七之。天所以限华夷也。[3]

他以黑水为界,界内称爨,界外称僰。当地五方之人,戍、徙、侨寓不归者皆为汉人;爨与僰受到制度的制约,前者归郡县,由云南

---

[1] 李元阳:《大理府志序》,李阳元纂《(嘉靖)大理府志》,第2页。
[2] 李元阳纂修《(万历)云南通志》卷16《羁縻志》,收入《西南稀见方志文献》卷21,兰州大学出版社,2003,第374页。
[3] 刘文征纂《(天启)滇志》卷1《地理志·地图·总论》,第25页。

布政使司管辖；后者在黑水外，是为僰夷，即百夷，是土司羁縻之区。那么，在李元阳的心目中，白人是爨、僰还是汉呢？有意思的是，在李元阳的笔下，白人并非西南夷。白人不在夷人之列，其非汉非夷，是天竺人白饭王之王裔。他在嘉靖《大理府志》中记载白人时是这样写的：

> 仁果……自谓天竺白饭王之裔，号大白子国。白人于种人最慧而贵，以王裔也。[1]

白人为天竺白饭王之裔，又最慧而贵，很明显是指白人是"印度"的"统治者后裔"。这里用"自谓"，意思是"当地人这么说"，是不置可否的意思。白人是来自印度的白饭王的后裔，是王裔，非爨非僰非汉，是最慧黠、最尊贵的人群。这种王裔并不是一种普遍性的身份，也不是西南夷之属。然而，白人虽为王裔，却受到诸葛亮之封赐，李元阳在志书中写道：

> 诸葛亮渡泸至南中，斩雍闿，服孟获，四郡皆平。时云南郡之白崖有国，号大白子，其首凤龙佑那，能抚其民，侯仍以其地封之，赐姓张氏……地有白人之名始此。[2]

其为使白人来源得以被理解，将白人放在典范历史——诸葛武侯的历史脉络中叙述。白人是王权的象征，同时是将古天竺白饭王和诸葛亮南征的历史联系在一起的中介人群。李元阳将白人排除于西南夷之外，甚至将其身份抬高为超越西南夷的特殊阶层，并用佛教历史支撑其身份的独特性。

1　李元阳纂《（嘉靖）大理府志》卷1《沿革论》，第9页。
2　李元阳纂《（嘉靖）大理府志》卷1《沿革论》，第9页。

第二章　书写者：华夷之间的历史与神话

李元阳虽然指出了白人起源的特殊性，却没有把白人视为现在的大理人，态度略显暧昧。李元阳在万历《云南通志》中对"白人"的描写极其谨慎。他在"大理府"项下之"风俗"条中描写道："俗本于汉，民多士类；书有晋人笔意，科第显盛，士尚气节。"这一段文字抄自景泰《云南图经志书》与正德《云南志》对大理府风俗的记载。然而，"俗本于汉"早就出现在陈文的景泰《云南图经志书》中，李元阳省略原文之"僰人"字眼，却没有以"白人"取代之，显然是另一种选择性的回避。[1] 他似乎认为白人是王裔，昔日王国之属民或贵族阶层多已转为士类。对他而言，白人是过去，源于古白国，不代表现在。他在历史与文化间，偏向文化身份的选择。[2]

再者，李元阳在《羁縻志》罗列古代王国与土酋政治，包括滇国、白国与南诏。大理国名不见史册，被并入"南诏始末"。其回避大理国的心态，或许受到杨士云以及整体局势的影响。李元阳对这种回避大理国的心态有一些不同的想法，他曾自忖：

或曰：僭窃割据，奚取焉？而为是劳也。阳应之曰：不观土壤分裂之乱，何以知大一统之治。

又说：

或曰：南诏世次固不可无纪，至于年号、封爵独不可略乎？曰：欧阳氏作《五代史》，于十国世家年谱载列无遗，岂非以其朝贡之日多而自绝之日少耶？南诏之乖叛起于一张虔

---

[1] 李元阳纂修《（万历）云南通志》卷2《地理志·大理府》，第32页。
[2] 明中叶以来大理士人之南京论述，可见笔者《南京归来》一文，收入蓝美华编《边民在内地》，政大出版社，2018。

陀，星星之火，遂至燎原之势，岂不可为深戒哉！[1]

这里的两个"或曰"，应是指时人之疑虑，也可能指的就是杨士云。李元阳自问自答，也算是二者辩论的过程。他最后还是把南诏王国的历史纳入志书，作为明朝治滇之借鉴。他视大理人的正统来自滇国、白国与南诏国，是政治统治阶层。李元阳提及白人历史，但回避白人身份的叙事，也出现在明末的《邓川州志》中。《邓川州志》将白人视为古天竺之王裔，但没有用白人称其人，反称其民为土人。"土人"即"白儿子，汉阿育王在大理以白米饭斋僧，号白饭王，所生之子孙称为白儿子。越今千余年无异"，指阿育王裔的白儿子被划为土官辖民，是为土人。另一类身份是"汉人"，指"汉武帝开滇，诸葛武侯征南遗下官军，及我明平南遗留官军皆是"，也就是武侯遗裔的土军。原来被官方采用的"僰人"也变成"摆夷"。[2] 大理士人们摆脱僰人的他称，但没有自称白人，他们将土官辖下之人称为土人，随诸葛南下的官军称为汉人。僰人被张冠李戴变成摆夷，可能与邓川阿氏土官是统治者，同时也信仰佛教有关。总之，明晚期这种白国支流的说法越来越具主导性，稍具有地方意识的士人都不喜言"僰"。

李元阳在《云南通志》中留下《羁縻志》的书写条目，后来也为清初之王崧所承继。王崧是浪穹土官王药师典之后裔，他于道光间编纂《云南志钞》，其志书列有《封建志》，承继李元阳《云南通志》之《羁縻志》架构。[3] 他以"世家"取代"诸国"，罗列西南诸

---

1 李元阳纂修《（万历）云南通志》卷16《羁縻志·南诏始末》，第21页。李元阳在写《羁縻志》时将"南诏始末"编入通志，也将诸国王一一列举，算是当时之创举。方国瑜针对《云南通志》的编修体例进行分析，参见其为此志书所写之后记，收入方国瑜主编《云南史料丛刊》卷6，第657~658页。
2 艾自修纂《（崇祯）重修邓川州志》卷1《地理志·族类》。
3 王明珂：《王崧的方志世界——明清时期云南方志的文本与情境》，收入孙江主编《新史学》卷2《概念·文本·方法》，中华书局，2008。

第二章 书写者：华夷之间的历史与神话

土酋世家来说明土官身份的合理性。《云南志钞》之《封建志》有上、下两部分，上古有滇、晌町、夜郎、白蛮、九隆世家、爨氏世家、群蛮世家，近世则有南诏世家、大理世家、元宗室诸王世家乃至明黔宁世家等。可想而知，王崧所记录的诸世家是试图整合其眼下更为复杂的历史叙事，包括明朝治理以来诸氏族与土官政治世袭的传统。他虽也主张务实与考证，然最终亦承认：

> 大抵滇疆域最广，立国于其中者，不止一姓，蛮荒文字猥陋，译语舛讹，文人千百年后追述往代，臆度传闻，十不得一。太史公有言，非好学深思，心知其意，固难为浅见寡闻者道。爰稽正史，参以杂说，取其近是者为世家；前志所载之妙香、鹤拓，荒唐过甚，退置轶事。[1]

从文人化的白人土官王崧笔下可知，单一时间轴线的滇史叙事面临很大的挑战，但越是如此，"杂说"与"轶事"便显得更有其必要性，"杂说"罗列不容于官方记录的土酋世家之历史；"轶事"则记录无法考证之说。"杂说"和"轶事"溢出官修方志的写作框架，也因为如此，云南方志得以将许多不符正统历史的内容纳入其中。大理士子采取他者化的策略在地方知识书写和士人身份之间寻求平衡点，在正统格式与体例的限制下，将不符正统叙事的本土历史列入"杂说"和"轶事"，可看出其致力于在正统历史的叙事架构中

---

[1] 文中的"前志"应是指《白古通》（即《白古通记》）与《纪古滇说》二书。其论："西南之国，不知凡几，九隆、六诏最著者也。白子国出于白饭王，哀牢国出于阿育王，皆天竺国之君长。史所谓'西南夷之君长以百数'，二王或在其中乎？《古滇说》《白古记》诸书，合二人为一人，遂使白子、哀牢世系牵合支离。以今考之，哀牢为九隆氏，其兄九人，各主一方，先为八诏及昆弥氏，后并为六诏，而南诏细奴逻受白国张氏之让，且并六诏为一，称蒙氏诏，谓王也。滇去佛所生之天竺颇近，其族分国于此，而民渐染其教最深。"王崧：《（道光）云南志钞》卷3《封建志》，杜允中注，收入方国瑜主编《云南史料丛刊》卷11，云南大学出版社，2001，第487页。

寻求新的可能性。换句话说，自我他者化不只是单纯以标榜异类的方式来区辨外来治理者，而且是地方士人在层层文类与体例的规范下，引入一套具有对话性的、延伸性的语言架构，使其得以成为容纳不同声音的叙事传统，即便这种自我表述是借用"他者"的符号来进行。这种叙事体例对地方社会而言，意义深远。

（二）野史

杨慎是将"羁縻"、"杂说"与"轶事"之内容集大成，以另一种文类来重新整理之的重要人物。当杨士云、李元阳受官府委托编写志书，杨慎随后所编纂的《滇载记》与《南诏野史》就显得极有意义了。

杨慎谪居永昌，流寓滇地，游走士人之间，与李元阳尤为相善。他在民间访罗耆旧，搜集许多地方历史文本，并与李元阳共游多次。李元阳编写《大理府志》时邀他讨论志书之编纂，是相当合理之事。[1] 杨慎的历史书写提供一个窗口，供我们间接观察大理士子"没有写什么"，或刻意想要遗忘的内容。他写作的文类与风格，没有大理士人既有之文化包袱，似乎显得更为自由。如果比对李元阳与杨慎的作品，二者皆有相互引录之处，李元阳的《云南通志·羁縻志》之"南诏始末"，多出自杨慎的《滇载记》；而李元阳认为有疑未录者，便是杨慎《南诏野史》所记载的内容。

杨慎在《滇载记》的跋文中，自述撰书缘由：

> 余婴罪投裔，求蒙段之故于图经而不得也。问其籍于旧家，有《白古通》《玄峰年运志》，其书用僰文，义兼众教，稍为删正，令其可读。其可载者，盖尽书此矣。[2]

---

[1] 张培爵等修，周宗麟等纂《（民国）大理县志稿》卷24《大理府志旧序》，第33~34页。
[2] 杨慎：《滇载记》，收入方国瑜主编《云南史料丛刊》卷4，第756页。

问籍于"旧家"指向遗民征书。杨慎谪居永昌，熟悉当地方言，他征得僰文写成的《白古通》《玄峰年运志》二书，其中虽掺杂许多佛教传说，但经稍加删正转译编为《滇载记》，后来又将无法编入《滇载记》者，编入另一本书，名为《南诏野史》。《滇载记》和《南诏野史》都有清晰的写作策略，谈的是无法在志书被记录下来的内容。但二书的内容也是有所区别的。

《滇载记》主要以汉文典籍中的西南夷神话为轴线，即沙壹触木有感生九男，为九隆兄弟，九隆兄弟形成六诏诸部，因仰慕诸葛武侯南征之德，渐去山林，徙居平地，建城邑，务农桑。书中记载如下：

> 当蜀汉建兴三年，诸葛武侯南征雍闿，师次白崖川，获闿斩之，封龙佑那为酋长，赐姓张氏，割永昌益州地，置云南郡于白崖。诸夷慕武侯之德，渐去山林，徙居平地，建城邑，务农桑，诸部于是始有姓氏。[1]

《滇载记》立足于正统历史的框架来组织六诏历史，把正统史籍的哀牢夷沙壹神话与诸葛武侯视为当地历史的主旋律，而诸葛武侯也成为西南王权六诏的开化者。首先值得注意的是，杨慎书名为《滇载记》，想要凸显的是接卜来的部酋政治，尤以诸葛赐姓张氏，到蒙氏、郑氏、赵氏、杨氏、段氏、高氏凡七姓之王权传统："蒙、段最久，故著称焉。"杨慎通过《滇载记》指出：西南最重要的历史并不是发生在滇东的云南府，大理才是滇地历史之主要舞台。其次，也是更值得提出来讨论的是，他描写南诏开国故事时，只提到开国国王细奴逻"耕于巍山之麓，数有神异"而已，这句话极其关键。他没有提到令南诏得以出现于历史上的"观音建国"之神圣来源。[2] 再次，他谈九

---

[1] 杨慎：《滇载记》，收入方国瑜主编《云南史料丛刊》卷4，第757页。
[2] 杨慎：《滇载记》，收入方国瑜主编《云南史料丛刊》卷4，第757页。

隆兄弟时，也没有提及其源自阿育王。他刻意遗忘的是当地盛传的佛教与印度的传说。简单地说，杨慎在《滇载记》中的记述不涉及任何与佛教有关的起源问题。

杨慎没有将《白古通》"义兼象教"的佛教传说放入《滇载记》，却将之放在《南诏野史》之中。他将书名冠以"野史"，有"礼失求诸野"之政治寓意，也有刻意保留过去已被遗忘的历史之意图。相较之下，《南诏野史》又增加了《滇载记》所"没记载"的佛教神话和传说，其书虽名为"南诏"，但内容包括大理国、大理路军民总管府段氏之世系，旁及西南夷诸人种的介绍等。第一，观音授权南诏建国是西南王权历史的核心论述。《南诏野史》还保留那些原载于《白古通》《玄峰年运志》的佛教传说，包括西天天竺摩羯国阿育王九子后裔成为诸王国以及南诏建国以来之佛教与国王世代之演绎，而这些佛教传说并没有出现在《滇载记》中。第二，《南诏野史》也描写哀牢夷九隆族等同于大理诸大姓，其书对九隆弟兄进行解释：

> 哀牢夷传，哀牢蛮蒙伽独捕鱼易罗池，溺死，其妻沙壹往哭之，水边触一浮木，有感而妊产十子……故名之曰九隆氏。哀牢山下有妇名奴波息，生十女。九隆弟兄娶之，立为十姓：董、洪、段、施、何、王、张、杨、李、赵，皆刻画其身象龙文于衣后着尾，子孙繁衍，居九龙山溪谷间，分九十九部，而南诏出焉。[1]

指出南诏九隆兄弟，共有十大姓：董、洪、段、施、何、王、张、杨、李、赵，这些大姓的共同祖先是哀牢夷，并以氏族联姻的方式建立南诏王朝。李元阳不知做何思考，在这种佛教传说与哀牢夷双重论述下，他应该不想承认自己是哀牢夷之后裔吧，或许这也是他

---

[1] 杨慎：《南诏野史》上卷，南诏历代，巴蜀书社，1998，第5~6页。

迟迟不想在大理人与白人间画上等号的原因。

《南诏野史》以南诏为中心将其周边人群列入"南诏各种蛮夷",计有60条。以"白民"与"僰人"两类人群为例:

> (白民)有阿白、白儿子、民家等名。白国之后,即滇中之土著。妇女出门,携伞障面,谓之避嫌。宴客,切肉拌蒜,名曰食生。余同汉人。女镶边衣,以银花银吊为饰。
>
> (僰人)一名百夷,又名摆夷。性耐暑热,居多在棘下。本澜沧江外夷人。有水旱二种,水僰夷近水好浴,剃后发,蓄前发,盘髻如瓢,故又名瓢头僰夷;旱僰夷山居耕猎,又名汉僰夷。[1]

在李元阳与杨慎这类士子的整理下,白人论述也就获得更多的正视。当官府认定的"僰人"已不愿成为僰人时,那么其只好"漂流"到边陲成为"僰夷",即澜沧江外的摆夷人群。

综上所述,杨慎以两种叙事架构来书写云南的历史,一是诸葛南征的汉人正统叙事,一是阿育王诸子王裔及其佛教政治传统的历史叙事,分别成为《滇载记》与《南诏野史》两部作品。很明显他刻意保留双重历史叙事:《滇载记》想要强化华夏历史的主旋律,是针对《大理府志》与《云南通志》这种文类之不足;而《南诏野史》以王国历史为主旋律,又是对《滇载记》华夏中心架构之偏失所进行的补正。

宗教性起源在华夏文明架构下是被摒除在外的。接下来两种宗教传说文本《掷珠记》以及《白国因由》,又可说是对《南诏野史》此文类的延伸。章回历史小说提供了重复、延伸与渲染的功能,让被视为荒诞不经的佛教主题能够以不断作文的方式扩大。这种文类

---

[1] 杨慎:《南诏野史》下卷,白民,第23页;僰人,第24页。

似乎提供了一种自由创作的模式，不论故事所发生的地点以及叙事之细节为何，内容都谨守着一种主题与要旨，这莫不与地方社会的政治与日常生活经验密切相关。

三　口传的历史记忆：祖师传说与开化者

乡村历史往往具有强烈的口语传统，且多由叙述性的传说来表现。它以一种反复的、周期的、预示的、神奇的面貌出现，不像官府之历史叙事，重视贯时性的时间。明末清初以来，围绕外来者与开化者的传说文本不断出现，特别值得注意的是一本由土官所编写的山志以及两种传说文本。前者是姚安土官高奣映所编写的《鸡足山志》；后者分别是流传于大理和鹤庆的《白国因由》与《掷珠记》，二者皆以章回小说的形式刊刻佛教开化的故事，出现时间在清初。

（一）《鸡足山志》

正值大理士人杨士云与李元阳为官府编纂《大理府志》与《云南通志》之时，受到良好教育的土官也试图宣示他们是有历史的社会人群，《鸡足山志》便成为代表当时土官历史意志的作品。有两位土官极其重要，一是丽江府土官木增，他请徐霞客为鸡足山编志；二是姚安土官高奣映，他亲自编纂了一本非常古怪的《鸡足山志》。[1] 之所以说其古怪，是因为他视鸡足山为全滇之发源地，而此鸡足山又被视为佛经大迦叶尊者隐身之所在，这便造成在高奣映的观点中，云南上古史是印度佛教史的古怪现象！然而，有意思的是高奣映还是依循中国正统志书之体例，以星野、疆域、形势、名胜、建

---

[1] 丽江木氏与邻近土官自明中叶以来世代保有密切联姻关系，编纂《鸡足山志》应被视为土官政治的集体意志。可参见连瑞枝《大理山乡与土官政治——鸡足山佛教圣山的形成》，《汉学研究》第33卷第3期，2015年。

置、人物、风俗、物产、艺文与诗各卷来记录鸡足山。可想而知，他的目的是要将土官生活的领地编写成佛经世界的所在地，并凸显土官在区域社会的正统地位。如果不从书写者的政治与地方脉络来看的话，我们很难理解高奣映所写的《鸡足山志》的价值与意义，自然以其为荒诞；而它无法流传，不为后世所重视也就不奇怪了。

鸡足山是释迦牟尼大弟子大迦叶的道场，该典故出自佛经。《阿育王经》记载释迦牟尼在即将涅槃时，将衣钵传给大弟子大迦叶尊者，后来大迦叶入鸡足山，以三山覆身的不坏之身，等待将袈裟衣钵等传给未来弥勒佛。[1] 据唐玄奘的《大唐西域记》记载："迦叶承旨，住持正法。结集既已，至第二十年，厌世无常，将入寂灭，乃往鸡足山。"玄奘到印度求法的经验告诉我们，印度佛教之创教者释迦牟尼将佛教正脉传给大弟子迦叶（Mahakasyapa）尊者，大迦叶承续正法，入灭于鸡足山（Kukkuta Padagiri），并在鸡足山等待未来弥勒佛降生，将象征佛教正脉的袈裟传给弥勒佛。从印度佛教史来看，鸡足山位于现今印度比哈尔邦（Bihar）的葛帕（Gurpa）地区，应无争议。[2] 印度鸡足山之所以被移植到大理，一方面与时人地理知识有限有关，另一方面也与地方浓厚的佛教政治与文化传统有关。时人对印度异域的想象得以投射在大理境内，认为大理即昔日之古天竺所在。

大迦叶是整套山志的核心人物，其象征意义是值得进一步分析的：他承继释迦牟尼佛的袈裟，隐身于鸡足山等待着将袈裟传给未来弥勒佛。佛教经典已预设了大迦叶之"不在场性"，也因为如此，

---

[1] 《阿育王经》有"是时迦叶入城乞食，乞食竟，入鸡足山。破山三分，于山中铺草布地。即自思惟，而语身言，如来昔以粪扫之衣覆蔽于汝，至于弥勒法藏应住，复说偈言：我以神通力，当持于此身，以粪扫衣覆，至弥勒佛出，以此故弥勒，教化诸弟子。以三山覆身，如子入母腹而不失坏"。僧伽婆罗译《阿育王经》卷7，No. 2043，收入《大正新修大藏经》第50册，新文丰出版公司，1983，第153页。
[2] 玄奘、辩机原著，季羡林校注《大唐西域记校注》卷9，中华书局，1985，第705页。

"不在场性"反而使得全滇皆成为佛教腹地,而通滇境之人群与历史也成为此核心论述之延伸。首先,全书通篇以大迦叶为代表,"沿革"采用双重原则,以中原正统纪年,系之以古天竺佛教事件。其次,"疆域"之描写亦然,将鸡足山和西域系之于昆仑南面,于是有山水考证与附会之论。再次,在"风俗"项下,将云南布政使司辖下诸府罗列其中,囊括云南府、大理府、临安府、澄江府、武定府、元江府、广西府、永昌府与楚雄府等 21 个府的风俗,尤其记录各府之佛教风俗。从这些书写内容来看,他的目的似乎不只是写鸡足山的历史,而是把云南之人、事、物放在古天竺的佛教史中铺展开来,甚至有全滇之历史源自释迦牟尼佛传袈裟之教法史之意味。整本山志的论述与《大理府志》《云南通志》相依、相仿,乃至有相抗衡的意味。它是一个从地方视野出发,试图讲述古天竺如何变成当下的云南之历史文本。换句话说,高奣映的《鸡足山志》与李元阳的《大理府志》《云南通志》是一组文类相同,但内容相互辩证的文本,是更积极地在极端本土意识下塑造出来的历史叙事。他强化佛经大迦叶尊者此一神圣符号,也有衔接历来地方流传的佛教祖师信仰的历史意义。

我们不清楚高奣映的《鸡足山志》是否影响接下来的两个传说文本。清初地方流传的章回小说《白国因由》与《掷珠记》都强调佛教的开化者:一者是观音;一者是摩伽陀祖师。这三本书可被视为具有地方意志意义的历史创作。

(二)《白国因由》与《掷珠记》

这两本书谈的都是外来者开化地方的传说故事,前者所开化的是白国;后者所开化的是鹤庆。《白国因由》由康熙年间大理圣元寺的僧人寂裕刊刻而成,内容来自圣元寺门扉刻画的观音故事。据说该故事是依据《白古通》刊刻而成,其内容又可追溯到 10 世纪的《南诏图卷》,讲的是观音七化授权南诏开国始祖细奴罗的一段故事。[1] 也就是说《白国因由》采用章回小说的文类形式,将古老传说母题"观音七化"延展为"观音十八化"的民间故事。《掷珠记》记载的是摩伽陀祖师到鹤庆开化农田的故事。这位摩伽陀祖师和观音梵僧,皆以古老开化僧人的形象在新的传说文类中被重构出来。虽然此二传说迟至清初才出现,但故事主题却是从古老母题中延伸出来的,其在民间以口耳相传的方式流传,复又在士大夫化过程中被"转译"或"转写"为章回小说。章回小说此一文类的流通,很适合将社会与人群在空间与阶层流动与变化时的共同期望串联在一起,其体例之"延伸性"与"重复性",也呈现出一种历史心态的结构性反应。

在由官府主导之典范历史架构下,观音与摩伽陀祖师的叙事偶见志书"仙释"或"神异"条目,或见于僧族之家谱、墓志铭,叙事传统面临碎片化的危机。然而,神僧开化的传说具有深厚的社会基础,也有一脉相承的承续性,但在明朝治理下缺乏正统叙事文类之支持,故其在民间传播的过程中产生重复、移植与挪用。这正说明某类历史文本随着不同政治局势的变化,被松散地与自由地重新编纂。

以《白国因由》为例,它呈现循环性的时间周期,由观音反复示化来组织"历史"。观音以各种不同的形象出现于各地,"化身"足迹遍布大理邻近各地。观音七化扩大到十八化的内容包括"观音初入大理国第一""观音化身显示罗刹第二""观音乞罗刹立券第三""观音诱罗刹盟誓第四""观音展衣得国第五""观音引罗刹入石舍第六""天生细奴罗主白国第七""茉莉羌送子与黄龙第八""波细背幼主移居蒙舍观音授记第九""观音雕像遗爱第十""观音口授方广经辞张敬入寂第十一""普哩降观音第十二""观音利人民化普哩第十三""观音化白夷反邪归

---

[1] 李霖灿:《南诏大理国新资料的综合研究》,台北"故宫博物院",1982。

正第十四""观音以神通化二苍人第十五""观音累世行化救劫第十六""大杨明追段思平观音救护第十七""段思平讨大杨明观音指路第十八"。这很明显受到明清章回传奇小说文类表现形式的影响。故事以观音开化大理为主，不脱《南诏图卷》的架构。然在文字化过程中，此传说文本将过去王权的历史，改写成章回小说惯有的故事细节，并将开国国王细奴逻视为佛教天龙八部的"龙子"等。此神话的历史，是大理佛教徒将民间集体记忆予以重组与创作的结果。

这种传说文本也凸显大理社会在"去夷化"时，建构一套宗教起源的历史主义。虽其将大理及其周边视为古天竺所在地，但更重要的是用释迦牟尼成佛悟道之所在地来神圣化地理空间，重复出现的观音十八化宣示着佛教神圣空间的绝对性。这些文本似乎是以一种无时间性的、循环的、宗教的叙事，对其历史进行自我宣示。

再者，大理北方鹤庆也刊行另一个传说文本，名为《牟伽陀祖师开辟鹤庆掷珠记》（简称《掷珠记》），由乾隆甲午（1774）进士赵士圻刊印。《掷珠记》出现的时间已不可考，其主角是牟伽陀僧人。摩伽陀为印度古国之一，昔日有摩伽陀僧人赞陀崛多开化鹤庆之传说，他后来成为鹤庆、丽江与腾冲等地之重要传奇人物，也被塑造为大理土僧之祖师。[1] 明中叶以来，林俊在鹤庆大肆毁佛，故时人以摩伽陀回避赞陀崛多。此牟伽陀祖师，即摩伽陀之异称，实为相通。牟伽陀开化鹤庆，犹如《白国因由》观音开化大理的故事，只不过以牟伽陀取代观音，其是一位具有神僧形象的开化者。不同的是，《掷珠记》将摩伽陀描写成一位自吐蕃南下大理的神僧，因法

---

[1] 高奣映著，侯冲、段晓林点校《〈鸡足山志〉点校》卷5《建置》，第199页。这位摩伽陀僧人名为赞陀崛多，大理国张胜温所绘之《大理国梵像卷》将此位高僧列入其中，诸志亦载其事。见《大理国梵像卷》，收入李霖灿《南诏大理国新资料的综合研究》，图版18；杨慎《南诏野史》上卷，第21页；李元阳纂修《（万历）云南通志》卷13《寺观志》，第309页。

术高强，南诏国王招之为女婿，后来前往北方解除鹤庆水患，受到百姓崇奉。[1] 不论是观音还是摩伽陀僧人赞陀崛多，都是一段与开化有关的叙事。

和前述正统历史所强调的诸葛武侯相较，"开化"与"降魔"的主人公，一是观音，一是圣僧，传说内容通篇是宗教语言。文人士子以其不符典范历史，无法将之完整录于志书，但对原来循袭师宗的大理传统社会来说，这些传说却顽强地重塑着他们不愿遗忘的过去，并以章回小说的方式将之组织起来。无疑的，支持传说历史的社会基础，与逐渐活跃的新兴乡里社会有关。他们为建立乡里日常生活的社会秩序，也重新建构开化者的历史。这些开化者的形象不仅是人群认同的标记，也是乡里人群在跨人群整合与重建地域社会时的重要文化资源。

不论是《白国因由》、《掷珠记》还是《鸡足山志》，它们的共通之处是将大理视为古天竺，并将佛经中的释迦牟尼与阿育王的故事地点挪置于白国所在地，也就是大理。《白国因由》写道：

> 一日，（阿育）王与师优波毱多点视其塔，至白国阳南村造塔所，乃问师曰："此国山青水秀，有何灵迹？"师曰："此处古称灵鹫山，释迦如来为法勇菩萨时，观音为常提菩萨时，在此地修行。常提菩萨求法殷勤，法勇菩萨将无上菩提心宗在此尽传。后来，观音菩萨当来此处。"[2]

在《掷珠记》中，则有：

> 鹤庆，古名蒙统罗，属天竺国东南界。汉班固西域传所称

---

[1] 林俊在鹤庆毁佛，对赞陀崛多信仰造成极大的冲击。
[2] 寂裕刊刻《白国因由》，巴蜀书社，1998，第1页。

越雟，即今迤西诸郡，鹤庆属焉。西域界天下西乾方，其俗信释。周灵王时，有释迦牟尼佛与孔圣同时生，载于内典。释迦曾请灵鹫山修行，即大理之苍山也。[1]

高奣映依据山志体例将大理上古史写成古天竺的历史，《鸡足山志·沿革》中以华夏正统编年，却以佛教故事系事，大量引用民间文献与地方传说。与上述二者不同的是，《掷珠记》强调鸡足山是大迦叶入定之处，也是未来佛弥勒佛即将下生的道场。[2]

这里无法针对此三种文类与传说展开比较，但想要提出一个论点：这些文类与文本的流传都有各自的社会基础，随着人群身份的政治转向，其论述产生不同程度的他者化。这种他者化从淡化"族群身份"转而强化"地缘中心意识"，进而以宗教圣地的方式来建立其合法性。不同文类本身重视的不在于历史真实性，而在于人们如何在华与夷、中央与地方、正史与野史、记忆与遗忘等政治不平衡的大框架中重构他们的历史。这是一场隐晦的对话与辩论，也是相互妥协的过程。如果说，特定的身份拥有特有的历史记忆，那么，上述有关大理社会的多重历史叙事，正好说明了许多不同身份的人的意图与想法。

小　结

中央王朝对"边夷"有一套既定的书写典范，地方社会也有不同的叙事传统以及回应之策。放在长期的地方史脉络来看，这些不同历史叙事，看似矛盾且纷乱，实际上巧妙地保留了社会结构流变的遗产，或者说，不同身份人群借由此书写媒介进行社会对话与历

---

[1] 鹤阳蓝廷举成均氏等印送《牟伽陀祖师开辟鹤庆掷珠记》，鹤庆档案馆藏，1919 年蓝廷举抄印本之复印本。
[2] 高奣映著，侯冲、段晓林点校《〈鸡足山志〉点校》卷 1《沿革》，第 43~70 页。

史想象，保持着某种不同历史机制下的记忆。

官方文献往往强调线性的（linear）书写，难免以其正统政治之朝代与人物作为标志过去之经纬，试图以此来塑造具有特定价值与意义的时间系谱，这种时间系谱也暗示了"中心"与"边陲"的空间政治性。地方的历史叙事主要呈现出多元的、复线的（bifurcated）时间观，如不同人群说不同起源的故事，不同身份也强调不同的祖先故事。起源成为一个被标本化的事件，呈现如传说与神话般的反复性与结构性。[1] 在中央王朝主导的书写框架下，地方人群试图将这些多元的、象征身份的符号体系编织到正统历史的叙事之中。只不过，地方所认知的"正统"往往源自宗教的力量，而且是通过一种重复的、挪用的符号来讲述无时间性的历史。

本章试图从不同的文类、文本分析与书写者三方面来讨论文字书写的政治性以及社会对话的过程。明初官府的僰人论述带有强烈的拉拢白人的意图，但制度化的设置却使得僰人论述在汉僰同风的模糊地带摇摆；明中晚期的志书编纂过程中，我们看到不同士人为"僭越"的王国历史如何被组织在正统史册之中所进行的讨论，以至带出杨士云、李元阳与杨慎三人不同的史观与书写策略。最后，土官与民间也纷纷以佛教开化者与圣地的叙事来建构地方历史。这些纷乱的历史文本，不仅提供一幅喧哗与百家争鸣之生动图像，也呈现相互补充、竞争与仿效的过程，其重要性不在于考证记述真伪，而在于历史话语权本身就是其意义的展现。

---

[1] 杜赞奇（Prasenjit Duara）指出，由民族国家所主导的线性叙事越来越具主导性时，历史的真实性越来越脆弱，而不同地方人群也会采用反叙事或反表述的方式来抵制它。参考 Prasenjit Duara, *Rescuing History from the Nation: Questioning Narratives of Modern China*（Chicago: University of Chicago Press, 1997）。

第二部

僧　侣

第三章　入京的僧侣

洪武十六年（1383），原大理总管段氏、贵族与僧人被送往南京。他们或者自愿，或者被迫见证了一段全然不同的新时代。[1]当时最具代表性的人物，要算大理总管世家段明及其二子，他们分别被派往北方雁门卫与武昌卫担任镇抚，其旁支族裔在大理无以立足者，多远走他乡。[2]大理僧族之境遇值得加以注意，从地方文献可知，当时三股入京的僧人势力，代表有无极和尚、密僧赵赐以及董贤等。

1　史册也记载了许多僧人不远千里，远自云南与金齿结伴到南京，洪武帝曾下令礼部官员安排他们赴江南"游玩"。参见葛寅亮《金陵梵刹志》卷2，收入《中国佛寺史志汇刊》第3辑，明文书局，1980，第41~42页。
2　段氏境遇可见方慧《大理总管段氏世次年历及其与蒙元政权关系研究》，第104~105页。

一　无极进京

对新附的大理世族而言，无极（1332~1406）入京是一件重大的历史事件。明朝统治第二年，感通寺的僧人无极和尚与一批贵族浩浩荡荡来到南京，将从大理带来的骏马和茶花进献给新朝皇帝。地方流传着当时入京的传说：当他们向明太祖进献宝物时，马鸣花开，众臣惊呼，皇帝大为喜乐，以此为吉象。明太祖赐诗十八首，封无极和尚为僧官，令其返回大理负责管理境内的佛寺与僧人。[1]这十八首诗后来被刻在大理感通寺的山门，无极和尚也成为大理僧团中的新兴领袖人物。约在同时，明太祖制定宗教管理措施，将天下之僧人与佛寺纳入管理。[2]这些僧人也即将目睹一场以整顿全国宗教为名义而展开的政治改革冲击大理社会。

（一）无极和尚

首位主持云南政务的张纮，奉命前往大理探访这位"拔萃者"无极和尚，为他所住持的感通寺写下《感通寺记》：

> 洪武壬戌，天兵下云南，明年取大理。律师无极，能知性学，兼通词章。岁次癸亥，率其徒入觐，上大怪，试以词赋，皆力就，屡宠锡之。暨命之为僧官，重以奎璧天章，所以光贲之者甚备。[3]

该文指出无极和尚率领门徒入觐。明太祖亲自测试无极和尚的文学素养，并以其应对如流，堪任为师，赐以大理府僧官，令其返回

---

[1] 诸葛元声：《滇史》卷10，第278~285页。
[2] 陈玉女：《明太祖征召儒僧与统制僧人的历史意义》，《明代的佛教与社会》，北京大学出版社，2011。
[3] 张纮：《感通寺记》，收入刘文征纂《（天启）滇志》卷21《艺文》，第710页。

大理统领僧众。明太祖重视天下僧官之考核，亲自对无极"试以词赋"，钦赐僧官职衔，表达他对大理僧族精英集团的重视。无极的地位也因此提高，他在返回大理后，倍感尊荣，在为大理贵族遗裔撰写碑铭时便自署"赐都纲沙门大理感通寺住持"，以显其身份之尊贵。[1]

无极和尚入京的故事不断被后人复诵。李元阳晚年为当地颓败的古寺撰写碑记，也提到这一段明初故事。他撰写的《标楞寺田记》记载如下：

> 国朝洪武初，大理僧无极谒高皇帝于金陵，进山茶花一株、白马一匹。初至殿前，马嘶花开，帝异之，宠赉甚厚，授无极大理付僧纲司都纲，赐敕赐诗，遣归。随命布政使张纮亲至大理，问劳无极。[2]

标楞寺是南诏古坛场之一，其常住土地后被侵吞，明中晚期之李元阳重申明初无极入京的故事，目的在强调明太祖曾礼遇大理僧团，并对大理佛教做过政治承诺。明末刘文征的《滇志》也记载此事：

> 无极，名法天，感通寺僧。洪武癸亥，率其徒入觐，献白驹一、山茶一，高皇帝临朝纳之，山茶忽开一朵。帝喜，以宸翰荣之，又命翰林侍讲学士李翀奉制赋诗以赠之。[3]

这里增加一些关键的人与事，如明太祖命翰林侍讲学士李翀赋诗

---

[1] 无极：《仁德墓铭》，收入张树芳主编《大理丛书·金石篇》第10册，第28~29页。
[2] 李元阳：《标楞寺田记》，收入张树芳主编《大理丛书·金石篇》第10册，第105页。
[3] 刘文征纂《(天启)滇志》卷17《方外志》，第577页。明太祖令翰林学士李翀赋诗之事，《滇志》与后来《龙关赵氏家谱》所载之内容相符。

十八首一事。两则史料都提到宫中马嘶花开的神奇事件。不论如何，这些不断传诵的事件指出明初入京僧人身负重任，对新朝抱持高度的期待。而明太祖优礼无极，不仅安抚大理僧团，也安抚世族精英对未来局势变化所产生的不确定感。此时，无极和尚成为新的宗教领袖，也象征着明朝重整大理世族以及其辖境的宗教秩序，无极和尚并得以统领诸世族，为新天下、天子与朝廷举行祈福仪式。

僧官的重要性，必须放在当时的社会情境下来理解。第一，明军入滇后，地方经济由军队所掌控，对佛教寺院庄园造成冲击。无极入京前一年，傅友德便向明太祖建议将云南佛寺土地充为官用，僧道豪右之土地受到极大威胁：

> 其税粮则元司徒平章达里麻等尝言，元末土田多为僧道、豪右隐占。今但准元旧制，于岁用有所不足，已督布政司核实……宜以今年府州县所征，并故官寺院入官田及土官供输、盐商中纳、戍兵屯田之入以给之。上可其奏。[1]

傅友德建议依元旧制，岁用不足时，把佛寺土地充入官田，以补军需。此政策使佛寺在无任何政治保护之下沦为军队之官田，处境堪忧。

第二，明军入境，焚毁不少佛寺，僧人为躲避而四处逃散，佛寺也沦入无人掌理之境遇。所以，"故官寺院入官田"指出官员将佛寺没入官田，其常住土地，也在官田政策之下化为乌有。对适值兵燹的大理社会来说，无极一行人自南京返回，也为大理世族带回许多新希望。依地方政治格局来看，僧官更可能是当时贵族势力中所获得新朝官爵品级最高的身份，足以成为大理社会之新领袖。据地

---

[1]《明太祖实录》卷143，洪武十五年三月丁丑条。

方文献记载，无极返回大理时，大理世族在感通寺山门列席等候，一行人依附新朝后带回象征最高统治力量的僧官地位，风光一时。他也将皇帝御制诗十八章刻在感通寺的山门口，输诚表态。从李元阳的碑记可知，当时世族精英们还期待无极和尚能够保障大理佛寺以及世族既有的常住土地。[1]

然而，僧纲司僧官是府级僧官，在明朝整个官僚体系之中，地位不甚崇高，仅止于六品，实在看不出无极的重要性。明太祖的宗教政策，几将僧官视为中央集权官僚体系之附庸，不仅没有实际权力，也深受世俗官僚体制之种种钳制。洪武十九年（1386），明太祖为征收寺院田粮，设砧基道人，职司佛寺之粮差。[2] 朝廷对佛寺的管理越来越严格，甚至令天下各府州县仅留一大寺，其他小寺归并大寺。此政策引起地方很大的反弹，后来才又改以拆毁非旧额佛寺，"旧额"成为佛寺得以合法保留的重要依据。如果将这一系列的宗教措施纳入考虑，那么，无极和尚将御诗十八首刻在感通寺山门，是一个相当具有政治意义的行为。感通寺不仅成为大理府僧官住持之佛寺所在地，是归依新朝象征正统的新宗教中心，而且成为庇护其他庵院继续合法维持下去的政治大伞。后来未知始于何时，官府也将大理三座大型佛寺感通寺、无为寺以及崇圣寺划入太和县的粮里，成为太和县境内五十三个粮里中的三个纳粮单位。[3] 这是乡里制度下大理佛寺所无法避免的政治遭遇。

（二）赐都纲沙门

无极和尚地位之崛起，也可能与明太祖重视具有出家形象的

---

1 李元阳：《标楞寺田记》，收入张树芳主编《大理丛书·金石篇》第10册，第105页。
2 朱元璋：《申明佛教榜册》，收入葛寅亮《金陵梵刹志》卷2，《中国佛寺史志汇刊》第3辑，第42页。
3 李斯佺、黄元治纂修《（康熙）大理府志》卷8《田赋粮里》，第115页。

僧人有关。无极和尚，名法天，大理府城杨氏子。他早年在荡山出家，是位"禅讲皆备"的僧人。荡山位居大理平原南方，元末大理总管段氏在荡山护持不少庵院，并延请讲经论沙门念庵圆护主持荡山之感通寺，时已形成一股讲经论的风气。年轻的无极和念庵圆护的关系，我们不得而知，无极曾在元末碑刻自署"讲经论沙门感通寺住持"，可知他继承了念庵圆护在感通寺的地位。[1]明初，无极返回大理后，以"赐都纲沙门大理感通寺住持无极禅师"回到荡山，并成为统领荡山诸庵院的代表人物。[2]这些都说明元末明初荡山讲经论僧人的地位相当崇高。然而，无极的法脉和传承还是值得在这里加以讨论，尤其是他如何从讲经论沙门成为禅师。

张纮拜访感通寺时，撰《感通寺记》记载无极之个人经历，指出无极是大理府城杨氏子。其十六岁出家，礼荡山海印禅师为师，后来成为精于戒律的"律师"。但是，无极圆寂后，大理府同知杨节仲为其撰写之墓志铭记载：

> 名法天，大理府城杨氏子……年十六出家，礼荡山海印为师。海印受法于杭州断崖禅师，断崖受法高峰禅师，上接临济正宗，为江南禅门宗匠。[3]

指出无极和尚师承海印，海印受法于断崖禅师，是以无极之法脉可以追溯到南宋之临济高峰禅师。若对无极生前到圆寂后之法脉师承加以考察，可看出他从元末文献被描写成一位讲经论沙门，到明初材料被指为律师，再到墓志指出他是一名承接中原禅宗临济正统的

---

1 元末无极所撰写的墓志铭有《京兆郡夫人墓志铭》《故杨公孝先墓志铭》，署名为"讲经论沙门感通寺住持"。获僧官后，其所撰之墓志铭署名则为"赐都纲沙门大理感通寺住持无极禅师"。见无极《仁德墓志》。上述三份墓志铭均收入张树芳主编《大理丛书·金石篇》第10册，第23、28~29页。

2 无极：《仁德墓志》，收入张树芳主编《大理丛书·金石篇》第10册，第28~29页。

3 杨节仲：《无极禅师行实》，收入方树梅纂辑《滇南碑传集》卷20，第283~284页。

禅僧，其与中原临济正脉的系谱关系被逐渐强化。这很可能与明太祖对佛教中禅、讲、教三种不同僧团身份的管理有关，尤其宋以来禅宗势力扩大，担任大理府僧纲司僧官的无极，越来越倾向于以中原禅宗正脉的师承自许。

另外，天下各府设有正、副僧纲司僧官各一名，除感通寺僧官外，副僧官由三塔寺的僧人担任。三塔寺又称崇圣寺，是象征大理政治中心之佛寺，也由段氏总管世族代代护持。为削弱段氏实权，其佛寺充为官寺，三塔寺与段氏贵族二者政教中心纽带也面临崩解。明初有关该寺之史料不多，海东出土一份洪熙元年（1425）的墓志铭，碑末撰碑者署名"大理府僧纲司付都纲三塔寺总持讲经论沙门"，书丹者是"三塔寺永安房讲经论沙门"。其中的"付都纲"应是副都纲，而且二位都署名讲经论沙门，可知该寺很可能是"讲僧"的僧团道场。后来出土相关碑记《起建宝塔栏杆之碑记》，记载成化元年（1465）一方信士输财帛修宝塔，碑记署名则是"大理府僧纲司副都纲崇圣寺住持僧口灵彻"，[1]指出成化年间该寺是副都纲住锡之佛寺。由此来看，感通寺很可能被定位为一座以禅僧为主的道场，而三塔寺则是以讲僧为主的道场。

无极担任僧官后，其法脉弟子也接收大理府境内原大理总管世家段氏以及相国高氏世家所护持的佛寺。这些佛寺是旧额佛寺，理应获得保护，故无极亦遣其僧人前往掌持。无极派下整顿的寺院可考者有二，一是崇恩寺，一是遍知寺。

1. 崇恩寺

无极回到大理后，请求首任大理府同知杜瑜与太和县知县为昔日皇家佛寺崇恩寺撰写常住碑铭，名为《崇恩寺常住碑记》。崇恩寺原名药师寺，建于南诏时期，据说它原是南诏皇室祝发出家之寺院。大理建国前，段思平曾避追兵于此寺，因受神明默助获救，为

---

[1] 《起建宝塔栏杆之碑记》，收入大理市文化丛书编辑委员会编《大理古碑存文录》，第185~186页。

感恩而扩建此寺，改为崇恩寺。其位居感通寺北方不远之处，是当时苍洱间极其宏伟的一座佛寺。该寺规模甚为壮丽，其碑记载：

> 南诏为西南之极郡，其俗颇尚佛。自蒙氏以来，于苍山一派，创立梵刹，其丽不干。厥后，高段二家酋长承之，或广衷其舍宇，或增益其田庄，或置造其法器，使其愈流而愈隆不乏者，迨今二百余年。粤若佛顶峰麓药师佛寺者，其壮丽尤倍莚于诸寺，田庄繁广，殿宇崇阿，卉木葱蓊。为何如耶？昔段氏酋长曾逃难于本寺，感得门罗蛛网，庭杂鸟巢。追者见之，允无人迹而旋踵，由是竟得以存焉。特以深厚其恩而倍隆之，表名为崇恩寺。[1]

寺碑记录一段段氏逃亡获救的典故，也提出段高两家酋长后续"广衷其舍宇，或增益其田庄"，描写上层政治护持苍洱间之寺院庄园的情形。该寺位于苍山佛顶峰麓，"壮丽尤倍莚于诸寺，田庄繁广"，但明军进入大理平原，佛寺历军火倾毁，僧人逃散，原有的皇家佛寺或官寺沦入无人管理的窘状。无极和尚返乡后重新刻碑，主要是恢复佛寺的规模，更想要借此保障崇恩寺的常住土地：

> 有僧人妙庵者，奋兴灭举废之心，务绍□续灯之志，收其煴烬之末，理其紊乱之绪，提絜经营而复兴焉。有僧恐后有不矜细行之徒侵损常住田土，磨灭良图，爰勒真石一座，将本寺所置田地丘亩条段数目，备书于铭记，作万年常住之纲。[2]

---

[1] 《崇恩寺常住碑记》，收入张树芳主编《大理丛书·金石篇》第10册，第29页。又见黄元治辑《荡山志略》："崇恩寺，又为药师寺，段思平所建，传闻段氏夺王权时，曾躲于此寺获救，遂建寺以感恩之。"（收入张树芳主编《大理丛书·金石篇》第10册，第17页）

[2] 《崇恩寺常住碑记》，收入张树芳主编《大理丛书·金石篇》第10册，第29页。

第三章 入京的僧侣

一位妙庵僧人收拾军火之残余，重新修建佛寺，为免"不矜细行"之徒，侵害佛寺土地，所以请无极和尚撰碑公告佛寺版图。崇恩寺碑是目前见到较早的寺碑，此碑由大理府知府杜瑜和太和县知县联合署名，可知这是一份获得二位首任府县官员许可的佛寺常住公告碑。再者，碑末署名之"董修施主"是"铺司"杨、张与赵氏等人，"铺司"指被编入驿铺的地方基层运输系统。虽然，我们不知妙庵与铺司杨、张、赵氏的关系，但此碑通过僧官与官府的势力确认了崇恩佛寺的归属权。[1] 后来，崇恩寺甚至成为感通寺的下院，为后来成为官府征粮单位埋下伏笔。

崇恩寺位于感通寺附近，寺址在今日之大理上末村。上末村昔日称崇恩村，也就是说崇恩村是一个在寺院庄园中逐渐形成的聚落。[2] 有关崇恩寺后续之史料并不多，清初大理府同知黄元治所辑之《荡山志略》曾记载"药师寺""在荡山东五里，感通寺之下院也。田粮贮焉"。[3] 指出药师寺（即崇恩寺）成为感通三十六院之下院。万历元年（1573），李元阳的《重修感通禅寺记》所留下的文字也佐证药师寺后来的变化，当时有一位印光和尚，"修药师寺于山麓，以贮道粮"，指出药师寺被纳入感通三十六院之下院，并作为金洱道道粮寄贮地。[4] "下院"是佛教丛林之分支机构，多位于交通要道，负责收租、应付官府之杂派。于是，被纳入下院的药师寺也成为感通寺贮存田粮之所，向佃户收粮以及接办官府征粮。"道粮"是为强化卫所控制所增置的"金沧道"与"洱海道"等军事层级之贮粮。从这些史料来看，感通寺下院不是被卷入担任支持军粮之单

---

1 《崇恩寺常住碑记》，收入张树芳主编《大理丛书·金石篇》，第10册，第29页。
2 崇恩寺原址现今被分为两部分，一是上末完全小学，一是上末村粮管所。粮管所仍保有其部分殿宇之样貌，已极残破。
3 参见黄元治辑《荡山志略》上卷，《寺院》，收入张树芳主编《大理丛书·金石篇》第10册，第7页。
4 李元阳：《重修感通禅寺记》，《中溪家传汇稿》卷8，收入《丛书集成续编》第144册，新文丰出版公司，1997，第27~29页。

位，就是被迫作为军粮粮仓。大理佛寺下院被派以钱粮之事，时有所闻，如大理之《津梁寺碑记》中也记载：

> 建下院于排营，使其应办钱粮，而往来便，且以荒浮赔累，常住微，居于此者辄有去心，非久计也。[1]

佛寺下院为应办钱粮，荒浮赔累，后来常住土地被卷入其他杂派的情形更为严重。在此先略去不论。

2. 重修遍知寺

无极门徒也开始将其势力扩展到赵州的佛寺。赵州隶大理府，其官寺亦由大理府之僧官无极派下之人所接掌。赵州自古便是滇东通滇西之重要枢纽，有一大佛寺，名为遍知寺。元人郭松年有《大理行记》记载：

> （赵）州之北，行约数百步，地极明秀，蒙昭成王保和九年，有高将军者，即其地建遍知寺，其殿像壁绘，于今罕见。[2]

当时郭松年进入大理平原前，先抵赵州，见到当地宏伟的遍知寺。遍知寺由大理贵族高氏所护持，尤以殿像壁绘闻名于世，是一座极具艺术价值的佛寺。明军入大理，高氏势力退出大理府，其所护持的佛寺景况甚为艰难，遍知寺也遇军燹破坏。一位自称曾随无极和尚入京的徒弟印玄和尚，也获得僧官之印，返回大理后，到赵州接掌高氏之遍知寺。当时此佛寺因军火已成废墟，印玄遂致力于迁徙寺址，重修遍知寺，并设置了赵州僧官衙门：

---

[1]《津梁寺碑记》，收入张树芳主编《大理丛书·金石篇》第10册，第157页。
[2] 郭松年：《大理行记》，收入王叔武校注《大理行记校注　云南志略辑校》，第14页。

元季毁于兵燹。大明洪武壬戌，天兵平云南。癸亥，取大
理，寺址蓬墟。有感通寺僧曰印玄来构堂而住持，随师入觐，
归赐僧官印。印玄以其地不能容众，徙州治西一里许三耳山
麓，高亢明爽。遂经营之，为堂若干楹。[1]

这段文字指出印玄来自感通寺，是无极和尚的法嗣，其"随师入
觐"说明他在明初随无极入京，无极通过嗣法子弟将其僧官势力扩
张于境内各地之佛寺。从上面赵州遍知寺为州僧官所掌，崇恩寺被
纳入感通寺下院，可知以无极和尚为首的新任僧官体系，试图整理
大理府内段高二氏之佛寺与常住，并通过新的政治地位扩展其寺院
之政治网络。理论上，大理府之僧纲司僧官由无极和尚之法嗣承
继，诸州之官寺亦由其徒分派其间。无极和尚在京师获得声望，
回到大理时其宗教地位自然也得到提升，这在一时之间，都是极
其自然之事。

二 龙关赵赐

和无极和尚一起到南京的僧团中，还有位密教僧人赵赐
（1348~1420）。赵赐出身苍洱南边之军事要地龙尾关，其祖先是精
擅降龙伏虎的世族，早在大理国时期便拥有很高的宗教与政治声
望，也是大理重要僧族之一。明中晚期，赵赐族裔出现一位进士赵
汝濂（1496~1572），他晚年归隐家乡时，搜罗祖先墓碑以及家族
散佚的家谱，重新整理了一份族谱《太和龙关赵氏族谱》。族谱记
载赵赐入京献贡，与之同行的就是无极和尚。如果不是赵汝濂的这
份族谱，我们便无法看到除了无极入京叙事以外的另一股大理密僧
势力。

---

[1]《重修遍知寺碑记》，收入张树芳主编《大理丛书·金石篇》第10册，第117~118页。

正德年间抄录的《太和龙关赵氏族谱》记载着赵氏世居之地:

> 世居大理太和龙尾关白蟒寨。蒙昔关中有白蟒吞人为害,适段赤城者,义士也,手持利刀,舍身入蟒腹,蟒害遂除。居人德之,取赤城葬于灵塔寺,建浮屠镇之,煅蟒骨灰之,遂名曰白蟒寨,今人误名为白马,非也。[1]

白蟒寨是一个古老的地名,从供奉段赤城的灵塔寺可知其位于今日之龙尾关附近(即今日下关附近蛇骨塔)。灵塔是唐时所留下之佛塔,源自一位灭蛟英雄段赤城。传说中,洱海曾有蛟龙作乱,段赤城入海灭蛟,牺牲性命,被封为洱河龙王。南诏国王为纪念这位英雄,建了一座佛塔,以蛇骨灰抹塔身,民间称为蛇骨塔,又称灵塔或佛图塔(图3-1)。《南诏野史》也记载有此英雄传说,南诏劝利(晟)国王在位(816~823)时:

> 五月,大雨霖龙首龙尾二关,倾除洱河水怪,建龙屋塔高十二丈。按《白古记》:唐时洱河有妖蛇,名薄劫,兴大水淹城。蒙国王出示有能灭之者赏半官库,子孙世免差徭。部民有段赤城者,愿灭蛇,缚刃入水,蛇吞之,人与蛇皆死,水患息。王令人剖蛇腹,取赤城骨葬之,建塔其上,毁蛇骨灰塔,塔名灵塔。每年有蛇党起风来剥塔灰。时有谣曰:赤城卖硬土。今龙王庙碑云:洱河龙王段赤城。[2]

---

1 《太和龙关赵氏族谱》,大理州博物馆藏。
2 杨慎:《南诏野史》上卷,第21页。同样的描写见《僰古通纪浅述校注》,指出南诏国王第十主劝利晟时,有巨鲸流入洱河,塞于河尾(即龙尾关)大桥口,河水壅滞不流,泛滥于国乡城市,段赤城杀鲸灭水患。见尤中校注《僰古通纪浅述校注》,云南人民出版社,1988,第59页。

第三章 入京的僧侣

图3-1 蛇骨塔（位大理下关阳平村，作者摄）

元朝时，此塔改为佛图塔，奉段赤城为洱河龙王。[1]

赵氏居住在白蟒寨，白蟒寨又源自灭蟒之所,《太和龙关赵氏族谱》虽没有说明赵氏和灵塔寺的关系，但赵氏将这则灭蟒故事写在族谱之中，有可能是表达其族在洱河龙王仪式中之宗教地位。从寺塔出土之账簿得知，灵塔寺是一座相当有支配性的佛教寺院。[2] 赵氏居住在灵塔寺旁的白蟒寨，或许正好说明赵氏世族昔日之政治与

---

[1]《唐义士赤城段公传碑》，收入张树芳主编《大理丛书·金石篇》第10册，第256页。
[2] 1970年代因为地震修塔，考古学者进行修复之工作时，在塔内发现元末佛寺庄园土地账册二册，记载着当时佛图寺僧人收租之寺田、佃人所纳租谷之项目等。这些账册不仅说明段赤城灭蛇英雄已和当地佛教寺院结合为一，而且从其拥有的常住土地，可知它在龙关附近是一座相当有支配性的佛教寺院。见《佛图塔至元二十七年账册》，藏于大理州博物馆。张锡禄、连瑞枝整理校对（未刊）。

宗教地位。直到元末，赵赐的几位祖先都是佛教法术专家，地位颇高。《太和龙关赵氏族谱》叙文中提及他们是"关中甲族，咸习瑜伽教"，正是其意。但赵氏所在之白蟒寨，后来被划入羊皮村，列入粮里。[1]

（一）龙关赵氏与荡山

洪武十六年，赵赐和无极和尚一起入京谒见新朝皇帝明太祖。《太和龙关赵氏族谱·叙》提供僧人入京时的另一个视角：

> 洪武十五季，天兵克服云南，取大里〔理〕。（赵）赐如京献贡，（赵）均请从焉。旨禁宫祟乱，公深入宫闱，默坐课功，不旬日而祟除，天颜有喜，给羊皮，皆免世差，钦赐人头骨、水盂、法鼓、宫绣、袈裟等宝，并御制诗十八章，驰驿遣还。（赵）护迎公于滇，滇人留护治孽龙，遂家于滇池口，其后莫考。公抵家，与无极□御制诗于感通寺，悬之，乃建于山之左腋，屡被水患，再迁之荡山之巅，名曰宝庆。[2]

引文指赵赐入京和返滇的过程。族谱记载：赵赐入京时，禁宫闹鬼，不甚平静，皇帝令其入宫除之。赵赐受召入宫后，默坐施行法术，不几天便除去宫中的鬼怪。明太祖非常高兴，赐给赵赐羊皮、人头骨、水盂、法鼓、宫绣以及袈裟等法器宝物，并免去赵赐家族的差役。[3] 他在宫廷深受优礼。这段引文虽也提及无极和尚与御制诗十八章，但并没有把无极视为法门领袖，也没有提及无极和尚获僧

---

1 《太和龙关赵氏族谱》记载赵氏聚居在白蟒寨，即今蛇骨塔附近。明末《南诏野史》记载蛇骨塔在羊皮村，可知昔时之白蟒寨在明末时易名为羊皮村。见杨慎《南诏野史》上卷，第23页。

2 《太和龙关赵氏族谱·叙》。

3 《太和龙关赵氏族谱·叙》。

官。重要的是，当一行人返回大理后，赵赐和无极和尚将皇帝所赐之御制诗，高挂在感通寺山门，复因水患频仍，将御制诗悬挂在荡山之巅，也就是赵家佛寺宝庆寺，更强调御制诗因水患移到荡山赵家佛寺一事。有别于前文以无极和尚为中心的入京叙事文本，这短短的文字正是以密教僧族赵家为主轴的叙事版本。

上述引文也提到赵赐的两个儿子：次子赵均与三子赵护。赵均陪同赵赐前往南京，赵护留守大理，在前往昆明迎接返乡之父兄后，被滞留在滇池"治龙"。赵赐家族的文献相当隐晦，必须从散落的史料来重构过去。赵赐有四个儿子，依序为赵寿、赵均、赵护、赵势，四人皆习祖业密教法术。长子赵寿（1362~1459）是道行高超的密教僧人，后来分别在宣德、天顺年间两次被召到宫廷"开坛禁魉"。天顺年间召至宫廷时，殁于京师。族谱指出，当时赵寿年事已高，不愿入京，却被挟持而行，"有司制装肩舆，促户以恃强行"，直到九十七岁滞留京师不得返乡，最后竟殁于京师，被赐为国师。[1] 当时皇帝令礼部郎中何怀赐祭"国师阿吒力"，其祭文内容如下：

> 惟尔夙性慧聪，精修戒行；究秘教上乘之法，阐毗尼正觉之风。召尔至京，将欲任用，遽尔圆寂，轸念良深，特赐棺木以殓之。仍遣有司谕祭，法灵不昧，庶承之，钦哉！[2]

《滇志》也记载赵寿的行迹：

> 感通宝庆山僧，受持密教，戒行精严，驱邪降龙，祈祷屡应。宣德、天顺两召至京，赐礼甚隆。卒，蒙谕祭。[3]

---

1 段子澄：《太和龙关赵氏族谱·跋》。
2 《谕祭碑文》，收入《太和龙关赵氏族谱》。
3 刘文征纂《（天启）滇志》卷17《方外》，第577页。

赵寿列名感通宝庆山僧，是一名密教僧人。其戒行精严，也是位得道高僧。随着明永乐帝移都北上，在北京建城，宫廷内部的密教信仰越来越浓厚。赵寿以高龄殁于京师，极有可能与宫廷内部的斗争有关，族谱内文字幽微，史料不多，在此略去不论。

赵赐的三子名为赵护，他曾前往昆明迎接自京返滇的赵赐一行，后来却滞居滇东。《滇志》记载当时赵护滞留滇池的原因：

> 赵护，太保人。家世习降龙法，传至护父赐，当洪武间，召入京，赏赉甚厚，遣还。护迎父至滇，会滇池孽龙为厉，滇人诣护求治之，护坐海口演法，龙去而患除。[1]

这里记载赵护是太保人，有误，应是太和县人。赵护前往滇东，迎接父亲回来，但当时滇池海口"孽龙为厉"，滇人求赵护留下来治龙。赵护施行法术，平定水患。《滇志》有关赵护的描写和龙关赵氏族谱内容相符，后者也记载相同之事：

> 护，即龙川公之高祖也，由太和迎父于滇，乃为滇人所留，治孽龙，遂占籍于昆阳。[2]

指明人初治滇地，然苦其孽龙作乱，故欲留赵赐于昆阳降龙。但赵赐急于还家，所以把三子赵护留在昆明镇除滇池水患，赵护后来成为黔国公之佐臣，其裔也滞居昆阳。昆阳附近松华坝出土的报恩寺碑，记载当时赵赐第三子赵护滞留昆阳后三代后裔的故事。赵护一支有裔赵克忠（名龙川），"以襁褓洁身入黔府而供事"，成为黔国公

---

[1] 刘文征纂《（天启）滇志》卷17《方外》，第573页。
[2] 《太和龙关赵氏族谱》。

第三章 入京的僧侣

沐昌祚身旁之重要辅臣。万历年间，赵龙川还在其先祖十三座墓冢旁，兴建一座佛寺名报恩寺，供奉历代祖先，获得黔国公的支持。[1] 从滇东赵护到赵龙川一支系的发展可知，他们从僧侣身份转型为黔国公辅臣的角色，"自护公籍居以来，相传七世，俱耕，隐德弗耀，秘密之术不行矣"。其密教法术已不传，转型为沐氏的佐臣世家。

赵赐的长子赵寿寂于北京，三子赵护滞居昆阳，次子赵均则顺利返乡定居太和县。赵均曾随父赵赐进宫，返大理后，娶同乡杨氏。杨氏墓志铭记载如下：

> 赵母讳香，赵（州）杨氏女，大理郡太和县河尾关者大密师均助道之室……子男二人，平日夜精通教法，功成效著；勇务攻秘密，至老不懈。平妇同里元进士苏隆之女孙；勇妇处士苏氏之女。孙男七人，琳、智、净、洁、仪，平之子；辉、明，勇之子。琳、智、辉、明，读儒书，精肆祖教；净，早弃尘修行，性天明恪；仪，性资明敏，才优决科。女三人，长婿赵州杨禄，次婿同里苏杰、羊皮里李祥。[2]

这份杨氏墓志铭，记录赵赐以下四代由僧侣世家转型为士族的过程，包括以下几个重要的信息。(1) 文中以"河尾关大密师均"称赵均，可知赵赐的第二子也是一位大密师。(2) 赵均有二子：赵平与赵勇。赵平（1418~1477）是"日夜精通教法"，赵勇是"攻秘密，至老不懈"，二人均承袭秘密之术。(3) 赵平与赵勇的儿子们，有赵琳、赵智、赵辉、赵明四人儒释兼修，仍"精肆祖教"；比较特别的二人，一是赵净，"早弃尘修行"，一是赵仪，转型最为成

---

1 参见《松华坝报恩寺碑铭》《赵雪屏合宗墓表》《报恩寺功德碑》，均收入北京图书馆金石组编《北京图书馆藏中国历代石刻拓本汇编·云南地区》，第 90、101、165~166 页。
2 《赵母杨氏雪屏曾祖妣墓志铭》，《太和龙关赵氏族谱》。

功,"才优决科"。(4)其联姻对象多为龙尾关世族,赵州、羊皮里皆位于龙尾关(即河尾关)腹地,说明其世族联姻之地缘性。此墓志铭勾勒出赵氏家族性格转型的过程:前三代仍承续着"祖教",是密教僧族的传统;第四代开始转型,其中有四人儒释皆修,仍精擅于祖教,另有一位弃尘世出家的赵净,说明"出家"与"传统密僧"是两种不同的僧人体系,最后一位专致科考入仕的赵仪(1462~1530),成为我们追溯赵氏世系的重要线索。[1] 明初赵赐以下四代,产生三种身份:士人、出家为僧人与在家密僧,说明密僧家族在适应士人化时之过渡情形。

赵仪是弘治辛酉科(1501)云贵经元,后来担任四川涪州学正,复又以考绩拔擢应天府推官。[2] 因其治绩卓越,皇帝恩赐其父赵平官衔。赵仪为荣耀先人,在其父死四十余年后,请两位云南籍官员为赵平撰墓铭,一位是政治声望极高的云南人"光禄大夫柱国少傅兼太子太傅吏部尚书武英殿大学士"杨一清(1454~1530),撰写《应天府推官赵平墓表》;[3] 另一位是赵氏姻亲"皇明敕授承直郎湖广德安府通判"段子澄,撰写《明善士赵公墓志铭》。两份墓志在祖先叙事上略有出入,段子澄为赵平所撰之墓志铭写道:

> 善士讳平,字持衡,姓赵氏。大理龙关世族也,高曾以来,俱隐德弗仕。祖讳赐,父讳均,事西域瑜伽密教,故时有旱涝灾疾,皆赖以禳祷焉。其灵验非他术可比。迨善士天资纯厚,读书明理,以伯父吉祥金刚家学,授以心戒,爰乡而止,安能传之天下,取信于处世也耶?[4]

---

[1] 杨一清:《应天府推官赵平墓表》,收入张树芳主编《大理丛书·金石篇》第10册,第96~97页。

[2] 赵仪之生平,见《明赵仪夫妇行述》,收入张树芳主编《大理丛书·金石篇》第10册,第95页。

[3] 杨一清:《应天府推官赵平墓表》,收入张树芳主编《大理丛书·金石篇》第10册,第96~97页。

[4] 段子澄:《明善士赵公墓志铭》,收入《太和龙关赵氏族谱》。

第三章　入京的僧侣

这一段话很有意思，其大意是赵平祖先娴习"西域瑜伽密教"，赵平曾向其伯父赵寿学习"吉祥金刚家学"，也就是密教家学，"其灵验非他术可比"，指其在地方上的宗教声望很高。段子澄是其姻亲，且又同是龙关世族，对赵家历史的认识应无误。他虽然礼貌地交代赵家僧族之宗教地位，但也对昔日祖传密教心法提出质疑："安能传之天下，取信于处世也耶？"正好指出当时转型仕宦的大理人对传统密教所抱持的消极态度。对这批转型为儒的士人而言，祖传密教心法无法传于天下，也不如儒学经世济民之道。

谱叙也论及荡山之赵家佛寺，是为宝庆院。明中晚期之赵汝濂请李元阳为此佛寺撰写碑铭，是为《重修宝庆院记》。其指出：

> 宝庆院者，荡山寺之顶院也，距大理南十里许，凡三十六院，宝庆在诸院之上，故又名上方院。今南京右副都御史雪屏赵公先大人赠儒林郎讳平者之所也。儒林公有子四人，各听其性之所近以为业，有讳慧者号天峰，专志学佛，遂从其志，为作兹院以居之，此宝庆之所由始也。天峰之弟为京兆公，讳仪，累官知泸州知州，赠奉直大夫右通政，是为雪屏之考也。方京兆之宦游也，闻宝庆日渐圮，时分俸以葺之，院有常住田七十五亩，用是得存其旧，此宝庆之所由完也。嘉靖甲寅，方丈毁，丁巳，禅室及重门又毁。雪屏公复鼎建焉……兹院俯仰未及百年而废兴变故，乃尔大力如公家三世相继修葺，仅能存其故物，然则无公家之力而绳踵亦无三世者，其难其慎盖可知矣。[1]

碑铭交代赵寿殁后，赵家的家族佛寺怎么分配的问题。赵寿原来居住在荡山之顶院，也就是上方院。他殁于京师后，上方院由其侄

---

[1] 李元阳:《重修宝庆院记》,《中溪家传汇稿》卷8，第26~27页。

子赵平居住，文中指出"今南京右副都御史雪屏赵公先大人赠儒林郎讳平者之所也"，其"之所"有可能是家族内部传习修法居住之地。从前文可以推测，赵平很可能在上方院向伯父赵寿学习吉祥金刚家学。赵平后来有四个儿子，各自从事不同的职业，其中赵慧因志于学佛，所以赵平将上方院传给他，为其修行之所，更名为宝庆院。从墓志铭与宝庆院碑铭还原地方历史的脉络，情形可能如下：自赵寿到赵平三代，荡山之顶院佛寺是其家传修法之所，赵平以其四子志向不同，故将此院拨给赵慧，易之为宝庆院，时有常住土地七十五亩。然而，赵仪在外入仕，返乡分俸修葺宝庆院，后来三代亦复如此。[1]这才有嘉靖年间，赵汝濂修复逐渐残破的宝庆院，并向李元阳请铭之举。

除了宝庆院外，赵汝濂在晚年退隐家乡，在荡山又建一座觉真庵作为隐居之所。李元阳为之撰写寺碑，名为《觉真庵记》。记载当时之情景：

> 御史大夫雪屏赵公既致其事，优游田里，与乡之父老谈桑麻……自适其适，相忘于尔汝之际，回视仕途之日，有不胜其猜嫌忌讳忤侦伺之烦者，为是庵于龙尾关之西，万松之麓。其堂曰觉真，言乃觉今之真，而昔之否也……庵置田十有余亩，以食庵之僧云。[2]

明晚期时政败坏，赵汝濂居官后回乡归隐，在其祖先道场荡山侧宝庆院旁新建了一座佛庵名为觉真庵，作为退隐之所。

从赵家在荡山的历史可知，其原有上方院为荡山顶院，后改名

---

[1] 宝庆院碑铭和墓志铭内容略有出入，墓志铭记载赵平有五子，出家的是赵净。此寺碑则指赵平有四子，出家的是赵慧。未知其然，或与大理认养子嗣的传统有关。

[2] 觉真庵是赵汝濂所建（1563），其寺位于龙尾关荡山。见李元阳《觉真庵记》，《中溪家传汇稿》卷8，第32~33页。

为宝庆院，赵慧虽出家弃世，仍然承继此祖先道场。后来赵汝濂退隐，晚年复在荡山祖地兴建觉真庵作为隐居之所。从宝庆院到觉真庵的设置，大致可以看出，16世纪赵氏僧族即便已经转变身份，但荡山之家族性庵院仍为其裔所居住。虽然赵氏已不传其祖教，然其士子修建庵院之习俗仍然维持下来。

（二）摩伽陀瑜伽教法

大理密教僧人适应新朝佛教政策将遇到一个问题：其密教是不是僧官制度中的瑜伽教？赵氏家传瑜伽教法，理应造成僧官制度中之禅、讲、教之瑜伽教僧团，但在史料中看不到赵氏在这方面的转向。

当时，除了赵赐、赵寿父子，还有许多密教僧人纷纷入京，有的受到皇帝优礼钦赐国师头衔，有的则获钦赐阿吒力的头衔。但是，这些僧人都没有被授以正式僧官的职位，更不用说其他实质的政治保障。可想而知，在家密僧面对的身份选择包括以下几种。（1）他们可以跻身于瑜伽教，如赵氏在族谱中所表白的"咸习瑜伽教"，来符合当局佛教管理政策。若其列名瑜伽教僧，那他们便是以无极为首的大理府僧纲司辖下之瑜伽教僧团。（2）如果由僧纲司管辖，那么僧人另有规范，即明太祖规定所有僧人不许居家，亦不准娶妻，必须集众居寺。[1]新朝僧团管理制度强制要求僧人削发出家，这对大理密教僧族而言，无疑是改变他们社会运作的法则。其若不在大理府僧纲司辖下，那密僧必须入京寻求更高的政治身份，如国师、钦赐阿吒力僧之头衔，但这些身份又无法在地方社会维持其既有之声望。再者，他们原来以在家僧人身份掌握地方宗教与寺院经济等资源，但出家的身份使得家族与佛寺经济的纽带发生松动。对密教僧族而言，他们面对一场新的宗教秩序与身份的选择。赵赐祖

---

[1] 朱元璋：《申明佛教榜册》，收入葛寅亮《金陵梵刹志》卷2，《中国佛寺史志汇刊》第3辑，第44页。

先传下的教法为何，已不知其详，惟前面提过赵平向其伯父赵寿所学的是"吉祥金刚家学"。赵寿入京时已心怀隐忧，在天顺年间第二次应皇帝召请至京师时，因"恐祖迹沦没"，请当时之赐进士第南京国子监监丞许廷瑞撰写族谱：赵寿"恳余（指许廷瑞）叙诸简，可谓光前裕后矣。余不过姑述其略，以传不朽，以识岁月云"。许廷瑞在天顺六年（1462）二月，为赵氏写下其世族法脉起源的故事：

> 宇宙间无穷止、无测量，大无内、小无外者，佛、法、僧也。其设教不一，惟秘密一宗，为三宝中最上乘也。教始燃灯如来传释迦文佛，释迦于涅盘会上传金刚手尊者，尊者传五印度诸国王金刚乘师波罗门，遂成五祖因缘。今阿左力皆中印度之秘宗也。蒙晟罗时，天竺人摩伽陀阐瑜伽教传大理阿左力辈，而赵氏与焉。自是法派分流南度矣。赵氏之先，讳永牙者，福应万灵，不可尽述，几世传至赵福……顺海公资性颖敏，慕道精勤，驱役鬼神，召至风雨，禳疫救灾，可谓德服众望也。[1]

赵氏密僧的族谱写的是一段结合法脉与世系的历史。这份族谱先追溯一段祖先密教法脉的传承：其教法来自中印度，源头又追溯到佛教经典的燃灯如来佛。接下来是一段不易理解的法脉：释迦牟尼传法于金刚手尊者，后此尊者又将金刚乘波罗门法传给五印度国王，是为一段佛教传法给世俗国王与贵族的古印度历史。后来，此金刚乘法又传播到滇地，成就五祖因缘等。南诏时期，此法脉"分流南度"，天竺摩伽陀僧人阐瑜伽教，将此秘法传给大理阿左力辈，赵永牙向其习教法，于是赵氏逐渐兴盛。对赵寿来说，赵家的历史不只是世系的历史，更是法脉的历史和大理密教僧族集团的集体历

---

[1]《太和龙关赵氏族谱·叙》。

史叙事，其源头来自天竺摩伽陀的瑜伽教。

　　大理密教僧人留下不少墓志铭，多论及昔日摩伽陀僧人传下的教法，但将法脉源流写入族谱的却相当罕见。赵寿在宫廷中似乎已预见新朝佛教政策不利于大理密教发展，也意识到一个时代即将逝去，他在此危机与隐忧之下编写了这段赵家法脉来源与世系的历史。天顺六年的这份赵氏族谱，不只是大理僧族对过去法脉的历史记忆，也呈现当时大理僧族的集体意识形态。若将之与后来方志留下的零散的仙释传说相互配合，可以论证一股正在往下流动的、潜伏的教法历史。

　　这些密僧也面临身份转变的选择：他们应到京师争取"钦赐"国师身份，还是归隶到无极派下僧纲司的政治体系之下？我们必须将上层政治的制度措施纳入讨论。明太祖将天下瑜伽僧纳入禅、讲、教之"教"，其职责是为社会孝子孝女超度亡灵、荐亡祖先。这与大理僧族在乡里所拥有的知识有点类似，但后者不仅从事乡里祈雨祷晴，还引领军队作战、治水，拥有调御天地风土之仪式权，还拥有许多政治治理的知识与技术。明朝僧团管理的政策使大理密教僧人处于一种尴尬的境地，他们若被归入瑜伽僧团，那么这种僧侣身份犹如里甲户籍制度般受到更多政治约束，其虽职司荐亡超度，但其原来掌持的各种层面的仪式，如调伏山水龙神、灌顶修法禅定等则被取消。也就是说，某种象征宗教神圣的领导角色（charismatic leadership）被政治所取代了。从此脉络来看，密僧赵赐派下所面对的两难是，他们若不担任新朝之瑜伽教僧，就得到京师成为朝廷之国师。

　　僧团入京或可解读为边臣对中央政治权威表示臣服，也是向新朝输诚的行为；然而，从行动者的角度来看，这更像是不同身份的人群到京师争取合法宗教身份，并期望借此巩固既有的传统与宗教地位。无极虽然获大理府都纲司僧官职衔，与其说是因为他的诗赋文采或神通能力，毋宁说是其身份更符合明朝官方所认定的出家僧侣形象，其嗣法又得以通过他的政治声望继续在大理重要佛寺中占有一席之地。相对来说，密僧赵赐虽获得皇帝赏赐，并免除世族差役，但在史册上终究不见其名。反而是赵赐的儿子赵寿获得了国师头衔，建立超越大理府一级的宗教声望，但这也使他面对一种不确定的未来。光从史料所呈现的官衔或头衔来看，实在难以评价僧纲司都纲与国师两种身份究竟孰优孰劣。可以确定的是，大理僧团领袖如何通过新的政治网络来重构地方势力版图，是一个新的研究课题。无极名正言顺地重整大理诸寺版籍，将昔日蒙段之佛寺转为合法的官寺，并将其门徒弟子派往各州县取得官寺的统辖权，接手大理僧团之领导权；相对的，以赵赐为代表的大理密僧，虽然在京城获得国师的头衔，但他们在返回大理社会后，面临地方宗教势力版图的变化，也产生了无法施展其志之感，赵寿被强制居处京师，更符合明朝中央集权与宫廷二元政策所谋略之事。看来，永乐以来，通过扶植密教僧人来控制边境政治的策略，也使得大理僧团内部另一股政治生态势力发生消长。

三　董贤和阿吒力僧纲司

还有一位入京的僧族是董贤。他入京朝贡数次，子孙亦承其志，陆续赴京，积极向朝廷争取僧官职衔，终在宣德年间获阿吒力僧官的世袭身份，并获准设置阿吒力僧官衙门。董氏以土官形式承袭僧职，直到清初改土归流，才改易为寻常百姓。

（一）入京

洪武年间，董贤曾三次赴召，洪武二十七年（1394）终获明太祖颁赐一块圣旨碑，名为《明赐国师董贤圣旨碑》。内容如下：

奉天敕命，皇帝诏曰：董伽罗氏，出自海东。天降一卵，入于草中。仙鸾覆育，神异奇丰。历朝护国，累代神通。有德有行，克始克终。延及国师，不亚其宗。三次赴诏，有劳有功。军免军差，民免民役。尔子尔孙，永体朕意。[1]

由这一圣旨碑可知，董伽罗氏是海东之仙族，始祖源自洱海东部的一个鸟卵，仙鸾覆育名为董伽罗，因其仙源神功，历代护国。明太祖赐董贤国师头衔，优免族人之军差与民役。从其家族佛寺所出土之碑刻得知，董贤除了被封赐为国师，还拥有一个正式的头衔"钦取赐红阿拶哩不动辣麻"；当时随他入京的还有弟弟和儿子，都被赐以"红阿拶哩"的头衔。这里的"阿拶哩"即"阿左梨""阿阇梨"的同音异字，"红阿拶哩"应是当时大理密教教派之一，"辣麻"是"喇嘛"的音译。也就是说，当时明太祖曾封赐一批大理僧人为密教红阿拶哩派的喇嘛僧。[2]

与赵氏相较，董贤们似乎采取不同策略，他们不强调其法脉源流，而是强调身为"他者"的异类身份，并宣称其祖先是源自洱海山岩上的鸟卵。我们无法判断其语境脉络为何，此说有可能来自地方神话传说。从受封阿拶哩名号可知他们也是大理之阿左力辈。但董氏在诠释阿左力的身份时，并没有追溯西天的摩伽陀僧人，反而强调其教法源自正统大乘佛教。在董贤所护持的寺碑中，其对祖传密教做了以下的澄清：

其大乘者，谓显密之二宗也。显谓五乘八藏之修多罗也，密谓三业四主之单多罗也。修显教者，得十无障碍之内身，获十他受用之外体，微尘有情，咸蒙胜利。习密宗者，谓证方便胜慧之十无尽，悟妙法教令之十有玄，刹海尘区，法轮常转，

---

[1] 《明赐国师董贤圣旨碑》，收入张树芳主编《大理丛书·金石篇》第10册，第29页。
[2] 《赵州南山大法藏寺碑》，收入张树芳主编《大理丛书·金石篇》第10册，第32页。

是等法门即一乘之纪纲也。[1]

佛教自印度传到中土遍及天下时,大乘佛教已经分为显宗和密宗二种,显密二宗各有其教义和修法特色,二宗殊途同归,都是大乘佛教。董氏强调显、密皆为大乘佛教,大理密教并不是明朝要打压的异教,只不过是佛教在历史传播过程中在不同地方展现出来的特有的文化面貌。然而,他并没有提到其密教之师承法脉。董贤之子董寿到北京时,皇帝对其师承感到好奇,问他:"你们本佛什么?"[2]天顺五年(1461)董贤孙董焰慧智又到宫廷,为皇室举行法事。事后,英宗又问:"阿吒力是什么样的名号?"又一次表达朝廷对这个从仪轨师阿阇梨身份演变而来的特定名称感到不解。[3]董寿答之以禅宗教义,董焰慧智答之以西天梵语,皆未详明其法脉,惟重复"董氏屡蒙历朝宠锡,皆仙胎始祖大德发祥也"。他们强调的是仙胎始祖的概念。

《董氏宗谱记碑》记载着明初董贤法师以三天的时间骑着黑龙抵达京师的神奇故事,强调董氏驭龙之法术。这和云南志书记载的神僧降龙的传说类似。[4]但如何区辨大理密教阿吒力教与明朝官府要打击的异教呢?董氏之仙胎起源与神通法术之所以没被视为异教,很可能是因为他们积极修建大法藏寺以及供奉《大藏经》。董氏通过修建佛寺、供奉《大藏经》来表示其法术不同于朝廷要打压的异教,是朝廷支持的佛教正统。

(二)大法藏寺与大我士寺

明太祖封董贤为密教国师后,曾赐以《大藏经》,令他回大理

---

[1] 《赵州南山大法藏寺碑》,收入张树芳主编《大理丛书·金石篇》第10册,第32页。
[2] 《董氏族谱碑》,收入张树芳主编《大理丛书·金石篇》,第10册,第219页。
[3] 《董氏族谱碑》,收入张树芳主编《大理丛书·金石篇》,第10册,第219页。
[4] 李元阳纂修《(万历)云南通志》卷13《寺观志·仙释》,第296~306页。

第三章 入京的僧侣

建寺供奉。《百苗图》所绘之僰人礼拜佛经，也反映当地实际之宗教习俗。对大理世族而言，佛经是转轮王法宝之一，由皇帝亲赐的藏经，尤可提高供养人与佛寺的政治地位。董贤返回大理后兴建大法藏寺，供奉皇帝钦赐的《大藏经》。大法藏寺的碑记（1421）记载当时董家佛寺：

> 敬列释迦佛，通光高可十三尺余。并阿难、迦叶、四天王、金刚萨埵、二执金刚、万岁牌等。左右二间安列檀慈氏菩萨二躯，通光高可八尺余，左右列文殊、普贤四躯。殿后安观音菩萨，通光座高可五尺。经阁上排五方佛、观音势至。后堂布三大白金刚，夜曼多迦、大力、忿怒、摩诃迦罗、宝藏神等五躯。寺额二字乃汝南王书，挂中门上而供养之。[1]

其规模相当可观：大殿供养十三尺余之释迦佛，除了左右二殿，又有后殿，复置后堂，供养"三大白金刚"以及五位护法"夜曼多迦、大力、忿怒、摩诃迦罗、宝藏神"，包括显密二教之菩萨护法。佛堂正中供奉着象征新朝的万岁牌，寺院正中高挂着汝南王撰写的寺额，可知董氏协调各种政治势力来建立其在地方正统的地位。当时董贤不仅将明太祖颁赐的《大藏经》供奉于佛寺中，还积极把当时受战火波及而散落各地的佛教经典运回寺中一起供奉：

> 今之法藏，乃赵州知州段信苴祥请平老比丘并杨善等，前来钱唐印造三乘大藏之经文，置本州之大华藏寺。至大明圣世，洪武壬戌春，天兵入境，经藏毁之。余等俭岁之中，救得二千许卷，安于石洞。数年之间切念斯之圣教，唯启半珠，未

---

[1] 《赵州南山大法藏寺碑》，收入张树芳主编《大理丛书·金石篇》第10册，第32页。

窥全宝,予等前去滇池,于大悲、圆通二寺之中,请得五千余卷,将来本郡合为一藏。[1]

这是洪武二十五年之事,董贤强化大法藏寺地位的另一具体行动是抢救赵州大华藏寺的《大藏经》,而这些佛经是由元朝赵州知州段信苴祥在江南印造供奉的。此外,他又远至滇池请得五千余卷藏经,供奉于大法藏寺中。董贤试图整合新朝政治以及旧王权留下之佛教遗产,通过兴修一座阿拶哩密教佛寺来重建他在地方社会中的威望。对仍不明确的政治局势来说,董贤之作为无疑是地方争取重建传统僧侣威望之政治手段。

董贤的意图还不止于此。明成祖朱棣以燕王身份在北方取得政权后,逐渐扶植宦官,致力于培养拔擢忠于皇帝个人的地方势力,并且向外扩展国家外缘之政治网络。朱棣在宗教政策上继承北方元朝留下的密教文化与传统,在边疆政策上以传统宗教的方式优礼边地政权,并试图以此巩固中央与周边政治之关系。他不仅在吐蕃地区封赐高僧为大宝法王与灌顶国师等,也授之以更实际的土地,并特别优免礼遇。[2] 当时已赴召三次的董贤很可能成为这位在北方建立政权的皇帝所笼络的对象之一。

永乐年间,董贤再次入朝京师,晋见新执政的永乐帝。据《董氏族谱碑》记载,永乐十年(1412),明成祖派遣钦差太监李谦到大理召请董贤入京,据说董贤以法术骑苍山黑龙,三天便抵达京师。他留京两个月,受到皇帝的敬重,赐以大我士国师。[3] 皇帝赐予许多宝物,包括红袈裟、五佛头冠、纻丝、宝钞等。[4] 此次,董贤还向永乐帝请得"华严、般若、涅盘、宝积、楞严、护国密教等经,

---

1 《赵州南山大法藏寺碑》,收入张树芳主编《大理丛书·金石篇》第10册,第32页。
2 祝启源:《明代藏区行政建置史迹钩沉》,收入《藏学研究论丛》第5辑,第225~260页。
3 《董氏族谱碑》,收入张树芳主编《大理丛书·金石篇》第10册,第219页。
4 《赵州南山大法藏寺碑》,收入张树芳主编《大理丛书·金石篇》第10册,第32页。

第三章 入京的僧侣

足一千卷。东驾赏大字疏科二本,华严一百六十二卷"。永乐十一年又遣钦差内使冯斌"驰驿马十二匹,马步军堡子等五百三十名,践送(董)贤并男董寿等"。[1] 其受皇室与朝廷之优礼,足以威震滇南诸僧团。这些佛教经典后来也被供奉在大法藏寺之中。返乡后,皇帝又命黔国公沐晟和楚雄太守张氏,在大理南方赵州汤颠(今凤仪北汤天)设置董氏地基,"赐田一百二十双,前后山产不计",为其安身之所。此外,永乐帝还令官员在大理府城西南隅划地四十八丈,兴建圣旨坊表旌其神功,并依京殿样式建祠堂与佛寺,敕额为大我士寺。[2] 此举将大理密僧的传统合法化,并确立钦赐阿拶哩喇嘛的家产和佛寺地位。大法藏寺由明太祖赐建,而大我士寺则由明成祖赐建,前后不到50年,董家的两座佛寺皆夹带着明朝皇帝权威。永乐帝很可能试图在正规文武官僚系统外,建立直接隶属于皇帝的宗教管理渠道,来巩固他对边疆地区的控制。大我士寺建在大理府之城隅,也说明明成祖更进一步通过董氏僧侣世族来驾驭大理府的意图。作为皇帝钦赐之边境佛寺,董氏之大法藏寺也有其政治性的仪式任务:

> 今欲报谢洪恩,乃于每月初一、初八、十五、二十三等日,就于本寺(法藏寺)上香燃烛,密念护国真言,上祝皇帝圣寿万万岁,太子诸王福寿千千春,文武百官高增福算……[3]

定期举行朝贺仪式,以表忠诚。但是,初建的大我士寺还没有供奉象征政治正统的《大藏经》,直到宣德年间始有请藏之举。

---

1 《赵州南山大法藏寺碑》,收入张树芳主编《大理丛书·金石篇》第10册,第32页。
2 《大我士寺碑记》《董氏族谱碑》二文,均收入张树芳主编《大理丛书·金石篇》第10册,第188~189、219页。大我士寺又称大我寺。见陈文《(景泰)云南图经志书》卷5《大理府》,收入方国瑜主编《云南史料丛刊》卷6,第77~78页。
3 《赵州南山大法藏寺碑》,收入张树芳主编《大理丛书·金石篇》第10册,第32页。

（三）阿吒力僧纲司

董贤及其儿子继续和京师保持密切的联系。他的儿子董寿与孙子董荣分别在宣德七年（1432）住京三个月，天顺五年（1461）又受召到宫内与皇帝论道并做法事。宣德七年，董寿向皇帝请求设置阿吒力僧纲司以及僧官职衔，皇帝没有直接答应，但颁赐《大藏经》，令他"奉旨铸印，开设衙门"，为成立僧官衙门做准备。同年，皇帝令董寿的儿子董荣为世袭大理府阿吒力都纲，并将阿吒力都纲司的衙门设置在大理城西南隅赐建的大我士寺中。天顺五年，北京又召董荣的儿子董焰慧智到宫中晋见皇帝，令大理府每年以白米八十斛供奉董家阿吒力都纲。从董氏三代入京争取设置阿吒力僧官衙门可知，宣德以前，董贤、董寿虽在京师备受荣宠，其密僧身份并没有获得进一步的僧官核定，直到宣德七年董荣才得以授世袭僧官的职位，并以颁赐《大藏经》、铸印、食禄等，为设置阿吒力僧纲司衙门奠定合法基础。

僧官和国师二者意义不同，国师止于一身，阿吒力僧纲司是僧官机构，董氏受此保障，其族裔得以继续承袭土僧官职衔。国师虽受皇帝优礼，但身份归礼部注册，接受朝廷召请入京，行朝廷或宫廷仪式。相对的，僧官的职责是在地方进行宗教管理，不仅保有世袭身份，还保有地方宗教威望。董氏一方面有国师头衔，另一方面又拥有皇帝特许之封地与俸禄，成为西南地区特有的一种土官宗教机构的代理人。阿吒力僧纲司和其他僧纲司的职司类似，负责管理土僧僧团的运作；不一样的是，都纲是土僧性质的官职，也可解释成一种具有土官性质的僧官，是土官与土僧二元政教身份的集合。更重要的是，董贤族裔世代承袭此土僧官职，直到清初大规模改土归流，才被废止。简而言之，阿吒力僧纲司是地方僧人为维护土僧在家传统所争取的宗教机构，而这也进一步使得"阿吒力"成为过去大理在家密教僧团的简称。

小　结

　　僧人入京的故事揭露了大理僧族在明朝佛教管理制度下所面临的身份问题。中国历代皆设僧官管理天下之寺院与僧人，然明朝宗教政策对佛教之社会化与世俗化产生巨大的影响。[1] 明初对大理僧团抱持着威柔并济的作风，无极和尚成为大理府僧官，赵赐与董寿则成为国师与密教红喇嘛。然而，僧官与国师属性不同，前者具有制度的合法性，所以无极和尚得以接手府州县境内之重要佛寺，壮大门派；国师属荣誉性的封赐，虽有免差徭的优待，然仅止于一身。从董贤的个案尤可以看到地方僧人积极参与的过程，明初两位皇帝皆颁赐佛寺——大法藏寺与大我士寺——作为地方威望的象征。从赐《大藏经》、常住土地及定额俸禄等，可知董氏在中央王朝的地位之崇。然而，董氏与赵氏二者的潜在竞争以及分流也是可以预期的，尤其赵赐、赵寿皆前往北京，均被封赐为国师阿吒力。直到董氏争取阿吒力都纲，正式获得土僧官职衔，其子孙才得以合法世袭，而此时之赵氏便转型为士人身份，这二者的变化说明了僧族内部的竞争以及僧官制度在大理僧团内部所产生的分化问题。僧团内部的分化不只是政治问题，也影响了他们法脉的传承，甚至是佛寺管辖权。尤其段高二氏地位急剧下降之时，这些流官地区的僧人可以顺利地维持地方声望，更不用说这些佛寺还拥有相当庞大的常住土地。

　　再者，董氏和赵氏所使用的政治策略不同。赵氏重视法脉起源以及世系传承，采用天竺摩伽陀传来的瑜伽教概念合法化其法脉。而董氏并不强调师承，也没有强调摩伽陀祖师，他们反而强调世居者的异类性，尤其是身为边域异族之"异类"草根性。董氏之独特

1　陈玉女：《明太祖征召儒僧与统制僧人的历史意义》，《明代的佛教与社会》。

性在于，当大多数的大理僧侣世族强调其法脉来自古老的建国观音或是西天来的摩伽陀僧人时，其却以始祖来自鸟卵的方式宣称其为世居之家。我们无法证明始祖鸟卵的宣称和其后来获得土僧僧官是否有直接的关系，但身为"土著"的说法，有别于其他大理世族宣称蒙段或圣僧起源，似乎更适合作为土僧僧官的重要条件之一。

明朝以二元政策治理西南之僧团，先是设置象征中央治理的僧纲司，后又为拉拢土僧，另设阿吒力僧纲司。其他之僧侣世族如龙关赵氏被挤压在这两类僧官之间，为后来转型士人埋下伏笔。

第四章　辟邪

董贤通过宫廷政治的盟友成功获得土僧官职，但其族裔为此付出不小的代价。由于阿吒力在官僚体系中的定位及宗教形象模糊不清，后来随着宫廷文化被卷入政乱，受到奉守礼教士人集团的抨击。其中，尤以燕王靖难之役背后谋臣道衍禅师积极参与其事和"妖僧"继晓案为主，天下士人无不妖魔化僧人在宫廷中的影响力，僧人俨然成为政乱的代罪羔羊。正统年间，一批被派往边区的大臣以崇正为名，行毁佛之实，最先受到打击的便是鹤庆府高氏土官。以下分别从土僧董氏以及土官高氏的境遇来说明。

一　土僧的政治网络

阿吒力僧纲司是土僧争取合法化的结果，也是朝廷拉拢大理僧人集团的权宜之计。董氏通过一条直达上层政治的道路来争取僧官职衔,而此机构的设置,也可从永乐皇帝以来的宫廷政治中来理解。朱棣夺位后,为确保皇权,以内官作为皇帝私人侦探,并在边境建立以皇帝为中心的政治网络。阿吒力僧纲司是此大历史条件下的特殊设计,其犹如僧官,也兼具土官性质,设置似乎没有定则。它跨越正式官僚体系,是皇权伸入边区的一种政治安排。阿吒力和宫廷内官关系越来越密切,也是其与地方士人集团越来越疏离的原因之一。[1]

我们先从董氏留下的相关文献,来厘清其争取设置阿吒力僧纲司的情形。董家佛寺——大法藏寺之碑刻记载着明初宫廷活动的细节,如永乐帝令钦差太监李谦,召董贤和其子董寿入京。入京后,皇帝又差内官何敬,令其入詹事府。其间,内官尚义引董贤、董寿到玄武门,在内宫先后举行四次法事,每次七天。永乐十一年(1413),皇帝又派遣钦差内官冯斌护送董贤、董寿回大理。[2] 清初刻的《大我士寺碑》重复提到这些内容:董贤在宫廷中施行法术有验,皇帝派遣一位姓李太监到云南巡察,并带来皇帝的命令,令楚雄太守到赵州来张罗董氏国师的赐地事宜。[3] 大我士寺碑中的"内监李",应是前述的李谦;而后来护送董贤返回大理的也就是太监冯斌。[4] 宣德年间,董寿再次进京,也是应钦差司礼监内官陈海之请。董寿在京数月,后随内官吴诚奉旨铸印,开设衙门,令董寿之子董荣为都纲。天顺五年(1461),总兵官镇守太监御史罗氏奉旨,又召董焰慧智至京,到宫内行法事。在上述碑刻如大法藏寺碑、大我士寺碑、董氏族谱碑中,留下许多内官引介董氏入宫施行法术以及

---

[1] 古永继:《明代驻滇宦官考》,《中国边疆史地研究》1999年第4期;《明代宦官与云南》,《思想战线》1999年第1期。

[2] 《赵州南山大法藏寺碑》,收入张树芳主编《大理丛书·金石篇》第10册,第32页。

[3] 《大我士寺碑》,收入张树芳主编《大理丛书·金石篇》第10册,第188~189页。

[4] 《赵州南山大法藏寺碑》,收入张树芳主编《大理丛书·金石篇》第10册,第32页;《董氏族谱碑》,收入张树芳主编《大理丛书·金石篇》第10册,第218~221页。

第四章 辟邪

受到皇帝礼遇与奉赐的细节。[1] 这些碑刻之所以翔实记录皇帝亲信太监的名字，应不是无心之作，也不是偶然之举，而是董氏家族刻意留下特有的历史印记用以宣示其在朝廷所经营的政治网络。

地方墓志铭也记录明朝皇帝"钦取""钦赐"大理僧人头衔的情形，如"钦取密教灵通鉴彻玄妙法师杨暹""钦赐阿吒力龙关赵金刚宝"等。这些头衔，表面看来充满殊荣，然其或称法师，或为密僧，但没有标准化统称为阿吒力。[2] 再者，如果仔细和官方记载《明实录》比对，我们会看到同一时间有些阿吒力僧人被留在京师：宣德十年（1435），礼部尚书胡濙曾建议朝廷"放回云南阿吒力、朵兮薄五十余名"，主要是因为礼部衙门花费太多经费在招待这些远来的法王、国师、喇嘛等仪式专家以及云南僧人上，故而请皇帝下令放回这批云南僧人与巫师。文中"放回"一词，显示朝廷优礼密僧与巫师的同时，也有挟制的意味。[3] 阿吒力从大理密教延伸而来，为使其有别于无极之大理府僧纲司，明廷另置阿吒力僧纲司；朵兮薄则隶属于大理府道纪司统辖，属道教之官僚体系。有意思的是，明军从事边战时，仍然依据地方传统，召令阿吒力僧人和朵兮薄协助军队攻打麓川，使得此二者在政治利益上更倾向成为同类之身份集团。

董氏不仅建立一条通往高层的政治道路，也在地方上建立一套以"阿吒力僧"为合法名义的政治势力。宣德年间，阿吒力僧官董荣陆续在其他府州县争取设置阿吒力僧纲司，试图扩大土僧网络。有的密僧经由此渠道被选为阿吒力僧。其中一位大理人杨德，又称

---

1 《董氏族谱碑》，收入张树芳主编《大理丛书·金石篇》第10册，第218~221页。
2 杨暹除了有"钦取密教灵通鉴彻玄妙法师"头衔外，也自称"钦取阿吒力灵通鉴彻玄妙法师"；龙关赵氏出了一位阿吒力，称"赐位阿吒力龙关赵金刚宝"。见张树芳主编《大理丛书·金石篇》第10册，第59、61、62、71页。
3 陈文等纂《明英宗宝训》卷3，宣德十年二月戊辰条下，中研院历史语言研究所，1962。朵兮薄是西南对巫师之泛称。至今云南许多少数民族宗教人士仍被称为朵兮薄、朵兮等，他们如何适应明朝以来道纪司的设置，仍有待更多的讨论。

宝瓶长老，其墓志铭记载他早年涉猎经史，后来向"董上师"学习法术，因为通晓显密、阴阳地理，又修行禅定，成为一位道行高超的僧人。宣德年间，他被选为阿吒力，钦赏赴北京，皇帝还赐给他袈裟法衣。[1] 还原这段历史，他"游董上师之门"，复又"被选"为阿吒力僧人，说明董氏很可能在地方组织阿吒力僧团，并试图在京师与大理间建立更密切的土僧政治网络。宣德八年，西南极边的腾冲也开始设置僧正司，设有僧正一名，由土僧担任。[2] 阿吒力僧具有合法的宗教身份，可考者包括云南府阿吒力僧纲司正都纲一人、副都纲一人，大理府阿吒力僧纲司正都纲三人、副都纲一人。[3] 由此可推知土僧势力似乎已逐渐制度化并且有扩大发展的趋势。

阿吒力僧纲司虽保障土僧的合法性，但其严峻的挑战来自法脉传承。昔日之法脉由僧族联姻传承，但许多僧族转型为士族后，阿吒力僧的师承和法脉传承便显得越来越孤立。其中的龙关赵赐族裔转型为士族，赵汝濂即为一例；李元阳之祖先也是降龙僧族，其他大姓也由僧转士，几代间便转型为士人集团。明初董贤国师有十一个儿子，其中六子早亡，留下五子。在五个支系中，有二支继承土僧职位，一支世袭大理府阿吒力都纲，一支世袭赵州秘密法官，此为州级之土僧职衔。自董贤以降之三代，如董（金刚）寿、董荣、董焰慧智等，都受到皇帝敕封"灌顶国师"。其余支系转为儒业，有从事低阶文作的散官修职郎和登仕郎等，族裔多入地方学校为庠彦与廪彦等。[4]

董氏内部虽有阿吒力僧与士子两种身份，然而，更大的危机来

---

1 杨守忠：《故宝瓶长老墓志铭》，收入张树芳主编《大理丛书·金石篇》第 10 册，第 43 页。
2 《明宣宗实录》卷 106，宣德八年十月已未条"置云南腾冲州僧正司僧正一员，命土僧为之"。
3 刘文征纂《（天启）滇志》卷 5，第 180、184、185 页。
4 从董氏族谱碑记可知，二十四世董贤以降，到二十七世，其裔始有业儒之人，其衔主要以修职郎、登仕郎、庠彦与廪彦为主。参见《董氏族谱碑》，收入张树芳主编《大理丛书·金石篇》第 10 册，第 220 页。

第四章 辟邪

自僧团的地位不复以往，土僧世系内部承继的危机似乎越来越大。自董焰慧智以后，董家再也没有获得国师之封号，僧官头衔在董荣以后传承八代，赵州秘密法官则传承九代，直到清初改土归流，阿吒力僧纲司也被废止，董氏都纲僧官之职亦废去。《董氏族谱碑》曾对其世系做出简短的评论，其言如下：

> 自唐及明，列祖神异，莫可胜述。由明迄今，神人虽不复作，而科甲廪贡亦不乏人。况我朝定鼎，声教讫于遐迩，妖魔孽怪，久已信服驱除，可知神人不必相继而起。[1]

其自陈妖魔孽怪已被祛除，故神人不必出世。实际上，地方之科甲乡士大夫已逐渐取代神人世系相承的传统。

大理士人对阿吒力僧的名称并不感到陌生。李元阳所编纂的《云南通志》、明朝官方档案以及文人笔记小说都曾记录一位阿吒力僧人何清的故事，但评价却南辕北辙。何清是大理阿吒力都纲董荣所扶持的僧人，他以大理民间非常熟悉的伏虎神僧的形象出现在李元阳的《云南通志》中：

> （何清）精勤持明，往见乌思藏大宝法王受戒，得法书，既回。至澜沧，路遇猛虎，清叱之，虎靡然伏。正统六年，奉檄从征麓川，结坛行法有功。天顺六年，敕取入京，卒。上遣礼部主事曾卓谕祭。[2]

在李元阳的笔下，何清被描写成一位法术高强，有军功，且受到皇帝敬重的密教僧人，这相当符合大理过去僧侣的角色和形象。何

---

1 《董氏族谱碑》，收入张树芳主编《大理丛书·金石篇》第10册，第219页。
2 李元阳纂修《(万历)云南通志》卷13《寺观志》，第306页。

清曾前往乌斯藏（即吐蕃）向大宝法王求戒，在返回大理的途中，遇到一只猛虎，他以神力驯服之。密僧降龙伏虎是地方传统，流传民间也是很自然的事。正统六年（1441），朝廷征召何清从征麓川，其随军队在前线结坛，施行法术，为边战立下军功。天顺六年（1462），皇帝又召何清入宫，对其甚为敬重。最终其死于北京时，皇帝还派遣礼部官员撰写祭文吊唁之。从李元阳的记载可知，何清前往乌斯藏受戒一事，似乎是当时土僧们合理的选择。明中期以来乌斯藏大宝法王受到宫廷尊崇，云南土僧前往受法，不失为承续法脉并巩固地方身份合法性的方法。再者，何清随军队攻打麓川，以法术在战场建立军功，也符合传统密僧之形象。

然而，《明英宗实录》所记载的何清故事，却是另一种版本：

> 正统七年……命云南大理府阿吒力僧纲司土僧何清等为本司都纲等官，初靖远伯王骥奏征麓川时，何清在彼结坛行法，将思任发及刀招汉父子缚藁为人，背书名字，枷镣刀箭砍射驱鬼。在坛昼夜咒魇〔压〕，果有青蛇花雀入坛，黄昏神号鬼哭，后随大军过江杀贼，持幡行法，直至贼门，呼风止雨，佐助火攻有验，宜录其功，事寝不行。至是，都纲董荣等仍奏保何清，及请增设僧纲等司八处，兵部及礼部再言之，上不允其增设僧纲司，但令授何清等僧官，仍还本寺终其本教。[1]

《明实录》以"大理府阿吒力僧纲司土僧"称何清，指其身份隶属阿吒力僧纲司。他在麓川战役施行法术，缚草为人，将麓川思氏土酋父子的名字写在其上，复以枷镣刀箭施于其上。后来，何清又设坛施法，召青蛇花雀入坛，引领神鬼协助，带大军过江杀敌。这些呼风唤雨的战功之所以被记载，是因为要向皇帝呈请军功，

---

[1] 《明英宗实录》卷94，正统七年七月戊寅条。

第四章　辟邪

以便受赏升爵。但此事引起朝野争议，遂被搁置下来。后来阿吒力都纲董荣奏保何清，请增设僧纲司八处，令何清为都纲。当时掌管天下军事与礼仪的兵部与礼部官员皆为何清请命，皇帝仍不允许其增设僧纲司，仅赐给何清僧官职衔，令其还本寺，终其本教。可知，后来何清回到他自己的佛寺，也可能就是其家传佛寺。官方史册似乎更重视这些神奇的宗教行为在朝野引发的议论，这也涉及另一层面的问题——明中叶以来朝廷屡开边战，耗损国家财力，已遭全国朝野士人的强烈批评。在一片批评声中，阿吒力僧在边区战场的法术形象也成为抨击的对象。

何清的故事还不止于此，云南密教僧人在全国士大夫眼中俨然已成为麓川之役的共谋者，他们成为明朝财政败坏的代罪羔羊。沈德符在《万历野获编》中以负面形象描写这位僧人。在他笔下，此土僧集团与明朝三征麓川的军事活动联系紧密，形成一出边区战场的荒谬闹剧。他描写何清在战场之法术并给予评论：

> 兵部尚书靖远伯王骥自征麓川思任发奏捷归，上言征麓川时，有云南大理府阿吒力僧纲司土僧何清，在彼结坛行法，将思任发及刀汉招（应为刀招汉——引者注）父子缚藁为人，背书名字，枷镣刀箭砍射驱魂，在坛昼夜咒压，果有青蛇花雀入坛。黄昏神号鬼哭。后随大军过江杀贼，持幡行法，直至贼门。呼风止雨，佐助火攻有验，宜录其功。上不允，都纲董荣等复奏何清，且请增设僧纲司数处。上始令何清等僧官仍居本寺，而僧纲司不许增。按：骥上此疏时，思任发已逃去不获，乃为诞妄不经之语，以诳主上，其后凡三度南征，驿骚半天下，兵民死者数十万，盖不待训导詹英之弹章，而已自呈其狂肆矣！[1]

---

[1] 沈德符：《万历野获编》卷27《夷僧行法》，中华书局，1997，第682~683页。

比较重要的是后半部分沈德符的注记，指出当时此事件背后更大的政治问题，即嘉靖以来边地屡有奏捷，必以仰仗神威，向皇帝求乞寺额、兴建寺观等，这种不良之风气，由许多僧人道士助长。阿吒力都纲董荣即是一例，他以军功为名向皇帝要求增置僧纲司，兴建佛寺，扩展阿吒力集团势力，这已成为朝野士人共同抨击的歪风邪气。沈德符的评论代表了士人集团的声音，认为久战的麓川之役导致中央与地方财政之崩坏，而阿吒力僧人在西南军事活动以及明朝政局中的表现，难辞其咎。

上述三种何清的叙事版本，重构云南土僧／阿吒力僧的处境，包括：（1）法脉传承的问题，使得密僧开始北上前往乌斯藏向大宝法王求法；[1]（2）密僧以法术在西南战事活动中建立军功；（3）以军功向朝廷要求增赐阿吒力僧纲司，有助于强化阿吒力僧侣集团的政治网络。阿吒力受征召前往战场，其僧人身份又受到礼部之节制，它更像是由内臣扶植起来的边境势力。这种种现象使阿吒力僧人引起朝野争议，甚至引起全国士人之公议，其角色也逐渐与大理士人集团的政治理想越来越远。

大理密僧在阿吒力僧合法化的政治大伞下继续保留下来，但也成为士人非议的对象。《明实录》记录当时宦官和阿吒力僧的结盟威胁，引发了人们对社会治安的疑虑。正德二年（1507）二月，云南巡抚陈天祥向皇帝报告云南僧人败坏风俗的情形：

> 巡按云南御史陈天祥言：云南有阿咤力、朵兮薄二教，其徒数百人，不祝发，不绝荤酒。类僧道而非僧道，有妻妾，生

---

[1] 大理佛教与藏传佛教的关系向来较少受到学者的重视，然而，明朝对西藏密教三大法王的封赐以及因此对川康蜀滇边境不同教派生态的影响，是值得进一步深入讨论的议题。相关研究可参见祝启源《明代藏区行政建置史迹钩沉》，收入《藏学研究论丛》第5辑；Hoong-teik Toh, Tibetan Buddhism in Ming China；陈楠《明代大慈法王研究》。有关丽江木氏土司和密教关系，参见约瑟夫·洛克《中国西南古纳西王国》，第129~137页。

第四章 辟邪 · 133 ·

> 子女，假托事佛祈禳，招集良家妇女宣淫坏俗。盖缘宣德年
> 间，此辈厚赂中官，蛊惑朝廷加授都纲、都纪官名，铸给印
> 信，传至于今，牢不可拔。乞敕所司削其官，追其印，谪发该
> 管官处承当军民差役，庶淫丑之俗可以少革。命所司知之。[1]

引文提及宣德年间阿吒力与朵兮薄贿赂宦官，令他们蛊惑朝廷大量封赐阿吒力都纲、朵兮薄道纪司僧官等职位的一段历史。内容应与前文董氏在朝廷所经营的政治网络有关。是以，云南巡抚陈天祥建议朝廷下禁令，削阿吒力僧官之职衔，追回印信，并将这些僧人派拨承当军民差役，以削革地方陋习。

这份史料提供了一些重要信息：阿吒力僧纲司取得合法地位后，所有大理密教僧人得以依附在此合法身份下，继续在民间活动，为社会举行各种佛教祈禳法事，其"在家的"身份也可以获得保留。这种状况是正统的汉传佛教无法容忍的，陈天祥也就把瑜伽教世俗化的问题算在阿吒力教的账上。总之，明中期以来不论是密僧还是阿吒力僧，他们仍然持续地为民间举办各种仪式，很难区辨其间之差别。阿吒力与这批火居僧人，在士大夫为主导的主流政治之下，几已沦为政治与文化不正确的边缘性角色。

二 林俊毁佛

宣德以来，阿吒力几已成为大理密教僧人的代名词，潜伏于西南各地，维持了一段不短的时间。土官区密僧处境如何，我们所知有限。[2] 清初之姚安土官高奣映回忆其幼年时境内阿吒力僧的情形：

---

1 《明武宗实录》卷23，正德二年二月壬辰条。
2 大理府四周的土官府有鹤庆府、姚安府、蒙化府以及丽江府等，不见其设阿吒力僧纲司。

其阿吒利教昔为异术之最。杨澄颗者，嘉靖间被诏入京，祛大祟，赐圣旨坊。其坊在塔镜溯上，奣映少时亲见之，其额则"通明显密"四字。上有圣旨字。今其址均无矣。其族为杨、何、高、赵四姓。始何姓最显灵，杨氏为其婿，尽得其术，遂称为首。[1]

姚安府为高氏土官辖地，密教僧侣在其境内之地位似乎仍相当崇高。嘉靖年间，姚安有四个密教世族大家，分别为杨、何、高、赵四姓，何姓法术最为显灵，后来杨何二姓联姻，杨姓向何姓学习法术后，成为法术最灵验的僧族。当时杨澄颗为何姓之女婿，被召入京师"祛大祟"，施行法术，获赐圣旨坊，可见密僧入京受封赐的情形相当普遍。再者，密教僧人以相互联姻、承袭法术来巩固僧族集团的法脉与族姓凝聚性，而僧族四姓杨、何、高、赵等联姻同为一族，故以"族姓"称之，杨澄颗是何姓女婿，"尽得其术"，遂称为首。这段引文清楚地说明了诸姓联姻为族姓，法术高者为僧族联盟之首。这种族姓的概念也出现在大理府境内，然其更直接地指出阿吒力僧族源于天竺婆罗门种姓。[2] 从姚安的个案可知，阿吒力同类通婚维持社群界限，其法脉与法术仍得以在集团内部传承下来，即便如此，土官高奣映也称阿吒力教为"异术"了。

另一个关键地区是大理北方的鹤庆府，可惜的是没有留下太多僧族史料。[3] 鹤庆也是高氏土官辖区，从其作为大理与吐蕃之必经之道，又是摩伽陀祖师开基之地来看，很适合用它来讨论王朝政治与

---

1 高奣映著，侯冲、段晓林点校《〈鸡足山志〉点校》卷8《风俗一·姚安府》，第310页。
2 另有更直接的说法，指阿吒力的概念源自印度之种姓制度："夫西天竺有姓名曰阿捗哩，是毗卢遮耶族姓婆罗门，从梵天口中而生。"参见洪仁《故考大阿捗哩段公墓志略》，收入云南省编辑组编《白族社会历史调查》（四），第187页。
3 高奣映著，侯冲、段晓林点校《〈鸡足山志〉点校》卷8《风俗一·姚安府》，第311页。

土官宗教间的冲突。明中叶以来，受到崇正之风的影响，官员在云南边区推动一系列辟邪崇正的文化运动。最具代表性的事件是林俊（1452~1527）在鹤庆毁佛打击淫祠，而受此运动影响最大的要算鹤庆府的幺化寺了。

（一）革土易流：鹤庆高氏土官

高氏扼守于滇蜀藏边界，"北接西戎，夷獠杂处"，其立足大理与乌斯藏间，不仅统御屏障诸人群，也控制金沙江两岸山乡资源。高氏统领鹤庆府，其西有剑川州，东有北胜州，与滇中的姚安府相连，这些地方都是高氏政治势力控制的范围。高氏可谓明中叶以前云贵高原与青藏高原交界处之重要势力。

高氏长期护持佛教，不遗余力。洪武十五年，高隆、高仲父子降明并赴京。他们返回鹤庆后，兴建佛寺来巩固其政治声望。其中高隆土官：

> 崇信大乘，继祖承业，恪遵王政……□玄化梵刹，创建龙华精舍，复筑□□兰若、大殿、城隍宫墙。修身慎行，一以赡养人民为心……洪武十五年，岁合壬戌，暮春既望，恭遇天兵下云南，开平大理。公以本路印信，原受虎符金牌一面……办粮草，率领人民，恭诣总戎辕门，首先降附。[1]

元末明初，土官高隆崇信大乘佛教，其护持之佛寺有玄化寺与龙华精舍。玄化寺是鹤庆的政治宗教中心；龙华精舍位于府城东南十八里处，又称龙华寺，是高氏土官及其僚属的家庙佛寺建筑群。[2] 此外，

---

1 《故中奉大夫前云南诸路行省中书省参政□鹤庆路军民总管高侯墓碑志》，收入张了、张锡禄编《鹤庆碑刻辑录》，第255~256页。
2 龙华十八寺之碑刻可见《鹤庆碑刻辑录》。近年学者也将龙华十八寺之碑刻专门录辑成册，参见高金和编著《鹤庆龙华十八寺碑刻辑录》，云南民族出版社，2013。

高隆也修建鹤庆邻近几座庵院，供僧人静修，并修筑象征新朝政治的城隍宫墙等。可惜高隆三十二岁赴京途中，遘疾而终。其子高仲承袭鹤庆土官：

> 十五年壬戌，天戈南下，自是元运日远。天命有归，正当□效，是□归附之诚，奋忠烈之志，率徒众百余人，亲赍祖父所受宣命牌印并军胄□□□□至大理而投降之……洪武十六年，躬诣京师，皇上□之……赏以冠带、衣袄、缎匹等物，给驿而归。及到本土，旋倪咸悦……建学校，立坛场……辟四野，均赋税，修梵刹，取藏经，秩秩然有序而可观，整整焉有条而不紊。[1]

碑中提到高仲受封后于来年"躬诣京师"，返回鹤庆，整治地方社会，建立符合朝廷认可的学校、祈福坛场，又修建佛寺、供奉《大藏经》，等等，这些都是政治领导者应有的宗教作为。洪武二十九年（1396），滇西北夷戎逆反，明总兵官以鹤庆地位越来越重要，故将鹤庆府升为鹤庆军民府。但高仲于洪武三十一年病逝，留下还未继任的孤子高兴。

高兴年幼，由他的母亲，即丽江府通安州同知阿氏之女和氏抚养长大。[2] 高兴长大后，按例应袭，至京进贡。他在还乡后，为维持地方社会秩序，在鹤庆境内正经界、分宅里，广储贤良，"顽军向化而习于礼"，复又修玄化寺双塔，施《金刚般若经》。不幸的是，高兴早逝无嗣。[3] 第三任土官由高兴的弟弟高宝（1390~1427）承袭。高宝早在永乐十一年（1413）奉命勘合，授任滇阳薇垣检校。省亲

---

1 《明故高氏墓碑志》，收入张了、张锡禄编《鹤庆碑刻辑录》，第253~254页。
2 《明故高氏墓碑志》，收入张了、张锡禄编《鹤庆碑刻辑录》，第253~254页。
3 《亚中大夫云南鹤庆军民府世袭土官知府高侯墓碑志》，收入张了、张锡禄编《鹤庆碑刻辑录》，第257~258页。

第四章　辟邪

归家时,"起大雄殿前房翼两廊",兄殁后,准袭兄职。"乃造玄化双塔,谨备方物谢恩。"后来,又奉母亲之意:

> 居南起造宅舍,创梵刹,造佛像,内外金碧交辉。五修华严胜寺,钦诵法刚大乘,叩施诸易纪咒,塑先师圣哲及梓樟圣像于文庙。仍备马物朝贡,请给诰命二道,一授侯为世袭知府,一授杨氏为恭人。侯再竭诚贡马,沐赏锦缎而回。乃建普明寺暨大悲堂,营造西塔宝盖。季冬,奉总戎札付,边夷强劫,委侯领兵一千听调……既回,改造石室祝延,建兴教,重修龙华梵刹。[1]

高宝获土官身份后,建置两套象征中央与地方的正统仪式,他先修建佛寺,包括华严胜寺、普明寺、佛塔,在通往吐蕃的重要通道上兴建一座密教佛寺兴教寺(位于今日剑川沙溪)。同时,为表示臣服中央王朝,高宝也兴建庙学,立先师圣哲之塑像于文庙。同年中秋,高宝旧瘤齐发,三十八岁殁。三代土官年轻早逝,为鹤庆土官政治留下不安的伏笔。从三位土官的经历可知,入京朝贡是为土官之职责;返乡后致力兴建佛寺、宝塔,供养佛经,此为传统政治之仪式活动;同时,他们也必须设置庙学,鼓励地方改变风俗。这是汉法区之土官面对地方社会和中央王朝所采取的二元策略。

土官高宝的葬礼尤其隆重,当时丽江、兰州、品甸、邓川、大理与金齿等地的亲友与文武官员,齐至吊唁,葬礼也依照当地佛教礼俗来办理:

> 孝室男女,俯临床篆墓,日奉三餐,修斋设坛,倾箱倒廪,歌于坟所。旦夜延僧,讽诵大乘经咒,按月追修尊胜法

---

[1]《故世守鹤郡知府高侯行状墓碑志》,收入张了、张锡禄编《鹤庆碑刻辑录》,第262~263页。

场。迫于百日,广修荐拔真场,且出己赀,往苍山勒碑……是岁秋,值侯同年叩坟,设场说法,授〔受〕戒丹于玄化大刹,设中元普济以作生方。[1]

墓志铭记录当时的佛教葬礼:先由子女临床奉餐,修斋设坛;复"歌于坟所",且夜延请僧人诵经咒;月后又办尊胜法会;百日有荐拔法会;该年秋天,同年叩坟,设坛场说法,又在"玄化大刹"举行中元普济法会等,这一系列土官葬礼皆以佛教仪式来进行。需要进一步注意的是,这些行为不只代表其个人宗教信仰,背后之社会网络、母族与妻族之力量更不容忽视。高宝兴修佛寺,启建宅舍,是听从其母亲的意志;而高宝的妻子是云南县土官杨孥的女儿,她亦有"创西山普明寺,营造玄化双塔,供佛饭僧"之举。[2]

鹤庆前三代土官皆年轻早逝,土官承袭遂在兄弟间轮替,后来竟发生叔侄争袭,最终沦为一场"弑母谋反"的诬告案。诬告案至今仍未明其所以然,但事涉人伦礼法,挑战朝廷礼制中最为敏感的议题。时值正统年间,据大理卫千户王蕙的说法,其指责鹤庆土官:

高伦擅率军马,欲谋害亲母。又称其母告伦不孝及私敛民财、多造兵器、杀戮军民、支解枭令等罪。[3]

此事经黔国公沐晟的"勘复",指其罪应死。土官区纵有不同汉地之婚俗,但弑母违反亲属原则,其又私敛钱财,造兵器试图"谋反"。"欲谋害亲母"与"谋反"两个罪名,成为废除土官的理由,其势一去难回。这可能是莫须有的罪名,相关讨论将在第十二章进

---

[1] 《故世守鹤郡知府高侯行状墓碑志》,收入张了、张锡禄编《鹤庆碑刻辑录》,第262~263页。
[2] 《阳间安居恭人杨氏生坟墓碑记》,收入张了、张锡禄编《鹤庆碑刻辑录》,第266~268页。另,"杨孥"即前文之"杨奴",为同一人,各文献中写法不同,均保留原貌,下同。
[3] 《明史》卷313《云南土司》,第8093页。

第四章 辟邪

行。在黔国公沐府与大理卫两股势力的挟制下，土官高伦伏诛，鹤庆也因此成为滇西最早改土设流的地方。后来以李元阳为代表的官方说辞，以鹤庆"土官横暴自恣，民不堪命"，于正统八年（1443）革土易流。[1] 在此政治生态下，我们得以更清楚看到卫所势力与鹤庆土官两股势力之间的暗潮汹涌与潜在的竞争关系，而改土易流不仅冲击了鹤庆高氏土官的地位，也对邻近土官产生威吓作用。

此时，象征鹤庆土官政治的玄化寺，其境遇更值得讨论。玄化寺，相传创建于南诏时期，原名为元化寺，后更名为玄化寺。云贵高原多崇山峻岭，低缓之区多伏水，由四周山箐涌来，向来有泽国之称。传说中的鹤庆，即为泽国之一。昔有摩伽陀僧人赞陀崛多来大理传教，以佛珠一百零八颗令水泄去，鹤庆百姓得灌溉农田。赞陀崛多有功于鹤庆，被百姓尊为治水神僧，玄化寺供奉的便是这位神僧。康熙《鹤庆府志》记载赞陀崛多：

> 蒙氏保和六年来自西域肇伽国（肇伽国应是摩伽国之笔误——引者注），先住大理，蒙氏崇信之，后飞锡于郡东石宝山结茅入定焉。鹤川旧为泽国，僧以大神通力卓锡通之，更于象眠山麓投念珠石，穴成，百有八孔，遂成沃壤，郡民始得平之。[2]

赞陀崛多先到大理，后在剑川石宝山修行，因为鹤庆水患频仍，前往象眠山投珠治水，得鹤庆沃壤。《剑川州志》也有一段文字说剑川早于鹤庆开发的过程：

> （赞陀崛多尊者）唐蒙氏时自西域摩伽国来经剑川，遗教

---

1 李元阳：《鹤庆府记题名记》，《中溪家传汇稿》卷7，第5~6页。
2 佟镇、邹启孟纂修《（康熙）鹤庆府志》卷24《仙释》，收入《北京图书馆古籍珍本丛刊》第45册，书目文献出版社，1998，第544页。

民间，悟禅定妙教，曾结庵养道于蒙统东山。晋天启间……以锡杖泄龙珠水洞后，不知去。[1]

《滇志》也记载："昔蒙氏因梵僧赞陀崛多卓锡通水，遂建此寺。"赞陀崛多化水为沃土，是鹤庆之奠基者，其寂化后，南诏国王便兴建玄化寺供奉这位开基神僧。佛寺具有开化荒蛮的政治意象，玄化寺也一直是鹤庆的宗教与政治中心。

有关赞陀崛多的崇奉我们所知甚少。他最早出现在12世纪大理国时期张胜温所绘的《梵像卷》中，在画卷中，赞陀崛多与大理佛教高僧并列，是为大理诸佛圣贤之一。[2] 大理北汤天董家大法藏寺出土了建文三年（1401）的大理写经，经文内出现了"大理摩伽陀国三藏赞那崛多译"的署名，三藏赞那崛多被学者认为是赞陀崛多。[3] 再者，赞陀崛多也出现在大理密教僧人之墓志铭中，他是将密教的教法带到大理的神僧。钦赐阿吒力的宝瓶长老（杨德）的墓志铭中，便提及其祖先是阿吒力灌顶僧，"能达赞陀崛多流源四业之阃奥"，其意不甚明白，但指出赞陀崛多被这些密教僧人视为祖师。[4]

赞陀崛多降水患的故事，和大理普遍流传观音降罗刹、僧人降龙的传说模式如出一辙。赞陀崛多被北方鹤庆视为开化神僧，犹如观音开化大理社会一般。所以，供奉赞陀崛多的寺庙，不仅是鹤庆政治宗教的中心，也象征着土官政治的基础。

（二）林俊毁佛

鹤庆虽在正统八年增设流官，但因地处僻远，事简官不必备，

---

[1] 王世贵、张伦撰修《(康熙)剑川州志》卷18《方外》，收入《北京图书馆古籍珍本丛刊》第44册，第64页。

[2] 李霖灿：《大理国梵像卷》，《南诏大理国新资料的综合研究》，图版18。

[3] 周泳先：《凤仪县北汤天南诏大理国以来古本经卷整理记》，收入李家瑞主编《大理白族自治州历史文物调查资料》，云南人民出版社，1958，第17页。

[4] 杨守中：《故宝瓶长老墓志铭》，收入张树芳主编《大理丛书·金石篇》第10册，第43页。

第四章 辟邪

故仅设办事之通判、经历各一员。[1] 此后之鹤庆改变并不大，政务亦以不扰民为要务。正因为如此，土官与地方传统文化根深蒂固，并未产生重大的改变，玄化寺之活佛之崇信不曾稍减。许多被派往鹤庆的文武官员，为整顿昔日传统政治与仪式组织，试图在土官政治的基础上进行城池改造的工程，然以玄化寺为中心的佛寺庄园以及神祠组织过于庞大，官员遇到各种各样的困难，对攸关粮税的水患问题也束手无策。

正统年间，首任流官知府林道节到任，受挫于玄化寺佛教势力。鹤庆学宫的碑刻记载了当时之情形。时人张志淳（1457~1538）撰《鹤庆府学庙碑记》，写道：

> 郡学庙虽自国初，时则土人为知府，导民媚佛，邪正势格，故隘而弗廓。迨正统丁卯，知府林道节奉玺书来治廓〔郭〕，已然地阻元化寺（即玄化寺——引者注），而寺有黄金佛像，号活佛者，势甚炽。民惑于佛，故仍未能大厥观。弘治己酉，按察林副使焚毁佛像，自是邪媚稍息。[2]

张志淳，云南保山人，成化甲辰进士，声望颇高。[3] 此文指出鹤庆原有儒庙，应是明初土官高仲所兴建之文庙。然土官崇佛，鹤庆百姓也随之"媚佛"，儒庙无法发挥崇正的效果。后虽废除土官，但赞陀崛多的活佛信仰仍然相当活跃。[4] 官员想要重新建立一座符合朝廷礼制的官衙，受到极大的阻力。林俊到鹤庆后，才使得"邪媚稍息"。张志淳的文字也显露出当时之土官与文人，已是两种渐行

---

1 李元阳：《鹤庆府题名记》，《中溪家传汇稿》卷7，第3页。
2 张志淳：《鹤庆府学庙碑记》，收入张了、张锡录编《鹤庆碑刻辑录》，第9~11页。
3 字进之，号南园。官至户部右侍郎。
4 杨慎：《南诏野史》上卷，第21页。这里的活佛指的应是赞陀崛多，据《南诏野史》描写西番赞陀崛多建玄化寺，得樟木刻佛，文中便以活佛称呼赞陀崛多。故上述引文之黄金活佛即赞陀崛多祖师。

渐远的身份。玄化寺之活佛信仰和象征官署的城郭原来并不相斥，但从张志淳"民惑于佛"的描述中可知佛教信仰根深蒂固，以至于官员必须以打击佛教来扭转其势。

林俊在鹤庆毁佛，名声远播，震惊全国，时人称为林劈佛。林俊，成化十四年（1478）进士，孝宗名臣。时太监梁芳招财黩货，倾竭府库，其采纳"妖僧"继晓之言，劝皇帝兴建大寺；弘治年，林俊因弹劾内臣梁芳，被贬到边境，为云南副使。正德年间又赴四川剿贼，凿井毁寺逐僧，亦以毁佛闻名。[1] 林俊在鹤庆打击淫祠应是重大历史事件，故被收录于《明史》中，其文记载如下：

> 弘治元年，用荐擢云南副使。鹤庆玄化寺称有活佛，岁时集士女万人，争以金涂其面。俊命焚之，得金悉以偿民逋。又毁淫祠三百六十区，皆撤其材修学宫。[2]

杨慎《南诏野史》也记载林俊在鹤庆毁佛的相关内容：

> 丰佑……保合，又改元天启。西僧赞陀崛哆建鹤庆元化寺。先是鹤庆地水淹，僧杖剌东隅泄之。水中得樟木，刻为佛，咒之忽灵，远近名曰活佛。按：活佛，后至成化间莆田林俊为云南副宪，闻之亲至寺中，将佛火之，得金数百两入官，又毁他寺三百，人呼为林劈佛。[3]

两篇文字共同指出林俊毁佛，所毁者是开化鹤庆的赞陀崛哆。当时

---

[1] 《明史》卷194《林俊传》，第5136~5140页。又参考陈旭《林俊与明代"大礼议"》，《西南大学学报》2015年第2期；方珂《大足石刻北山288号、290号龛林俊像及碑文研究》，《文物世界》2010年第6期。

[2] 《明史》卷194《林俊传》，第5137页。

[3] 杨慎：《南诏野史》上卷，第21页。

第四章　辟邪

土人崇拜神僧，称之为活佛，并争以金贴其面，盛况难阻。[1]林俊为阻此"夷俗"，不仅烧掉玄化寺的佛像，拆除佛寺，将其所拆之材用来兴建学宫，而且他试图切断玄化寺和周边三百六十区神祠的关系。《南诏野史》也提到了"毁他寺三百"，应是上述三百六十区"淫祠"之数。三百六十区之神祠是什么样的概念，现已不得而知，但很可能是玄化寺辖下乡里社会之神庙系统。正统年间在大理北方展开的毁佛运动，背后还夹带着强烈的乡里治理的政治意图。

从林俊毁佛事件，可看出土官仪式已从由佛寺主导转移到由庙学主导，正德年间正是其社会转变之分野。林俊毁佛有许多可议之处，明初以佛教教化边夷是边政，故其毁佛必须附带污名化的色彩，将不符正统佛教的草根性"活佛"信仰，归为异教，才能达到崇正的目的。再者，当时官员治理地方时也遇到征赋等财政问题，林俊毁佛"得金悉以偿民逋"，指土人宁贴金于佛，也不愿纳官府之粮，故他以此金抵偿百姓欠粮。如果将佛教划为异教，佛寺划入淫祠之列，不仅得以拔除土官势力，还可以将官府力量深入"淫祠三百六十区"的基层社会。在崇正与地方财政之双重压力下，毁佛、兴学是双重获利且具有正当性的文化与政治运动。

林俊灭佛在滇西一带造成很大的影响，不仅在大理盛传一时，也跻身全国重要事件，在民间留下许多传闻。《滇略》载：

> 林俊，字待用，莆田人。正德间为云南按察副使，分巡金沧。严明方正，撤毁鹤庆淫祠，创筑赵州城池。一时贪墨望风解绶，婪弁虐军皆置之法。自是百姓休息，地方用宁，经今且

---

[1] 活佛似指肉身坐化之僧人。举例来说，当时之鹤庆府剑川州也有一盘龙祖师崇拜，也被称为活佛信仰。盘龙祖师"姓段，偕姐同修道于车里八百国，后证果于晋宁州，肉身坐化，至今独存，名为活佛"。玄化寺之活佛，也可能是高僧坐化，被视为佛，百姓贴金供奉在庙堂之上。见佟镇、邹启孟纂修《（康熙）鹤庆府志》卷24《仙释》。

百年，父老犹能谈之其行径。[1]

百年后父老犹谈其行径，指毁淫祠，兼及革正地方贪吏之事。

毁淫崇正是同时发生的，许多士子纷纷响应其辟邪崇正之风。邓川士子杨南金[2]在《崇正祠记》中也记载林俊毁佛与鹤庆活佛之炽盛：

> 密迩鹤庆彼地有所谓活佛者，其徒岁聚人马数千，肆行煽惑，耗人财，陷人躯命，往往感召风雹洪潦猛兽盗贼之灾。而吾乡为所惑者，迷谬至不可胜言，良可悲痛。弘治间莆田林公俊以宪副来巡，目击其患，乃付活佛于一炬。[3]

杨南金是大理名士之一，其地位与前面提到的张志淳等同，他也极力抨击社会"歪风"。他在文中指出邓川百姓受其活佛信仰影响"迷谬至不可胜言"，可见邓川密教之风气。然而，赞陀崛多的信仰是否来自鹤庆，我们无法在这里考证，但这里的"其徒岁聚人马数千"应是指昔日地方僧族世家或前述"土僧"之属，其术有"感召风雹洪潦猛兽盗贼之灾"等，这些很可能源自地方佛教传统。

林俊毁佛对邻近土官造成一定的威吓效果。最直接的一个例子是邻近北胜州土官的高聪：

> 土官高聪者，世崇番教，因君至，尽毁其家释像并堂与器，俱输官所。君大书崇正，奖劝其家。[4]

---

1 谢肇淛:《滇略》卷5《绩略》，第155页。
2 杨南金，弘治乙未科进士。大理府邓川州人。
3 杨南金:《崇正祠记》，收入侯允钦纂修《(咸丰)邓川州志》卷13《艺文》，成文出版社，1968，第161页。
4 杨一清:《巡抚应天都察院右都御史周公季凤墓志铭》，收入焦竑《国朝献征录》卷59《都察院六》，第196~197页。

第四章　辟邪

北胜州与鹤庆府皆系大理世家高氏之辖地，一贯持有崇信佛教之政教传统。高聪所信仰的佛教，此时却被视为"番教"，是以，官员来访视时，他只好自毁家里的佛像、佛堂与佛器，又"俱输官所"。未知是否夸大其词。周季凤（1464~1528）还因此书"崇正"二字，以褒扬之。在物换星移与集体性的历史遗忘下，汉籍文献多视西南世族之"祖业"为番教，而这些土官为输诚，自毁传统。当然，此文出自周季凤的墓志铭，由杨一清撰写。他们皆是朝廷重臣，周季凤以打击中官横恣闻名，当他担任云南提学副使时，教学示范，在各地推动崇正毁淫，也令各地诸寺改建诸葛等祠。

其实，我们很难找出官员非得在边夷社会毁佛的正当理由。明初朝廷以佛教拉拢地方精英，张纮等官员认为僰人善佛，佛教具有教化夷人的功效，不论是佛教还是僰人，均发挥正面的政治效果。从这个历史脉络来看，土官媚佛，实在是一种很牵强的说辞。但如果仔细分析上述打击淫祠与毁佛的语境，地方官员必须通过强化土官"媚佛"的观念以及将该地佛教妖魔化来合法化官员之所为。所以，官员一方面削除土官势力，以媚佛来污名化土官，另一方面削弱佛寺的地位，以利其未来在整个城池建置祀典与庙学的规划。林俊毁佛，与其说是建立新礼仪秩序，毋宁说是彻底整治玄化寺所代表的旧政治势力。

（三）庙学

林俊毁佛并没有真正改变玄化寺的地位，直到正德年间的一场大地震，以儒学建置为主的改建工程才彻底改变了鹤庆城池的政治性格。在该场地震中，玄化寺颓崩。鹤庆知府汪标趁佛寺崩毁，将该地改建儒学。然因水患不治未果。后来，复由巡抚巡按布政按察官命迁学宫才得建成。[1] 张志淳也记载了当时鹤庆儒学建置的情形：

---

1 李元阳纂修《（万历）云南通志》卷8《学校志》，第210页。

正德乙亥之夏，寺震圮。前知府汪标亟欲迁学庙于其基，会以量移去，故不果有成。戊寅秋，巡抚巡守各公佥谓迁宜。始迁大成殿、棂星门、戟门、东西角门，迨今乃获尽迁而大备……考庙之制，皆南向，盖自通衢北入，东西有兴贤、育才二坊，坊之中间为泮池，池有石桥。直池东西而少后有二门，池之北为戟门，三楹南向，广四十六尺。戟门左右复有东西翼门，亦南向，共十有二，楹广百八十尺。由戟门而进若干武，则为大成殿，殿即元化佛殿基也。南向广七十尺，崇五十尺。两庑，十有六楹，东西向，广百有九尺。殿之后有明伦堂五楹，南向，广七十五尺。斋之前则有号舍十八楹，广三百二十尺，东西向。东号舍之南有仪门三楹，东向，广三十五尺。堂之后有尊经阁三楹，广五十尺，而崇称焉，南向。阁东西翼以楼。制如箦而崇，广几垺。阁东西向为楼共二十有四。阁之后有桥，桥之有采芹亭，亭旁有新垒石山，山植松柏，而观射之亭，省牲之所不与焉。学之向一如庙而少东，外自接官亭，东循入拟杏台，有莲池面焉。又东过三合水之石桥，又进而经大石桥，则有泮官门三楹，门之北复有池，池上有桥。桥尽，有府学门三楹，门尽，又有门一楹，达拟杏堂。堂广五十尺，南向。翼室六楹，东西向。堂后有花魁书室五楹，广六十尺，以植梅名也。屋后有二门，东为训导室，西为教授室，各十有三楹，而西之总门后之聚奎亭不与焉。[1]

这段文字描写官员如何在玄化寺的原址上兴建儒学与文庙，以及庙学附属建物，包括殿、庑、斋、堂、号舍、阁、楼、亭、桥等。其占地甚广，建置完备。尤其重要的是，鹤庆文庙大成殿是在玄化寺佛殿的基址上改建的，其部分附属建筑物今被改为鹤庆一中校址，

---

[1] 张志淳：《鹤庆府学庙碑记》，收入张了、张锡禄编《鹤庆碑刻辑录》，第9~11页。

第四章 辟邪

保留了大成殿的富丽规模。换句话说，鹤庆之庙学是在玄化寺殿宇寺址上改建起来的建筑群。玄化寺主殿改建为文庙大成殿后，官员们在学宫一隅重建玄化寺，设置僧纲司衙门。《滇志》记载的玄化寺如下：

> 正德十五年五月复圮于地震，副使朱袞以之废址改儒学，迁佛宇于学西隙地，习仪即焉。僧纲司在其内。[1]

这段话看不到土官与卫所军人间的政治冲突，也看不出庙学对玄化寺造成的排挤效用，更无法得知谁担任僧纲司都纲。很明显，朝廷不只废除土官知府之职衔，连带着土官政治之仪式中心玄化寺大殿被改建为文庙，玄化寺改置为官寺，即僧纲司衙门。象征土官政治的玄化寺，被纳入国家官僚仪式机构之中，其佛教为中心的政治格局也转变成儒学主导的政治格局。这也就是革土易流的真正用意。[2] 这不仅是一般意义上的学宫，还是国家象征华夏正统的文化标志，在汉藏屏障区建立了一种新的政治威望。

三 乡里化的祖师传说

嘉靖、正德以来在鹤庆发生的毁佛事件，是一个关键的转变。大理世族开始淡化佛教色彩的祖先叙事，阿吒力僧人地位逐渐降转成为乡村与山乡的仪式专家，而赞陀崛多的祖师传说也越来越地方化，产生不同的地方版本。

（一）太和县之赞陀崛多传说

正德以前，大理僧族的墓志铭留下了不少有关赞陀崛多的史

---

1 刘文征纂《（天启）滇志》卷15《方外志》，第569页。
2 导致鹤庆高氏土官被废的其他细节，请参见第12章。

料，宣称其祖先是"五密僧"，世系传有"金刚秘密叱梨教法"，其教传自西域摩伽陀僧人赞陀崛多等。[1] 李氏密教僧人的墓志铭记载其祖先是随摩伽陀而习密教法术。[2] 弘治八年（1495），大理儒医杨聪为一位陈姓密教大师撰写墓志铭。这份墓志铭说明了15世纪末以前大理僧族精英的历史观：

> 教有显密，理无东西。佛法之教始自于汉，从彼西竺之国，流于震旦中华，已经数百余载。分别显密三乘，显以济物利人，密则伏神役鬼，最奥最妙，甚幽甚玄，能返本还源，惟背尘合觉。当则大唐己丑大摩伽陀始从中印土至于苍洱之中，传此五秘密，名为教外别传。[3]

从碑刻来看，五秘密教起源于中印度摩伽陀僧人的说法仍然相当流行。然16世纪以后，西天竺僧人的历史叙事从墓志铭中消失，这几与林俊毁佛及士子推崇之黜邪崇正的时间相符。

乡里社会以迂回的方式面对辟邪毁淫政策。为保留民间记忆，地方文献出现摩伽陀祖师取代赞陀崛多的情形，不同的传说文本也开始出现——李元阳的《云南通志》便视摩伽陀和赞陀崛多为两个不同的神僧，分别出现在大理北方的鹤庆以及大理西南的腾冲。[4] 摩伽陀从一个古天竺国名，变成神僧的名字，且在民间流传越来越广。同时，他也以"阿阇黎僧"来统称那些具有法术的僧人。他说：

> 阿阇黎僧，有室家，能诵咒制龙。大理原有罗刹邪龙为

---

1 《五密僧杨桢碑志》，收入张树芳主编《大理丛书·金石篇》第10册，第62页。
2 《故大密李公墓志铭》，收入张树芳主编《大理丛书·金石篇》第10册，第59页。
3 《大师陈公寿藏铭》，收入张树芳主编《大理丛书·金石篇》第10册，第69页。
4 高奣映著，侯冲、段晓林点校《〈鸡足山志〉点校》卷7《人物》，第261页；李元阳纂修《（万历）云南通志》卷13《寺观志》，第309、314页。

第四章　辟邪

患，观音以神力闭之于上阳溪洞中，传留咒术以压之，今有阿叱力僧纲司云。[1]

他将阿阇黎僧等同于降龙诵咒之阿叱力，官府复设有阿叱力僧纲司统领之。民间仍有许多佛教仪式专家举行祈求丰收的仪式与降龙之法术，皆被划入阿叱力僧纲司体系之内。赞陀崛多的祖师形象不断被讲究农业生产的乡里社会所强化：当农夫们不经意地在耕种时从土地里挖出佛教法器时，他们皆以为这些法器是摩伽陀僧人赞陀崛多派遗留下来的："以赞陀尊者制祟用秽迹金刚咒术，故凡醮禳多用阿咤唎，惟青苗醮祈晴祷雨辟妖邪为最灵。"[2]百姓认为赞陀崛多擅长以咒术控制风水天候，驱魔降龙。这些阿叱力僧人被视为赞陀崛多教派之门徒。赞陀崛多还曾在大理解救被山神掳去的南诏公主，《南诏野史》记载：

（丰）佑女至崇圣寺进香，回至城西，为一乘白马人摄去，寻之不得。佑告于西僧赞陀崛哆，哆曰：此山神也。乃设灯照之，果在苍山下。哆怒欲行法移山于河，山神惧，献宝珠供佛。[3]

赞陀崛多在南诏保和十六年（840）到大理，因为施展法术解救了被苍山神摄去的南诏公主，获南诏国王的封赐；复又由大理北上到鹤庆山顶修行，以法术通水利开辟鹤庆良田，成为鹤庆重要的祖师神。[4]民间化的故事越来越丰富。

1　李元阳纂修《（万历）云南通志》卷2《地理志》，第53页。
2　高奣映著，侯冲、段晓林点校《〈鸡足山志〉点校》卷8《风俗》，第312页。这个故事也可以参考释圆鼎《滇释纪》卷1"赞陀崛哆"条，国家民委全国少数民族古籍整理研究室编纂《中国少数民族古籍集成（汉文版）》，四川人民出版社，2002，总第467页。
3　杨慎：《南诏野史》上卷，第21页。
4　李元阳纂修《（万历）云南通志》卷13《寺观志》，第309页。

（二）鹤庆的摩伽陀祖师

林俊毁淫祠后，赞陀崛多治水的故事也以不同的方式保留在鹤庆的地方社会中。正德年间，玄化寺改建儒庙以后，供奉神僧赞陀崛多的仪式开始往山乡扩散，其一是到顶峰山。许多碑记载有其事，周赞撰有《重修峰顶寺碑记》，指出鹤庆之东峙为顶峰山，"唐蒙时崛陁樾蒲于此"，说明其地是神僧"崛陁"禅定修行之处。[1] 又，在鹤庆府西边有中和邑，村里的菩提寺亦供奉赞陀崛多神像，村民信誓旦旦指出赞陀崛多是由其村后之山顶来到鹤庆，降服鹤庆的水患。[2] 我们无法得知赞陀崛多崇拜是在毁佛后才开始在山乡流传，还是其原来就拥有多样之面貌！

另外一个赞陀崛多的遗址也很重要，即鹤庆诸水出口之处。此出水口是整个鹤庆坝子泄水之处，泄水处阻窒不通，整个坝子将受水患，以致村落覆没，所以洞口应有水神守护以志其要。明人樊槐有《水洞祠记》，记载相关事迹以及传说故事：

> 鹤僻在滇西北陲，平原百余里，东西麓龙泉混混者奚啻数十，以群山环合，水无从泄潴而为海，民居两涯。汉武帝元封二年始置郡，唐德宗时西方有神僧号赞陀崛多尊者来，止石宝山结茅居之，今庵址尚存。僧一日以鹤皆龙蛇窟，民无所定，举所□杖南山之麓，为洞一，为孔百余以泄水。于是水由地中行，民得平土而居之。嗣是村落处就湿为田。历宋及元，比我国朝，兼设守御二所，鹤之地屯田居半，而军储之需仰给于斯土矣。正统八年，郡守林公署水神祠于洞门之涯，祭以四月八日，从民望也。[3]

1　周赞：《重修峰顶寺碑记》，收入张了、张锡禄编《鹤庆碑刻辑录》，第76~77页。
2　2006年笔者田野考察，中和邑村有菩提寺，村民俱言寺前之千年古树是由赞陀崛多所植。
3　樊槐：《水洞祠记》，收入张了、张锡禄编《鹤庆碑刻辑录》，第102~103页。

第四章　辟邪

这段话很重要，指出鹤庆昔日是龙窟所在，百姓居无定所，时有神僧赞陀崛多于剑川石宝山结茅而居，见鹤庆水患，遂凿洞泄水，使民得以居之。然而，明初以来汉人卫所军屯驻鹤庆，居地之半，在有限的土地条件下，水利整治也愈形迫切。此"林公"应是知府林莭节，其"从民望"在正统八年（1443）在洞口建立"水神祠"。后来，正德年间，新任鹤庆知府吴堂到任，士民胥集，要求知府为此水神加封神号：

> 士民胥集，有进而言曰：天为民设此洞也，否则潴而为渊，且不可郡，谓非吾鹤之司命乎？耕而需、饮食而需、聚族而需、葬而需、生养而需，弗报而罔神，其获戾。不文何以纪诸后。[1]

从文意可知士民向官员进言之气氛，其争取祀典的意志也相当坚持。山川水利攸关一地之农业生产，官员不仅必须负责在地方祭祀山川之神，其从民望设置水神祠也是一件很自然的事。然文献没有明说这座水神祠供奉的是何方神明。这位新任知府后来撰写《水洞祠记》，决定"正"其神，名之为"象眠山水洞之神"。[2] 百姓怏怏然。直到嘉靖年间发生一场大水患：

> 嘉靖壬寅，淫雨为虐，洪水泛滥，荡阡畛，淹庄稼，没民居。居民避高原，有望其庐舍而垂涕悲咽不能出声者，恳于郡守，遂宁。周公亦泫然泪下，曰：鹤其为沼乎？吾奚忍于吾民昏垫若是！[3]

1　吴堂：《水洞祠记》，收入张了、张锡禄编《鹤庆碑刻辑录》，第101页。
2　吴堂：《水洞祠记》，收入张了、张锡禄编《鹤庆碑刻辑录》，第101页。
3　樊槐：《水洞祠记》，收入张了、张锡禄编《鹤庆碑刻辑录》，第102页。

于是郡守和庠士大夫共同募资雇善水者潜入，以通昔日赞陀崛多所凿之水孔，利水泄去。时有居民提及昔日赞陀崛多去水之功甚伟，于是"使其民求其像于元化寺（即玄化寺——引者注），而迎之置于洞门之隅，而堂之住持时拈香以供之"。百姓求赞陀崛多之神像于玄化寺，供奉于"洞门之隅"。[1]换句话说，我们并不知道先前官方所颁赐"象眠山水洞之神"是什么样的神明，但在嘉靖这场水患下，老百姓将之改造为地方所期待的赞陀崛多神僧之像。正德、嘉靖年间的这一段历史很重要，说明官府仪式体系抑制赞陀崛多之活佛信仰，然因地方水患频仍，赞陀崛多又被移请到水洞处，重新为百姓供奉起来。百姓甚至以官员周公之"功在续尊者以疏其壅"，以化沧海为桑田的赞陀崛多来评价官员！换句话说，赞陀崛多尊者的地位在儒学建置的过程中虽然被边缘化，但民间以另一种逆向的方式将其祀典扩散到山边村落，衍生为另一种形式的奉祀。

到了清季，此供奉象眠山水神的"洞水祠"更名为祖师殿，原来之乡俗则改为"每年三月居民联队朝山，或五步或十步辄膜拜，历任官曾为查禁"，这说明历来官员对此一神僧之"不悦"。或许，其不悦之感还来自世世血祀的地方传统。[2]这种血祀传统将在后文详加说明。

摩伽陀的神僧崇拜也往北扩散到丽江北方的山乡。清代管学宣修的《丽江府志略》也记载着一位"西番异僧"：

在剌是里西南山麓。传曰昔日水涝不通，西僧么迦陀跌坐石笋中，以杖穿穴泄其水，留有足印，今建指云寺于其上。[3]

---

1 樊槐:《水洞祠记》，收入张了、张锡禄编《鹤庆碑刻辑录》，第103页。
2 杨金铠《重修祖师殿记》记载祖师封为石宝山之尊神，世世血祀。收入张了、张锡禄编《鹤庆碑刻辑录》，第86~88页。
3 管学宣修《（乾隆）丽江府志略》卷7"古迹"条，凤凰出版社，2009，第127页。

第四章 辟邪

《丽江府志略》指出摩伽陀曾到丽江北边的剌是里（即今拉市海）治水，该地有名的密教寺院指云寺，便是建在摩伽陀僧的足印之上。此外，赞陀崛多的传说也流传于剑川，有名的佛教石窟道场石宝山便被视为"崛多尊者道场"！[1]

赞陀崛多的形象历经一系列的改造过程，其最后成为章回小说《掷珠记》的主角。在《掷珠记》中，赞陀崛多已被塑造为一位来自吐蕃的王子，名为牟伽陀，他先被南诏国王招为女婿，后来又在鹤庆治理水患，复返回吐蕃。支持这种故事的历史条件，除了乡里化的密教传统以外，滇藏商旅以及北方密教传播也发挥着作用，如前文提及何清北上到吐蕃受戒，北方僧人也南下驻锡。[2] 再者，明中叶以来，丽江土官吸收乌斯藏密教，延请大宝法王来丽江传法等，这些都是区域社会人群往来与文化交流的长期自然发展。乌斯藏密教教派逐渐南下，大理密教僧人往来于此滇藏边境要道，是明中晚期以来滇藏交界地区人群流动的趋势。[3] 这两种不同密教势力在鹤庆相交的情形，是可以预期的。民间以各种不同的赞陀崛多形象作为妥协之道，从玄化寺活佛转化为东山水口之水神祠，也从密教祖师变成南诏女婿、吐蕃王子。赞陀崛多角色的流变，说明地方社会借由合法的祀典架构来建立其与政治对话的平台。经由这些零散的材料，可知鹤庆、剑川、邓川之活佛信仰虽然受到抑制，但南北之间的僧人旅行与人口流动仍然在持续地进行，而滇西北之政治与人群流动也开始产生微妙的变化，后文将会继续讨论这部分内容。

---

1 《朝霞寺极乐庵常住碑记》，收入张了、张锡禄编《鹤庆碑刻辑录》，第94~95页。
2 如《鹤庆府志》记载西域僧人："阿哈哈摩尼，西域僧也，住锡于鹤，开拓东岳宫，有定力，每夜趺坐一龛，喃喃持梵咒……"收入佟镇、邹启孟纂修《（康熙）鹤庆府志》卷24《仙释》，第545页。
3 丽江木氏土司接受吐蕃佛教以及"西域"僧人到丽江传法，可参见《觉显复第塔寺记》《白沙金刚大定二刹碑记》，皆收于杨林军编著《丽江历代碑刻辑录与研究》，第22~25、29~31页。

小　结

　　土僧董氏争取阿吒力僧官巩固地位，但随着非正式官僚体系在边境的扩张，其成为全国士子口诛笔伐的对象。鹤庆土官高氏则以违背人伦与媚佛等由，遭到废止。这两类土官都面临仪式革正所带来的身份问题。

　　毁佛与崇正是一体之两面。然当佛教被区分为正统佛教与"番教"时，白人土官不仅陷入夷华区辨之选择，还要留意其信仰是否符合政治正确。时值正统礼仪越来越具有强制性，居于华夷之间的白人土官也亟须建构中央与地方皆可接受的礼仪系统。[1] 也因为这样的文化转向，西域僧人或是摩伽陀崇拜与整体时代风气产生了格格不入的情形。

---

[1] 明朝为防止番人通过宗教扩大其势力，屡有限制汉人学习番教之令。《大明会典》记载弘治十三年（1500），"凡汉人出家习番教，不拘军民曾否关给度牒，俱问发原籍各类军卫有司当差"。当宗教成为划分人群的仪式界线时，信仰佛教的白人之教法源流以及归属便极其重要。参见《大明会典》卷104《礼部・僧道》。

第五章　从寺院庄园到乡里社会

如果视佛寺为政治治理的机构，那么它被改建为官府仪式的场合，是相当自然的发展。正德、嘉靖以后，佛寺面临拆解、析分以及重新定义，受到华夏正统礼仪的规范，成为乡里祀典的基础。这种文化符号的改变，是具有政治经济的意义。

就地方政治来说，大理佛寺宏大的建筑规模与丰厚的物质基础，很快就被官府视为举行官方仪式的场合。同时，其拥有大量田产，被划入粮里。当乡里成为越来越重要的基层单位时，许多乡村便由寺院庄园分化出来。而这些新兴乡里社会如何在佛寺架构下，发展出符合明朝仪典的祀典，是相当值得讨论的议题。本章分为以下几部分来讨论：首先，讨论佛寺被官府视为习仪之所，从其既有的中心地位让渡为地方官朝贺之所；其次，讨论被纳入乡村粮里制度中的三座佛寺：感通寺、崇圣寺与无为寺；再次，讨论被纳入乡里社神的佛寺；最后，讨论汉人卫所与龙王庙二者间的仪式竞争。从上述内容划分可知，佛寺的重要性，不在于势力庞大，而在于它可以满足各种社会层级不同仪式的需求，成为承载传统与未来的仪式机构。以下分别就其机构性的转向来说明。

一 佛寺与习仪所

《大明会典》规定各级官员应在正旦、冬正、圣寿等节日举行庆贺仪典。身份不同，仪式也有差别，如"王府官与总兵抚按三司等官，礼各不同"，各府州县之文武衙门亦须定期举行仪式庆贺正旦、冬至、寿圣节，等等。[1] 边疆文武官员施行仪典也攸关其地方威望，他们在什么场合、如何操作此"正统"仪式，也值得进一步讨论。

佛寺原是大理政治宗教与仪式的中心，首先成为官府进驻之习仪所。以云南府为例，诸司府卫衙门每遇节庆之时，便在城外之觉照寺举办习仪：

> 往年，云南诸司府卫等衙门，每遇节庆，当庆贺，聊假城外觉照寺习仪，而隘不能容。景泰三年春，今右金都御史郑颙，会总兵官沐璘合众词请允创殿宇，翼以两庑，以重门，宏深壮丽，前墀可容万人。乃奉万岁牌居殿中，至期率众习仪于墀，选委道官凌道崇者领其徒，修其教以主之。署其门曰长春观，盖寓无疆之祝，而亦不改其旧额云。[2]

---

1 《大明会典》卷56《礼部·王国礼二》。
2 后因地狭改长春观为习仪之所。见陈文《(景泰)云南图经志书》卷1，收入方国瑜主编《云南史料丛刊》卷6，第13页。

第五章 从寺院庄园到乡里社会

引文谈及景泰前后云南府习仪地点的变化。云南诸司先是借城外觉照寺为官府习仪之所，随着官僚建置越来越完备，其寺也愈感狭隘，以至于景泰三年（1452）都御史和黔国公沐璘重新建庙，后改由长春观道士主持习仪之仪式。[1] 从这一段话可以看出，不论是由佛寺还是道观担任习仪之所，供奉"万岁牌"是一个很重要的标志。[2] 其他府州县之习仪也在佛寺举行，如澄江府之习仪所在溥照寺："刹宇沿旧……每岁为迎佛会，凡行庆贺礼，则先于此习仪。"其辖下之新兴州习仪所在广法寺："在州东，凡节当庆贺，则先时于此习仪。"路南州习仪所在正觉寺："在州西白邑村，凡行庆贺礼，则先于此习仪焉。"举行习仪的佛寺多为僧官衙门所在地，如曲靖军民府之习仪所在报恩寺："洪武十九年重建，今已为僧纲司，凡遇行庆贺礼，则习仪于此。"曲靖府陆凉州六凉卫，行庆贺礼之时，习仪于报恩寺。寻甸军民府之庆贺礼习仪于报恩寺，该寺"元至元间所建，今以为僧纲司，凡遇行庆贺礼，则习仪于此"。临安府习仪于指林寺："建于元时，内有砖塔二座。今为僧纲司，凡行庆贺礼，则先于此习仪。"姚州习仪于德丰寺："永乐二年移置城南，今为僧纲司，凡遇庆贺，则于此习仪。"景东习仪于开化寺，也是僧纲司之所在。澜沧卫军民指挥司在开化寺，也是僧纲司僧官之所在。大理府习仪之所在无量寺，是僧纲司所在地；其辖下之邓川州习仪所在钟山寺，乃"蒙氏时创建"。蒙化府在等觉寺，也是"蒙氏时所创"。鹤庆府之习仪所在玄化寺，为蒙段时建，"元世祖尝驻跸于此，赐以销金、绛罗、袈裟、火珠、珊瑚，至今独存。凡遇庆贺则于此习仪"。由景泰年间的情形可知，云南境内诸府州之官方习仪庆贺仪式多在

---

1 李元阳纂修《（万历）云南通志》卷13《寺观志》，第296页。云南府诸司之朝贺仪式从佛寺改到道教长春观，应与道教势力与汉人卫所在地方布局有关。
2 这是相当普遍的现象。见严嵩《明堂秋享大礼议》，收入陈子龙主编《明经世文编》卷219，《四库禁毁书丛刊》集部第25册，第2005~2008页。

佛寺举行。[1]

此外，明中期以来，道教逐渐茁壮的情形也值得注意。景泰年间，长春派之道教势力先后争取设立道纪司，其中，云南府与楚雄府习仪皆由佛寺转入长春观以及玄真观，楚雄府的习仪所位于"玄真观，长春真人刘渊然为书其匾，今为道纪司，凡遇庆贺，则于此习仪"。[2] 很明显，佛教虽盛于一时，但道教网络也逐渐展开。[3]

"蒙段"佛寺向来是地方政治的象征，也有雄厚的经济基础。将之充为习仪之所，举办新朝的庆贺仪式，不仅是在佛教仪式空间中叠盖新的政治威望，也意味着将旧有政治体制纳入国家仪式架构。再者，设置僧官衙门，令僧官负责管理辖境内的佛寺、考核僧人、发放度牒与寺田常住等，可以监督辖境内佛寺僧侣的仪式如何进行。[4] 此举无异于将整个过去之政教体系，包括僧人、佛寺与仪式，都纳入王朝所许可的政治框架中。

佛寺在基层社会所扮演的角色超出我们的想象。明初军队入云南时，就曾提议把各地佛寺田土充为官田，佛寺被借用、充公、占用或改建为其他庙学或祠庙的情形相当普遍，各地状况不一。在偏远山乡，佛寺也权充官府办公之廨署，或成为官员往来驿站。大理府北方山乡小县浪穹县的县志中，一位地方官员写道：

> 余自壬申莅兹土矣……水曲山阿，随处必有梵宫佛刹，香雾氤氲，知此地之民风亦良多好善也。虽崇修象教，在间阎亦非本务，然而训忠型孝，正不妨顺民俗而导之，是躬任斯民之责者，不必讳言佛事，以为政刑之一助耳。是刹也，称创自大

---

1 以上见陈文《(景泰)云南图经志书》诸府寺院项下。
2 陈文：《(景泰)云南图经志书》卷1、3，收入方国瑜主编《云南史料丛刊》卷6，第13、63页。
3 参见萧霁虹《道教长春派在云南的历史和现状》，《中国道教》2011年第6期。
4 陈玉女：《明太祖征召儒僧与统制僧人的历史意义》，《明代的佛教与社会》。

第五章　从寺院庄园到乡里社会

唐，其来久远，固不可废，且司宪往来辄假之以为廨署，则驿路中复不可少此。[1]

佛寺充为公务之用，如廨署与驿站，提供路途上种种需求之补给。在佛寺习仪是对地方社会显示天威，也借此培养文武官员带引地方士酋参与政治仪式，佛寺被官府征用似乎是普遍存在的现象。

官府在佛寺举行贺庆仪式，看来只是一时的权宜之计，但仪式如何维持更值得讨论。官员之习仪后来流于形式，不受重视，有可能是因为建置庙学而重心转移。万历十三年，赵州同知庄诚到任时，曾清点衙门卤簿，发现赵州"朝贺仪从，年久腐朽不堪，甚褒尊严"，习仪已徒具形式，所以他又以官银采办制造仗仪器具等，试图使士民知"天威之重"。地方官员效忠于中央王朝的贺庆仪式很可能已沦为书面文字的记录，实际上已乏人闻问。

另一股新兴社会势力是受儒学教育的士人精英，他们在朝廷与地方官员的刻意栽培下，重建象征新社会秩序的正统仪式——诸生会讲，于是府州县的春秋祭典应运而生。然而，庙学与地方祀典体系随着各地华化程度不一，施行的情形也略有不同，产生因地制宜的权宜之策。以楚雄府为例：

> 郡之祀典，若先师孔子，山川社稷，城以及厉腊，明荐有时，俎豆有品，献飨有礼矣。其他祠庙，有合祀典者，亦得食于兹土焉。[2]

---

[1] 王度昭：《崇圣寺碑记》，收入罗瀛美修，周沆纂《(光绪)浪穹县志略》卷11，成文出版社，1974，第459~461页。
[2] 徐栻、张泽纂修《(隆庆)楚雄府志》卷4《烟祀志》，收入《楚雄彝族自治州旧方志全书·楚雄卷》，第92页。

指出文庙、山川社稷，各有其礼，其他祠庙因地制宜采取联合祀典。官祠场合也因地制宜，有的在佛寺中举行。如禄丰县治西北高阜之处有古刹金山寺，正德年间在佛寺设有龙亭，举凡官府之朝贺庆典以及士子讲约，皆在寺中。每月初二与十六日，县令集合僚属士民宣讲圣谕。[1] 也就是说，习仪与宣讲圣谕两种象征王化与社会教化之仪式有结合为一，甚至是简化的倾向。这部分将在后面一章继续加以讨论。

佛寺庄园经济也被编入粮里，前已略叙。太和县原设有五十个粮里，明中叶将感通寺、无为寺与崇圣寺三座大佛寺，改设为三个粮里，共为五十三粮里。以下仅就这三个粮里化的佛寺来讨论之。

二 感通寺三十六院与世族大家

寺院被划入粮里，世族也随之担负寺院赋役之义务。[2] 中古时期之佛寺多位居山林水口之处，以获得灌溉之水利，其拥有碾米水磨、手工业作坊，也有冶矿的经济功能。[3] 大理佛教寺院也如此，其由贵族世族护持，其常住田土多源于政治封赐，故佛寺具有浓厚贵族庄园的色彩。然明朝以来，若对佛寺施行赋役里甲，实际的承担者仍为大理世族。于是，佛寺、世族与常住关系越来越矛盾。随着大理赋役日益沉重，世族多售寺求去，日渐颓圮的佛寺和僧人成为最后留下来面对赋役的主体。大理诸多佛寺中以感通寺最具声望，

---

1 自明正德以来，禄丰县内设龙亭，朝贺讲约悉于金山寺内。县令率僚属士民于佛寺宣讲圣谕。见刘自唐纂辑《(康熙) 禄丰县志》卷2，收入《楚雄彝族自治州旧方志全书·禄丰卷 (上)》，云南人民出版社，2004，第34、42页。

2 有关明朝佛教政策与寺院经济的讨论，见清水泰次「明代の寺田」『明代土地制度史研究』大安株式会社，1968；石田德性「明代南京の寺庄について－特に寺庄の赋役负担を中心として－」『禅學研究』55卷，1966。

3 黄敏枝:《唐代寺院经济的研究》，台湾大学文学院，1971；《宋代佛教社会经济史论集》，台湾学生书局，1989；谢和耐：《中国五至十世纪的寺院经济》，耿升译，甘肃人民出版社，1987。

第五章　从寺院庄园到乡里社会

文献材料也比较清晰，姑先以感通三十六院来说明世族与佛教的关系以及其处境之转变。感通寺在无极和尚的保护下，似乎没有受到太大的破坏，基本维持了既有之庄园规模。景泰《云南图经志书》指出荡山有诸多庵院：

> 感通寺，旧名荡山，又名上山寺，唐僖宗时所创也。去府治十里许，寺有三十八院，林木葱葱翠茜，幽雅迥绝，甲于诸寺，贵客多游其中。[1]

荡山有感通寺，始于南诏时期，感通三十八院可能因无极一脉身份显贵，故获得较多的政治保护，这也符合小寺庵院归并大寺的宗教管理政策。大理府同知杨节仲撰写《无极禅师行实》，记载无极返感通寺的情形："授云南大理府僧纲司都纲职，又蒙敕建大殿，并创三十六院，皆为禅师乐道之所。"[2] 指无极获僧官后，将荡山各世族之庵院并入感通寺，创有三十六院，非前叙之三十八院。

实际上，感通诸院由世族大家之诸庵院组成。清初首任大理知府黄元治辑《荡山志略》，记载诸山檀越所护持的佛庵，主要有以下几处。(1)龙伏山，开于郡人赵氏，赵氏裔出家为僧。(2)妙高山，位于三十六庵之巅，明洪武间创自李氏，后修于杨氏。(3)华藏山，洪武间创自杨氏。(4)终南山圆通阁，元末蒙化州判杨慧所建。明正统年间，杨慧之孙杨嵩重修。(5)清华山，元至正年间由郡人张哈喇所创；明弘治年间，张哈喇后裔出家住持之。(6)寂照山，洪武间郡人杨鉴建。(7)大悲山，洪武间郡人杨张二氏创。隆

---

1 《云南图经志书》称感通寺三十八院，正德《云南志》称感通寺三十六院，后来《滇志》与《荡山志略》多以三十六院称之。见陈文《〈景泰〉云南图经志书》卷5《大理府》，周季凤纂《〈正德〉云南志》卷34，均收入方国瑜主编《云南史料丛刊》卷6，第78~79、434页；刘文征纂《〈天启〉滇志》卷17《方外》，第560页；黄元治辑《荡山志略》上卷《寺院》，第7页。
2 杨节仲：《无极禅师行实》，收入方树梅纂辑《滇南碑传集》，第283~284页。

庆年间，由赵张裔重修。（8）白云山的白云堂由段苴坚所建。（9）班山，苏福所创，永乐年间由董宝和苏氏后裔合力修之。（10）狮子山，元末品甸千户杨兴所建，明万历年间由杨兴裔宗尧修之。（11）宝藏山，明景泰元年，班山之主董源同大机和尚割班山下园地，重建宝藏寺。（12）波罗崖，赵波罗修行之静室等。[1]

荡山诸寺庵院静室有几个特点：第一，世族捐建；第二，多为祖先修行之所；第三，世族后裔居住在庵院的情形相当普遍，佛寺也成为其退隐之道场。这些佛寺或为世族之家寺，或由姻娅二姓共同护持。从这些世族势力可知，无极和尚自南京获得僧官头衔返回大理后，当地僧侣世族迎列山门，莫不期许无极和尚能够保护地方世族势力及其佛教寺院。前述明初管理天下佛寺，采取大寺并小寺，小寺依附官寺的政策，但实际上，大理庵院仍属世族大家所有。明太祖御制诗置于感通山门，犹如一把政治大伞，使诸庵院暂时获得庇护。

正德年间，品甸土千户杨兴之家族佛寺列名感通三十六院之一，以下加以说明。品甸，隶大理府云南县，位于现今祥云县一带。黄元治辑《荡山志略》指出：元末时，品甸千户杨氏建佛庵于荡山之狮子山，万历年间杨兴之裔杨宗尧，还继续护持荡山之家族佛寺。元末到明万历年间历经二百多年，品甸土千户杨氏始终是狮子山佛庵的主要檀越。正德年间土千户杨兴因年老子幼，托荡山寺僧管理其家族产业。正德年间的碑刻《千户杨兴家产遗嘱碑》记载如下：

> 千户系大理府云南县在城里七甲民，为因存其善念，所生廷佐一人，年幼无知，恐其失落田亩山产，凡有住持僧人指点，后代子孙不庶生其根产。家中载存田山簿本记一百二十篇，丘数、段数、田山四至、秋税有无，俱载簿内。收存于

---

[1] 黄元治辑《荡山志略》上卷《寺院》，第7页。

第五章　从寺院庄园到乡里社会

□□□赏赐七道圣旨，刻于狮子碑后。[1]

寺院是一个托产的机构。杨兴被划入云南县在城里七甲民，却在大理的荡山狮子山有座家族佛寺，因其年老子幼，田宅无所依托，故立了一份遗嘱，将家产册簿所有120多段田山土地，托佛寺的和尚管理，期使家产得以顺利转移给尚年幼的儿子。此遗产土地说明，被刻碑立于荡山狮子山寺，碑首载有"永垂子孙"的文字，可知其将田产寄托佛寺，又将七道圣旨刻碑其间，公告世人，可见杨氏在明初之地位隆盛。杨兴遗嘱碑说明了感通寺诸庵院背后是盘根错节的世族势力，佛庵僧人作为世族大姓产业代理人，佛寺则成为土官祖遗产业之托嘱机构。况且杨兴托佛寺管理的120段山田土地也极可能不限于太和县辖境，但感通寺僧却为之代管！佛寺是世族大家家产信托的单位，僧人也不排除由亲族担任的可能。

贵族佛寺的常住土地，多来自昔日国王的封赐，故佛寺由贵族所护持，或有异姓联姻的双方共同掌理的情形。龙关有苏、董两大姓，联合兴建班山寺，该寺也是感通三十六院之一。《寿堂苏公孺人赵氏墓志铭》指出，苏琦（1520~1573）祖先曾是僧族：

> 先系出西天苏㧾榔之后代丘孙也……㧾榔礼佛入定，天沛大雨。遂以女妻之，授职万户，领军二万征南海，获敏王一子。至苏演习福，娶总管段踰城隆女，加授大理路使司路判，赐喜锦城北庄田及下面经庄贝不信地，金三都。乃启建班山，蒙主亲为之匾，圣授龙宗护法兰若。宣光时，名判海者，复修班山和顶山、宝林山、金相寺，家世积善也。[2]

1　《千户杨兴家产遗嘱碑》，收入张树芳主编《大理丛书·金石篇》第10册，第70页。另见第2册文字解说部分。
2　苏氏也是荡山一带重要之僧侣贵族世家。参见《寿堂苏公孺人赵氏墓志铭》，收入张树芳主编《大理丛书·金石篇》第10册，第106页。

苏氏祖先自西天而来，曾领军征讨南海，约在元朝之时，苏演习福娶大理总管段隆之女。此处演习二字是官衔，苏演习福便是苏福。据黄元治辑《荡山志略》载：班山原是苏福兴建的佛寺，曾迎请照本禅师主持。可知苏氏是大理贵族，也是重要的僧族世家。然而，苏福和大理总管段隆女联姻时，总管段氏赐喜洲庄田以及感通山下的经庄给他，于是才有在荡山兴建班山寺，并将段氏赐地供奉佛寺之举。贵族军功伴随着联姻，使得赐地具有双重意义，一是随女儿而去的礼物，一是对女婿的赐地，此二者相互强化贵族阶层内部的力量。北元宣光元年（1371，明洪武四年），苏福后裔苏海继续护持佛教，重修荡山附近的佛寺，包括班山寺和顶山寺、金相寺、宝林山寺等。从这两条文献来看，段氏总管赐地给女婿苏福，苏福因而兴建班山寺，并由其世代护持之。贵族获功授爵赐地时，建佛寺以掌理之，这种赐地来自佛恩，故重建佛寺以铭谢，实有由佛寺代理其产业之意。兴建佛寺是佛教王权政治下，贵族用来表现政治忠诚与建立声望的方式，佛寺和土地的关系并不是单纯的经济的关系，而是具有复杂政治与宗教再生产的意义。

永乐年间，苏氏仍然主持班山寺，但董氏与苏氏联姻，遂由二姓共同合力重修此寺。后来未知如何，班山寺逐渐成为董家的佛寺。《大理史城董氏族谱》记载：

> （班山寺）在圣应峰感通山下荡山中，明经历宝祖（即大理经历董宝——引者注）所建，历年既久，圮毁无存。考郡守黄元治《荡山寺略》：班山寺，明永乐间有董经历宝者，与苏氏后裔合力增修，升庵太史题曰海光寺，前为写韵楼，又松风静室，乃妙高山僧有志静修，郡之董氏割班山一区，助其营建。[1]

---

[1] 《大理史城董氏族谱》卷6《祠墓谱·功德院附》。

第五章 从寺院庄园到乡里社会

永乐年间，土官董宝和苏氏联合重建班山寺，时有僧志于静修，董氏遂割班山附近之地，另建静室以供养之。杨慎曾题匾为海光寺，班山寺檀越则由苏氏转为董氏。《大理史城董氏族谱》将班山寺列入族谱之功德祠院，也有宣示班山寺是董氏族产之意思。永乐年间，与苏氏增修班山寺的是董宝，他是大理府土官经历，其名字也出现在《土官底簿》以及《滇志》的土官名册中。《土官底簿·赵州蔓神寨巡检司》项下记载着董宝的身份：

> 董宝，云南大理府太和县民。洪武十五年投降，十六年总兵官札授大理府土官经历职事，奏闻实授。故男董佑患病不曾告袭，董禄系嫡长亲孙，备马赴京告袭。本部查无董宝实授缘由，况洪武十六年病故，到今年久无凭查考，议得不准。永乐六年二月奉圣旨：他祖虽不是世袭的官，终曾出些气力，着在大理做巡检，只不做世袭，若不守法度时，换了他封印，流官掌印，钦此。[1]

董宝积极参与新朝政治，授以大理府土官经历。后来病故，其子董佑因病不曾袭职，直到他的孙子董禄才隔代求告袭职。然当时因为隔代告袭"年久无可考"，所以朝廷的做法是令其担任蔓神寨土巡检（在今宾川一带）。从董家来看，董宝担任大理府土官经历是新身份，他和具有声望的世族苏氏合建班山寺。班山寺的名称，据说是来自"本山僧众排班迎（无极）师于此"。[2] 从寺名可知，班山寺是充满政治寓意的一座佛寺。

董氏取代苏氏，在班山占有一席之地。其裔有举人董源，也在附近修建佛寺，名为宝藏寺，系另一座董家佛寺。今日感通寺前竖

---

[1] 《土官底簿》，收入《景印文渊阁四库全书》第599册。
[2] 《王公置买班山碑记》，收入张树芳主编《大理丛书·金石篇》第10册，第140页。

立一通万历常住碑记《宝藏寺常住碑》，碑文几已漫漶，从可辨识的部分内容得知：明初董源与无极是交谊密切的好友。无极返回大理后，董源和后来接任感通住持的大机和尚"割本山下园地"重建宝藏寺。[1]《大理史城董氏族谱》记载着明初这一段董源举人建寺的故事：

> 宝藏寺，入荡山第一庵也。明景泰元年，班山主董源者，永乐庚子举人，同大机和尚割本山下园地，重建斯庵云云。[2]

"班山主"指出董氏是班山寺的主要护持者，派下举人董源和大机和尚割荡山园地来重建宝藏寺。此碑刻揭露一段地方社会脉络：董氏世族在感通寺僧人的协助或默许下，将山脚之田地划给宝藏寺。感通寺僧人对其辖下庵院之修建、增建与常住土地分割过程，似乎扮演着见证人的角色，至少目前的两个庵院背后皆是土官政治的势力。佛寺与土官世族的势力可见一斑。

成化年间（1465~1487）班山寺颓圮，董宝裔董禄继任土巡检，捐资修建班山寺，并舍常住土地，未几，常住为人所侵占。[3]清初之《王公置买班山碑记》记载其事："成化年间，寺几圮尽，本境土官巡检董禄捐资重修，置买常住，祝国祈年。"嘉靖与清初时期留下的两块班山碑，都提到了成化年间土官董禄继续重修班山寺，购置常住之情景。此后，董禄土官族裔出现一名雅士董难（1498~1577），

---

[1]《宝藏寺常住碑记》，笔者田野搜集，文字为笔者所录。此碑在感通寺寺门旁。"割本山下园地"指的是将荡山山下土地分出一部分作为宝藏寺的常住田土，其分布在刘官厂、阳和庄、太和村、经庄、羊皮村、龙竹村、阳南村以及大井旁（大锦盘）等地。其中，刘官厂、龙竹村、经庄是明朝军屯之聚落。

[2]《大理史城董氏族谱》卷6《祠墓谱·功德院附》；卷3《世次》载十五世，为永乐庚子举人。刘文征纂《（天启）滇志》卷8《学校》项下指出永乐庚子科举人为董源（第296页）。

[3] "先祖土官巡检董公禄，捐资建寺，喜舍常住大功德。"见《班山常住田记》，收入张树芳主编《大理丛书·金石篇》第10册，第100~101页。

第五章 从寺院庄园到乡里社会

李元阳为董难撰写墓志时也提到这座佛寺:"君虽食贫,必修葺完好而后已。"指出董难之时,班山寺田复被盗卖,以至由贫困的董难来打理班山寺。[1] 董氏要像过去那样维持班山寺的正常运作似乎已经越来越困难了。

班山寺作为董氏土官家的佛寺,不仅拥有常住土地,也犹如世族宗教机构一般。董氏土巡检派下有四支系,共同享有向佃户征粮、向官府纳粮以及修缮佛寺等责任和义务。嘉靖四十五年(1566),董宝的第四代孙董仪、董佐、董俸等四房重新整葺之。在这次修缮家族佛寺的讨程中,他们将班山寺的田亩、坐落、佃户姓名、租谷数目及子孙世系等刊刻在石碑上,公告班山寺是董宝家族的共同产业:常住土地至少有十段,多座落于感通寺山脚下之经庄与太和村一带,佃户认纳净谷计有一千二百余帮。班山常住土地也由董氏四房共同征收租谷,其纳粮计有夏税与秋粮共二石九斗余。碑末文字有"四房公同征收、纳粮、供僧、侍奉香火、修理本寺,不得侵占盗卖",指出了董禄家族后裔对班山寺田与寺院的所有权,也说明其家族产业寄附于班山寺。[2]

值得注意的是,被编入粮里的感通寺,有纳粮值役之义务,故班山寺董氏也需要负担其中之粮赋,直到附加在土地上的粮税越来越重,其无力负担赋税,终将班山寺转卖给他人。崇祯年间,班山常住田土复为豪右所侵没,董氏族人已无力再振,竟将此班山寺卖给"文学李天球、李仅管业三年",三年后,又立契绝卖给白盐井提举王是石,作为流寓歇人之所。后有楚潭流寓叶素元等人赎回董氏私卖土地,立为班山寺常住,并合请鸡足山名僧担当和尚(1593~1673)住持班山寺。[3]

---

1 李元阳:《董君凤伯墓志铭》,《中溪家传汇稿》卷10,第14~15页。
2 《班山常住田记》,收入张树芳主编《大理丛书·金石篇》第10册,第100~101页。
3 《王公置买班山碑记》《担当大师塔铭》,收入张树芳主编《大理丛书·金石篇》第10册,第140、144~145页。

对土官董氏而言，班山寺不仅是祖先产业，也是世族之祖坟与祭祖所在地。虽然班山寺之寺院与寺田最后转成江南流寓护持的佛寺，但《大理史城董氏族谱》列有祠墓功德院一项，内容强调其祖先董难修班山寺，其墓亦在附近，盖"据此则荡山当然为董氏之地也"。[1] 很清楚地指出董家祖先墓地所在以及因此拥有荡山佛寺功德院的历史记忆。

班山寺由苏氏到董氏护持，乃至转为明末十方丛林的规模，见证了大理社会变迁的过程。佛寺象征贵族的身份，先有苏氏赐地，明初董氏土官沿用此政治传统。贵族与仪式权是一套政治与宗教的设计，也是佛教庄园经济的运作模式。然而，当佛寺被列入纳粮单位后，复因赋重役杂，终为土官世族所转卖。董家变卖家产的方式，是先将班山寺转卖给他人"管业三年"，后来用绝契卖给白盐井提举，复有流寓将旧有常住赎回。从转卖、管业，到立绝契杜卖等用语，董家佛寺承载了许多不同的社会关系，进而从家族庄园模式转为十方丛林的运作模式。

三 舍田为寺

佛寺的破败已难以避免，僧官无极的法嗣也无法解决寺院经济的问题。无极殁后，感通寺很快就遇到新的问题。万历元年（1573）李元阳为修复感通寺撰有一碑《重修感通禅寺记》，记载感通寺的情形：

> 无极殁后，寺亦就废。成化间郡守蒋公云汉闻于镇守，黔

---

[1] "又案：（董）难祖凤伯山人墓志铭，为李中溪所撰。略谓荡山有班山寺，君家先人之业，升庵公写韵楼在焉，岁久渐废。君虽食贫，必修葺完好。生弘治戊午，卒丙寅正月五日，墓在圣应峰荡山之原云云。据此则荡山当然为董氏之地也。"《大理史城董氏族谱》卷6《祠墓谱·功德院附》。

第五章 从寺院庄园到乡里社会

国公重建,即今殿也。然多历年所,颓圮已甚,前像以金被盗,田产百无一存。嘉靖辛卯蓬谷先君御史公悯之,召僧复业,始建斋堂三栋。辛丑不肖归里,乃续先君之志,赠常住田百十余亩,重修二殿,创造钟鼓二楼,改建大云庵,又选取鸡足山传衣僧海慧字印光者主之……隆庆丁卯印光铸铜像高九尺,寺号重光,又修药师寺于山麓,以贮道粮。予时往观,父老十数辈皓首苍颜,谒余相与坐谈,因及寺之巅末,与旧所闻若合符契,遂抽毫记之,万历九年(应为万历元年——引者注)元日也。[1]

自无极灭寂,感通寺随之倾废。后来虽有黔国公沐氏重建之,"前像以金被盗,田产百无一存",佛像宝器黄金被盗,田产流失;后来,李元阳的父亲李闵才,着手修建感通寺之斋堂,又召僧复业。[2] 感通寺已无法由僧团自行运作,大多仰赖官府与地方精英的力量,于是李元阳复捐常住田地百亩,修复二殿,造钟楼、鼓楼,改建大云庵,同时一并修缮了感通寺下院之一的药师寺,"以贮道粮"。李元阳在文中提及"召僧复业",是一件相当值得注意的事,田产被盗和僧人逃散是寺院面临的最大困难,他只好延请鸡足山禅僧海慧住持感通寺。

崇圣寺也勉强维持着昔日之规模(虽其为昔日之皇家道场)。其寺留下一通元碑《大崇圣寺碑铭并序》,内容记载此为大理国王段氏"永其世祀"之佛寺,也就是皇室佛寺,地位极其尊贵。其常住土地亦极为可观,当时段氏所舍之常住土地多位居北方邓川州境内,其数有百双以上。[3] 除了常住土地,崇圣寺的产业还有"园林、

---

[1] 李元阳:《重修感通禅寺记》,《中溪家传汇稿》卷8,第27~29页。
[2] 李元阳:《重修感通禅寺记》,《中溪家传汇稿》卷8,第27~29页。
[3] 《元大崇圣寺碑铭》,在碑尾附记,收入张树芳主编《大理丛书·金石篇》第10册,第19页。

碾磨、店铺、席、浴房、人口、头匹"等。[1] 也就是说，崇圣寺的产业包括田地、园林、山场、碾磨、浴房、牧畜、店铺、人口等，寺院庄园的经济规模相当大。[2] 然而，崇圣寺之特殊处是其原为段氏总管大檀越所护持，一旦失去段氏之支持，便也逐渐颓圮，常住流失也显得相当自然。

崇圣寺后来只能仰赖地方人士与僧人共同维持起码的运作。从崇圣寺的考古报告中可知：成化元年（1465），大理城内法华寺居住的"阿吒力僧"李祥瑞及其妻杨氏等，主导了修塔造佛像的重建工程，其主要是作为祈求家道兴隆并超度亡者早登佛地之场所。在《千寻塔各层佛龛及所置造佛题记》中记载：

> 南赡部洲／大明国云南大理府太和县德政坊在城／法华寺□居住奉／佛造像僧阿吒力李祥瑞／助道杨氏观音坚男李永锦／李彦□男妇杨氏梵僧婢／女妙音善缘姐／同信士张清洎家善大大等／崇圣寺塔内观世音菩萨一尊供奉／上报四恩下济三有伏愿承观世音／妙力尽劫之罪根千生业障□□／百福庄严而成就愿保家道兴隆／子孙昌盛万事随心祈谋如意／追亡人显考李药师祥弟李四寿／显妣赵氏观音锦妻杨氏秋玉之灵／承伏良因超升／佛地／大明成化元年之春正月良日造[3]

这份造佛题记，指出大理城德政坊法华寺，以李祥瑞为首的阿吒力僧，捐资修三塔之一的千寻塔。正德年间大地震，佛寺倾毁，三塔虽无恙，然"风雨漂卷，日益剥泐"。嘉靖二十年（1541），李元

---

1 《元大崇圣寺圣旨碑》，收入张树芳主编《大理丛书·金石篇》第10册，第20页。
2 黄敏枝：《唐朝寺院经济的研究》，《宋代佛教社会经济史论集》；严耕望：《唐人读书山林寺院之风尚——兼论书院制度之起源》，《中央研究院历史语言研究所集刊》第30期，1959年。
3 《千寻塔各层佛龛及所置造佛题记》，收入姜怀英、邱宣充编著《大理崇圣寺三塔》，文物出版社，1998，第91页。

阳又着手修复崇圣寺。[1] 李元阳捐资出工补甃中塔，重葺左右二塔。崇圣寺三塔之考古报告记载，当时李元阳联合当地之士绅一起修塔荐祖：

> 信官李元阳、韩斗、洪钰、苏鹏程等恭修宝塔。专荐各家祖考李让、李玄、韩政、洪森、苏胤室、苏锐、李文辉……杨氏三姐九姐之弟，并及财善士工作一怍祖考等魂乞超净域。[2]

三塔是由这批有力之士共同修复的。李元阳曾指出当时崇圣寺"一寺之内，为庵院者三十余所，惟颓垣荒址，荆棘茂草而已"。经过修复后：

> 大理城之北曰崇圣者，自始迄今历千五百年，梵宇悉颓，法席中断。大明嘉靖辛丑，予始修复，乃有大千、碧潭、无台三老禅来主法席，一时钟鱼磬铎无间晨昏，而学徒衲子渐以类集。[3]

李元阳邀请僧人主持崇圣寺，使其恢复佛寺之正常运作。此外，他也鼓动友人杨作舟捐资修建其中之一座庵院，名为让公庵。该庵院为大理国世家高氏创建，其香火田原由高氏护持，然高氏势力退去后，庵院香火沦入无人打理之窘境。[4] 另有地藏庵：

> 崇圣寺大殿右腋，旧有永春院，颓废殆尽。有无台鉴上

---

1 李元阳：《崇圣寺略记》，《中溪家传汇稿》卷8，第36~38页。
2 《南小塔明嘉靖石刻题记》，收入姜怀英、邱宣充编著《大理崇圣寺三塔》，第93页。又见李元阳《重修崇圣寺碑记》，收入张树芳主编《大理丛书·金石篇》第10册，第90页。
3 李元阳：《崇圣寺略记》，《中溪家传汇稿》卷8，第36~38页。
4 李元阳：《让公庵记》，收入张树芳主编《大理丛书·金石篇》第10册，第107页。

人者，敦戒树德，为众所归。余因请住兹院，上人遂能兴废举坠……院初与塔寺并创，莫详其始。地藏之设则自上人始，院有田若干，尽于碑阴，大半皆上人所自置云。[1]

李元阳费时三十年，穷一生之精力并耗费大量家产修复崇圣寺诸庵院。[2] 他又延请禅僧如大千、碧潭等住持其院落，以至于"学徒衲子渐以类集"的规模。[3] 在他大力倡导之下，崇圣寺逐渐恢复，然各庵院犹如相互独立的经济体，由各自的香火田供养。

被划入粮里的另一座寺院是无为寺，其史料更少，但也是太和县重要佛寺之一。正德《云南志》记载无为寺："在点苍山十三峰半，寺左有晒经坡澜文百步五，色红，经年不生草木，相传以为唐僧晒经之所处。"[4] 无为寺被划入粮里必有其重要性，清初《洱海丛谈》记录无为寺的处境：

无为以田多粮重，僧逃无遗，惟一监院，扑责枷示，已数十次。叶榆古刹，处处如此，兹乌其何以堪。[5]

无为寺因田多粮重，僧逃无几，只剩下监院守寺，因无法如期纳粮，遭官府"扑责枷示，已数十次"。寺僧纳粮无着，地位沦落至此，这大概是许多佛寺的普遍处境。清初僧人对该地佛寺之描写，指出"凡供应有司及往来使客，皆取办于各刹，而解送松木板于

---

1 李元阳：《地藏院记》，收入张树芳主编《大理丛书·金石篇》第10册，第109页。
2 李元阳的三弟李元期是郡学生，后来改易青衿黄冠，为道士，致力于协助李元阳修复崇圣寺，后在院落之一重建瑞鹤观，住锡其间，成为崇圣寺诸庵院瑞鹤观之一名道士。见李元阳《明清都大士李君墓志铭》，《中溪家传汇稿》卷10，第15页。又见杨慎《瑞鹤观》，收入李元阳纂修《(万历)云南通志》卷13《寺观》，第301页。
3 李元阳：《崇圣寺略记》，《中溪家传汇稿》卷8，第36~38页。
4 周季凤纂修《(正德)云南志》卷34《寺观》，收入方国瑜主编《云南史料丛刊》卷6，第435页。
5 释同：《洱海丛谈》，收入方国瑜主编《云南史料丛刊》卷11，第368页。

第五章　从寺院庄园到乡里社会

各衙门，尤为苦累"。[1] 指出大理佛寺成为官府公项供办的来源。一位闻名全国之云南诗僧苍雪读彻（1586~1656），写了一封信给他在云南的弟子。[2] 在信中他指出明末清初全国经济败坏以及佛寺之窘境：

> 常住迩来增损何如，方今海内盗贼纵横，国用告乏，赋税加派。日复一日，民不聊生，天下皆然。以我吴为田之累，虽得优免，接年虫荒旱荒。吾乡僧田之害，不问可知。故往往官长有宦游吾滇者，莫不以此念。欲得永免杂役，则受福无量。向者蒋太尊送其濒行，谆谆曾以苦告。承公心许，惜其名山不幸，闻尚未果。如蜀中他处依田派差，尚有僧夫俗兵守城御敌之说。倘国家一时有不宁，法门有难，正未可知。是以僧又莫若无田之为愈也。[3]

苍雪读彻是云南人，他常常向来往滇地的官员打听家乡佛寺的近况。他写给弟子的信中指出地方政府的杂派已严重破坏寺院经济，提及大理佛寺杂派沉重，四川甚至有僧夫守城御敌之说。这些佛寺，勉为其难地维持了一个体面的架构，但其更像是一个无法脱离官府治理的赋役单位。

这里讨论了三座成为粮里单位的寺院庄园，它们像是一个无法被注销的粮里，佛寺僧人苦于粮赋差役。然其也是维系历史感的仪式场合，虽然其僧人已流失，常住被盗，庙堂颓圮，佛寺仍然得以在各种不同条件下重新被修复起来。

---

[1] 释同：《洱海丛谈》，收入方国瑜主编《云南史料丛刊》卷11，第370页。
[2] 据其年谱记载，苍雪读彻本姓赵，昆明呈贡人，其父是位"都讲僧"，苍雪十一岁时便随父亲出家于昆明妙湛寺。《苍雪大师行年考略》，收入王培孙校辑《苍雪大师南来堂诗集》，新文丰出版公司，1955，第3页。
[3] 《寄徒三和书》，收入王培孙校辑《苍雪大师南来堂诗集·附遗文》，第1页。

四　乡里神祠

在经历战火后，隶属上层政治的佛教仪式开始往下流动，成为民间信仰的一部分，取而代之的是中央对各府州县之仪典所进行的改革。《大明会典》记载：

> 各王国及有司，俱有祀典。而王国祀典，具在仪司。洪武初，天下郡县皆祭三皇，后罢。止令有司各立坛庙，祭社稷、风云雷雨、山川、城隍、孔子、旗纛及厉。庶人祭里社、乡厉及祖父母、父母，并得祀灶，余俱禁止。[1]

朝廷颁布一套符合礼仪的祀典架构，举凡天子、百官、士人乃至庶民，皆有符合其身份的仪式规范。对于乡里祀典，尤其山川社稷之神，也有一番讨论，尤其对有功于民的地方神祇抱持着相当宽松的权宜之策。《明史》记载：

> 洪武元年，命中书省下郡县，访求应祀神祇名山大川。圣帝明王、忠臣烈士，凡有功于国家及惠爱在民者，着于祀典，令有司岁时致祭。二年，又诏天下神祇常有功德于民事迹昭著者，虽不致祭，禁人毁撤祠宇。[2]

只要有功于民，"虽不致祭，禁人毁撤祠宇"，表达了官方对地方神祇所持的消极但不予以禁止的态度。在这种宽松政策下，大理贵族世家虽沦为礼制中的"庶人"，但原有之佛寺、佛教护法、龙王与山川土地守护神信仰，以及圣贤神祠等仪式架构，仍然得以保留下

---

1 《大明会典》卷81《礼部·祭祀通例》。
2 《明史》卷50《礼第四·诸神祠》，第1306页。

来。也因为如此,许多佛寺及守护神祠之祭仪也逐渐循着洪武礼制所定义的仪典精神与层级架构来重新调整。

(一)建峰亭与赵氏宗祠

赵州有一座宏伟的建峰神庙,元人郭松年在云南旅行时,路经此地,便提及这座令人难忘的神祠。他写下一段赵州的景致:

> 神庄江贯于其中,溉田千顷,以故百姓富庶,少旱虐之灾。出州治十五里,路转峰回,茂林修竹,蔚然深秀,中而建峰神庙在焉。凡水旱疾疫,祈请有征,州人赖之。[1]

郭松年笔下的赵州是一片富庶之区,有田千顷,神庄江贯穿其中,州治十五里外有座掌理全州水旱疾疫的建峰庙。从其他史料得知,神庙供奉的是建峰山神赵康,地方传说他是赵氏贵族的祖先神。他将女儿嫁给南诏国王,成为南诏国王的外祖,赵州则为赐地。于是,赵康是山神,也是贵族赵氏的始祖。建峰神祠不仅成为开化赵州的象征,也是赵氏贵族用来宣称他们合法拥有赵州赐地的依据。明朝统治之后,山神和始祖的形象产生分化:赵氏欲凸显贵族身份,强调赵康为祖先;乡民供奉赵康,则视之为山神、土地守护神。一旦赵氏贵族转型为士人,其始祖赵康的角色便被人们逐渐淡忘。

赵氏视赵康为祖先神,可从一通碑记谈起。太和县海东的赵氏宗祠供奉着一排祖先碑,列有二通圣旨碑。其中一碑指出大理武将赵良,因助明军有功,被明太祖封为"应阵翻浪伏军将军",赏赐一道圣旨。内容如下:

> 奉天承运,皇帝诏曰:考绩褒勋,始着推恩之典,服官

---

[1] 郭松年:《大理行记》,收入王叔武校注《大理行记校注 云南志略辑校》,第14页。

资敬，方昭奏捷之功。咨维云南总兵赵良，代传孝友，世擅忠贞，立身报国，本正气以驭人，奉檄戍边，建奇功而裕后，先已懋昭功业，后应□享□敕封应阵翻浪伏军将军。於戏！读圣书而任重，世泽延长；锡鼙带以加荣，天麻弗替。钦哉！大明洪武甲子年正月初七日。

另一圣旨是由南诏蒙威成王（713~728在位）颁赐给赵康的。其内容如下：

敕曰：国所以立，惟贤是依。褒封崇德，圣主隆规。咨维外祖，道德为仪。朝励忠尽，四野坦夷。饮食教诲，民望攸归。如彼乾元，庶物瞻依。福荫后裔，是享是宜。大哉元祖，万世流辉。敕封元祖建峰福荫太师，春秋报赛，庆祝无遗。主者施行，钦哉钦哉！蒙威成癸丑岁十月二十一日。[1]

在这两份圣旨的中间，列有三位祖先之名号，分别是"敕封元祖建峰福荫太师赵康讳康大人""敕封应阵翻浪伏军将军赵公讳良大人"，以及中间的"天潢衍派赵氏太祖大人遗裔历代祖宗老幼考妣"。两通圣旨分别来自南诏国王与明太祖，旨在确定赵氏在地方政治的正当性与正统性。[2] 但对乡里社会而言，赵康是一州之土主山神。

赵康也以山神的名义被供奉在建峰神庙中。明军入关时，此神庙遭受军火焚毁，后来由里民修复。永乐七年（1409），曾前往南京见明太祖的密教僧人董贤，以"习密不动"的身份撰写了一通碑

---

1 《赵氏宗祠碑》，此宗祠碑出土于大理海东之赵氏宗祠。收入张树芳主编《大理丛书·金石篇》第10册，第28页。照片见张树芳主编《大理丛书·金石篇》第1册，第100页。
2 Lian Ruizhi, "Surviving Conquest in Dali: Chiefs, Deities and Ancestors," in David Faure and Ho Ts'ui-p'ing, eds., *Chieftains into Ancestors: Imperial Expansion and Indigenous Society in Southwest China.*

第五章 从寺院庄园到乡里社会

记，内容记载山神的传说典故以及重新修建之缘由。[1] 在《建峰亭记》中记载：

> 建峰之神者，赵州之土主也。姓赵名康，东川之人也。家诞美女，有雅操之志，求娶者众，而父弗之。蒙氏兴宗，闻其艺能，娶之为妾，乃唐之仪凤元年也。康无继嗣，兴宗招之，此地寓于五峰山中，缘兹地号曰赵睑者，以康之姓而得名也。郡东山行二十里，有山曰五佛，又曰五祖。今日五峰者，以五垒之连峰也。周三十里，山西面别秀一峰，曰信苴城，四向绝岩，怯弱难履，康尝到此，遥闻儿啼，遂寻之，见一子，可数岁，疑是神人之所诞焉。康喜之，因家无嗣而获之孩者，岂不庆欤！携至家养，于资畜荣盛。然此方之谓信苴者，乃神灵之降迹焉！至蒙威成癸丑岁，康终之。方牧命郡人起庙而旌之，赐号曰外祖建峰。外祖者，为邦之外亲也。建峰者，男生于峰顶也。传闻山下有洞，洞有甘泉，康化为虬，住于泉，所出清溪水，给三州人。兹土宜乎耕垦者，诚龙神之润泽欤。每有旱，祷神之必应。自蒙威成癸丑岁，历郑、赵、杨、段、元六代，五十二世。终于癸亥岁。泊乎今朝，大明圣世，洪武甲子春，天兵入境，率土尽臣服矣。其年庙真兵火毁之。奚有判官周尚全，切念兹之神祠，乃本郡土主也，诚可树焉。仰里甲人等，仍于旧基之上乃重修矣。殿□□真置于亭中，由□启祠。至今圣朝皇帝永乐己丑，总六百九十六年，亭侍那太请余为文，笔之后代云耳。永乐七年己丑月良日记之。赵州吏目立石，习密不动撰，石匠杨奴。

---

[1] 习密不动：《建峰亭记》，收入张树芳主编《大理丛书·金石篇》第10册，第30页。又参考 Lian Ruizhi, "Surviving Conquest in Dali: Chiefs, Deities and Ancestors," in David Faure and Ho Ts'ui-p'ing, eds., *Chieftains into Ancestors: Imperial Expansion and Indigenous Society in Southwest China*。

这里说的是一段联姻与认养的故事。赵康将女儿嫁给南诏国王，于是南诏国王封赐赵州给赵康，后者成为国王外祖。赵康后来认养五峰山山神之子。赵康死后化为虬，住于泉水之源，成为攸关当地水利之水神。换句话说，赵康的养子是山神，而水神是赵康，建峰亭是山川神庙所在地，当地又称为土主庙。

《建峰亭记》将赵康塑造成山川神祇的土主形象，和前面的建立军功的赵良想要塑造的赵康祖先形象不同，其所依赖的便是当地之乡里力量：当时里甲人等为地方水利向官府申请重修神祠，而请碑者是亭侍那太，撰碑者是习密不动，不动是"红阿挼哩不动辣麻董贤"的简称，也就是前述入京的董贤，他代表的是新兴的乡里势力。[1] 对地方而言，赵康是祖先还是土主并不重要，它随着世族社会的分化而产生不同的形象。这种情形正可以用来说明何以国王后妃也转为乡里香火之神。

贵族转型为乡里社会时，佛教护法神也变成里社之神。在历经战火后，里甲人士重新修建神祠的情形相当普遍。正统八年（1443）年，太和县银溪乡（中乡）一批"应役里长"及"递年里长"、"乡老人"与村民等将一座名为三堂神的神庙重新修建。它供奉着佛教化的土地守护神，名为"土地迦逻"，也就是密教有名的大黑天神。在碑中，土地迦逻也是"毗庐之智体"的化身，毗庐即毗庐遮那佛之简称，汉译为"大日如来"，是佛教密宗至高无上的本尊。[2] 在这个碑文中，作者指出"伏愿龙天之扶佑，保人民之根基，护民稼穑，年年丰熟"，清楚表达了神祠仍具有守护土地的意味，同时也成为由新社会所定义的乡里香火。

村民重建的乡里香火，也包括祭祀古老的战亡英雄与后妃，如三灵庙，相传是大理国王段思平为其母亲所建。洪武年间，大理总

---

[1] 建峰庙成为乡里神祠，被划入白须师里，指的是昔日天竺僧人寓居之处。庄诚修《（万历）赵州志》卷1《羊角山》，第20页；卷2，第34页。
[2] 《三堂圣域记》，收入张树芳主编《大理丛书·金石篇》第10册，第44页。

第五章 从寺院庄园到乡里社会

管段氏臣服：

> 胤子段名赴京，见任湖广武昌卫镇抚。有宪掾院塝杨赐等施舍田亩，城南善士杨正等曰：三灵者，一乡之香火祈福之所，寂然不动，感而遂通，岂可不思补报呼！

段氏被派往异地担任武昌卫职，其祖先香火沦于无人供奉与照料之困境，于是乡里村民为表示报恩，捐施田亩，修复段氏国母的庙宇，并奉之为乡里香火神。[1] 这里报恩或可以解释为故国王室之恩，或是村民受其土地之恩。是以，这座供奉国王母亲的神庙摇身一变，成为乡里香火，也成为乡里祭祀的场所。当时捐钱重修这座神庙的包括太和县北部之城南村、院塝村与江渡村等村，皆是太和县上乡之村落。上面的山神、国王、后妃和佛教守护神多以一乡之香火所在转型为乡里祀典。

（二）白姐圣妃龙王合庙

土官辖区的乡里神庙仍由土官领导倡修。正统十四年，北方剑川有一位土军昭信校尉杨公瑾，他率领村人共同修建白姐圣妃龙王合庙。其碑云：

> 其神梵像惟南服有之，不见经传，故白姐之号，莫考其详，未可强为之说。惟据西域神僧摩伽陀传示波罗门密语中，载有其概曰：圣妃实弥勒化现之神，首上三龙表示主持三界，左手扶心，欲断众生无名之毒，以契直觉心，右手顶门授记，记其无常谒，待其当来度生即成登佛。十指交叉，欲断众生十恶五逆之心，为十方境界，是佑其人乃古佛化身，圣神之母。

---

1 《三灵庙碑记》，收入张树芳主编《大理丛书·金石篇》第10册，第49页。

讵止为祝厘祈福之所也欤！

旧说柳龙冲昔因岩场水连年横流为患，备御弗克，合议曰：州东北之谠滥场，古建白姐庙，灵感有验，叩之立应，盍资神力以制之？议既合众，遂阄辞请祷于庙，徙置岩场江阴。

又塑白难陀龙王专像奉安于左，合而镇之，果蒙神灵有归，而水患赖以宁息。明年夏，大旱，众白官徙市于庙，命僧俗结坛，又辄得雨，益信神之灵足以惠福一方，莫不骈手胝足而事之，益虔焉。乡村以每岁孟春栽生明，年例各庄香需供玩，诣庙致祭，以酬神贶，迄今仍之，兹因其请记。按祭法，有能御大灾、捍大患，则祀之，是乡之民，实资神力，以殄水患，苏亢旱则报祀之所，历千万载不刊也宜矣！是为记。[1]

碑文说得很清楚，此庙中供奉的白姐圣妃承袭摩伽陀（即赞陀崛多）传来波罗教法，是圣神之母。据大理佛教写经，此白姐圣妃是佛经龙女转化而来，也是佛经中所说的弥勒化身。她也是大理国的国母，一位佛教化的女神。[2] 这位龙女身上有两个象征的符号与佛教的教义相关，一是头上的三龙为三界，此三界为欲界、色界与无色界，指的是有情众生的主宰。二是十指交叉意指十方，是东西南北上下诸十方世界。有意思的是，撰文者指出白姐圣妃实是弥勒古佛之化身，主宰三界十方，"讵止为祝厘祈福之所也欤！"她在昔日大理佛教诸神中之地位崇高，主宰有情众生与无情之宇宙，怎么可能只是主掌一区乡里之福神？意其地位下降。白姐圣妃庙是否与降龙治水有关，无法得知，后来当地柳龙冲水患频仍，村人将这座神祠

---

1 《修白姐圣妃龙王合庙碑》，收入杨政业主编《大理丛书·本主篇》上卷，云南民族出版社，2003，第17~18页。
2 连瑞枝：《女性祖先或女神：云南洱海地区的传说与历史》，《历史人类学学刊》第3卷第2期，2005年。

第五章　从寺院庄园到乡里社会

改建于柳龙冲的南边岩场,又加祀一尊白难陀龙王于其侧。白难陀龙王是佛经中八大龙王之一,白姐加上龙王成为一对,成为镇治水患之神祀。

这对佛教化的女神与佛教龙王便成为乡里"祝厘祈祷之所",每年孟春岁祭,各庄必须备祭,以酬神明,显然已成定规。然仍由僧人主导举行结坛仪式,可知佛教神祠体系是如何以一种"新"面貌出现在乡里之中的。

(三)宾居大王庙

官员也修复神祠建立治理合法性。随着中央王朝开采银矿,许多官员深入大理附近之山乡。为了宣示官府具有地方开采的权力,他们主动向地方神明示好,在地方修复庙宇。永乐十一年(1413),宦官借皇帝之命令在大理宾居(即宾川州)一带采办银场。当时,先是委托土酋孙俊"纳办",三年后,矿脉越来越微弱,必须寻找新的矿脉。有内监潘荣到宾居视察矿脉,向当地土神宾居大王张敬祈祷。后来土神示矿脉之所在,潘荣遂以张敬显灵之功,重修宾居神祠(图5-1)。当然,此事更应该反过来解释,外来者为了说服土人采矿的合法性,编造了一个张敬神示的故事,一方面以示采矿之合法性,另一方面也拉拢地方社会之传统神明。大理府同知杨节仲还为此神庙撰碑,以重其事。其内容载于《重建宾居神庙碑记》:

> 大理城东有水曰洱海,海之东岸,山势绵延,岗峦相接。约行七十里曰白塔山,山之下,地始平旷,是为宾居川。有神庙焉,创始自蒙氏,后至段、高二姓,第次复新之。庙坐山麓,岩山峥嵘,林木屏翳,左右丛竹数十,大皆尺围。泉自殿右崖石孔东流为溪,灌溉田数百顷。庙之神有"东方仁慈化被圣明"之号,亦蒙氏所封也。俗之称神者曰"宾居大王",凡

境内旱涝，人有灾疾，但求即应，灵迹昭著，莫可缕纪。是以居人咸仰赖之，祈祷者无虚日。

我朝开设银场七处，其二以宾居相近，曰白塔，曰大兴。永乐十一年五月，大兴始置炉冶炼，着酋长孙俊等兼办银课。至十三年，矿土渐微，恐亏课额，钦差内官潘荣至本场，意别迁，未得其所。时神庙毁于火，内侍公遥望庙所，点祷于神曰："神倘有灵，幸指示矿地，愿重修庙宇。"即差戴道隆往白塔场，请给事中程昭同访，所向未至，内侍公先诣山高阜处，徘徊纵观，信步行至西南隅，如有人引领者。盘桓久之，望神不远，地微洼，忽见土色可取，犹豫间，戴道隆回指本处云："今早天未明时，过此见火光大发，意必有矿而然。"……遂令夫起石，果矿土富甚，课额倍增，非神之多方显化，何以得此？至十五年，内侍公回自京，比较各场所办，惟是地为最，心甚感悦。乃不违昔愿，先出己资，又复募缘，境之善信，皆乐从之……

寻遣大理卫千户周鼎至郡，征文于知府杨节仲，且欲勒诸贞珉，永垂不朽。节仲谨按：祀典所载，凡山川能兴云雨，司土谷，以育民生者，及忠臣、烈士能御灾、捍患、护国、庇民者，历代以来，皆立祠庙以祭，所以崇德报功也。今宾居神庙食于兹久矣，其原因莫可详考。然有显封尊谥，当时必有功于国……以银之事观之，余概可知矣。且山川储秀，结而成矿，炼而成银，贡于朝为赋，用于世为宝，境内岂无神以主之，设为关键而司秘启者耶？[1]

---

[1] 《宾川县志》编辑委员会编《宾川县志》，云南人民出版社，1997，《附录二·碑记·重建宾居神庙碑记》，第906页。从云南考古出土银锭上有盐税司课银的字样来判断，该银多出自宾川、大罗、太和、永北、蒙化、鹤庆等地。见汤国彦主编《云南历史货币》，云南人民出版社，1989。

第五章 从寺院庄园到乡里社会

这段文字指出官府开采银矿，也是中央势力进入山乡之契机，其以修复地方神祠的方式来建立其合法性。永乐十一年，始在宾川附近开办两座银场，即大兴与白塔银场。负责大兴银场银课的是土酋孙俊。开采不到三年矿脉便显微弱，时有钦差内官潘荣来另觅矿脉。潘荣到宾川后，适值当地神祠宾居大王庙被毁，所以他向神明祈愿，若神启矿地，必重修神庙作为酬谢。这是后来白塔银场开采的缘由。在采银两年后，潘荣比较诸地银场之银产，认为宾川之银矿产质最优，故返回宾川，捐资重修宾居大王庙。有意思的是，潘荣编造了一个地方神明的故事，说服土人其开矿是在当地神明默助下进行的。

这位神明是宾川土神，名为张敬，又称宾居大王。大理传说中的张敬是罗刹国的巫师，观音降服罗刹以后，封张敬为宾川的守护神，受百姓供奉。[1] 他是"观音"所封赐的土神。潘荣找寻矿脉，曾默祷张敬，据称"如有人引领者"，后果开采成功，他认为此乃张敬暗中辅助，因此重修神庙。此举不仅将明朝开采银矿建立在土神默许合法性之上，而且将官府合法性的角色引入地方社会的祀典之中。宾居大王庙并不是官员们的发明，杨节仲在文后补充提到：宾居神庙在此地已有一段历史，必有功于民，点出官员对地方祀典所抱持的态度。雍正《宾川州志》将宾居大王庙称为仁慈庙：

> 一名大王庙，在奇石山下，俗传大士制。罗刹大王姓张名敬，与有力焉。死为漏沟之神，洱水伏流至庙下，喷涌而出，灌溉百里，民感而祀之。[2]

---

[1] 《白古通记》，收入王叔武辑注《云南古佚书钞》，云南人民出版社，1996，第66页。
[2] 周钺纂修《(雍正)宾川州志》卷9，大理白族自治州文化局翻印，1982，第58页。

《南诏野史》也记载了当地罗刹巫师张敬有功于观音,所以,被观音派到海东宾居,配享三百祀。张敬的形象后来不断被改造,由助官采银矿转型为主掌山川土地的神明,复因为地方官府重视水利与乡里社会,成为漏沟之神。

图 5-1　宾居大王庙(作者摄)

明朝治理下的乡里社会不断通过修复地方神祠来巩固新的人群关系与社会秩序。上述的个案说明了几个特点。(1)香火和历史的关系。神明都和"地方"历史有关,不论是山神、佛教守护神、英雄、后妃或国王。(2)神祠转型为一乡之香火。乡里社会越来越重要之时,其神祠也转型为乡里社神的格局。(3)神明必须"有功于民",尤其是止旱祷雨,所以多被标志为主掌水利之龙神。他们不必然是龙之形象,但夹杂着乡里龙神之辖域性格,被视为乡里祀典,同时也保有多元之历史叙事,由村民所供奉。这些有功于民的神明,完全符合官府之意,百姓崇拜是为报本,也有其存在的合法性。

第五章　从寺院庄园到乡里社会

五　社坛化的宝林寺

当卫所屯驻大理平原时，他们也将佛寺视为军屯之乡里社坛。最早的个案，是周氏在龙关设置村屯的故事。首先带领明军进入大理的是周能家族。周能，原为黔宁王沐英前部选锋，后随傅友德从征大理。进军大理时，沐英遣周能渡河攻龙尾关，后令他驻守该处，设置大理指挥使司，以周能为指挥统兵，驻守大理平原。[1] 洪武十九年，设置屯田。[2] 周能是明军入关后，最先奉命负责兴筑大理城与龙首关城的重要将领。据康熙《大理府志》记载：

> 洪武壬戌年，大理卫指挥使周能筑关，在城北七十里，名曰龙首关。周四里，为门四。郡北要害，明初守御甚严。[3]

大理卫指挥周能驻守龙首关，即今之上关。周能的弟弟周安，驻守龙尾关，屯住大展屯（民间碑刻记为大长屯）。大展屯之周氏族裔收藏一份年代久远的传抄族谱，谱中记载明初周能奉调镇守大理的情形。[4] 通过周氏族谱，我们得以重构军屯进驻大理建立村落的过程。《大展屯周氏族谱》记载：

---

[1] "置大理指挥使司，以同知周能守之。帝以大理重地，夷情叛服不常，乃置卫，以周能为指挥同知，统兵守之。"见《秘阁元龟政要》卷12，收入《四库全书存目丛书》史部第13册，第652~653页。

[2] 倪蜕辑《滇云历年传》卷6，第256~257页。

[3] 李斯佺、黄元治纂修《（康熙）大理府志》卷6，第79页。又见张培爵等修，周宗麟等纂《（民国）大理县志稿》卷3，第8页。又《（康熙）大理府志》卷11《秩官》载："周能，南京应天府人，官都指挥佥事，隶黔宁王沐英前部为选锋，同将军傅友德征云南。曲靖、白石江诸战事，建功独伟。进军大理，段世扼两关之险据守，（沐）英遣（周）能渡河攻龙尾关，拔之。大理平，度关之险，即以（周）能驻守焉。"（第24页）又同书记载大理城"洪武十五年大理卫指挥周能建筑，明年，都督冯诚率指挥郑祥广而阔之"。

[4] 《大展屯周氏族谱》主要为周寿次子周安房支之谱系，对周能描写不多。收于大关邑村村党总支、村民委员会编《大关邑村志》，香港天马图书有限公司，2005，第13章"各姓谱牒"，第296~299页。

> 周寿，随傅、沐、蓝三公于明朝洪武年间征西到大理。周寿率周能、周安二男及部官兵镇守大理城、上关、下关。大理城、上关由长子周能镇守，其后裔子孙多落籍于大理之上关。次子周安率部镇守下关，其家眷及一部分在大展屯屯南屯垦。[1]

谱中记录周寿带着儿子周能、周安及其部官兵镇守大理城、上关以及下关等地。后来，长子周能镇守大理城及上关，次子周安率部镇守下关。由于正史记载以周能为主，推测族谱中之父亲周寿在领军至大理时已年迈，故由两子分担其职。换句话说，周寿的两个儿子，成为扼守大理平原最为重要的汉人卫所势力。他们在军事上控制了上、下二关和大理城，并将其势力延伸到大理四周之宾川海东一带。

大展屯位于感通寺稍南之平缓地区。周能入驻后，先是安置家人及部属，然后依循明初政策，以百户立社神的规范建立乡村社会的仪式。[2] 当时感通寺南侧有一条溪水，是为阳南溪。溪之上游有一座古老的佛寺，是为宝林寺，原为龙神祠（图5-2）。寺中有一通刻于晚清之石碑，记载着明洪武年间大理卫指挥周能入大理后，将山上宝林寺改为宝林香社的情形：

> 乡里立社之义，所以祀山川社稷之神也。夫山川社稷之神，曰山、曰水、曰谷，百物之命在乎土，百族之命在乎谷。洪武诏天下，每百户立社之令，乃《春秋》乡社、里社遗义。

---

1 《大展屯周氏族谱》，收入大关邑村村党总支、村民委员会编《大关村邑志》，第296~297页。族谱内还记载着周寿为大理卫都指挥同知，又加赠洱海卫左前所官百户侯，他的次子周安继任大理卫都指挥同知，和其部属镇下关。长子周能则在永乐年间奉调镇守上关与大理，其部属后裔亦多居上关、大理。
2 《明史》卷25："里社，每里一百户立坛一所，祀五土五谷之神。"（第1269页）

第五章　从寺院庄园到乡里社会

郡志称宝林寺者也，创自前明。〈碣〉垂洪武间，大理卫都指挥周能□神祈及阳南溪龙神，为民间水旱祷祈报赛之所，岁时祭告之坛，名曰宝林香社，又曰龙神祠。相传故址在南溪之□（疑为北——引者注），典卑陋无足观……溪之南岸有山田数丘，系清平村段姓遗业，可以作神祠基址，而段氏子孙甘愿为祠地，便共襄善举，捐广资本。照古规三大分摊祠事，大长屯南北为一分，清平荷花为一分，羊皮上下为一分，因羊皮下不齐修建，每村中选择公正廉明经理董事一二人……本主龙神左右侍者，左塑新王太子及二侍者，右塑洱海灵帝及二侍者。又左塑伽蓝土主，右塑掌兵太子、茶花太子，两傍塑殿，塑圣母娘娘，祈禄保嗣高赵痘貌国公之神，南殿塑天驷马王牛猪羊鸡神、山神、土地水草神祇……建祠崇祀山川土谷社稷之典。

钦加同知衔署理大理府太和县事正任定远钦赐花翎副将□尽先补用参府社弁单

钦加五品衔□用知县太和县学校生周

大理府太和县□童俞

　　　　　　　　　　大清光绪□□□年八月□众姓

这一碑刻谈及很多内容，主要是周能入驻大理平原安置卫所军屯，将山上宝林寺设为乡里祭祀之社坛，后来周家和邻近世家大族又共同整合不同人群之祖先神。经笔者实地考察，这座宝林寺之庙堂有一"白那陀"匾额，此"白那陀"是佛教守护神（Upananda）。[1] 周能当时看到的阳南溪龙神指的应是这位密教守护神。白难陀是密教守护神，当地墓志铭记载白难陀龙王会伴随当地僧人行法术并显示神力。[2] 周

---

[1] 大理社会对此并不陌生，12世纪所绘制的《张胜温画卷》第十三幅绘有其形象：白难陀龙王有五头蛇之头冕，碧海中有鸡头、蛇头二侍神。见李霖灿《南诏大理国新资料的综合研究》，第27页。
[2] 见连瑞枝《国王与村神：云南大理地区佛教神祠的历史考察》，《民俗曲艺》第163期，2009年。

能祭祀白难陀龙王并不是因为他信奉佛教,而是因为他代表着新朝治理乡村的意志与威望。所以,他将白难陀龙王改造成乡里社神,也将宝林寺改造为水旱报赛、岁时祭告之社坛。

图 5-2　宝林寺(作者摄)

然而不久,阳南溪水冲毁宝林社坛。溪南清平村有段氏世族,将祖先留下之土地捐出作为社坛基地,重新建立宝林香社。段氏原有家祠,供奉着祖先神——灭蟒英雄段赤城,遂将这位祖先送到宝林香社和白那陀龙王一起供奉,成为宝林寺碑刻所记载的陪祀神"洱河灵帝"。[1]后来,随着军屯势力越来越大,一位新出现的唐将士亡灵——新王太子,也被纳入宝林香社的祀典之中。据当地村志记载,此碑中的新王太子,是唐南征将军李宓的部下沈忠宓,他和南诏军队作战,亡于苍山马耳峰麓,幸存的部分兵将落籍在此地,后

---

[1] 大关邑村村党总支、村民委员会编《大关邑村志》,第170页。"大展屯段家家祠建于宋朝(大理国)时期,原是段家本主庙。该祠位于本村(原青平村村北)。大殿为歇山式建筑……到明万历年间,受到外地移居来大展屯汉族的影响,把本主移到宝林寺,而把本村本主庙改为文昌宫。"

来也将沈忠宓塑在庙中，供奉为神明。[1] 换句话说，宝林寺大殿中，联合供奉白难陀龙王、洱河灵帝段赤城，以及唐将士新王太子、沈忠宓。

　　三种神明代表社区内部不同的人群。龙王原来是佛教守护神，一旦成为乡里社神，宝林寺也必须兼具整合人群并吸收不同人群的符号功能。原先主导宝林寺的可能是密教僧人，后来则为以周能家族为主的乡里社会。乡里社神不仅吸收原来的地方传统，供奉着密教守护神白难陀龙王，还包括段氏祖先神（洱河灵帝），后来又追认唐朝阵亡将士之亡灵。宝林香社从龙神祠转变为乡里社坛，成为兼具龙王、祖先神与战亡英雄神的里社佛寺。虽然合祀时间有待考察，但应在万历以前，或与嘉靖、正德年间乡里社会的仪式改革运动有关。换句话说，乡里整合的机制似乎不只是宗教性的，不是机械性地将不同人群的符号放置在祀典中，其背后应也与万历赋役改革所带来的乡里社会财政的重整有关。碑刻指出乡里公费由三方摊派，包括了清平村、荷花村、大展屯上下以及羊皮村，合作凭据仍来自"古规"，或许此古规就是此种制度的后果。

　　宝林寺从佛寺变成乡里社坛，佛教龙王也成为乡里社神，这有三个层面值得讨论：一是神明，二是佛寺，三是乡里社会。第一，龙王转为社神，白难陀龙王的角色不可说是降低，他仍然是土地守护神，但此时执行仪式的对象以及组织社会的方式，受到乡里仪式的制约。大理卫指挥周氏家族自居乡里社会的领袖，这使得佛寺脱离了地方既有的僧团组织。第二，佛寺成为乡里社坛说明政治下乡的过程，但老百姓也通过这个机会，强化祖先的神明性格。第三，清平、荷花村的段氏将祖先神送到宝林寺，象征唐朝将士亡灵的沈忠宓也被送到宝林寺之中，意味着不同人群通过祖先神与社神的仪式被整合建构到乡里社会中。第四，万历年间，段氏捐地重建宝林

---

[1] 大关邑村村党总支、村民委员会编《大关邑村志》，第160页。

寺对整合乡里意义重大，此时正是基层社会内部关系面临转变的关键时期，地方世族与汉人军屯将各自的祖先神送进佛寺，以更积极的方式将佛寺改造为处理乡里公共事务的社会组织。这种联合祭祀，使得三种不同人群在祖先的庇荫下组织社会，也共同担负乡里公共事务与祭祖的仪式。换句话说，宝林寺供奉的三位神明——龙王、祖先、社神，分别代表了佛寺、宗祠与社坛三者被整合起来的过程。宝林寺既是乡里社坛，又是一个将不同人群的文化符号以及不同的意义体系联结在一起的历史现场。佛寺所产生的不仅是当地人群与过去历史的联结，而且它也将地方上不同人群以及中央政治对乡里仪式的期待，整合在一起。

小　结

大理贵族留下的佛寺提供官府习仪、粮里纳赋、乡里社坛乃至于祖先崇拜的功能。首先，明朝官员将蒙段官寺设为习仪场所，并以僧纲司衙门管理之，使其成为各府州县之合法宗教机构。原来具有政教合一性质的佛寺，被编入地方层级之官僚体系中，受礼部管辖。其次，被划入里甲的佛寺有感通寺、无为寺与崇圣寺，其中感通寺三十六院仍为土官与贵族势力所在，继续维持着其祖先留下的家产与静修之所。但随着赋役越来越重，世族多转让佛寺，僧人逃避赋役者亦多有所闻。再次，佛教守护神在新兴乡里社会过程中，逐渐转型为乡里香火，地方或称之为土主。重要的是，乡里精英从官府手中取得乡里仪式的主导权，并将地方历史话语权保留在乡里香火，其也得以灵活地采用这些富有历史意义的符号，使之成为具有累积政治合法性的资源。最后，我们在宝林香社的个案中，观察到汉人军屯如何整合社会，尤其大理卫之周能将佛寺挪为乡里社坛之用，而宝林寺也继续成为整合不同人群、仪式与协调地方政治的场域。

第六章　重建仪式秩序

接下来要谈的是西南普遍存在的龙神信仰。16世纪以前，大理佛教政治吸收山川大地之泛灵信仰于佛教守护神体系，或可称之为龙神信仰。国王英雄与诸圣贤等部酋贵族之祖先，也经由佛教经典化的过程被抬高为佛教守护神。明朝治理下，官员与社会双方如何相互认识彼此之礼仪成为一个重要的问题，官府无法机械性地以府、州、县与乡村等级的祀典来规范佛教王权遗留下来的仪式体系，地方社会认知官府祀典时，也充满了格格不入之感。仪式本身不仅涉及传统社会秩序的运作，而且是官府建立政治威望的媒介，通过对仪式的讨论，便可以看出地方社会与官府二者之对话过程。

本章特别关注对"僭越"概念的讨论，僭越是指逾越应有秩序或礼仪。当僭越成为舆论焦点，而官员又以僭越为由改造地方守护神时，我们可以看到不同社群为争取地方香火与话语权而相互协调与整合的过程。以下先依据明代文献材料介绍当地之圣贤与佛教守护神体系，再对不同层级的仪式竞争与冲突加以讨论，包括苍山龙神、李宓龙王神、洱河龙神等。这些守护神之香火也在乡里祀典的架构下，越来越旺盛。

一 圣贤崇拜

圣贤崇拜古已有之。有功于民者，往往被视为守护一方之土、职司一地之主，又称土主，兼具城隍与开基祖先的意思。[1]这些土主有时被视为社主，西南地区有"既有社，不应有城隍"之说法。早期部酋亦有"鬼主"之称，这里的"主"，是指部酋领袖，"鬼主"也有祭仪专家的宗教意味，是政教合一的领袖。[2]大理王权曾将各地泛灵信仰整合起来，将有功于民的人物加封岳渎之神号，令民供奉享祭。复受到佛教经典化的影响，崇奉佛教的国王被视为佛王，后妃被视为龙女或圣母，神僧被视为圣者，贤能的部酋、国王与贵族也享有景帝或灵帝之神号，成为世人膜拜的神祇。在元明统治下，官府文献为区辨地方与中央，大量运用"土"的概念，以土主泛称这些守护地域之祀典。[3]后来出现的土主，也多由死去之部酋或英雄担任，有开基主的意味，其性质与城隍类似，具有辖境守护神的功能。

---

[1] 土主信仰不仅在云南，四川也有。然其分别受到佛教与道教的影响，发展不同。如乾隆《四川通志》卷28上《祠庙志》"成都府彭县铁峰土主庙祀隋姚苌，蒙阳土主庙祀唐韦皋"等，亦用"土主"，这种土主皆是有功于民的历史人物，也有开化与祖先神的意味。换句话说，在四川与云南皆用土主，有其浓厚的地方色彩。参见张泽洪《中国西南少数民族的土主信仰》，《中南民族大学学报》2006年第5期。

[2] 檀萃纂修《(乾隆)华竹新编》卷6《礼仪志》，收入《楚雄彝族自治州旧方志全书·元谋卷》，云南人民出版社，2005，第273~274页。

[3] 横山广子：《离开"土"范畴：关于白族守护神总称的研究》，收入北京大学人类学研究所编《东亚社会研究》，北京大学出版社，1993，第109~120页。

第六章 重建仪式秩序

从有限的史料推知，圣贤崇拜也与山神崇拜相关。南诏国时，国王祭岳渎，并封圣贤为其神。《南诏野史》记载南诏国时，"封十二圣贤为十二山神"，又"蒙氏平地方，封岳渎，以神明天子为国步主，封十七贤为十七山神"。[1] 十二圣贤为十二山神，十七贤为十七山神，"圣贤"被封为山神，与我们熟悉的儒家圣贤概念不同，其人物性质与地方开化、教化和治理有功有关，多部酋领袖、国王、得道者、僧人等。

前面提到，赵康开化有功，成为赵州山神土主，此为一例。除了赵康，大理国贵族之贤能者，也被追封"帝"号，或以灵帝称之。[2] 许多原始山神信仰受到佛教经典化的影响，带有浓厚的佛教色彩，如滇东昆明之金马碧鸡神被封以阿育王的三个儿子以及舅氏，如伏义山河清邦景帝、灵伏仇夷滇河圣帝、金马名山至德景帝，舅氏外祖为大圣外祖神明天子等，这些封号早就出现在元人张道宗的《纪古滇说原集》一书之中。[3] 阿育王诸子成为山神的故事，也出现在鸡足山的两座神祠中。该两座神祠被称为明王庙，又称土主庙，稍后我们在鸡足山传说中将会再提起。这种崇奉血祀的佛教化护法天神信仰，在当地乡民社会中是相当普遍的。[4]

地方文献记载当地统治阶层多源自圣贤后裔，包括佛教圣王阿育王脉下之第五子蒙苴笃，有十二子为"五贤七圣"，南诏国王蒙氏是其中一员。五贤七圣的"贤"与"圣"是两种不同的分类：圣者指得道僧人，贤者指有功者，如国王贵族。天启《滇志》记载大

---

1 杨慎《南诏野史》"大蒙国"条下"威成王……（唐开元二年）迁都，立省城土主庙"，又"封十二圣贤为十二山神"（第10页）。倪辂辑《南诏野史》则有"蒙氏平地方，封岳渎，以神明天子为国步主，封十七贤为十七山神"。收入方国瑜主编《云南史料丛刊》卷4，第776页。
2 高氏有功于大理者，被封帝号者颇多。如高升奉被称为"文戎天佑安邦贤帝"，高贞明被追为"义地咸天聪明仁帝"，高生福则为"忠节克明果行义帝"。见连瑞枝《隐藏的祖先：妙香国的传说和社会》，第105~114页。
3 张道宗：《纪古滇说原集》，江苏广陵古籍刻印社，1986，第2~4页。
4 见钱邦芑纂，范承勋增修《鸡足山志》。

理有两座佛寺，一是三圣寺，曾经是南诏家庙，供奉着三圣，为观音三相，世传此三圣从西天竺来。县治西北另有标楞寺，世传为七圣僧所创，这些"圣"都有神僧的意味，类似"开基祖先"。[1] 虽然我们已不知其圣者如何追封，然当地僧族也追溯其祖先为圣贤。正统二年（1437），赵州有一碑名为《故父赵昌墓志铭》，其记载祖先"自高祖……历代皆为僧也，其僧之道亦能保国拯邦，大足以超凡入圣，小足以殖福种慧"。[2] 指出这些僧人经由修行保国卫家"超凡入圣"的地方传统。也就是说，得道僧人被称为圣者或圣僧，而佛教之"化身"观念又将之转为守护神。

"圣""贤"在世系内相互补充、强化，使贵族世系在政治与宗教合二为一的社会中更具合法性。

圣贤土主多集中在大理府和永昌府。大理府境有五百神王庙、福邦庙、福民庙、景庄庙、昭应育物庙以及赵州的建峰庙等，崇奉昔日国王贵族的祖先神。[3] 以国王祖先神的五百神王信仰为例，李元阳曾在万历《云南通志》中记载太和县庆洞有"五百神王庙"，该庙与圣源寺相邻，时人以"五百神王"为大理国王段思平的祖先，是佛教守护神之属。[4] 庙有《重修神都募捐功德启碑》：

> 其间名胜颇多，类皆流传不朽，仙都、佛教之外，号曰神都……右近圣源寺，额题黄元治之书"本来护法"，称为神王，年历千载，有奇灵镇五峰，而外即佛即神。[5]

1　刘文征纂《（天启）滇志》卷 17《方外志·寺观》，第 560、562 页。
2　段复：《故父赵昌墓志铭》，收入马存兆编《大理凤仪古碑文集》，第 305~306 页。
3　《云南通志·大理府·群祠》项下记载：府城北四十五里庆洞村有五百神王庙，府城北塔桥村有福邦庙，府城北三十里有福民庙，府城东南龙伕村有景庄庙，府城北二十里有昭应育物庙，赵州有建峰亭等。参见李元阳纂修《（万历）云南通志》卷 12《祠祀志》，第 286 页。
4　张锡禄：《大理地区白族本主调查》，收入杨政业主编《大理丛书·本主篇》上卷，第 25 页。
5　五百神王庙位于大理庆洞村，当地居民称之为神都。此碑由田野采集而来。

第六章 重建仪式秩序 · 195 ·

黄元治题字"本来护法",指国王祖先是佛教护法神,"奇灵镇五峰",指国王祖先是镇山之神明,庙堂之上高挂着"护法神宫"匾(图6-1、图6-2)。

图6-1 五百神王庙,今人称为神都(位于大理庆洞村,作者摄)

图6-2 五百神王庙供奉的国王(作者摄)

崇祯《邓川州志》对昔日国王崇祀记载得更加完整。在其"祠祀"项下记载：

> 土神皆唐宋之僭封皇帝，历经焚毁，而村民居其地□其水，香火益盛。但香通惑人，凡疾病不知服药，享用祭赛，损家误命，□风君子只宜除，筮人而神居，不可尽没，今遵府志载之。[1]

唐宋"僭封"之皇帝被称为"土神"，虽然历经焚毁，但乡里社会与水利越来越重要，这些水口处之"土神"香火也越来越兴盛。无疑的，这些土主神祠也转为乡里香火。以土官辖地邓川州为例，当地的国王神有：东海灵源圩璧天帝、青男英灵持国景帝、昭济人天惠康皇帝、镇定乾坤西山皇帝、慈文圣武景庄皇帝、阿嵯耶武宣皇帝、威镇菩提主河灵帝等。[2] 这些神祠随着乡里水利越来越重要，逐渐取代寺院庄园之香火。

另外，永昌府之大官庙与小官庙也具有国王圣贤崇拜的性质。李元阳在《云南通志》中记载了这两座庙，他说：

> 大官庙在哀牢山下，小官庙在东林中。旧传段氏二子，高帝赐名归仁、归义，土人立庙祀之，大官庙祀归仁，小官庙祀归义。[3]

这里的段氏二子指的是大理总管段明的两个儿子段归仁和段归义。《明史》记载："赐长子名归仁，授永昌卫镇抚，次子名归义，授雁

---

[1] 艾自修纂《（崇祯）重修邓川州志》卷12《祠祀志》，第91页。
[2] 艾自修纂《（崇祯）重修邓川州志》卷12《祠祀志》，第91页。
[3] 李元阳纂修《（万历）云南通志》卷12《祠祀志》，第290页。

第六章 重建仪式秩序

门镇抚。"[1] 明初为削弱段氏世子在大理的影响力，将这两位未即位的大理总管候选人派遣到边地担任镇抚。他们死后为土人所供奉，可知当地圣贤崇拜之延续。但是，正当李元阳认为此大官、小官两座庙供奉的是大理总管段氏遗裔时，永昌士子张志淳却认为大官、小官是南诏的国王：

> 哀牢山下有二庙，俗名大官、小官庙，每正月十六日蒲爨会祭，城中亦往，凡水旱，官亦往祷焉。其题神位，大官则曰：大定戎方天下灵帝。小官则曰：大圣信苴列物灵帝。爨人相传，大官为叔，小官为侄。大官庙被火焚，其像易以礼服，小官庙未焚，其塑像之制与蒲蛮同。张南园谓：蒙氏出自哀牢山，故蒲人而爨饰，二官盖蒙氏远祖。[2]

谢肇淛《滇略》又重复其论：

> 永昌以正月十六祠大官、小官庙，夷汉皆往会祭，有水旱，官亦往祷。庙在哀牢山下，其神大官曰大定戎方天下灵帝，小官曰大圣信苴利物灵帝，不知何神。张志淳曰：此必蒙化世隆僭号时，即其始祖生长之地而祀之也。相传大官为叔，小官为侄，其塑像冠服，皆与蒲蛮同。[3]

张志淳以此为南诏国王的发源地，建庙令蛮祭祀。李元阳与张志淳对大官、小官的看法虽然不同，但皆强调同一个论点，即神祠供奉的若非国王，便是部酋领袖。这些以圣贤为主的神明，由人升格为护法天神，并带有强烈的祖先或共祖崇拜的意味。换句话说，

---

1 《明史》卷313《云南土司》，第8068页。
2 刘文征纂《（天启）滇志》卷32《搜遗志》，第1055页。
3 谢肇淛：《滇略》卷4《俗略》，第138页。

民间也以他们自己的方式来认知其具有地方意义的圣贤崇拜，使得圣贤成为一组可供不同历史传统诠释的文化标签。

二　大黑天神与龙神信仰

普遍存在于大地间的神灵被统称为"龙"。龙又被称为邪龙或蛟龙，是一种半人半蛇的存在，常常化作人的形象出现，悠游于河流、湖泊、海洋中，具有护卫土地财宝的特性，也是地下世界的主宰。这种神灵被吸收为佛教守护神，随佛教传播而散布到亚洲各地。[1] 西南族群之龙神传说受到古老佛教传统之影响，仍然保留了许多地方的特性。[2] 清初《滇南杂志》录有四则龙神传说，鲜活地表现了西南龙神形象的丰富性。其中，第一则故事如下：

> 易门小龙泉，有僧苦修力田，以供养香火，常出耕至暮归，则厨馔已具，僧异之。一日早，见一美女烹馔，僧至，投入潭中。

第二则故事发生在大理人邹经前去采矿时，赤子龙与黑龙现身争地：

> 大理人邹经，走懋乃厂。遇一人同伴，自称西冲人，及抵

---

[1] Wolfram Eberhard, *The Local Cultures of South and East China*, pp. 229–250; David Holm, *Recalling Lost Souls: The Baeu Rodo Scriptures Tai Cosmogonic Text from Guangxi in Southern China*, Chonburi White Lotus Co. Ltd, 2005, pp. 99–100. 大理北方纳西族之龙神研究可参见洛克《论纳西人的那伽崇拜仪式——兼谈纳西宗教的历史背景和文字》、孟彻理《纳西宗教论》，二文收入白庚胜、杨福泉编译《国际东巴文化研究集粹》，云南人民出版社，1993，第49~75、91~113页。

[2] 大理龙神信仰的研究，参见连瑞枝《神灵、龙王与官祀：以云南大理龙关社会为核心的讨论》，《民俗曲艺》第187期，2015年。

第六章 重建仪式秩序

厂，告邹曰：我赤子龙来与黑龙争地，愿助我。来日，池中二牛斗，视黑者击之，我即胜矣，当厚报也。邹如其言，黑龙果遁。前人来邀，至一所，留款三日，赠红白饭二盒。及出，启之，皆红白宝石也。

第三、四则故事发生在大理南方赵州，第三则故事如下：

赵州出西门行十八里，有池一泓。上塑龙神，乃女像也。土人称之为四老太。每旱极，则州牧预牒城隍，至期设醴祷于祠，以一瓢浮水面，俄顷得一鱼，状如蜥蜴，鱼鳞鱼尾四足五爪。州牧率吏民鼓吹迎归，供城几案前，俄而风雷挟雨俱来，四野沾足，即备牲醴谢。龙母仍以瓢浮水面逡巡而没。按：滇称妇女以老太为尊，于神亦然。

第四则的龙神则以少妇的形象出现：

赵州飞来寺西有龙潭，相传有众异钟，将至寺，屡休。见一少妇，笑曰：以众人举一钟，何屡休也？若我，则一人举之而有余。众曰：汝盍来举？妇遂顶钟疾行，入潭而没，随竭泉掘取之，已见钟纽而愈掘愈深，水溢不竭，遂舍之。[1]

《滇南杂志》成书于嘉庆十五年（1810），撰者为上海人曹春林。该书搜录云南各地风俗，多怪诞，是以"杂志"名之。上述之龙神故事中，以女性形象出现者有三：为僧烹馔的美女、身为龙母的老太、身负巨钟的少妇。赤子龙与黑龙则呈现牛的形象。龙神类型不一，形象也有多样性。龙神的职司并不只是水利与晴雨，甚

---

[1] 曹春林：《滇南杂志》卷10，龙神四则，华文书局，1969，第354~355页。

至还控制土地以及地下资源，像矿产如宝石、银矿以及盐井等。

这种龙神的故事在西南地区相当普遍，龙神多由密教僧人以法术驾驭役使，如地方传说董贤驭黑龙三天入京，即为一例。此外，僧人还能够以法术令大黑天神（Mahagala）制伏龙神。龙关赵氏也是有名的降龙世族，其有神僧：

> 赵伽罗，昆明人，世精阿吒力教，尤通梵经。大德间，乡有蛟化为美少年，尝淫妇女，父老请治之。即遣黑貌胡奴擒至，以水噀之，蛟见其形，因斩之。胡奴云即大黑天神也。[1]

这些僧人如赵伽罗世精阿吒力教，通梵经，他遣黑貌胡奴擒蛟，为民平乱。此黑貌胡奴即大黑天神。[2] 密教僧人驭邪"龙"的故事非常流行，志书列载其名。[3] 他们大抵是具有降龙伏虎之功，兹举李元阳笔下的赵永牙等六人为例：

> 六人者，持械通明，各以业精，如神游行于渠酋之间，能献神术，使渠酋知畏。或言天不容伪，人不可欺；或为祈晴致雨，以利黎庶；或以慧眼，察知山窍地脉，令水行地中，使不为患；或开导顽梗之夷，使输赋供上，免于屠戮。此其积功累

---

[1] 李元阳纂修《（万历）云南通志》卷13《寺观志》，第311~312页。

[2] 李元阳之《云南通志》收录许多有法术的僧人，楚雄府有李阿召、源空以及连精和尚，"通瑜伽秘密教，降龙役鬼，应验如神。元至正间，云南旱，梁王迎之以祈雨，师于净瓶中出一小蛇，遂大雨，王赠以金帛，固辞。归之日役鬼为荷"。曲靖府有段长老，"俗名阿阇黎，得异术能趋龙祈禳，不事符牒，所求辄应。遇远方求召，令其使者先回，常骑龙而往，先使而至，人异之"。强调的是驭龙之术。参见李元阳纂修《（万历）云南通志》卷13《寺观志》，第311页。

[3] 大理府有法术的僧人数量尤多，如杨波远、杨都师、董细师、王玄兴、杨会舍、赵永牙、杨头鲁、周海涛、张子辰、王左梨、荼崇师、赵波罗、尹嵯酋、罗逻倚、杨法律、董奖疋、蒙阁陂、李畔富、段道超、杨常满等。见李元阳纂修《（万历）云南通志》卷13《寺观志》，第305页。

第六章 重建仪式秩序

仁之事。若《白古通》载其咒猪头为鬼魅,以供其役,化蔓草为龙蛇,以供戏弄,此则西域之幻术,非其本业。[1]

李元阳强调这些僧人的神通、法术以及教化功能,其教不只劝善止恶,又能以"慧眼察知山窍地脉,令水行地中"。治理水利,又开导顽梗之夷"使输赋供上,免于屠戮",不仅有功于乡里百姓,也有助于以和平的方式来统辖各部落。李元阳曾指出:"阿阇黎僧,有室家,能诵咒制龙。"[2] 前面赵昌墓志铭也提及密僧能"擒龙伏虎,祈雨求晴,使神役鬼,皆教门之余法也"。都指出降龙伏虎这种法术是阿吒力擅长的技术,而"教门之余法"指此法术是密教末流,道出明朝以来教派枝节的发展。[3]

龙是广义的土地神,也是山川之守护神。封赐龙神意味着开化,故昔日各地供奉大黑天神,以其职司一方之山川田土。[4] 滇东之大黑天神尤为闻名,被视为城池之神。如滇东嵩明州有一大黑天土主庙,其碑云:"天下州域之广,一方各有山川土田以养民,其神必主厥地。"指出其土地守护的性格。清初志书则有"滇人奉为土神,村邑处处奉之",[5] 可知其性质。又据《云南府志》记载,明朝西南各府仍有土主庙,大抵供奉的是大黑天神:云南府有土主庙与大灵庙,其中之"大灵庙"供奉的便是大黑天神,明朝建立后,将象征官祀的城隍庙反客为主取代大黑天神庙,故大灵庙是"在府城隍庙东"。[6] 因为大黑天神仍为民间所崇奉,所以即便设置城隍庙,大黑天神仍与城隍并列供奉。

---

[1] 李元阳纂修《(万历)云南通志》卷13《寺观志》,第305页。
[2] 李元阳纂修《(万历)云南通志》卷2《地理志》,第53页。
[3] 段复:《故父赵昌墓志铭》。
[4] 见连瑞枝《隐藏的祖先:妙香国的传说和社会》有关大黑天神的经文释义,第222~223页。
[5] 鄂尔泰等监修,靖道谟等编纂《(雍正)云南通志》卷15《祠祀》,第434页。
[6] "在府城隍庙东,昔蒙氏尊摩诃迦罗大黑天神,立庙祀之,有祷必应。"李元阳纂修《(万历)云南通志》卷13《寺观志》,第283页。

其他各府供奉大黑天神的情形相当普遍，如临安府有香柏土主庙和桂峰土主祠，永昌府有迦逻庙，其他如澄江府、寻甸府、武定府、景东府、元江府、广南府、顺宁府、镇沅府，甚至五井盐课以及黑井盐课提举司等皆有土主庙。[1] 这些土主祠庙，有的明确指其为大黑天神。这种城池、聚落与佛寺的守护神仍然是西南相当具有历史意义的崇拜。

16世纪以前，地方乡里仪式很可能仍仰赖密教仪式与佛教僧人。然而，随着阿吒力僧地位越来越边缘化，许多被遗弃的龙神祀典则有待重新整理。官员以"龙王"与"龙神"为僭越，多持保留的态度。但前已提及，剑川之百姓认为白姐圣妃原是弥勒信仰之民间化版本，以其主宰"三界十方"，不只是乡里祝釐之所，然囿于正统祀典格局，其地位只能往下流动。也就是说，官员与地方百姓对圣贤龙王信仰的定位，分歧是相当大的。

三　仪式争夺

圣贤或龙王，皆属地域守护神，二者都与传统的政治治理有关，但在新朝治理下，辖境内的仪式权问题必须重新加以厘清。前文提到僧人为争取合法身份纷纷前往南京或北京，与行动相系的是他们回到地方社会如何维持身份，并且继续巩固其地域香火的仪式权。比较明显的个案是密僧董贤，他一边修建赵州建峰亭，一边盘算着到北京争取僧官身份。很难说他们究竟想争取的是国师的身份，还是在地方社会仪式上的优势地位，或二者兼及。

僧族和乡里香火之仪式权方面，缺乏系统文献与史料。然而，出土的正统碑刻《石鼻村弥勒院碑》记载元末梁王令一位阿吒力僧人掌管"七寺二十堂"的情形：

1　李元阳纂修《（万历）云南通志》卷13《寺观志》，第283页。

第六章　重建仪式秩序

> 滇西石鼻村有一梵宇，古称弥勒院。周围不广，约二千余丈。前元阿吒梨杨护敬奉梁王令旨，掌管七寺二十堂，其院始创于斯，为一方植福之地。逮今百余年，有废无兴。至明正统间，护之孙阿吒梨杨庆募缘重新之，未获成规。

指出元梁王令一位佛教阿吒力僧杨护在地方担任宗教行政的工作，负责掌管地方寺庙堂庙，并使其成为"一方植福之地"。有意思的是杨氏世代职司其责直到正统年间，其裔仍然维持祖先留下的佛寺。碑中虽然没有进一步提到神堂之情形，但可以看出杨姓僧人以家寺弥勒院为基地，形成一个七寺二十堂的寺院神庙体系。前文提到林俊在鹤庆毁淫祠，其淫祠"二百六十区"与玄化寺的活佛信仰相关，大抵也说明了佛寺和神祠的关系。

佛教仪式专家与巫筮间，也存在着阶序性的仪式层级关系。如大理出土明中叶《太源郡卜筮王公墓志》记载喜洲当地有筮者在"中央神祠"学习占卜通灵，后来筮者到大慈寺接受佛教僧侣的考核与应许。另一份《宝瓶长老墓志铭》则记载着宝瓶长老的祖先曾经以高超的佛教法术喝止喜洲土主神降灵民间。[1] 这方面的史料仍然不是非常清晰，再加上后来方志将佛寺与神祠划入不同类别，要对二者仪式伦理加以讨论有其困难度。

重要的是，随着僧人势力之边缘化，佛寺之仪式支配权也逐渐减弱，龙神信仰的重要性则有增无减，反而成为乡里百姓崇奉的对象。然而，嘉靖颁定天下正祀典的作为，使得龙神成为"僭越"之神，民间、地方精英与官府三者也为重新定义龙神在仪式中的地位而进行十分精彩的辩论。兹举三座龙神祠来讨论之。

---

[1] 《宝瓶长老墓志铭》《太源郡卜筮王公墓志》二文收于张树芳主编《大理丛书·金石篇》第10册，第43、51页。

（一）苍山神祠与杜光庭

苍山自古有神祠。南诏时期曾封四渎五岳，其中之苍山是五岳之中岳，地位崇高。景泰《云南图经志书》记载：点苍山有十九峰，"若拱若揖，盘亘三百余里。蒙氏立国于其下，异牟寻封为中岳，与唐使者崔佐时定盟以载书，一藏于此山，一投于洱海"。[1] 点苍山神祠"在府治西中峰下，南诏蒙氏封山为中岳，立庙祀之"。[2] 指出南诏和唐朝立誓盟时，曾将二国誓盟的封书藏于点苍山之中，后南诏封点苍山为中岳，与当时东岳乌蒙山、西岳高黎贡山、南岳无量山、北岳玉龙雪山，齐称五岳。[3] 受佛教影响，苍山神被封为龙王，设有苍山龙王庙。明军入云南后，苍山神之神格无疑顿失其地位，处于无官府管理的状态，直到嘉靖年间的一场火灾。此后，郡父老请重修祠庙，庙成后请同知范言写记文，其文指出：

> 苍山麓有神祠，云蒙段时伪封中岳。元初又称龙神，似渎且僭。嘉靖改元，兵宪姜公龙，厘而正之，曰苍山神。云山首昆仑雄镇一方，载诸祀典。丙辰岁庙被火，郡父老请新之，木石之功，俱出之民，劝导奔走则杨权与有力焉。越明年，庙成，视昔加倍，适太守杨公仲琼至，乃谒庙而落成，民甚欢也。明年，同知范言且北上，郡父老请记。于时，见尸祝者绛帛缠青蛇入于府城，号于众曰：此苍山神也。人聚而观之，亦曰：真苍山神也。怪民之渎神而未达礼，因作诗三章，俾祀神者歌之。[4]

---

1 陈文：《（景泰）云南图经志书》卷5，收入方国瑜主编《云南史料丛刊》卷6，第76页。
2 周季凤纂《（正德）云南志》卷3，第141页。
3 五岳之说见杨慎《南诏野史》上卷，第16页。
4 范言：《苍山神祠记》，收入张培爵等修，周宗麟等纂《（民国）大理县志稿》卷27，第25~26页。

这里提供了两个重要的信息。一是嘉靖元年，云南副使姜龙曾亲至苍山龙神庙，见庙中供奉的龙神之像，认为此龙神"似渎且僭"，故"厘而正之"，改为"苍山神"，并将之塑造为合乎礼制的山川神祇，以木主供奉之，使其成为符合官祀体制的山川祀典。他以苍山山脉源自"昆仑"，已被列入祀典，故不另列苍山神。然姜龙当时所见到的苍山龙神是什么模样，已不可考。嘉靖丙辰，苍山庙失火，郡父老请重修之，并由民间郡老出资竣工。二是待新庙落成后，百姓请官员到场举行启用仪典。这里值得讨论的是新修之苍山神庙究竟是以木主供奉，还是以龙神供奉？在碑记中虽不得而知，但从官府将"龙神"改为"山神"可知，新建之时已改为木主，所以才会有后面地方巫者游街表达不满之意。碑文指出：尸祝者以绛帛包着青蛇，到大理城内，向大家表示此蛇才是苍山神，引起众人的围观。众人"亦曰：真苍山神也"，此句甚为传神。当时围观路人皆以蛇为真苍山神，也就是苍山龙神化身为蛇之形象示现众人。当时，大理府同知范言以其"怪民之渎神而未达礼"，作诗三首，分别是《迎神》《降神》与《送神》，令尸者唱诵以送之。范言撰写这通碑文主要是记录他如何说服巫者与乡民，将苍山神改造为苍山神祠，但也透露当时官府认可的山神与老百姓认知的龙神，二者间存在着很大的差距！百姓认为重要的龙神，在此时已成为似渎且僭的神明。对多山的西南地区而言，如何在诸山神之间整合出一个主脉作为祭祀的对象，已成为一个大问题。同样的情形也发生在高黎贡山，明末徐霞客行旅途经该山时，也视此奇伟之山为"蒙氏僭封为西岳者"。[1]

"僭越"的龙神在适应新仪式体系时，也要经历社会内部的妥协与改造。苍山神原是五岳山神崇拜之一，后来则成为大理城西之本主庙。庙内供奉着一位老爷爷以及一木主牌。道光年间重修苍山

---

[1] 徐弘祖撰，朱惠荣校注《徐霞客游记校注》，云南人民出版社，1985，第1028页。

神祠之时，在祠内供奉一尊神像，一旁列有木主牌，木主牌写着"敕封点苍昭明镇国灵帝"。这木主牌很可能是当时留下的木主神位，文字包括了两组信息，一是点苍山神，二是昭明镇国灵帝，指的是杜光庭。然，此老人像则未知是杜光庭还是苍山龙王。

杜光庭从明朝以来越来越受到重视，其被迎入苍山神祠，应与嘉靖以来之仪式改革与书院制度有关。[1] 嘉靖年间，官府设置儒学学宫以及乡贤祠时，民间也相应设置书院，由于杜光庭来自蜀地，符合流寓之身份，教授文章也符合贤人的形象，故被地方士子塑造成辅助教化有功的神明。[2] 嘉靖年间，太和县民在苍山麓重修杜公祠。[3] 杜光庭以儒生形象出现，成为护佑士子获得功名的贤者，尤以阴佐场事见信流传于榆、赵二地。大理府南方的赵州有杜公祠，留下一碑。碑文指出赵州有一座千古庙，里面奉祀的是杜公，"相传"是杜光庭。万历年间，王公赴闱考试，受其托梦示验，果中举。建庙后，时人以其神名为"大圣感应灵昭文帝"，然里人以其近僭，故改正为"昭文杜先生"之庙。换句话说，杜光庭成为大理与赵州乡士大夫崇奉的新兴神明。[4]

在重建祠宇的过程中，苍山神祠加祀杜光庭，不仅得以顺应

---

[1] 学者考证历史上应有两位杜光庭，一是正史记载之道士杜光庭，另一为唐朝时来云南教授文章的蜀御史杜光庭。两人皆为唐人，前者是缙云人，来自浙江；后者是蜀人。前一杜光庭是道教上清派著名道士，野史与道藏都记录他修道成仙的传说。两个不同身份的杜光庭，原来隶属不同的脉络，但在明清时期被大量用来附会成同一个人，成为人物考证上的公案。参考张泽洪《杜光庭与云南道教》，《西南民族大学学报》2005年第10期；罗争鸣《关于杜光庭生平几个问题的考证》，《文化遗产》2003年第5期。

[2] "蜀之青城人，以文章教蒙氏之民，蒙学士曩泰葬之于玉局峰麓，其子葬腾冲龙凤山。清平官张罗匹亦为立庙。"见李元阳修纂《(万历)云南通志》卷12，流寓，第245页。地方传说他是四川人，南诏国王邀之教蒙氏之民，死后被葬在苍山山麓之玉局峰麓，他的儿子则葬在腾冲龙凤山。南诏官员在玉局寺旁设置昭文祠供奉之。杜光庭尤以书法见长。南诏联吐蕃大败唐军后，南诏国王便请清平官郑回写《南诏德化碑》内文，委御史杜光庭书之。杜光庭教化蒙氏之民有功，蒙氏于佛寺一旁供奉贤者，应是很清楚的历史脉络。

[3] 李元阳修纂《(万历)云南通志》卷12《祠祀志》，第286页。

[4] 许宪：《满江邑庙碑记》，收入陈钊镗修，李其馨等纂《(道光)赵州志》卷5《艺文》，成文出版社，1974，第568~569页。

第六章　重建仪式秩序

乡里神明社学化的发展，也符合地方供奉贤者的传统，是以，民间得以将嘉靖苍山神木主牌与杜光庭二者巧妙地重新整合并安置在一起。[1]在这样的安排下，苍山神祠也顺利转型为合法的乡里之神。

（二）李宓龙王祠

龙关赵赐家族在正德年间卷入了一场重建龙王庙的地方事件。龙尾关是扼守洱河泄水之关隘，地理位置极其险要。前文已经提及龙关赵赐家族在乡里拥有崇高的宗教地位，其在龙关一带握有重要的仪式权。正德年间，赵赐第四代孙赵仪（即赵汝濂之父）撰写《重修龙王庙记》。在碑文中指出：

> 天开地辟，山高泽卑之势已定。其间名山大川，必有神以司其地，而祀典在所必举。维大理点苍山伟，迤环于西，洱水汪洋，周绕于东。形势胜概，举中州抗。而原委流峙，至于斜阳峰止……地之最灵者也，而神实司之。粤稽龙王姓李，起自大唐。将军领命南巡，至此而终，遂□□贞感而威灵主庙。享祀句龙后稷之类，有功于世而人祀之者。其变化无方，历我朝混一海宇，人心愈敬者，无他，盖以发源于西，东阡西陌，资之灌溉，时或旱涝，祷雨祈晴……五谷熟，人民育……神之余荫也……是知岳渎固天下名山大川，而苍洱龙王神祠，亦大理名山大川也。神之尊严□□将见介尔遐福，而享祀于无穷。[2]

---

[1] 中国人民政治协商会议云南省大理市第六届委员会编《大理市重点文物保护单位揽胜》第12辑，编者自印，2004。

[2] 见赵仪《重修龙王庙记》。立碑者是"赐位阿叱力龙关赵金刚宝"和住持僧仁晓。收入张树芳主编《大理丛书·金石篇》第10册，第71页。

碑文内容描写大理山川地势之胜，为西南之最，实是"神司"之所，并以此抬高龙尾关龙王庙之重要性。这座龙王庙位于斜阳峰，扼守洱河与十八溪水出关之处，即龙窟泄水之处，故此龙王庙有统管太和县诸溪水与洱河之"权力"。赵仪祖先德高望重，又以降龙享有盛名，其世代居住龙尾关内外腹地，由他来撰写这一龙王碑应是很合理之事。

据赵仪所撰写的碑文，这座龙王庙所供奉的龙王姓李，始自大唐："将军领命南巡，至此而终。"姓李的主神是指唐朝的李宓将军，其领军南巡，文中以句龙后稷之功相比拟。他也提到：此庙原来不受重视，直到明军入云南，"人心愈敬者"，指明军傅友德礼敬之，然该地也多汉人卫所军屯进驻，是以李宓将军的地位也越来越重要。他在碑中记载：当时李宓龙王祠，貌状并不恢宏，"昔神有前庙而后殿则缺，有南堂而北堂方牌未构，制度规模狭隘，遗缺颇多"。地方乡耆杨苏等人请文以揄扬之，并由当地之善士舍秋田一亩，为"万年香火之寄"，复以庙前空地，令住持僧人仁晓开垦成田，以供庙祀。碑中又指出，当地有许多"巫觋有诡渎鬼神"者，应予以昭报无遗。赵仪此碑，透露当地新崛起的巫觋势力，在"苍洱龙王神祠"中进行各种"诡渎鬼神"的仪式。赵仪之所以要重修这座龙王庙，可能和这种新兴仪式有关。

对上述内容仔细进行考察，此碑有三个脉络需要提出来进一步讨论。首先，龙王信仰是当地佛教化的守护神信仰，其降龙之术由密僧掌理。赵仪祖先被封为密教国师，由他来写这一通龙王碑，应很有说服性，身份也很合理。其次，这位苍洱龙王，为什么是唐将李宓将军呢？唐天宝年间前后两次征南诏，死伤惨重。第一次是鲜于仲通南征，白居易曾有《蛮子朝歌》："鲜于仲通六万卒，征蛮一阵全军没。至今西洱河岸近，箭孔刀痕满枯骨。"第二次便由李宓带领十万大军攻打南诏，大败于洱河，全军覆没。这两次战役耗费国力，也间接促使唐朝衰亡。[1] 李宓究竟何功之有，得以成为龙王？苍洱龙王之所以变成李宓，可能是因为明军重视南征之历史，赵仪等人为巩固其传统仪式身份，把李宓抬升到龙王的地位，以此说服官府其在地方仪式的支配地位。再次，当时也有巫觋势力（朵兮薄）进入苍洱龙王庙，威胁赵氏与传统世族之寺院管辖权与仪式正统地位。赵仪为宣示其仪式正统地位，将龙王庙整理一番，视若佛寺来经营，不仅延请僧人住持仁晓管理庙里常务，还捐置常住土地来打理庙祀日常香火，复有"赐位阿吒力"龙关赵金刚宝职司仪式。其中之"赐位阿吒力"指的是皇帝赐予的十僧衔，这位赵金刚宝也就是赵氏族人。当时共同捐资重修此庙，还有当地之乡耆杨、苏二姓，皆为龙尾关的世族大姓。

赵仪撰写李宓龙王碑，代表传统势力在龙关社会的延续，塑造李宓的形象也有助于强化传统势力的威望。对仪式专家而言，将李宓推到龙王信仰上，有助于宣称赵氏僧人在传统乡里社会的地位。换句话说，赵仪是一位正在转型儒学士族的大理世居精英，他与乡人合作整修此龙王庙，代表地方精英仍然持续支配地方神祠的仪式权。这一碑刻也指出当时巫觋势力已进入龙王庙，导致赵氏及其乡里精英必须采取此一"正名"行动。

赵仪立碑后四十年，土汉军的势力也开始争取供奉李宓将军的仪式主导权。当时有一批自称是唐朝部队的后裔，向李宓"认祖归宗"，并且积极参与庙宇的修葺。现今斜阳峰李公祠上有"唐李公之庙"，庙额有匾，匾末署名系由"上村李氏后裔"所立。庙旁有碑写道，明嘉靖二十九年（1550），原散落于巍山县营头村的唐将士后裔及本乡人士，因为李宓为国家尽忠而牺牲，堪称楷模，是以：

---

[1]《旧唐书》卷9《本纪》，中华书局，1975，第103页。"李宓率兵击云南蛮，于西洱河粮尽，军旋，马足陷桥，为阁罗凤所擒，举军皆没。"

呈请大理府核准，建唐李公庙于斜阳。其时建亭殿、塑金身、立牌坊、置祭田、延庙祝管理。因为位于清泉之侧，所以当时府尹王治孝，论旌封李宓为利济将军。[1]

此碑为今人所刻，未知"利济将军"封号从何而来。然而，从此大约可知，将军庙与这批住在龙尾关与巍山交界处之李姓土军有关。李氏后裔编有《巍山李氏族谱》，收录较早的两份墓志铭，一是《李公讳文华墓志铭》，墓主李文华（1398~1478）；一是《大明恩官西崖李公之墓铭（文英公墓志铭）》，墓主李文英（1516~1583）。前碑撰于成化十四年（1478），记载墓主李文华，太和龙关人，祖先是元八百车里宣抚使，后来被编入江尾（即龙尾关）千户官，很明显是土官千户。后一碑撰于万历年间，其文指李氏"先晋之太原人，始祖曰宓者，唐天宝时，以大将军来滇南征，遂家太和县之龙尾关"。从上述碑刻内容相互推证，可知随着不同时代氛围变化，驻守龙关的李氏逐渐找到合宜祖先，向大理府申请其祖先为李宓将军并为之建祠。[2]

嘉靖二十九年，地方官员旌封李宓为"利济将军"时，官府也将唐阵亡将士的两处坟冢定为官府岁祭之场所。万历《赵州志·天宝战亡士卒冢》指出龙尾关的唐战亡坟冢由太和县负责岁祀，旧铺的唐战亡坟冢则由赵州岁祀：

> 嘉靖二十九年，本府同知王章申请岁祀。其洱河者，太和祀；其旧铺者，赵州祀。冢碑年久圮仆，万历十四年知州庄诚

---

[1] 见《重建唐李公庙正殿碑记》，笔者田野搜集。李宓被封"利济将军"，所以李宓庙又被称为李将军庙。见李元阳纂修《（万历）云南通志》卷12《祠祀志·李将军庙》，第286页。

[2] 《巍山李氏族谱》，收入云保华、阿惟爱主编《大理丛书·族谱篇》卷3，第1303~1305页。地方学者亦认为李宓将军庙为明代李姓乡绅所建，见张继《李宓与下关将军庙》，收入杨政业主编《大理丛书·本主篇》下卷，第603~605页。

第六章　重建仪式秩序

勒石修葺。祭明岁，春清明、孟秋望、孟冬朔行祭，祭需牲牢一两四钱，庶品二钱八分五厘，共一两六钱八分五厘。[1]

大理府同知将两处战亡坟冢申报为官方岁祀的对象，令太和县及赵州拨款岁祀，以官府力量确定李宓将军的仪式地位。万历十四年（1586）赵州知州庄诚还勒石修葺坟冢，落实了一年三次官方祭典与祭仪经费。虽祭费不到二两，但清楚说明了李宓将军与唐战亡坟冢，已被提升到官方祀典的地位。

巍山营头村和汀尾李姓土汉军是不是李宓将军的后人并不重要，重要的是土汉军势力正通过宣称其为李宓后人的方式来争取李宓神祠的话语权。随着李氏土汉军的争取，官方准许李氏为其祖先建李公庙，并且为之立金身、牌坊、祭田等，承认了李宓为李氏祖先神的身份。也就是说，在短短的五十年间，李宓同时拥有龙王、祖先与利济将军三种不同的头衔。毋庸置疑，官府旌封李宓以利济将军的水神形象，比"龙王"的形象更符合明王朝对仪式正统的期待。

换句话说，差不多有四股势力通过李宓将军的封祀来争取政治话语权。一是巫觋，二是龙关赵氏世族，三是龙关土汉军李氏，四是地方官员。除了前述的巫觋，赵仪希望通过李宓来抬高龙王庙的地位，但地方官员更愿意将李宓将军之头衔封给土汉军李氏的祖先，间接抵制世族的传统龙王信仰。从给李宓封神的过程中，我们看到不同的势力通过塑造李宓将军的身份来抬高自己的地位，并且产生相互竞争的关系。

祀典之趋于规范化，主要是在嘉靖年间，大理祠庙的重建工作也大约发生在此时。嘉靖二十九年，地方官将坟冢定为官方祭典，主要也是在配合朝廷仪式正统的规范。但是此仪式规范却带来其他的效果，即自称为李宓后裔的李姓村民，也向官府要求建祖先神

---

[1] 庄诚修《（万历）赵州志》卷3，第80~81页。

祠，并展开追认祖先的行动。这一方面是李宓将军信仰的世居化，另一方面也是土汉军试图寻求"正统化"的身份。[1]《巍山李氏族谱》中《祭祖仪礼》内附有《祭始祖李将军文》，祭祖地点就在这座利济将军祠中，[2] 可见巍山李氏将此庙视为李家宗祠。清中叶许丹山为李家写了一篇《李侍卫宗祠序》，便提到了礼制的问题：

> 径〔近〕日乡绅家，多建宗祠，与古寝庙之制未合，及朱子祠堂礼皆不合。但建宗祠，借以妥先灵而睦宗族，此变古而不失古人之遗意，君子独有取焉。若名庄李氏宗祠之建，上以体圣天子酬功之巨典，下以协都人士好德之公心。其关系风化良非浅鲜，不可以寻常之宗祠而论。[3]

文中指出，巍山李氏并非一般寻常的宗族，故其宗祠与朱子祠堂礼制不同。虽与礼制不合，却不失古人之遗意。从李宓、龙王、利济将军到李氏祖先的变化，我们观察到乡里仪式与正统地位之竞争过

---

1 李宓神格的提升，也带动了李宓亲属、部属以及其女眷在大理民间的地位。这些以李宓利济将军为核心的亲属与属下的本主神包括：李宓与五位将领结拜为六兄弟，加上李宓的儿子，一共有七将军。他们分别为利济将军、英武将军、忠孝将军（是下村本主庙）、威镇五爷，李宓的儿子是下关迤本主神，威应六爷、先锋七爷为东门与大庄村的本主神。新王太子为李宓部将，是下关打渔村本主。大关邑、小关邑的本主为李宓的弟弟。除此以外，还有许多的女神，如张姑太婆、南堂国母、北堂国母、大金姑娘、二金姑娘、小金姑娘、白花公主、桃花公主、玉花公主、金花公主、月牙公主、柳叶公主、翠花公主、小主千岁、三老国母、七少姑娘以及七娘等。值得一提的是，大理地区白族村子中大多供奉着一种女性阴神，民间称为姑奶奶，传说是李宓将军之女眷。她们在天宝战役之后被分派到各村落，死后便为各村所供奉。这种姑奶奶一般仅在村落不起眼的地方用简陋的屋瓦搭造象征物，并无神像，仅有村民供奉的米和水。见杜乙简、张锡禄等调查整理《大理白族节日盛会调查》，收入云南省编辑组《白族社会历史调查》（三），第176页。又见宋恩常《白族崇拜本主调查》，收入云南省编辑组编《云南民族民俗和宗教调查》，云南民族出版社，1985，第63~65页。

2 《巍山李氏族谱》，收入云保华、阿惟爱主编《大理丛书·族谱篇》卷3，第1300~1302页。

3 《李侍卫宗祠序》，《巍山李氏族谱》，收入云保华、阿惟爱主编《大理丛书·族谱篇》卷3，第1309页。

第六章　重建仪式秩序

程，而唐将李宓也成为容纳不同身份、人群以及政治意图操作的场域。后来李将军庙又经历几次修葺，至今仍是一座香火鼎盛的本主庙（图6-3）。[1]

图6-3　李宓将军庙所供奉的李宓及诸将士（作者摄）

（三）洱水神

龙尾关腹地还有一座洱水龙王庙，其境遇和李宓龙工庙略微不同。此洱水龙王名为段赤城，前文已提及他是南诏时期的一位灭蟒英雄，因其救百姓于水患，是以南诏国王蒙劝利晟（816~823年在位）建塔其地，以蛇骨灰涂于佛塔之上，又称灵塔，民间称为蛇骨塔。为了纪念有功于民的段赤城，官府当时曾给予免除段氏子孙差徭的优礼措施。《僰古通纪浅述校注》录有一碑文《东海龙神庙碑》，内容记载着"龙神昔尝为国为民，统部属而杀河尾塞流之蟒"，也

---

1 《重建唐李公庙正殿碑记》，笔者田野搜集。
2 参见第3章龙关赵赐部分。引自杨慎《南诏野史》上卷，第21页。

指出了南诏时期段赤城统领部民,杀死了引起水患的蛟龙,并被封为龙神。[1]这座佛塔寺留下了许多常住土地,而赵氏居其地,其族谱也出现这样一段故事。

与前面赵仪提捧李宓为龙王一事相较,本土英雄段赤城之龙王形象,似乎更不利于被官府认可为正祀典范。[2]但大理乡里仍然认为段赤城是一位管辖洱水的龙神。嘉靖年间,适值大理久旱不雨,以捣毁淫祠闻名的云南姜龙,为解决地方天旱之灾荒,听取地方耆老的意见,亲自向地方龙神祈雨。不几日,雨霖见效,姜龙为感谢龙神,便改建了一座洱水神祠。万历《云南通志》记载了这一段故事:

> (洱水神祠)在府城东五里,洱河西岸,国初建。正德九年,地震庙倾,知府梁珠重修。嘉靖四年旱,副使姜龙祷雨立应,因重修庙貌,建堂阁于祠前。[3]

又张宪撰有《洱水神祠记》:

> 洱水神庙在水之西涯,嘉靖七年,兵宪姜公龙作楼于庙,近水而门焉,登而槛焉,额曰:浩然之阁。志观也。退五武为屋五楹,曰:普德之堂。志神贶也。先是春三月不雨,夏四月不雨。民几失秋,公忧之,靡神不宗,询庙祷未竟,少顷风拂,拂起苹末,旋车堤上微雨洒盖,农人欢呼,大雨连三日,四郊沾足……公因顺民心而弘大神之祠……山川之不能无神,

---

1 尤中校注《僰古通纪浅述校注》,第59页。
2 正因为如此,段赤城之有功于民,被列入"义士",而非龙王。见李元阳纂修《(万历)云南通志》卷11《人物志》,第261页。
3 李元阳纂修《(万历)云南通志》卷12《祠祀志》,第285页。

第六章　重建仪式秩序

而神之不可谄也，明矣。[1]

姜龙向洱水神祷雨获验，故将洱水神列入祈雨止涝之祀典。为答谢神验，他先建了一座浩然阁，又修建一座普德堂供奉这位洱水神。[2]从文献上我们无法得知姜龙所供奉的洱水神是谁，也不知这一碑记提到的洱水神是否即洱河龙王，其中更没有提到段赤城的故事。李元阳嘉靖《大理府志》记载："浩然阁，在城东八里洱河西岸海神祠前。"[3]文中的海神祠，也就是洱海神祠，位于今日大理龙凤村，又名洱水神祠。地方神祠留下一通碑，碑名为《唐义士赤城段公传碑》，记录了姜龙祷雨封神的故事：

> 公姓段，讳赤城，南诏时绿桃村人。有胆略，富臂力，任侠好义……按郡志及野史载：唐宪宗元和十五年，龙尾关巨蟒为患……剖蟒腹得公尸，葬于马耳峰麓羊皮村之阳，建塔其上。煅蟒骨以垩塔，名曰灵塔，俗呼蛇骨塔，并于洱海西岸龙凤村建祠祀之。世传某岁五月大旱，某县令祷雨于祠，夜梦神曰：某日北门外桥头有赤须老人过者，龙王也，祷之即雨……嗣因岁旱祷雨，辄应。元代敕封洱水龙王，世俗遂以龙王称。明清均加封号，且列入祀典，春秋享祭不废。[4]

虽然此碑撰于民国年间，但大抵是地方持续性的历史记忆，说明老百姓心目中的龙王具有双重的形象，一是老者形象，一是段赤城。因为段赤城有一段叙事完整的身世，也符合官府对有功于民的义士

1　张培爵等修，周宗麟等纂《（民国）大理县志稿》卷27，第26页。
2　洱水神祠在《滇志》列为群祠项下。见刘文征纂《（天启）滇志》卷16，第544页。
3　李元阳纂《（嘉靖）大理府志》卷2《地理志·胜览》，第95页。又参见吴棠《消失的洱海第一名阁：从浩然阁到兴乐亭的兴衰》，《大理日报》2015年1月28日，A3版。
4　奚冠南《唐义士赤城段公传碑》，收入张树芳主编《大理丛书·金石篇》第10册，第256~257页。

祀典之形象，所以二者互为化身，整合成同一身份。这一碑刻指出，唐时有段赤城灭蟒，葬于灵塔寺，建祠于龙凤村供奉之。传说五月大旱，"某县令"祈祷之，半夜有神托梦，说龙王化身为一位赤须老人前来，若向之祈祷则致雨，于是获三日连雨之效验。祠中供奉的虽是赤须龙王，但在老百姓的心目中，这位外表为赤须老人的龙王，就是洱海龙王段赤城的化身。从这个角度，我们看到了一段由老百姓争取封神的故事。他们把官府的祀典、官员的梦，编织在他们理想的历史叙事之中，即便外表供奉的是一位赤须老人，他们还能清楚地指认一段古老的龙王的历史以及南诏义士段赤城在其中扮演的关键角色。

毁淫祠之姜龙一向不喜民间擅自供奉的龙神，认为这些龙神没有历史凭据，亦无章法，是一种僭越的行为。但从这个故事来看，官府对山川社稷之坛的建置也具有地方的调性，除了宣示性的原则以外，地方社会有更大的主动性来争取他们的合法性。即便姜龙祷雨见效，将洱海龙王改为洱水神，也回避龙神称号。民间仍然有一套地方逻辑的历史叙事来充实官祀的架构。

换句话说，段赤城灭蟒的英雄故事是地方叙事的核心，他可以是洱海龙王，也可以是龙王化身之老者，更可以成为官方封赐的洱水神，在官府春秋祭仪的神格架构下继续受到百姓奉祀。更有意思的是地方百姓通过地方历史的话语权来争取神明的合法性。从英雄到龙王，从龙王到洱水神，将不同层次的历史语言把入乡村生活，而这也是一段争取政治地位的过程。当明朝的仪式更强调文字所展现出来的正当性，而龙王又成为僭越的嫌疑时，灭蟒英雄的故事便显得更有利于祀典，这也是何以传说性的历史叙事能成为乡里用来合法化地方神祀的重要手段。合法的祀典意味着新的社会秩序。从其他文献可知，特定神祠一旦被视为官祀，祀典之祭祀品项皆由附近各村而来。楚雄有一座紫溪龙王庙，地位崇高，岁以季春举祀，其祀之"品需旧敛于近庙，诸村老人因而倍取"，是为其情。将神明奉为官祀,意味着定期举行春秋二祭,其祭祀之品项皆由附近各村取来,这种祀典格局使得乡里各庙宇之间形成一种新的秩序,故也强化了乡里间相互竞争。隆庆年间官府废止此法,改为由官府支办。后来又因官府缺乏经费,改以"听民便举祀"。[1] 这种"听民便"的松散政策,复使民间祀典在乡里村落间得以保留下来。

小　结

地方化的祀典指的是官祀大量吸收草根性土地神灵的过程。大理之圣贤与佛教护法神仍然在乡里社神的架构下继续受到民间的供奉,甚至有扩大的趋势。其圣贤包括了原来的国王、后妃、贵族山神,还有后来的李宓等,而原来佛教化的龙王对官府也没有害处,反而因为龙王职司天地风雨山川,与农业所需的水利灌溉相涉,仍以其既有的形式为官府与民间所接受。虽然龙王为僭越之神,但副使姜龙在大理城外向洱水神祷雨见效,将供奉段赤城的洱水龙王改为洱水神祠。为了合法化段赤城的水神地位,志书还是不断地将段赤城塑造为有功于民的义士。

龙王原来就是传统仪式专家所操弄的符号,其职司旱涝灌溉,攸关一地之水利与农业。然而,当李宓成为政治正确的符号时,人理世族试图将李宓塑造成龙王的形象来合法化其传统社会中"僧侣与龙"的仪式关系,进而宣示他们持续拥有仪式的支配权。

乡里采用两套法则建立社会合法性,龙关赵氏在正德年间重修李宓将军庙,其意义不只是一座龙王庙,而是借由新兴的、具有正统地位的李宓将军来巩固传统世族的身份。他们依循传统佛寺运作的方式来维护龙王庙的地位。不久,便遇到一批自称是李宓将军后裔的人来较劲,李氏新兴势力不仅向李宓送上匾额,还宣称是李宓

---

[1] 徐栻、张泽纂修《(隆庆)楚雄府志》卷4《禋祀志·紫溪龙王庙》,第93页。

的后代，进一步向官府要求赐封，颁李宓"利济将军"之封号，用此政治操作的手法来巩固他们和李公庙的关系。整个过程说明大理世族在仪式与庙宇支配的地位上受到严重的挑战。从"唐李公庙"到"利济将军庙"，表明了以赵氏为首的僧族之挫败。同样，新兴乡里社会也开始动用各种儒学化的符号来回避僭越的风险，苍山神祠的故事亦说明了这一点。

明朝对祀典的规范，使得大理社会之仪式支配权从僧族转移到官员以及乡里代理人；不同势力与人群的移入，也改变地方仪式的结构关系。祀典背后是香火与仪式权，虽各神祀地位略有消长，头衔封号略有不同，但背后说明了不同人群进入仪式体系中参与争夺与竞争，甚至有越来越多的香火被创造出来。

综归来说，乡里之香火和历史话语权是一体两面，虽然仪式秩序有其规范性，但将过去的人物提升为官祀或以合祀挪用之方式转型为正祀，是当地社会描述历史与实践历史的方式。

第三部

乡士大夫

第七章　成为士人

宗教与政治都是形塑身份的重要条件。白人向来有将佛名与官衔挟入姓名的习俗，挟佛名如李观音保，挟官衔如苏演习福。[1]此外，他们还采用父子连名制来确定继嗣群体的连续性。这两项姓名法则说明白人世族对身份及其继嗣群体的重视。14世纪末，挟佛名的习俗突然消失，这应与世族大家适应新政治所进行的自我调整有关。

明朝以怀柔方式优礼太和县民，笼络故国勋臣族裔，目的在于广泛吸收人才进入国家官僚体系。这批世族精英子弟进入南京国子监，成为学官，担任吏职，并被划入里甲制度。他们的境遇约可分为

---

[1] 田怀清:《宋、元、明时期的白族人名与佛教》,《云南民族大学学报》2002年第1期。

以下几类：第一，被选为国子监生，前往南京观摩一统之格局，参与儒学教育体系；第二，担任学官、儒学教授，分派往西南各府州县；第三，担任云南各府州县文武衙门之吏员；第四，以其粮多户大，被编为里长，成为大理基层社会代理人。对明朝统治者而言，白人无疑是其治理边地的重要中介者。

一 儒吏

无极和尚返回大理后，以僧官的身份为喜洲一座佛殿撰写碑记，名为《宝莲殿记》。宝莲殿是元末杨保将军的家寺，杨保将军有一子，名为杨安。杨安以质子身份被带到南京，长大后返回大理。无极在寺碑记中记载如下：洪武初年，明兵入龙关时，身为幼子的杨安被"携去，侍于金陵内"。杨安日夜闷闷不乐，皇太孙曾问他何以不乐，杨安答以思念父母。后来皇太孙应允，若登基将会"放汝归"。之后，洪武崩，"遗诏有赦得觐父母"，杨安才得以返回大理。这说的是大理世族子弟被质留在京城，直到明太祖崩逝后才得以返回大理的一段故事。然而，返乡之后，杨安请无极和尚为父亲杨保修建的宝莲殿撰写一通佛碑，追忆了昔日各宗师在家中讲经说法之盛况。无极和杨保家族的关系似乎极为密切，他为杨安家寺撰写碑记，后来又为其外祖父杨胜撰写墓志铭。由墓志铭可知，杨胜是地位崇高的阿吒力僧，其孙杨禄在明初也被送到南京国子监读书。[1] 通过这一段世族精英的经历，可知当时朝廷对边区世族所采取的威柔并济的态度。

杨安被送进南京应不是孤例，如果放在以下两个历史脉络中考察，可能更容易理解：（1）明朝重视边裔年轻世代的培养，如将杨

---

[1] 无极：《宝莲殿记》，杨森：《故居士杨氏墓志铭》。这两份皆是明初喜洲杨保家族裔之墓志。收入张树芳主编《大理丛书·金石篇》第10册，第29~30、31~32页。

第七章 成为士人

安、杨禄此类世族裔胄送到南京，拔擢为士人；(2)太和县在西南地区象征着文化正统，如果改造大理地方精英，那也可以影响大理周边之夷民社会。

太和县辖下的喜洲是元末州级行政区，也是大理金齿宣慰司辖境内诸多达官贵族聚居之地。当地出土的墓志铭记载他们世系来源、政治网络与官宦经历，说明这批贵族在滇西地缘政治中扮演着极其重要的角色。如杨安是杨保将军之遗裔，四位担任同知的贵族世家也聚居喜洲，他们分别是赵州同知杨文庆、喜洲同知张氏、安宁州同知杨山以及邓川同知董宝。明朝设大理府后，喜洲被降转为太和县辖境下之乡级行政单位，成为一个住着许多贵族世家的气派乡里。

赵州同知杨文庆的祖父担任蒙化州州判，其父为大理路之司狱。杨文庆为仕宦族裔，"好读书，博闻强记，尤通书数学"，担任赵州同知。元末时局昏乱，他解职在家，深自晦匿，一语不及时事。到了"国朝下云南，置郡县，公退在山野，日以耕钓为乐"。多隐居在乡，以避政乱。他的几个儿子，分别担任临安宣慰司千户、宣慰司照磨、宝山州判官以及郡之耆宿等。虽然杨文庆隐退，但他的儿子仍依旧俗在云南各个地方担任要职。[1]

张旻为喜洲同知，明初其裔张珤担任大理府卫掾，是一名卫所衙门文吏。张珤应是一位相当重要的人物，其后代为之编撰二通墓志铭，一是大理府儒学训导徐源在永乐丙申（1416）所撰；一是十年后女婿杨森为之另撰的新碑。在不同时间拥有二份碑刻，应与其后裔身份分流，改变他们对祖先的认知有关。两份碑刻对墓主的描写大致相同，第二份墓志由其女婿，也就是大理第一位乡进士杨森所撰写。杨森所撰之内容较详细，先从其谈起。在《故居士张公墓

---

[1] 曾棨：《故元云南大理路赵州同知杨公墓志铭》，收入张树芳主编《大理丛书·金石篇》第10册，第31页。

志铭》中,他记载了张氏祖先之显荣:

> 其祖讳旻,任喜洲同知。高祖讳庆,资气温良,孜汲家业。曾祖讳祥,质直安分,不干世利,行仁由义而已。祖讳资,仕前元为喜洲同知。考讳诚,任广通县典史,考满,奉中书省札付,升六凉州判官。后辞职为缁流,娶照磨杨长男杨满之女曰好,生四子……居士次也,自幼博涉经史,儒吏兼能,有志于当世,为大理府卫掾,历俸者久之。洪武壬戌归附天朝,退处田里,渔猎释书已有年矣……生一子曰衷,通儒术,崇圣道,精算数,达禅机,耆老为之师范,训乡里之童蒙,世家诗礼,代不贤。

墓主张琂的祖先有张旻与张资二人,元时担任喜洲同知。墓主之父曾任广通县典史与六凉州判官,后来辞职为缁流,娶妻生子。墓主张琂,因自幼博涉经史,"儒吏兼能",明初担任大理府卫掾,是卫所衙门之文吏,后来将女儿嫁给乡进士杨森,杨森因而为其岳翁撰写墓志铭。其中也记载了张琂晚年之生活:

> 居士永乐戊戌仲秋十八日发大愿,持五戒,嗣临济法脉于叶榆普化禅师之座席,法号续三,劝妻杨氏受法普化之上足续通者焉,法号宗善。对修共证,同教外别传。[1]

墓志对当时儒释共修的习俗描写得非常生动:其风俗是进则仕宦,退为缁流,致力修佛。墓主父亲辞官后改"缁流",娶杨氏;墓主本人晚年也投身普化禅师门下,嗣法于临济法脉,夫妻同修,二人皆得法号,并以此称为教外别传。比较值得注意的是,张琂也

---

[1] 杨森:《故居士张公墓志铭》,收入张树芳主编《大理丛书·金石篇》第10册,第34页。

培养儿子张衷为乡里之师范,"训乡里之童蒙"。这份碑铭清晰地记录了大理社会典型之"释儒"形象,其出仕则为宦,退则寻习宗师,在二世代交替后,以甲郡之尊的身份逐渐淡出政治,转型为乡士大夫。

明朝入主大理后,墓志铭这种文类的书写格式也随着政治改变而产生标准化的情形。张珑的两份墓志铭正说明民间为适应标准化而产生的版本。有分歧的部分主要在姓氏起源与始祖:第一份墓志铭由徐源所写,其写道"张氏之先,肇自观音建国,十二请兵,由西天来助,就居上邦",其始祖为"张般若山";第二份由杨森所写,他则以"张氏之得姓,肇自清河,其有禄位功德于后世,而蔓延天下者,不能详赘",其始祖"讳旻",也就是张旻,与前碑所载之张般若山不同。虽然只是微小的区别,却说明其历史叙事之"微妙"处境:二者祖先追溯的对象不同,前者为挟佛名的张般若山,后竟变成张旻,张般若山的"般若"是昔日挟佛名的传统。再者,得姓之由也从"观音建国,十二请兵,由西天来助",变成"肇自清河"。观音建国,十二请兵,指的是南诏时期观音建国时,由西天而来的护法带来的张氏祖先,居住在"上邦",传承观音法脉成为张氏世族大家。但是,后来杨森改之为"清河",是将其观音西大来助的起源改为中原地望的典故。[1] 换句话说,他们采取两套文字系统来应对不同身份转变与需求。尤其杨森所作墓志铭在前碑刊刻十年后才出现,可知他是刻意为之。这是新兴的士人阶层将自我处境,投射于历史书写时所产生的二元论述。

另一位安宁州同知杨山,世居喜洲之东,为医官家庭:

> 祖海才,随段平章征讨,义勇树功,授安宁州同知。洪武

---

[1] 寸云激:《白族的建筑与文化》,云南人民出版社,2011。

壬戌，车书混一，隐德弗耀。父智，辟为书史，考绩赴京，例而还，藩司参用本土。年迈告宁田园。洪武乙亥仲冬十一月廿有六日，生处士于市户……幼从父，助政于澄江、新兴，游□儒之门，习诗书六艺，尤长于书数。复侍父从事蒙化，土官左知府见其实而有才，保□带把事，固辞。隐居求志，不辱其身。[1]

杨山祖父是安宁州同知，父亲杨智被选为书史，明初为考绩赴京。杨山自小随父从政，"长于书数"，复侍父助政于蒙化，蒙化土官左氏还一度拔举其为把事。然杨山"固辞。隐居求志，不辱其身"，意有屈就之感，后来大理、景东、顺宁、邓川之僚属以礼敦聘之。可知当时杨山精于公务，成为各衙门争取的人才。杨山返乡后归隐，撰写"述职须知牌册"，并训子诗书礼乐，遇约朋待宾节序，又令"六子各持丝竹五音之器以娱乐，乡里以为矜式"。[2] 杨山的妻子是城北大阿吒力李连的女儿，生有六个儿子，长子为郡邑之书史。此时之局势有"士生斯世，虽未得公卿大夫之道，又不当为农工商贾之业，则高尚其志"，其世族无以自处，身份几等于隐士。此时约为景泰时期，而他们的第二代才逐渐转型为乡士大夫。

政治局势使世族顿失所依，许多退隐的世族精英，在乡里从事童训的工作，也有逃避入仕的意味。杨温祖先是大理国国王之左右调护，元末时曾助段氏总管平定红巾之乱，职司大理路司狱，应是大理总管府下的官吏。明军入关时，其父杨义适值壮年，当时之情形如下：

开平大理，仍设府州县治，访用民间旧仕宦辈，蒙委父讳

---

[1] 杨森：《处士杨先生墓志铭》，收入张树芳主编《大理丛书·金石篇》第10册，第50页。
[2] 杨森：《处士杨先生墓志铭》，收入张树芳主编《大理丛书·金石篇》第10册，第50页。

第七章 成为士人

义，管领民夫，筑洱海城池。完回，举充百夫长之职，父不肯安于小成，将前职告退，隐居乡里，尚古人之风，劝人行孝忠信。邻里乡党咸被其化，庶几乎胜残去杀矣。洪武己巳，又蒙取充本县掾，因而惧法，并无瑕玷，告老宁家。[1]

杨义被指派管理民夫、兴筑洱海城池。返回大理后，被举为百夫长。杨义以百夫长一职不成大事，宁愿归隐乡里。然明朝严法，复任掾吏以免祸。

另一位太和县世族赵稔（1353~?），无疑是龙关赵氏僧族世家，其祖皆奉瑜伽教，尤能降龙伏虎。赵稔其人"读书日有常程，务求知圣贤微言人旨，而不徒事记览"，然明军入大理后，其处境：

天兵南下，壬戌春，平大理。新附之初，领合郡人进马匹于征南将军总兵官处，嘉其慕义，欲授以职名，固辞，乃退而讲学，以砥砺其操焉。岁庚午，本郡强起以为书史，屡以阙官委署经历司。[2]

赵稔领合郡人到傅友德处求降，然他辞退傅友德欲授之职，"退而讲学"，后来被强起为书史，委以经历司，掌管军民诉讼之事。永乐三年（1405）得归老还乡。他返乡"与僧定源上人建弘圭寺之南庵，复与轮旭修大慈寺，塑饰佛像，赎《大藏经》"，两年后，乡之士大夫佥举为"耆宿"。赵稔有两个儿子，"博学有文能，世其家业，见充本郡庠儒士"。[3]这也是僧族世家转为书史，到第三代再转为本郡庠儒士的案例之一。

---

1 《大理府太和县弘圭乡下阳溪弘农氏杨公墓志铭》，收入张树芳主编《大理丛书·金石篇》第10册，第30~31页。
2 段澍：《大理弘圭赵公墓志铭》，收入张树芳主编《大理丛书·金石篇》第10册，第35页。
3 段澍：《大理弘圭赵公墓志铭》，收入张树芳主编《大理丛书·金石篇》第10册，第35页。

不愿出仕者还有杨义，他是太和人。其祖为元时之宣慰史，亦仕宦之族。洪武初"举为仕，隐居不就，怙仰旁求，辟为太和书史。满考，赴京观光一统文明之治，不愿出仕，告回本土"。指出书史赴京观光一统文明，但又不愿出仕之情形。杨义有三个儿子，其中之杨蕴"历掾都布按三司"，杨禾"亦从事刀笔"，杨正"习六艺，尤精于乐、射"且"信尚释典，课念金刚弥陀观音三品，经为随身，公据修持，六度斋僧，奉造三世佛药师如来"。[1] 从其元明间的世代承继，可以看到儒释两面性格同时并存的情形。

大理世族精英被官僚体系动员的过程，也与国家治理之相关政策有关。明朝将全国百姓编入力役，识文者多举充为吏役。《大明会典》记载："凡佥充吏役，例于农民，身家无过，年三十以下能书者，选用。但曾经各衙门主写文案、攒造文册，及充隶兵与市民，并不许滥充。"当时之佥充吏役由里甲编民中选出，其条件是身家清白，年三十岁以下又能书者。识文是充役的原则。宣德年间，户内有补生员者，得免其吏。但后来罢闲官、生员、监生，承差为事充吏，遇缺拨用。[2] 这是明中叶太和县世族转型为民吏，又转型为庠生的过程。

大理世族也被派遣至西南各级文武衙门担任书吏的工作，在朝廷和西南夷间扮演着中间人的角色。其任充府吏者，有如下几种情况。（1）元之义军万户赵宝，太和喜洲人，其裔为通事，被派往金齿衙门为掾吏。金齿衙应是金齿卫，是明朝西南极边之军事要地。[3]（2）太和人杨政，被选为大理府户总科等房司吏。考满，充云南五井盐课提举司司吏，出入钱粮。后来赴京，圣恩赏赐，发回云南，举用蒙化卫令史。[4]（3）李惠，喜洲人，因熟儒书与算学，明初被乡

---

1 《杨善士正宇墓志铭》，收入张树芳主编《大理丛书·金石篇》第10册，第56页。
2 《大明会典》卷8《吏部·吏役参拨》。
3 《彦昌赵公墓碑铭》，收入张树芳主编《大理丛书·金石篇》第10册，第33~34页。
4 《故善人杨公圹志铭》，收入张树芳主编《大理丛书·金石篇》第10册，第38页。

第七章 成为士人

邑大夫辟为太和县书史。三年后，参邓川兵曹，两考入京"观万方之会同，知车书之一统"。援例而还，充大理税课司，后掌剑川河泊所簿书，又助政于曲靖府，历武定府元谋县。[1]（4）杨福，永乐年间充大理府吏，役满后调邓川州司吏。考满，将赍马匹赴京进贡，钦蒙赏赐缎匹钞贯，照例还本土。后云南按察司选为书吏，考满后，又升布政司刑房令史。[2] 部分大理世族以县民身份担任吏役，进入基层。他们或入京进贡，或屡经考核而又被分派前往云南其他各府县担任掾吏，年老依例回乡。虽然地位不高，但对大理乡士大夫而言，这些都是勋旧子弟在新朝之新职。如果仔细将这些墓志铭加以整理，可以发现大理人担任吏员赴京考核的人数相当可观。除了国子监生，这些转型为吏职的世族也成为国家官僚体系下的一员。

从外表来看，由官而吏，由吏转仕，对大理世族的冲击似乎不大，因为他们原来便拥有政治治理之技术，随着吏员的选拔、考核，复又晋用调役转职。他们往返云南各府州县，建立其仕吏之网络。役满后，三年一考，作为晋升的评鉴，后来转往府级单位或中央任吏职。[3] 考核后调役，使得许多太和县县民终生在外地任吏役。像大理府的尹和，十年考试后，获得晋用，授黑盐井盐课司典吏，再考，又转参大理府兵房典吏。满考，复转云南等处提刑按察司刑房书吏。满考，再转云南布政司礼房令史。[4] 终其一生，离家外出从事掾史，客死他乡。后函骨还大理，葬在祖地。考选外派，使得这

---

1 《故大掾李公同室李氏墓志铭》，收入张树芳主编《大理丛书·金石篇》第10册，第50页。
2 《云南布政司令史杨公并妻赵氏寿藏铭》，收入张树芳主编《大理丛书·金石篇》第10册，第37页。
3 宣德年间，"蒙取民吏，(张) 士杰亦预列大理府照磨所史。以试其才，士杰果副众意，再参本府户杂科。两考，给由赴部回藩，蒙拨臬司礼房书吏。三稔毕，又拨藩府刑房"。另外，太和人杨义，宣德年间举充太和县吏房典吏，役满，升参户房司吏，掌持赋税。参见《处士张公暨室杜氏合葬墓志铭》《故善人杨公同妻李氏墓志铭》，收入张树芳主编《大理丛书·金石篇》第10册，第38~39、62页。
4 《故云南布政司礼房掾尹公墓志铭》，收入张树芳主编《大理丛书·金石篇》第10册，第39页。

批世族长年在外奔波。书吏虽然无法像官员得以施政，但他们举家在各府县衙门任职，其裔多承其仕宦网络与政治资源，无形间推动了大理世族仕族化的发展。

二 国子监与乡试

拔选人才为王朝所用，是中央在地方建立政治纽带的方式。明太祖下一道圣旨给傅友德，令其选用当地土人协助治理西南边境，一是令各府州县尽快兴建学校，"选保民间儒士堪为师范者，举充学官，教养子弟"；二是如有"怀材抱艺愿仕者，有司礼送赴京以凭擢用"。[1] 这两项政策算是朝廷对西南统治精英的拉拢。大理世族向来统领西南重镇，好读经书，娴熟汉字，很容易成为王朝首要笼络与安置的对象。

最先被送往南京的是一批国子监生。明初规定，每年从各府州县廪膳生中择优选送一名或数名生员入国子监读书，是为岁贡。由于云南地处边境，以不计常规之额数令土官子弟到南京就读国子监，是为选贡。洪武十八年（1385）诏令云南所属生员有成才者，"从便选贡"，然选贡人数不多。洪武二十年以不拘数额鼓励云南人才到南京。洪武二十二年又实行选贡，将云南之地方精英送往南京国子监，就应天府乡试。当时，云南贡生至京入监读书者，俱给钞锭、衣被、鞋袜、房室等，滇人称为京举。[2] 自洪武二十八年，便有官员建议在边地设学校教授世袭土官。[3]

云南之岁贡始于永乐九年（1411），行乡试，流官衙门在地方学校"依例考试"荐举人才。但是，土流文化不同，实际实行之

---

1 张纮：《云南机务钞黄》卷45，第9~10页。
2 倪蜕辑《滇云历年传》卷6，第256~260页。
3 "云南、四川诸处边夷之地，民皆啰啰，朝廷与以世袭土官，于三纲五常之道，懵焉莫知，宜设学校以教其子弟。"见《明太祖实录》卷239，洪武二十八年六月壬申条。

第七章 成为士人

时难免造成不公，于是官员便主张岁贡也应采取定额录用制，否则"累年多有考试不中，往复人难"，以选贡取代岁贡，选人政策几度修改。[1]后来，选贡与岁贡两项并行。云南大理府蒙化州三十四儒学，是边区选贡学校，仍依选贡之例，"乞不拘举人有无，考其通经者升用，不通经者别用，如武学例"。[2]云南人才考试不中，儒生极度"缺乏"，以至于官府采取各种折中办法来拔举儒学之士。

拔选人才至朝廷，是在中央与地方建立政治纽带的做法。乡试是一种政治设计，王朝通过固定员额的解额制，在地方设置学校、庠生数额、廪食学田等，形成一套人才培育机制。由上而下的人才遴选与配额制度，深深影响士子的身份与文化认同。[3]这套人才流动的渠道，使地方精英成为庠生，再经由乡试、会试提高身份。学官、赴京以及后来进入儒学体系，便成为大理世族身份转型的路径。

第一批选贡被送到南京的国子监生，可考者之一为董山（1374~1432）。董山的墓志铭《南京国子监上舍生董公墓志》指出：

> 洪武年间，入郡庠，补廪膳，穷经史，达时务，以成材而

---

1 洪熙元年（1425），改以土官衙门仍采选贡，而流官衙门采用岁贡，其后果是文化未及之地无人中试。
2 《明英宗实录》卷194，景泰元年秋七月甲辰条。《明英宗实录》卷192，景泰元年五月己酉条："云南地方，惟流官衙门，学校岁贡生员，依例考试；其土官衙门，止是选贡所司，更不论其贤否，一概挨次贡部入监。"
3 解额指的是当时全国分为南北中乡试，配有固定录取名额，各府州县再依据各地编户多寡以及文化情形分配不同的名额。也因如此，科举录用名额制背后牵涉的是基层儒学生员庠生应考人数的分配。以嘉靖四十三年为例，解额录用举人一名，则地方可应试之生儒为二十五名，也就是地方提出二十五生儒参与考试，则录用一人为举人，此举确保了各地录取率的公平性。然而，不同时期录取率也略有不同。参见钱茂伟《国家、科举与社会——以明代为中心的考察》，北京图书馆出版社，2004，第87~111页；吴宣德《明代进士的地理分布》，香港中文大学，2009，第91~125页。

贡春官。卒业成为修道堂上舍生。名列贤关，交游天下美才，览金陵之胜概，睹太平之制度，冬夏蒙赐衣服，月朔入朝。遇风云之庆会，沾雨露之深恩。授例归省。而复办事宝船厂，将挨次历政而授职。

其中之"遇风云之庆会，沾雨露之深恩"指当时入京备感荣誉之气象。董山先被选入郡庠生，获选南京国子监修道堂之上舍生。后经历朝廷内部政治冲突，宣德年间死于异地。[1]前面提到的杨安，也被选为国子监生，他于永乐年间得以安然返乡，或许算是幸运的。

永乐九年，云南正式举行乡试，通省生儒录取二十八人，其中六人来自大理府，有杨森、杨禧、杨荣、杨禄等人。[2]第一批正式推送读书的士人，身负双重重任，返回家乡后，将成为大理新兴阶层的代表人物。而他们为乡里世族所写下的墓志铭与族谱等，也代表着新兴阶层对大理社会所进行的历史改造。这部分将在下一章继续讨论。

与此同时，还有部分大理精英被拔擢为堪为师范的学官，分派到各土流官衙门担任儒学教授。方志记载洪武年间太和县以经明行修辟授学职的人员包括苏海正、苏楫、董旻、苏正、杨禹锡、杨节等人，赵州则有赵升，邓川则有杨宗道等人。[3]同样的，他们也为大理耆旧精英撰写墓志铭，留下当时之头衔，包括"社学儒士""儒学庠生""儒学训导""五峰儒士""大理府学生员"等。全国知名的大理隐士杨黼（1370~1450）

---

1 杨森：《南京国子监上舍生董公墓志》，收入《大理史城董氏族谱》卷8《艺文中》，第5~8页。
2 倪蜕辑《滇云历年传》卷6，永乐九年秋八月条，第279~280页；刘文征纂《（天启）滇志》卷8《学校志》，第295~296页。
3 刘文征纂《（天启）滇志》卷14《人物志》，第489页。

第七章　成为士人

也曾充当"大理府教读儒士"。[1] 这些儒士身份在乡里逐渐重要起来。

许多研究者认为明朝治理下的西南社会自然而然地"汉化"或"儒学化",但我们不应忽视其社会既有的文化基础及内部的差异性。[2] 实际上,世族精英们面对潜在的人口移动与流徙,在焦虑不安的气氛中必须面对新的身份选择。先后到大理的官员致力于招抚与整顿,但直到正统二年(1437),距明军入大理已五十余年,大理府同知贾铨到任时,仍感难以驾驭,他描写当时大理社会仍然处于不安的过渡性阶段:

> (贾铨)到任,即召父老诣访民之利病,而一一兴革之。验丁力以定差徭,清赋税以谨出纳,葺弊屋以栖贫难,劝余粟以赈饥困,均水利以便军民,严械系以弭盗贼,置院以恤孤老,轻课以苏渔户,均输累万之军饷,修饬当祀之庙坛,学校仰其乐育,流亡感而来归。[3]

"流亡感而来归"指大理世族游走他处者众,直到贾铨进行差徭赋役改革,社会才逐渐稳定,流亡者渐渐回到大理。其兴革之项目,也正好说明当时大理社会面对的问题,除了差徭赋役、军民水利之分配、人口流徙、均输军饷等财政改革外,"修饬当祀之庙坛"指的是祀典以及学校等基础建设。可见整个新体制社会之基层建置阙如,或仍得仰赖大理世族既有的寺院庄园架构来发展其基本建设。

---

1 大理出土墓志铭,留下许多撰铭者之头衔,其先多由密僧或阿吒力僧主之,但后来逐渐被儒学庠生取而代之,如"大理府儒学庠生杨泰书丹"的《大理府老人杨惠墓志》、"鹤庆府儒学训导"撰《鹤庆军民府世袭土官知府高侯墓碑志》、"五峰儒士杨守中"撰《云南布政司令史杨公墓志》、"大理府教读儒士"杨黼撰《张宗墓志铭记》等,以上见云南省编辑组编《白族社会历史调查》(四),第134、137、157、172页。"社学儒士"见《耆宿王公墓志》《萱堂寿藏》,均收入张树芳主编《大理丛书·金石篇》第10册,第44~45、63页。
2 木芹、木霁弘:《儒学与云南经济的发展及文化转型》,云南大学出版社,1999。
3 陈文:《(景泰)云南图经志书》卷1《大理府》,收入方国瑜主编《云南史料丛刊》卷6,第77页。

三　庠序之学、学官与吏目

对官员而言，最急迫的任务是培养儒生，使其成为治理西南边疆的政治基础。然昔日之庙学聊备一格，并没有受到太多的重视。正统年间，贾铨重修破旧不堪的儒学，景泰、成化年间，复修补，另置雅乐，铸祭器。正德年间，大理地震，儒学颓毁。复经知府之力将尊经阁、廨宇、孔子像建置起来。一直到嘉靖年间，大理府学才开始设置学田、作泮池及名宦乡贤祠，整体府学的规模才大致定下来。[1] 太和县县学始于洪武二十七年，初建规模不大，经费阙如。景泰虽有修复，嘉靖年间才拨款添购经史子集诸多图书，兴建太和县学校图书馆尊经阁；[2] 隆庆间，太和县始增修泮池，建楼，建置才稍加完备。[3] 大理府县之庙学景况尚且如此，其他府县之情形就可想而知了。

乡里社坛与训蒙之所合二为一的做法使我们认识大理乡里社学设置的情形。大理精英在乡里设置训蒙之馆的情形可从杨森谈起。杨森是永乐九年第一批乡进士，他自南京返回喜洲后，主持丛桂书院，名士多前往向他请铭。其中如《杨善士正宇墓志铭》："孝子杨鉴抱父行状，诣丛桂书院痛先人之殁，恐遂湮郁无闻于世，泣而征铭。"又海东名士李经请他为父撰铭，有《李武公墓志铭》："莿郡孝子李经，抱父行状，诣丛桂书院，痛先人既殁，未获请于文。"[4] 以杨森的经历来说，他设书院教授子弟应是很合理的，而丛桂书院似乎

---

[1] "国朝因之，改作规制颁降经书，正统间知府贾铨重修，景泰间知府干璠作科第坊，成化间知府蒋云汉置雅乐，弘治间知府吴晟铸祭器。"见李元阳纂修《（万历）云南通志》卷8《学校志》，第190页。正德年间大理府知府汪标在大理府庙学"铸宣圣像"。见刘文征纂《（天启）滇志》，第294页。

[2] 《郡人给事中杨士云尊经阁略》，收入李元阳纂修《（万历）云南通志》卷8《学校志》，第192页。

[3] 《陈应春记略》，收入李元阳纂修《（万历）云南通志》卷8《学校志》，第191页。

[4] 杨森所撰写的墓志，包括《杜善人寿藏同配赵氏墓志铭》，皆指出"丛桂之门"。

第七章　成为士人

也维持了相当一段时间，直到成化十九年（1483）。[1] 除了丛桂书院，大理还有一座五峰书馆。杨森为一位早逝的医学世家子弟撰写墓志《故儒生杨武圹志铭》，指出墓主"甫及七岁，同兄从师于五峰书馆，习诗六艺之文"。[2] 指出当时大理附近还有五峰书馆。喜洲还有社学馆，如一位吏部听选监生张进撰有《杨公善士墓志铭》，其内容指出"先务习社学经书，后充其器而成其材"，墓主之子"持状诣余社学馆中请文"，可知喜洲、五峰二地各有社学馆。

太和县境还有其他不拘形式的乡里私塾教育，担任衙门掾吏者返家后开始以此教养子弟。处士杨智以书吏赴京，为藩司所重用，其子杨山随他游历各方，习诗书六艺，尤长于书数。杨山晚年"书述职须知牌册"，在家乡"训子诗书礼乐，遇约朋待宾节序，令六子各持丝竹五音之器以娱乐，乡里以为矜式"。[3] 地方精英返乡隐居可能更直接影响着乡村教养。当时之书院、书馆或是乡里之儒学教养在乡里成为一股新兴风潮，也逐渐养成一批基层乡士大夫。后来每有流官派任而来，以兴学为首要之务时，便动员"诸僚属学官师弟子乡大夫暨乡父兄子弟"等参与。[4] 说明官府极为仰赖这批乡大夫与乡耆，而他们是影响基层社会的重要阶层。

官府对儒学的建置远不及乡里世族的逐仕之风。估计大理乡里书馆书院的需求相当高，据李元阳说太和县一地之弟子就有五百人之众。他指出：

> 南中名山水而郡者，以大理为最，而太和为邑，实附之郡。邑之为弟子员者五百许人，是故分庠而教之，庠各祭孔子

---

[1] 该书院　直到成化十九年还在运作，见《故善人杨公墓志铭》，收入张树芳主编《大理丛书·金石篇》第10册，第63页。

[2] 杨森：《故儒生杨武圹志铭》，收入张树芳主编《大理丛书·金石篇》第10册，第52~53页。

[3] 杨森：《处士杨先生墓志铭》，收入张树芳主编《大理丛书·金石篇》第10册，第50页。

[4] 这批"僚属学官师弟子乡大夫暨乡父兄子弟"出现在张志淳《鹤庆府学庙碑记》，其描写了当时流官入驻鹤庆时动员地方精英重建庙学的情形。

与配飨之贤，曰文庙。又于常廪之外，别置都养，曰学田。[1]

这五百弟子员为何都集中在太和县，是很值得讨论的问题，很可能与朝廷在西南设学的特殊需求有关。[2]杨慎曾为《云南乡试录》撰序文，指出云南各府州县之学校有四十多所，而弟子员有两千余人，这应是官方合法登记的学额数目。[3]然太和县庠生便有五百人，几占整个云南地区庠生总数之1/4。太和县庠生员数比例如此之高的原因，很可能是在官府支持或默许下，边境各地要培养基层吏员与学官，大理世族精英就地取得云南各府州县庠生员额，成为儒学教育的优势群体。也因为如此，太和县庠生人数众多，以"分庠而教""各祭孔子与配飨之贤"的方式来举办儒学教育与相关之仪式。李元阳所指的文庙究竟是官府之府学，抑或大理乡里权宜所设之分庠而教的庠学，很难判断。我们有理由怀疑府县庙学未足以担任此项职责，分庠而教是指生员由乡里自行培养。[4]后来官府越来越重视乡里书院，故也允许其设有常廪，办置学田。

此外，光是喜洲一乡隶名学官者便有约二百人。李元阳又说：

> 吾邑有大乡曰喜洲，都图连十六村，而士之隶名于学官者，二百许人，虽其不忘诵习而聚讲会文，不无离索之叹。童蒙有求，又皆贸焉，不得其师，惟时仕焉而已！[5]

---

1 《大理府儒学田记》，收入刘文征纂《（天启）滇志》卷20《艺文志》，第679~680页。
2 太和县一县有五百名弟子员颇不符常理。然李元阳在《源泉书院记》中说"大理故有苍山书院，在郡城之西，舍宇狭隘，仅栖三十许人。郡邑两黉诸生四五百人，分无庐者常三之一"。从语意读来，诸生五百人似是常态。见《中溪家传汇稿》卷7，第19页。
3 参考杨慎《云南乡试录序》，收入刘文征纂《（天启）滇志》卷24，第802页。
4 有关太和县儒学的经历，可见"太和县儒学"条，最早设置于洪武二十七年，经年有兴修之举。李元阳纂修《（万历）云南通志》卷8《学校志·太和县学》，第191~192页。大理府学田，可见嘉靖二十九年之《大理府为清查学田碑记》，收入张树芳主编《大理丛书·金石篇》第10册，第87页。
5 李元阳纂修《（万历）云南通志》卷8《学校志·桂林书院》下引《李逸民记略》，第191页。

第七章 成为士人　　　　　　　　　　　　　　• 237 •

当时喜洲都图共有十六村，士子隶名学官者便有约二百人，他们聚会读讲相互学习，常常感叹离群索居，苦无学校。然而，太和县的乡社儒士多在西南各府、州、县担任学官，这些地方成为西南各层儒学学校之学官来源地与聚集区。这里的"童蒙有求，又皆贸焉"疑指乡村稚子若要接受童蒙，只需要花钱便得入庠序之列，指出学官养成教育缺乏师资以及乡村教育普遍遇到的问题。这大概是嘉靖以前，太和县乡士大夫徒有学官身份，但庠学建置尚未完备，其面临无学校、不得其师之窘状。虽然还需要更多的史料来论证此观点，但与前面僰人好学的刻板印象比对，其情吻合。

太和县之所以挤满庠生学官，与其传统政治也有关系。大理贵族精英分治西南各府，很自然得以充任各府州县之庠牛，更何况在当时招抚与拉拢政策下，用人采取宽松的态度，故其多集中于太和县一地。云南各府州县的儒学亦以白人居多，明英宗时，云南按察司提调学校副使姜浚指出，云南各府州县的儒学生员多是僰人，其他罗罗、么些、百夷多"不晓读书，不知礼让"，且该地儒学之生员教育质量不佳，地方虽设有学额，备廪膳，但都招生不足，无人就学："廪膳增广，具不及数，况缺半者有之，或缺三之一者有之，欲将增广考补，百无一二。"姜浚甚至提议将那些庠生不及数的夷人州县之廪膳经费，以不拘常例的方式补助有志向学的军民生员：

> 惟恐虚费，廪禄因循日久，学政废弛。其各卫所军生多有人物聪俊，有志于学，缘不得补廪，无人养膳，难于读书。乞不拘常例，军民生员，相兼廪膳，庶使生徒向学，不负教养。[1]

景泰年间，官府亟欲培养基层生员，然实际实行时，教化无

---

[1] 《明英宗实录》卷192，景泰元年五月己酉条。

法打破人群间的界限，反而使得邻地军民富户以争取庠生学额的方式，占用了贫穷州县的廪膳与晋升的机会。也就是说，在边陲山乡设置儒学与庠生员额，反而使得汉人移徙占额，冒籍富户进入庠生之列，强化了族群与阶层双重界限。

弘治年间，设学已造成身份与资源分配不对等，官员甚至提议废止儒学。何孟春（1474~1536）描写山乡设学造成地方财政匮乏，尤其在交通要地的山乡：

> 该县虽编九里，人民多系阿昌、蒲罗，不通汉语，文化难入，兼以路当冲要，人少差繁。先年因有县治，虽建文庙致祭，而门户廨宇等项俱未创造，盖因人材不足，不堪建学……查永平生员附寄金齿司一学，止有一十三名，其余社学子弟，率皆顽童稚子，不过勉强凑数而已……设使强与建学，未免要补廪增额数，本地无人，金齿城中士人贪图食廪，应贡必皆争先，冒籍应考充补。况张门置吏，斋膳之费、门库之役，俱仰给县所，是以穷薄军民之财赋，反供异乡富庶之士民，不惟事理不顺，亦恐人心不平。[1]

这一段话非常重要，指出：(1) 有些山乡夷区根本不通汉语；(2) 有的虽勉强设县编里，初备文庙致祭，未必有讲堂学舍，无学生，也无法培养人才；(3) 若在该地设置庠学，编列补廪经费，他处士人必然争相冒籍补廪；(4) 这些庠生识字后，在地方衙门担任吏职，复成为地方财政的负担。换句话说，山区幅员广大，向皆无学，若编里意味向化，其首务在于培养儒生。即使设置县学或社学，当地也很难找到合格的儒学教师，庠生数额亦无法招满。文中甚至以顽童稚子形容世居居民出身之庠生，考核后其文化水平也不甚令人满

---

[1] 何孟春：《乞复学校疏》，《何文简疏议》卷7，收入方国瑜主编《云南史料丛刊》卷5，第323页。

第七章　成为士人

意。再者，若设置庠生员额，引来他处冒籍者，一旦设置衙门，又令其成为基层吏员，反而造成穷乡僻壤之州县，供养他处冒籍就学的富户士民的局面。这些识字之徒，进而成为乡里基层财政的负担，有的地方"不堪建学"，后有"勿设儒学"的建议。[1]

在此族群政治生态脉络下，太和县庠生的角色更像是辅佐边境官员施政的重要中间人。相对的，流官的职责是定期考核庠学教育以及民间狱讼之事，是以，庠生遂成为辅助官员在地方施政的社会基础，庠生与致吏挂钩，其情形不仅在偏远山乡，在太和县也是如此。李元阳指出：

> 国朝正德以来守长相继，乃渐有置焉，然庙久则圮，田久则湮，近代期会簿书，狱讼将迎之事日繁以密，庠序讲读之法虽良，有司有不暇顾者。[2]

他将狱讼与庠序讲读视为基层政治之一体两面，故庠序之教与吏役之职往往互通。是以，大理儒吏经世之性格超出对儒学义理之兴趣，况且国家直接在政策上强调急需为官府办事之吏员。这种双重的条件，使得大理庠序讲读与衙门文书工作几乎是同一回事。官方史册记录了大理地方精英投身儒生或吏员分派边境各地的一些细节。《明实录》中收录两则相关内容。宣德年间，有太和县儒学生段聪，岁贡至京，但两考不中，依例应"充吏"。但段聪奏曰："臣本夷人，性资愚鲁，乞仍归读书，以俟再试。"[3]他强调自己身为夷人，资质不够，想要回乡读书，以待下次再考。很明显，这位太和

---

[1] 在明武宗时，云南寻甸一地，"税粮不及，三千人民，止有七里，学校一设，师生俸廪、祭祀、乡饮之费，斋膳门库等项，皆不可缺，加征则无粮可取，加役则无人可充"。遂有"勿设儒学"的提议。见《明武宗实录》卷20，正德元年十二月壬申条。
[2] 《大理府儒学田记》，收入刘文征纂《(天启)滇志》卷20《艺文志》，第679~680页。
[3] 《明宣宗实录》卷96，宣德七年十月己亥条。

县儒学生强化夷人身份以取得更多入仕的弹性空间。后来，皇帝以夷人难比内郡学者，令其"归进学"。《明实录》还记载有云南人何源的故事。何姓是名家大姓之一。何源是监生，却不通经，授学正职衔后，被派往四川雅州担任学官。但他自认不通经学，希望改任他职，吏部裁夺此案，决议如下：

> 改四川雅州学正何源为土官衙门吏目。源，云南人，以监生授学正，自陈不通经学，难为师范，愿改他职。上谕行在吏部尚书蹇义等曰：非经明不可为人师，云南生固不通经，量才授职，则人皆效用，官不废事。此亦初授之际，失于酌量。其改为土官衙门吏目，彼知土俗，亦得展布。[1]

这是由学正改为吏目的故事。何源被派往四川雅州担任学正，他自认不通经，想要改调他职，但吏部改派其担任土官衙门吏目，主要是因为"彼知土俗，亦得展布"。这个故事应不难理解，边境仰赖边人治理，而云南人在明王朝的眼中是一群稍微可靠的人，故无论如何，仍试图加以调驭，使其可用。况且西南政治精英中又以太和县为最。明初派往他处担任学官或吏目的人数未知多少，但这个例子大抵使我们了解大理世族精英流徙外调他处的一个侧面。

新的官僚体系也要适应地方特有的情况，大理精英很快由吏职、里甲身份，看似"末流杂职"的低阶吏员，跻身于儒学教育体系。何文简曾提及"或谓末流杂职，儒学官外少由科贡，多出吏胥，几何足养，几何足劝"，便指出西南基层吏胥政治与儒学科贡的情形。[2] 正德《云南通志》记载着大理府的人是：

---

[1] 《明宣宗实录》卷4，洪熙元年七月庚寅条。
[2] 何孟春：《何文简疏议》卷7，收入方国瑜主编《云南史料丛刊》卷5，第325页。

好作吏，云南各司州县史、典、丞、差，太和人居强半焉。[1]

《天下郡国利病书》亦指出：

（白人）滇郡及迤西诸郡强半有之，习俗与华人不甚远，上者能读书，其他力田务本，或服役公府，庶几一变至道矣。[2]

究竟有多少大理世族转任基层吏员，后来被派往全国各偏远山乡担任基层官员，值得再细细加以讨论，惟无法在此再展。

小 结

大理世族因承继过去西南治理的统治技术，很容易通过儒学入仕转型为新兴政治精英。这些渠道包括：选贡、学官与庠生、吏役。前者为中央任用的人才，后两者是提供地方官府任用的人才。然而，他们在此新制度的支持下，继续维持或创造新的社会关系。

这批转型为士人的乡进士与乡士大夫，逐渐成为流官体系成员，其现实关怀和利益与后来的阿吒力僧人或瑜伽僧团渐行渐远，儒释合一的价值也产生相互排挤的情形。正德、嘉靖之后，朝廷官员与士子纷纷掀起一股崇正之风，打击地方淫祠，大力推动正祀典。僭越与正统、华夷之辩成为社会分类的法则，而这批儒学士人也逐渐取代僧侣集团，成为越来越具有清晰轮廓的主流人群。

---

1 周季凤纂《(正德)云南志》卷3《大理府》，收入方国瑜主编《云南史料丛刊》卷6，第138页。
2 顾炎武：《天下郡国利病书》第31册《云贵》。

第八章　南京归来

南京是西南土官、士人与儒吏在明初共同的政治中心。这些远来之部酋贵胄前往朝贡、叙职、受礼以及观一统之盛，使得南京不仅象征着乐观的政治气氛，也象征着他们身份的合法性。然而，随着首都北迁以及越来越强大的宦官势力，西南政治精英对南京的认同越来越强烈，南京逐渐被标本化，地方开始出现祖先为南京人的说法。这种转变看似古怪，但也是有迹可寻的：许多世族子弟到南京朝贡，或入国子监，转型为士人，返乡后一方面建立新的身份来表示他们和过去有所区别，另一方面沿用大理旧习俗采取联姻方式强化身份的内聚性，形成新兴士人集团。对他们来说，南京所要指引的不只是明初的首都，还是祖先前往南京获得仕宦荣显地位之一段历史。尤其当南诏、大理已成为"僭

第八章　南京归来

越"的过去时，荣显身份的来源便由明初入南京的历史经验取而代之。也就是说，大理士人们将世系攀附在被创造出来的"地望"上，来重构的他们身份。

以下分别就几组士人集体，从其入仕经验、联姻网络、编写墓志铭与编纂族谱等活动来讨论他们的处境。

一　赵寿编谱

第一批通过乡试的士子，返回大理后建立了一套新兴的士人网络。这批新兴士人包括杨禧、杨荣以及赵寿。他们三位都是太和县保合乡人，也有儒学正统的政治经验。

（1）杨禧（1388~1467）。杨禧史料不多，第一条史料是《滇云历年传》记录永乐九年云南第一次乡试所录取的二十八名生儒，杨禧便是其中之一。[1] 第二条史料是杨禧墓志铭，记载杨禧的一生。他字佑之，大理府太和县人。他的父亲杨山，可能地位崇高，被授予中议大夫，派任广西庆远府知府。后来，杨禧在府学中永乐辛卯科乡试，拜四川县庠教谕，又升广西庆远府知府，再擢广西布政使，赐食正三品禄。历官五十五年，执事十五载。成化丁亥（1467）去世，葬于大理城西之玉局山。[2] 从墓志铭可知，杨禧自幼随父亲前往广西庆远府知府任上，后来中乡试，历仕于四川与广西二地，死后葬于玉局山。第三条史料是《滇志》对杨禧的记载，内容更加详细：

> 杨禧，举人，任荣经县教谕。上太宗文皇帝书，言时政，辞激切，上怒，系之狱。顷之，得释，拜监察御史。任庆远知府，以诚信感化夷民。任满将行，民庶道泣留，台臣上其事，

---

[1] 见倪蜕辑《滇云历年传》卷6，永乐九年秋八月条，第280~281页。
[2] 《杨禧墓碑》，收入张树芳主编《大理丛书·金石篇》第10册，第58~59页。

复留三年……乃以参政行府事。历十二年，实授参政。[1]

指出杨禧在明初政坛颇有声望，然因建言时政，激怒皇帝获狱，远调广西。从引文"诚信感化夷民"可知其事功在非汉地区。由于他没有留下其他著述，似不为大理人所记忆。他返乡后，为乡人赵寿僧族写下一份族谱序，后文将加以论述。

（2）赵寿，大理塔桥人，世代居住在大理城稍北之塔桥。他是杨禧的同乡同学，自幼便被遣为郡庠生，永乐十年（1412）选贡至京，永乐十二年岁次甲午科云南试中举人，宣德六年（1431）复任四川成都府重庆州新津县丞一职。一份墓志铭记录赵寿祖先曾是大理位高权重的僧侣："自祖父榆城旻，精演释教，得无为之宗，亲戚邻里咸推敬之。"赵寿父亲赵华严护也是一位释教僧侣，有七个儿子，唯赵寿入仕宦。[2]也因为如此，赵寿回乡后致力于编纂族谱并为其父亲撰写墓志铭。

（3）杨荣，太和县人，与赵寿、杨禧是同乡同学。《滇志》记载："杨荣，太和人，永乐壬辰（1412）进士，翰林院庶吉士。笃信谨厚，同馆推其器。以苦学劳瘁，卒官。"[3]他曾为赵寿家族撰写族谱序，文末署名为"靖江王府审理所理正承直郎叶榆杨荣"，可知杨荣和赵寿是同一年被选入南京的大理世族。杨荣在明进士册籍中登记的是"贯云南大理府太和县保和乡塔桥里，民籍"。[4]他和赵寿为同里，也是保和乡塔桥里人。

杨禧、赵寿和杨荣的史料相当零碎，但他们都是永乐九年、十年在南京的太和县民，如果要还原他们在乡里从事的活动，必须从

---

1 刘文征纂《（天启）滇志》卷14《人物志·乡贤》，第489页。又卷8《学校志·大理府科目》举人永乐辛卯科项列有杨禧（第295页）。
2 《善士赵公讳葆暨慈淑孺人墓志铭》《故居士赵华严护墓志铭》，均收入《大理古塔桥赵氏族谱》，第132~133页。
3 刘文征纂《（天启）滇志》卷14《人物志·乡贤》，第489页。
4 引自王毓铨《贯、籍、籍贯》，《文史知识》1988年第2期。

第八章　南京归来

景泰五年（1454）赵寿晚年返乡后搜集祖先墓志铭并编写族谱谈起。他找杨荣与杨禧为其所编纂之《大理古塔桥赵氏族谱》撰写序文，又为其父撰写墓志铭。从这些留下的文献中我们得以爬梳其间之社会关系。[1]

赵寿返乡后，准备编纂族谱，他先请杨禧为父亲赵华严护撰写墓志铭。[2] 同年，杨禧又为赵家族谱题字。出自同师、同乡，又同往南京的经历，使得杨禧为赵华严护撰墓志铭应是相当合理的事。然从族谱收录之《旧谱序》可知此序文是族谱碑文，题名、撰文与书丹由三人共同完成。当时参与撰谱的另二位是杨玺和杨荣。[3] 杨玺是赵寿妻子杨鲁的兄长，在文末署头衔"北京河间长芦都盐运使司朝列大夫同知"。[4] 杨荣则是上述永乐十年与赵寿同时入京的翰林院庶吉士。从上述的网络可知他们都是永乐九年、十年居留京师的大理世族，其回到大理后继续维持紧密的关系。

在了解这三位大理士人的关系网络后，我们再来分析他们如何塑造塔桥赵氏的历史。当时之葬礼仍以佛教之火葬为主，故火葬墓地与佛寺为一整套仪式空间。这些世族大家多建寺院庵堂于山麓，其墓葬多依附寺院；另外，墓葬区也并非以族姓为界限。火葬多来自佛教传统，而其墓铭多梵文经咒祈福之词，并不以追溯父系世系为主要精神。[5] 赵寿想要建构一通族谱，也可能想建立一套象征新式

---

1 《大理古塔桥赵氏族谱》。这份族谱曾历八次续修，谱中分别留下景泰五年杨玺与赵寿所撰写的两篇旧谱序文，顺治十六年（1659）赵中进撰旧谱序文，1925年赵联升撰续修谱序。

2 杨禧：《故居士赵华严护墓志铭》，《大理古塔桥赵氏族谱》，第132~133页。在此墓志中，杨禧说自己和赵寿是同师受业的学友乡人，并署名为"赐食正三品禄嘉议大夫广西布政司参政大理杨禧"，可知他就是永乐九年通过乡试之太和县士子杨禧。他与赵寿前后隔一年到南京国子监读书。

3 杨玺：《旧谱序一》，《大理古塔桥赵氏族谱》，第8页。

4 赵寿：《旧谱序二》；杨禧：《故居士赵华严护墓志铭》，二文收录于《大理古塔桥赵氏族谱》，第8~9、132~133页。

5 昔日大理以火葬为主，留下许多梵文碑。这种梵文碑传统一直延续到明末，其墓志铭一面以汉文撰墓主生平，另一面为则刻以梵文经咒。Walter Liebenthal, "Sanskrit Inscriptions from Yunnan," *Monument a Serica*, Vol.12, 1947.

祭祖的仪式来表彰其身份。是以，他先为父亲撰写墓志铭，并请亲友共谋族谱之事。然而，他在撰墓志时，遇到一些问题：墓志主要以个人为中心，向上追溯世系来源，但世系有两种追溯的方向，一是父系，一是母系。况且，决定世系的还可能包括法脉。相对的，族谱的撰写格式，是由父系祖先往下编列至当事者。也就是说，墓铭与族谱是两种不同的文类，在建构历史时也有各自的体例与社会意图。他很可能找不到符合族谱文类的理想祖先。于是，大理士人以折中方式来编纂族谱，他们先到祖坟收集墓碑，再将墓碑上的墓铭收录起来，最后写出一套符合当时需要的祖先故事。他们将这些不连贯的、无法解释的不同支系之间的族姓历史串联起来时，便有许多断裂与空白之处。

杨禧为赵寿父亲所撰写的墓志铭《故居士赵华严护墓志铭》中记录了一段比较可靠的世系历史，其内容如下：

> 居士姓赵氏，名华严护，叶榆望族也。蒙段以来代有显者，先祖榆城昊，隐德不仕，生男一，曰居士。自幼心地坦然，惟缘善事，以事业之丰，宿殖之厚，乡里所不及……自祖父榆城昊，精演释教，得无为之宗，亲戚邻里咸推敬之。及居士亦阐释教，奉持尤谨，以善劝之，所以子孙繁衍，家道兴隆。[1]

碑文指出赵寿以上两代是重要的僧人，昔日大理实行在家僧制，故祖先僧人娶妻生子，在家传承法脉。所幸现今这份族谱还收录其他赵氏之墓志铭，指出赵氏是地位崇高的僧族，甚至宣称其先祖是"西天种族"以及"波罗门身"。最早的一份墓志是由"中苍五密道僧广德李文恺"为"昌明弘道大师"赵兴隆所撰写的《昌明弘道大

---

[1] 杨禧：《故居士赵华严护墓志铭》，《大理古塔桥赵氏族谱》，第132~133页。

第八章　南京归来

师讳兴隆赵公墓志铭》，内容记载赵兴隆在明初的境遇：

> 赵氏处居大理，西山东水，南北龙关金琐，山明水秀，人杰地灵，祖传瑜加奥典，至于严父赵兴隆为僧受法，母李氏药师酌莲生五子……后赴京选贡入第，广读大经大法、周易八卦、春秋左传细要九经，文行忠信无不精通。永乐二十一年，差行回安盘盐盘米，洪熙元年差理刑厅，宣德元年，历任广东运盐使，俾办事以得公平民便，卒然一疾俄终而逝。[1]

第二份是由"太和县文化坊教读儒士杨经"为赵子瞻所撰写的墓志铭《故庄仕左郎赵公墓志铭》，指出元末明初一位名为赵子瞻的人的事迹：

> 天水郡赵公，讳子瞻，字时望，乃大理塔桥之巨族也。曾祖讳生，祖讳明，桥梓相传，精秘密教，道高德大，殄祸被灾。元段氏举为守护之师，父诸天赐。守素务农，教子以礼……公自幼博学笃志，切问近思，尽孝竭忠，遂采芹于邑庠，迨选赴监，除授于苏州照府，民赖以怃，莫不欣然。忽报慈亲天禄永终，闻讣解印……复任广东高州府，务其本而推其末……及其秩满，期待献迹，行至山东临清县，不幸倾逝。

这些散落的墓志铭无法组织族谱所需的系谱关系，我们也不知赵兴隆和赵子瞻二人是什么关系。第三份墓铭是赵葆墓志铭。景泰六年（1455）《善士赵公讳葆暨慈淑孺人墓志铭》中指出：

---

[1] 中苍五密道僧广德李文恺：《昌明弘道大师讳兴隆赵公墓志铭》，《大理古塔桥赵氏族谱》，第130~131页。

其先自宋及元，俱有显达，代不乏人。曾大父至榆城名，世习西方秘密之教，故凡邑郡人民之有实旱涝者，皆赖以格天。祖父讳华严护，道高德重，至今人传颂之。[1]

第四份是赵祥墓志铭，他是赵子瞻的孙子。弘治十年（1497）的《驿宰赵公同偶周孺人寿藏墓志铭》指出：

其祖讳忠，段时赐袭金榜之职，讳生亦授前职及金栏法衣……明生讳赐，悉承波罗门教，代为守护国师。赐生子瞻，即公之父也。[2]

第五份是赵成墓志，他亦为僧人，谥名"诚身弘道大师"，未详其祖先姓名。嘉靖元年（1522）的《诚身弘道大师赵公寿藏之铭》中也记载着：

有高曾祖考，原系波罗门身，西天种族，随观音开化大理，作段家守护法师，是珑承授五密教法，破讲儒释经文，神功浩大，四业修行。[3]

这五份墓志铭，略可将赵氏分为二支：一是赵华严护，一是赵忠、赵子瞻到赵祥，此二支皆为大理段氏总管身旁之僧族世家。赵寿撰谱之时，其僧族性格已分流与改变，如僧人赵兴隆，其头衔是"昌明弘道大师"，他在明初赴京选贡，学习"大经大法、周易八卦、春秋左传"等，后来被差往广东运盐，死于他乡。再者，赵寿父亲也是一名僧人，赵寿选贡入京后，也被派往四川成都新津县

---

[1] 《善士赵公讳葆暨慈淑孺人墓志铭》，《大理古塔桥赵氏族谱》，第132页。
[2] 《驿宰赵公同偶周孺人寿藏墓志铭》，《大理古塔桥赵氏族谱》，第133~134页。
[3] 《诚身弘道大师赵公寿藏之铭》，《大理古塔桥赵氏族谱》，第134页。

第八章　南京归来

任职。赵子瞻支系，其祖为金襕法衣之传，是段氏总管身旁重要的僧族，赵子瞻亦授职苏州、高州，为朝廷之官员。这五份墓志铭的共同处是其人皆为僧族，后来入仕任官，但彼此间没有共同的来源或祖先。他们除了共同姓赵以外，无法建构一套完整的系谱关系。唯一的可能是他们有群聚的法脉关系，但法脉不是族谱文类想要描写的内容。上述之墓铭显示，赵氏直到嘉靖年间仍保有祖先波罗门西天种的历史记忆。但是，早在景泰五年的族谱碑中就出现了改造祖先的意图，说明当时赵姓内部的新兴阶层想要写一套新的历史。《谱序》由杨玺撰文，杨禧题名，杨荣书丹，和墓志铭的文字有所出入。杨玺为赵寿家写的《谱序》内容如下：

> 今岁戊午之春，奉命来榆，得与西宗兄重订交谊，稔知赵氏为叶榆世族，西宗（赵寿）乃族翘楚。一日，语及家世，兄出谱征序，余披读之，见其先世有祖自应天府来榆，相传十余世，今即奉以为始祖，其元宋以上，则远莫之稽也。

此份序文和杨禧的墓志铭写于同一年，但杨禧还写着"蒙段以来代有显者"，这份序文又指出其先世"有祖自应天府来榆"，很难解释何以同时产生两个不同的论述内容。当然这也很可能是一份伪造的碑铭，出现在同一年也未免是刻意而为。同一年，赵寿也撰写另一篇谱序，内容在调和其父亲的墓志铭和杨玺族谱碑的内容，他所撰写的族谱序记载着：

> 居士姓赵氏，名华严护，叶榆望族也。蒙段以来，代有显者，先祖赵旻公、赵扬公，业籍榆城，隐德不仕……先祖二公原籍南京应天府……扬公本籍于洪武二年岁次乙酉科乡试中试，登庚戌会试进士，江南人，升授大理路中堂。居士华公，生七子，一曰成，二曰庆，三曰敬，四曰寿，五曰山，

六曰棘，七曰海。[1]

文中指出"先祖二公原籍南京应天府"，而赵旻和赵扬"业籍"榆城。其中之赵扬于洪武二年在"本籍"获乙酉科"乡试中试"，又登会试进士，升大理路中堂等。值得一提的是，墓主是赵华严护，碑中将挟佛名的"华严"更易为"华公"。另一个祖先是赵旻，据顺治年间之族谱序载："洪武十八年岁次丙寅，我祖赵公讳旻者，以指钞事奉诏，落锦衣卫职，从颍川侯傅友德军戎到榆。"[2] 此族谱序文与墓志铭之祖先论述是不一致的。这种情形之所以出现，很可能是因为景泰年间的这群新兴士人只是通过族谱来装扮门面，但墓志铭攸关墓主的地方事迹，故仍从实撰写。再者，若要进行合理的解释，那么也可能发生以下的情形：一是大理人被召为皇帝贴身侦伺人员，担任锦衣卫之职，或者是后来被召为锦衣卫职，但附会洪武初年南京籍之祖先身份；二是明初实行开中法，曾令大理僧族以官商身份负责盐米运输之事，如墓铭指出的赵兴隆与杨玺二人，故以南京人自称。上述的论证纯属臆测，缺乏更多的材料支持。当然，也不排除外来汉白通婚，以至于祖先来源产生移花接木的结果。总之，族谱之撰写体例在格式上要求一个祖先来源，那么编纂书写的过程便使其祖先来源充满了政治性的选择。

这里比较难考察的是杨玺，他的身份相当关键。赵寿是杨玺的妹婿，连续几段碑刻都相当强调赵寿娶"河间长芦都转运盐使司同知杨玺妹鲁为妻"，又从杨玺"奉命来榆"文字判断，他应是外来者。总之，赵寿之一男一女，娶嫁皆为太和千户所土官千户，可以推测他们正由僧族向上转型为朝廷任命之土军，并且有由当地世族

---

[1] 赵寿：《旧谱序二》，《大理古塔桥赵氏族谱》，第8页。
[2] 此一出处据顺治十六年赵氏第八世之赵中进所撰族谱序，《大理古塔桥赵氏族谱》，第10页。

转向土汉官族的身份,这些都与其族谱中努力要建构的南京应天府的"原籍"身份有关。[1] 这是目前在大理能见到的较早宣称祖源是南京人的族谱论述,时间在景泰年间。

二 赵汝濂和李元阳的故事

第二个是赵汝濂家族的故事。前文提过赵汝濂祖先是明初与无极共同入京的龙关密僧赵赐,他们和塔桥赵氏都是娴习波罗教的僧族,然二支系所留下的家族史料略有不同,赵赐在明初获国师衔,塔桥赵氏却被派往边地担任官员。赵赐后裔宗教身份维持四代,直到第五代赵汝濂登进士,跻身士人之列。赵汝濂致仕后回乡,在其祖伯赵寿(此赵寿与本章塔桥赵寿为不同的二人)所编的《太和龙关赵氏族谱》基础上,增补世系、谱序与跋,标志他们从僧族转型士族的家庭性格。当时共同参与其事的有段子澄与李元阳等人。

(1)段子澄。大理州图书馆藏有《龙关段氏族谱》,指出段子澄是大理总管世族后裔,其族构难于建文朝,避政变返回滇地。段氏族人也有为避祸改为黄姓者。[2]《滇志》记载:段子澄是景泰壬申科(1452)大理府解元。[3] 又《滇史》记载如下:

> 太和人,为诸生时,不纳奔女,路还遗金。天顺壬午秋试,主司待其卷,屡感异梦,知其为端人也,遂荐之夺解。仕为德安府通判,以内艰遂不起。晚年居乡,为盛德,事益多。

---

1 杨禧:《故居士赵华严护墓志铭》,《大理古塔桥赵氏族谱》,第132~133页。
2 《龙关段氏族谱》。其谱收录一份墓志铭《皇清特授文林郎清丰县令三代墓文》,内容记载着:"按状龙尾关段氏,其先大理总管,世有滇土,窃据宋元,支属散居各郡。自洪武开滇,赵叛鄙族。"指出明初"开滇"之时,段氏和赵氏在降明态度上的矛盾与冲突。我们无法确定是不是赵叛段氏,但族谱呈现的是段氏后裔之历史记忆。
3 刘文征纂《(天启)滇志》卷8《学校志》,第296页。

里人称为太丘彦方之亚。[1]

内容记载段子澄参与秋试,有如神助,考官拔举之为解元的神奇故事。后来,他被派往德安府担任通判。他为《太和龙关赵氏族谱》写序文,自署"承德郎湖广德安府判,云贵解元",与上文内容相符。要注意的是,段子澄和赵赐家族都是龙关世族精英,既是同乡,其身份地位也旗鼓相当。虽历经新朝政治治理,二世族仍然保有地方联姻的传统:赵平的两子赵智与赵仪,娶了段子澄的女儿以及段子澄其兄之女(图8-1)。[2] 也就是说,段子澄的女儿是赵汝濂的母亲,段子澄是赵汝濂的外公。

(2)赵汝濂(1496~1572),为文选主事官,后居翰林庶吉士,又任南京右副都御史协官院事。[3] 父亲赵仪(1462~1530)为补大理府庠生,后登弘治辛酉科(1501)云贵经元,任四川涪泸地方官,复任应天府推官。[4] 后以子为贵,加封为中宪大夫右通政。赵汝廉祖父赵平(1418~1477)是一位"日夜精通教法"的僧人。[5] 一门三代体现赵氏由僧至仕的身份,皇帝下旨加封赵平、赵仪与赵汝濂三代,以赵氏"龙关应天府推官"为衔。龙关成为其族之地望,应天府是官籍,二者共同确立赵氏的优越地位。[6] 嘉靖壬辰(1523),赵汝濂获进士功名,选为庶吉士,后任副都御史,晚年归家隐居,又

---

[1] 诸葛元声:《滇史》卷14《人物》,第488页。又可见张培爵等修,周宗麟等纂《(民国)大理县志稿》卷12《人物志》,第6页。
[2] 《太和龙关赵氏族谱》,大理州博物馆照片翻拍。
[3] 张培爵等修,周宗麟等纂《(民国)大理县志稿》卷12《人物志》,第4页。
[4] 参见赵汝濂撰《明赵仪夫妇行述》,收入张树芳主编《大理丛书·金石篇》第10册,第95~96页。另,"号春汀,举人,为应天推官,多所平反,累官知州,所至以方直慈惠称,在涪在泸皆祠名宦,平生以不欺自命,往回万里不借官一马一力,有赠者,亦不受,人皆以为难"。见张培爵等修,周宗麟等纂《(民国)大理县志稿》卷12《人物志》,第7页。
[5] 杨一清:《应天府推官赵平墓表》,收入张树芳主编《大理丛书·金石篇》第10册,第96页。
[6] 见《龙关赵氏诰封碑》《明赵仪夫妇行述》,均收入张树芳主编《大理丛书·金石篇》第10册,第85、95~96页。

第八章　南京归来

称赵雪屏先生。《滇志》记载：

> 赵汝濂，字敦夫，太和人。嘉靖壬辰进士，选庶吉士，为考功郎，主内察……晚官都御史，谔谔有大臣节。致仕家居，益敦内行，不治产业，第营一草庵，匾曰"觉真"。推俸弟兄族人同之。[1]

他曾在外地任官，因为性格刚正，在朝仇家日炽，复归乡里居，隐居于家族佛寺。李元阳后来在其墓志铭中记载他在朝廷入仕之经历与在乡之义行。

（3）第三位重要关系人是李元阳。前章已介绍过这位大理士人，但我们对其士人身份的认识远多于对其世系的了解。他的家庭也和大理其他世族类似，出自降龙世家。比较有意思的一条材料出自明人朱国桢的《涌幢小品》，其无意中透露李元阳的身世。该书有一短文描写大理龙湫的传闻：当时大理城水患不止，李元阳祖父秀眉公曾和他有一段对话，其指大理为一龙湫，古法以建佛塔镇水患，然此法已废；又提及"吾家世修其法，而未逮也"，指出李元阳的祖先曾是有法术的僧族世家，勉励李元阳未来要致力于修佛寺塔庙，以慰先人之忧。[2] 由此推知，李元阳与赵汝濂不仅是同乡的友人，亦为僧族后裔，二人皆为嘉靖壬辰之乡荐。李元阳把两个女儿嫁给赵汝濂的两个儿子，展现出世族联姻的传统。赵汝濂逝世后，李元阳为之撰写墓铭，是为《正奉大夫正治卿南京都察院右副都御史雪屏赵公墓志铭》。[3]

---

[1] 刘文征纂《（天启）滇志》卷14《人物》，第472页。文字与《（民国）大理县志稿》之描写略有不同（第4页）。

[2] 朱国桢：《涌幢小品》卷28，龙湫，文化艺术出版社，1998，第679页。

[3] 李元阳：《正奉大夫正治卿南京都察院右副都御史雪屏赵公墓志铭》,《中溪家传汇稿》卷9，第15~20页。

段、李、赵三者皆源自大理上层之世族大家，然赵氏与李氏是由僧转仕的士族家庭，后来段、赵与李氏三者分别联姻（图8-1），共同塑造士人历史标准化的文化运动。

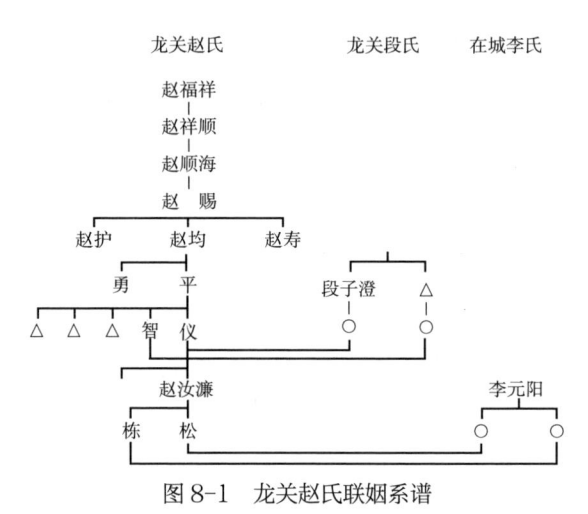

```
         龙关赵氏           龙关段氏      在城李氏
         赵福祥
         赵祥顺
         赵顺海
          赵 赐
    ┌──────┼──────┐
   赵护    赵均    赵寿
         ┌──┴──┐        ┌──┴──┐
        勇    平        段子澄  △
      ┌─┬─┬─┤          ┌──┴──┐
      △ △ △ 智 仪         ○
              │
            赵汝濂                      李元阳
           ┌─┴─┐                      ┌─┴─┐
           栋  松                      ○   ○
```

图 8-1　龙关赵氏联姻系谱

说明：△表示儿子，○表示女儿。

天顺六年（1462），龙关赵寿请许廷瑞撰写结合法脉与世系的族谱谱序。后来，赵寿的侄子赵平托段子澄为之撰跋。赵平和段子澄是姻亲关系，段子澄所写的跋如下：

> 赵之先，始于永牙公，后以兵燹滤化若干，代有福祥者出焉。祥生祥顺，顺【生】海，海世居太和龙尾关白蟒寨，为关中甲族。咸习瑜伽教为盟诏国师。海生赐，赐行最优，且为人卓荦，立招风雨，擒龙捕鬼，大显于时……[1]

段子澄的跋提及赵家祖先赵永牙，其世系采父子连名制，也提到咸

---

[1] 《太和龙关赵氏族谱》。

第八章 南京归来

习瑜伽教的祖传家业，这些是西南大姓之习俗。但是，赵平的儿子赵仪，因开始仕宦，治绩卓越。他为了显耀先人，请同乡朝中大臣杨一清为其父赵平撰铭，杨一清撰写了《应天府推官赵平墓表》。[1] 赵仪的儿子赵汝濂，自幼随其在外为宦，后来职居翰林庶吉士，又任职南京右副都御史，协管院事。[2] 故赵仪、赵汝濂父子两代奠定僧族转型士子之基础。嘉靖二十二年（1543）赵汝濂归乡，前往家族墓址找寻祖先墓铭，着手整理家族历史。族谱描写赵汝濂当时寻找墓碑的情形：

> 焚黄先茔，皆珠石咒书，而墓碣仅三两家，先灵驳杂，似难辩也。询之父老，不得其详。适有家谱二卷，一览而历代颠末昭昭矣。余有续貂意，耐〔奈〕考满北上王程，孔急中止。[3]

在整理家族史时，他意外发现族中耆老收有曾祖伯赵寿之旧谱，这份旧谱也就是昔日赵寿请许廷瑞与段子澄二公所撰谱序者。一览其文，则"历代颠末昭昭矣"！当时，赵汝濂因受命任他职北上，而暂时搁置整理家族史。后来，他晚年归乡修谱完成，隆庆元年（1567），李元阳以"监察御史前翰林院庶吉士中溪山人"的身份为此谱撰写《跋略》，描写赵汝廉二子请他执笔之情形：

> 二青衿谒余，袖出一卷，乃家谱也。欲余草跋于后，以竟其终。余以馆长笔家下命不敢辞。遂秉笔以应之曰：论族者，

---

[1] 见赵汝濂《明赵仪夫妇行述》、杨一清《应天府推官赵平墓表》。
[2] 李元阳：《正奉大夫正治卿南京都察院右副都御史雪屏赵公墓志铭》，收入方树梅纂辑《滇南碑传集》卷2，第35~39页。李元阳：《正奉大夫正治卿南京都察院右副都御史雪屏赵公墓志铭》，《中溪家传汇稿》卷9，第15~16页。二篇文字略同。
[3] 《太和龙关赵氏族谱》。

> 谕诸水，或源也，或委也，其为物不同，其理一也。虽然沂焉，沿焉……是故谱修而后伦叙，伦叙而后恩蒙……太和龙关赵氏南中右望族也，其族之始末，备载许、段二先生首简，雪屏公后跋斟酌损益……[1]

这几句话格外重要，表示李元阳看过赵汝濂收藏的旧谱，内容收录着许廷瑞、段子澄二先生之谱序。谱序还记载着赵氏祖先是怎么从天竺人摩迦陀习得瑜伽教法等祖传教法的内容。有意思的是，就如段子澄和赵仪的关系，赵汝濂的两个儿子也正是李元阳的女婿。赵氏族谱此文类之叙事主轴是建构赵氏父系世系的故事，但维系这套父系世系的书写力量是由女性所产生的联姻网络！这些士人是依循女性所联结的联姻网络来建立士族群体的社会关系，甚至建构出一套父系世系的历史。

此跋完成五年后，赵汝濂去世，为他撰写墓志铭的也是姻家李元阳。他为赵汝濂所撰写的墓志铭《南京都察院右副都御史雪屏赵公汝濂墓志铭》有两个版本，一是万历四十四年刻本《国朝献征录》收录之墓铭，一是云南图书馆藏刻版李元阳《中溪家传汇稿》收录之墓铭。收录于《国朝献征录》的墓铭指出赵汝濂："世为南中太和人，高大父讳赐，曾大父讳均，咸有隐德，为乡评所推。大父讳平，赠推官。考讳仪，治《礼记》，领云贵乡荐魁。"[2] 引文指出当时以"南中"取代"大理"。再者，祖先有"隐德"，是淡化祖先教法的普遍用语。但是，云南图书馆所藏之刻版《中溪家传汇稿》所收录之墓志铭记载如下：

> 公讳汝濂，字敦夫，姓赵氏，其先南京上元人也。永牙公

---

[1] 《太和龙关赵氏族谱》。
[2] 李元阳：《南京都察院右副都御史雪屏赵公汝濂墓志铭》，收入焦竑《国朝献征录》卷64，第546页。

第八章　南京归来

> 于元末游滇，得地于太和之龙尾关，因居焉。高大父阳（应是赐——引者注），曾大父均，咸有隐德，为乡评所推。大父平，赠推官。考仪，号春汀，治《礼记》，领云贵乡荐礼魁。初授涪州学正，历应天府推官、泸州知州，有惠政，累赠中宪大夫。妣段氏，同郡通判晓山段公子澄之女，累赠恭人。[1]

《中溪家传汇稿》有新旧两个刻版，都流传于云南地区。[2]首先，这个版本把赵汝濂写成南京上元人，是一件很奇怪的事。南京上元人，不知从何而来。充其量是官籍南京！其次，《太和龙关赵氏族谱》写得很清楚，其祖先赵永牙是南诏时人，受天竺人摩迦陀教法。编纂者说赵永牙是元末游滇，得地太和龙关。再次，其祖先"高大父阳"，实为赵赐，或是无关宏旨的讹录。[3]南京上元人的论述之所以流传在云南，很可能是当地人的篡改，《国朝献征录》所收录的墓志版本反而更贴近赵汝濂之世系来源。目前很难考察何时、何人将赵汝濂之祖先改为南京上元人。

这种世系来源的摇摆情形并非只出现在赵汝濂的身上。李元阳的家世前面已经提过了，但其门生李选所撰墓志铭《侍御中溪李元阳行状》指出李元阳祖先来自浙江钱塘：

> 先生讳元阳，字仁甫，世居点苍山十八溪之中，因号中溪。其先浙之钱塘人，祖讳顺者，仕元为大理路主事，爱山水，遂家焉。[4]

1　李元阳：《正奉大夫正治卿南京都察院右副都御史雪屏赵公墓志铭》，《中溪家传汇稿》卷9，第15~16页。
2　《中溪家传汇稿》卷首录有1913年赵藩撰之《重刊〈中溪汇稿〉序》以及万历庚辰（1580）年巡按云南监察御史刘维所撰之《刻〈中溪李先生集〉序》，第1~3页。
3　明朝大理墓志铭往往以"祖先有隐德"来描写家族历史，大多有隐晦之情。
4　李选：《侍御中溪李元阳行状》，收入张培爵等修，周宗麟等纂《（民国）大理县志稿》卷26，第3~6页。

这段文字指出李元阳的祖先是浙江钱塘人，也和前面提及"吾家世修其法"的叙事侧重面向不同，颇有牵强附会于中原士子的意图。这些陈述大抵出现在隆庆年间，比塔桥赵氏的南京论述时间稍迟，可以看出其非世居的历史叙事不断扩大，而其从中原各地流徙而来的说法也逐渐成为乡里士人的主流论述。

三 杨森和杨士云的妻舅

喜洲世族和前面两个个案不同，他们具有更强的地方主义色彩。有两位士人值得特别留意：杨森与杨士云。他们都是进士出身，而且都是喜洲董家的女婿。他们为董氏写下不少墓志铭，也为地方世族留下不少珍贵的历史记录。《太和董氏族谱》的编纂正可看出身为女婿的两位士人如何建构大理世族的历史。

杨森，太和县乡进士，永乐辛卯（1411）举人，和前文提及的杨禧同是永乐九年第一批太和县的儒生。[1]他在返乡后为乡人撰写了许多墓志铭，由此可以讨论他在当时社会所扮演的角色。首先，杨森留下的署名有"国子监生乡贡进士杨森"、"五峰进士"、"乡贡进士五峰杨森"和"辛卯科乡贡进士四川成都府金堂县承事郎知县五峰杨森"等，[2]可知他身为南京国子监生乡贡进士，后来前往四川金堂县（位于成都东北）担任知县。再者，返乡后，他成为代表性的地方精英，为昔日总管府段氏族裔、僧族世家、明初担任书吏者、基层新兴势力的里长以及知名的隐士杨黼等撰写墓志铭，可知他的社会网络包括了当时之新旧世族精英。他不仅拥有新朝显荣声望，

---

1 刘文征纂《（天启）滇志》卷8《学校志》，第295页。
2 杨森在墓志铭中所使用的头衔有许多，可参见《故居士杨公墓志铭》《杨仲英同妻杜氏寿坟铭》《故居士张公墓志铭》《李益墓志铭》《故处士段公墓志铭》《故宝瓶长老墓志铭》等，收入张树芳主编《大理丛书·金石篇》第10册，第31、33、34、42、43页。另外，杨森为段氏写了《段福墓志铭》，又为一位隐居的隐士杨黼撰写《重理圣元西山碑记》，收入张树芳主编《大理丛书·金石篇》第10册，第48页。

第八章　南京归来

又深知地方过去的历史，否则也不会为失势的段氏在其墓志中写下一段昔日国王的历史。此外，杨森的两位妻子，皆是显贵世家，一是元末邓川州同知董宝的孙女，一是喜洲同知张氏之女，加上明初进士身份，他可说是集大理新旧势力于一身的地方精英，也是一位具有代表性的新兴人物。

另一位重要人物是杨士云，也是喜洲人，与杨森相距约四个世代。据李元阳所撰之《给事中弘山杨公墓表》指出：

> 杨宏山（弘山），世为太和喜洲人，姓本董氏，其先有讳升宝者，仕元为邓川州同知，宝生高祖俊，为大理宣慰学录，俊生曾祖文道，文道生祖铉，铉生考玹。考也，祖姑董氏爱其颖敏，遂抱为己子，祖铉弗难也，许之，因姓杨。[1]

说明杨士云本姓董，其父亲名为董玹，祖先追溯到元末邓川州同知董宝。时喜洲董杨二家世为姻娅，其父为祖姑董氏所喜，故认养其父为子，故杨士云随其祖姑夫家姓杨。虽然如此，董氏族谱仍然将祖姑董氏认养之兄弟世系即杨士云，纳入董家族人之列，使得董氏族谱也包括了"异姓"。这种情形在重视女儿与赘婿的西南地区是相当普遍的。[2]

杨森和杨士云都是董家姻亲网络中的一员。杨森是董家女婿，其妻为元末邓川同知董宝的孙女，杨森为妻家董氏留下许多墓志铭。杨森撰写墓志铭一事，不仅有重整董氏祖先坟冢之意，也表达他重建大理世族历史之责任。他所留下的墓志铭为后来族谱的编纂

---

1 这段文字见于《（民国）大理县志稿》所收录的《给事中弘山杨公墓表》，焦竑《国朝献征录》亦收有此墓志，然这一段文字已被删去。参见张培爵等修，周宗麟等纂《（民国）大理县志稿》卷26，第28页；焦竑《国朝献征录》卷80，第328~329页。然而，喜洲董氏族谱记载着董玹为赘婿，他有五个儿子，包括了杨士云在内，和其四个兄弟皆姓杨。参见《大理史城董氏族谱》。

2 杨琼：《滇中琐记》，收入方国瑜主编《云南史料丛刊》卷11，第253~254页。

留下许多重要的线索。[1]同样的，杨士云也为董氏编写了不少墓志铭。看来，获功名的女婿为姻亲家族写史是当时之风气。况且，杨士云不仅为父亲兄弟写，还为其曾祖父写，可知这更像是一系列的墓志铭书写计划。[2]

墓志铭主要记录墓主一生之事迹功业，然世系之来源叙事涉及时间意识形态，也透露书写者身份选择的问题。首先来谈杨森，他为元末邓川同知董宝所写的墓志铭，将其始祖追溯到南诏布燮董成：

> 公讳宝，字性善，姓董氏。世处大理之喜郡。昔观音建国，以蒙氏为诏，迄世隆遣布燮董成。入朝于唐，受敌国礼而还。成即其始祖也。

他采用两套正统性语言来编织董氏家族史，一是观音建国的蒙氏，一是唐朝。他先介绍当时董氏所普遍采用的氏族神话起源，指其仙源始祖"簪缨继世，仙源流庆，布于内外"，[3]这和阿吒力董贤家族的始祖宣称如出一辙。但喜洲董氏主要以仕宦为主，故追溯始祖为南诏清平官董成，不是仙源。祖先对他们而言，不在血缘与世系，更多的是"身份"。南诏世隆国王曾派清平官董成入朝于唐，和明初董山入京担任国子监身份类似，杨森于是以南诏清平官董成为喜洲董氏始祖，和宣称鸟卵仙源的阿吒力董贤所要强调的祖先不同。这

---

1 杨森为董家所写的墓志有《元邓川同知董公墓表》，此即邓川同知董宝；《南京国子监上舍生董公墓志》，此为到南京读国子监生的董山；《处士董公墓铭》，此为太和所总旗董光；《故处士董公配李氏祔墓铭》，墓主为董和。

2 杨士云为董家所写的墓志有《故明处士墓铭》，墓主为杨士云的曾祖父董文道；《检庵隐寿翁碑》，墓主为杨士云的伯父董廉；《故掾董公墓志铭》，墓主是杨士云的叔叔董府；《董母尹氏墓志碣》，墓主为董府之妻；《明故掾史董公墓表》，墓主是董勉，是编纂董氏族谱的主要人物；《敬庵先生墓表》，董璧为杨士云之授业师。

3 此论亦见杨森《元邓川同知董公墓表》《南京国子监上舍生董公墓志》，均收入《大理史城董氏族谱》卷8《艺文中》，第5~7页。

第八章 南京归来

种做法甚至有与僧人董氏相互区辨之用意。

杨森为董山撰写《南京国子监上舍生董公墓志》，记载董山在明初入京的情形：

> 始祖讳成，蒙诏举用清平之职，入朝于唐，赐赏而还。簪缨继世，仙源流庆，布于内外……入郡庠，补廪膳，穷经史，达时务，以成材而贡春官。卒业成，为修道堂上舍生，名列贤关，交游天下美才，览金陵之胜概，睹太平之制度。

董山在明初被派往南京，担任国子监舍生，后获洪武赐衣，朝廷还令其"监办宝船厂"。此宝船厂应是当时之南京造船厂，即他投入了南京基础建设之公务。后来，董山死于异地，他的儿子董继光（1412~1478）负骸而归，隔五年将其父葬于喜洲弘圭山。时董家家境极为优渥，其子董继光则"建水陆大斋科仪，以荐供斋感通、崇圣诸刹之千僧……产业荣富，莫非孝思之所感"。[1] 其势足以动员当时声望较高的感通与崇圣寺僧人为其父举行荐亡法会，说明其地位崇高。然而，董山后裔却被编入里甲制度下，成为市户里第二甲之甲长。

喜洲士子在景泰年间卅始采用九隆族作为其集体祖先叙事。杨森为担任太和所总旗的董光撰写墓志，他指出："九隆族之裔，世居理之喜睑。"九隆氏之说取代观音建国和氏族源流，成为一种新的"正统"世居论述。九隆族裔的说法在喜洲士子间流传起来，如杨琪撰有《太和五长董公同室杨氏墓志铭》："义勇五长董公，乃太和喜睑之世家也。公讳俊，字文杰。董氏九隆族之叶。"[2] 又，李元阳为董氏撰有《董君凤伯墓志铭》："君讳难字，号凤伯山人，其

---

1 杨森：《南京国子监上舍生董公墓志》，《大理史城董氏族谱》卷8《艺文中》，第7页。
2 杨琪：《太和五长董公同室杨氏墓志铭》，《大理史城董氏族谱》卷8《艺文中》，第15页；杨森：《处士董公墓铭》，《大理史城董氏族谱》卷8《艺文中》，第9~10页。

先系出九隆，世居太和。有讳成者，唐咸通中，为南诏清平官。"[1] 除了董氏，其他姓氏之九隆之说亦相当普遍，一直持续到明中晚期。

　　九隆氏传说重新被强化是一件值得玩味的事情。九隆说源自《后汉书》，意指西南夷的始祖，其与明朝官府所推动之僰人论述相左。它可说是一组"倒退的"的氏族传说，也是自我"蛮夷化"的历史叙事。出现这种族源叙事的具体原因仍不明确，若将之放在当时之政治脉络下，大抵可以从三个角度来理解。(1) 九隆氏很可能与官府的"僰人"概念相抗衡，用以强调白人在西南夷的正统地位。(2) 他们并非土官身份，若采用正统历史之九隆叙事来抵制官方叙事，可以强化其在西南诸夷中的代表地位，也使其在土官社会中具有竞争性与优越感。(3) 更有意思的是，九隆之说还包括一套士人祭祖的仪式活动。清初《滇南杂志》记录一则明末滇南蒙自的九隆族的故事，非常具有启发性。内容记载一批移居蒙自的白人，一旦其成员有获功名者，便得以九隆族的名义举行共同祭祖的仪式：

> 蒙自有张、王、李、杜、段、何、杨七姓，同祖于九隆，居蒙自最久。明天启间，有杜云程者，以明经授武定教授，置杜氏鼻祖墓碑于西郊，尽书其远祖之名，自南诏迄元明，凡数十人。岁时伏腊七姓之裔合祭于墓。有古风焉。[2]

这段文字告诉我们一群自称是同祖九隆氏的人如何立碑祭祖：杜云程获武定教授后，"置杜氏鼻祖墓碑"，将从南诏到元明以来的祖先姓名列入其中，岁时伏腊之日，七姓之裔共同合祭于墓。从其墓

---

[1] 李元阳：《董君凤伯墓志铭》，收入《大理史城董氏族谱》卷8《艺文中》，第35页。
[2] 曹春林：《滇南杂志》卷8《杜云程》，第306页。

第八章　南京归来

碑"尽书其远祖之名，自南诏迄元明"等文字来看，应是与族谱碑类似。重要之处在于：这墓碑也成为七姓共同祭祖之所在地！换句话说，移居蒙自的白人以"获功名者"的杜氏鼻祖为士大夫的名义，进行氏族合祭之祭仪。这条史料似乎指出，获功名之士大夫得以堂庙的形式祭祖，对他们来说，此堂庙涵括的是氏族合祭的规模，是异姓联族的概念。其"族"是氏族（clan）的概念，不是宗族（lineage），是由几个姓所组织而成的。也就是说，随着杜云程获得特定官爵与功名，他们得以以联合族谱碑的方式来举行共同祭祖之仪式。这段关键的信息有助于我们在接下来讨论乡里社会异姓祖先神的历史问题。

九隆氏的历史叙事成为异姓联盟的祖先认同，然九隆族论述维持约一百年，多出土于喜洲墓志铭，时间止于嘉靖年间。[1] 如果说喜洲曾出现为抵制夷化汉人叙事而产生的氏族祖先论述，那么九隆氏便是其士族精英们刻意维持的历史叙事与社会记忆。

喜洲最早出现的族谱始于董氏。董氏有一支系被划入太和所土军之总旗，其裔董森随军征贵州苗夷，并参与西南边境大小战役。明中叶以来，正规卫所溃逃者众，行军作战多仰赖土军。土军之处境甚窘，董森将儿子董勉（1433~1512）转入吏职，"少通书史，长精于律，应辟为掾"。三十年后，董勉回乡，着手整理祖坟上之墓志铭，并为编纂族谱做准备。董勉编纂族谱时，曾向杨士云征询有关族谱撰写的体例与格式，也试图经由编纂族谱来宣示其转型为士人的身份。杨士云对董勉编写族谱一事甚为赞许，况且这还是喜洲第一份比较规范的族谱。所以，他在其谱序中以孝称之，并说：

窃叹古有闾乘，近代士族往往以谱为议，三世不修，君子

---

[1] 九隆之说也出现在大理府以外的地方，如楚雄府。然喜洲出土的墓志铭仍占多数。

比其罪于不孝，况吾乡有谱，尤为落落，有之，自今日始也。[1]

指出近年士族精英纷纷撰谱，而喜洲编谱则始于董勉。董勉在返乡后，因为族类繁硕，谱系失传，"乃遍录墓之碑表铭志，家之状集，自始祖布燮逮今凡若干世，为董氏族谱"，到他的儿子董仁（1457~1543）始"叙族谱，饬家教"。嘉靖六年（1527）董仁和杨士云分别为《大理史城董氏族谱》写了谱序，奠定了董氏联族的书写架构与基础。[2]

嘉靖六年的族谱序写得很清楚：他们在杨森撰写墓志铭的基础上，以南诏布燮董成为始祖，将太和县境内董氏四个支系组织起来。[3] 杨森留下的墓志铭，包括喜洲的董宝、董庆世系，其墓葬在弘圭山；五台峰山脚有董和，其墓葬在五台峰的葫芦坡；还有另一支土巡检支系董禄，其祖坟在龙尾关圣应峰的荡山。[4] 他们三支之葬地不同，具体祖先系谱亦不甚清楚，但都被纳入这份董氏族谱中。我们要注意到，不被包括的应是被封为阿吒力僧的董氏土僧世家，也就是说，此董氏联盟的族谱要建立的不只是宗族的外表，还包括身份。

杨士云是族谱编纂的重要推手。他晚年时以"赐进士工科给事中与翰林院庶吉士"身份为其前三代的异姓曾祖父董文道（1386~1458）撰写墓志铭，内容提及董文道的父亲董俊曾为大理府

1　杨士云：《明故掾史董公墓表》，《大理史城董氏族谱》卷8《艺文中》，第22~24页。
2　大理州图书馆收藏之《大理史城董氏族谱》，经乾隆年间董正官、道光年间以及1921年董维邦三度重修，共历四次修谱。现今见到的族谱是乾隆年间董正官所奠定的，可参见《大理史城董氏族谱·总序》。乾隆修谱时，又加上了元以来董正官之祖先董晟祖派下，联宗的规模也逐渐扩大。
3　见杨士云与董仁所撰之《旧谱序》，《大理史城董氏族谱》卷首，第2页。
4　大理龙尾关南方荡山土官巡检董氏，其祖坟在龙尾关圣应峰荡山，明初有董录者被任命为宾居土官巡检，历经五代至董难。董难因读书有名气，与杨慎、李元阳结为学友。后来董录土官支系也被收录于太和董氏族谱之中。参见李元阳《董君凤伯墓志铭》，收入《大理史城董氏族谱》卷8《艺文中》，第35~36页。

第八章 南京归来

邓川儒学学录。[1] 此外，他又为二位伯叔董廉、董府撰写墓志铭，以示不忘根本之意。[2] 换句话说，杨士云为其曾祖父写墓志铭时，已距墓主殁后约八十年，在八十年后还为之撰写墓志铭，极可能是当时乡士大夫的职责。杨士云在家乡推崇家礼，也推崇编纂族谱，他认为：

> 今日由有服以至无服，虽千百指之多，其初一人之身也。虽欲不亲亦不得已，亲则孝弟之行兴，姻睦之风作，庸皆非谱作之力。[3]

"有服以至无服"指的是社会亲属关系由近至远，其范围虽有千百人，但"其初一人之身"，很明确地表示族谱背后必须追出一个祖先来源的意识形态。

社会往往在区辨、重组、分化与联盟的过程中形成一种动态性。昔日之氏族为组织平行对等关系，以兄弟关系来创造共同来源，他们采取神话与传说来建构历史。现在，族谱强调其初始于一人，手法是类似的，共同来源无疑是氏族性的神话，起源始自一人的意识形态无疑也是神话。二者的区别在于表达的文类不同，体例不同，所造成的后果也不同：族谱是一份合法的档案，其建构祖先源自一人时，强化系谱中父子上下垂直的世系关系，在结构上将抑制兄弟联盟的平行关系。但是，传说与神话更重视世系联姻的平行联盟关系，尤其联盟媒介有时是女性，有时是男性，很难建构出单纯的父系继嗣的垂直架构。前者重视线性的过去作为历史与政治资本，而后者则更重视现实世界之社会资本与

---

1 杨士云：《明故处士董公墓志铭》，收入《大理史城董氏族谱》卷8《艺文中》，第8~9页。
2 杨士云：《检庵隐寿翁碑》《故掾董公墓志铭》《董母尹氏墓碣》，收入《大理史城董氏族谱》卷8《艺文中》，第17~19页。
3 杨士云：《杨氏族谱序》，《杨弘山先生存稿》卷11，第191页。

社会内在平行间的协调。以杨士云为例，他所遇到问题是：他身处世族联姻的社会传统，然在外表披上一层符合宗族文化的士大夫面纱，其祖先源自一人的说法便和他的处境扞格。[1] 那他究竟姓杨，还是董家人？无疑的，他在杨家循着董氏女性（姑祖）的关系被纳入董氏族谱。[2] 终究是地方传统认了他，把他视为董家人。[3] 更有意思的是，《大理史城董氏族谱》不仅将杨士云列入谱中，还在其父栏下加注"赘婿"，此赘婿指的不是其父董玹，循线暗指的是姑祖董氏的招夫杨姓，这也就是世族社会在适应宗族建构时所产生的不符规范与非典型的个案。这些无意的史料试图将一个不在文字现场的事实凸显出来，即"姑祖"董氏招赘夫这一社会现实，而此社会现实是不可被忽略的事实。这就产生了异姓同谱的情形，世系和姓氏也就成为不对称的关系。于是，滇西便出现所谓的正谱与副谱的情形。陈荣昌未知何时人，他曾为《大理史城董氏族谱》作序，其序云：

> 滇西之俗，赘婿以为常。此有妨于宗系者甚大，故修谱亦易缪辖。今观董氏之谱，有正有附，正谱为经，附谱为纬，经以纪其常，纬以穷其变……此固董氏一家之法，而吾谓滇西之立族谱者，皆当取此以为通法也。[4]

---

[1] 人的身份来源有二，一是来自父方，一是来自母方，但族谱主要是以记录父系世系（lineage）发展为主轴的文本。20世纪80年代，濑川昌久在中国南方从事研究，指出边陲人群往往通过族谱这一文类来区辨他们与邻近人群的界限，尤其以追溯正统汉人祖先使其成为具有竞争性的人群。见濑川昌久《客家：中国南方汉人边界的族群性》，社会科学文献出版社，2013。濑川昌久后来以族谱为主要研究内容，并视族谱为民间老百姓的历史叙事与历史意识的展现。

[2] 杨士云：《董氏族谱序》，《杨弘山先生存稿》卷11，第190页。又见《大理史城董氏族谱》。

[3] 另一份间接的材料或也说明杨士云的处境：约在同时，喜洲杨氏族人也编纂族谱，杨士云却以"婿"的身份为之撰写《杨氏族谱序》。参见杨士云《杨氏族谱序》，《杨弘山先生存稿》卷11，第191页。

[4] 见郑天挺《大理访古日记》，收入赵寅松《白族文化研究》，民族出版社，2003，第29页。《大理史城董氏族谱》便是始于嘉靖六年，由杨士云为董勉、董仁父子二人写序。而其中之附谱便将杨士云世系列入。

这里提到的赘婿以为常，正是其通情。是以，大姓或有正副谱的做法，将赘婿者的异姓世系也列入族谱之中，造成一族谱二姓的情况。这虽然不符合以父系为中心的族谱撰写体例，但说明联姻的平行关系在他们日常生活中仍有其重要性。

族谱是用来宣示正统、成为士人的文化资源，其制作过程也建立了一套展示身份的社会网络。董仁编族谱时，为"其先始于一人"而将始祖追到南诏时的清平官董成，这种做法正有利于解释此时此刻发生之事实：明初董山也前往南京。唐朝的董成和明初的董山，形成"同类相生"的结构相似性，不仅符合正统史观，也为董氏家族史的转向定调。但是，族谱和墓志铭两种文类反映了新旧二元性的思维模式，九隆族有利于巩固地方联盟组织，但始于一身的董成始祖则有利于身份的合法性。这二者看来互斥，却巧妙地成为喜洲世族用来面对不同人群的文化策略。

清初董氏后裔再度修谱，对昔日谱中所记载之九隆族裔不甚苟同，但又不敢擅自删修，于是一面保留原文，一面在墓志铭增补"谨按：旧谱始祖讳成，原籍金陵，非系出九隆也，所引非是"或"旧谱始祖讳成，自江南金陵县迁至大理国，为蒙氏所举，非系出九隆也"。[1] 这些增补以及强化"祖源"涉及董氏身份与历史两种认同，他们采取折中方案，把"江南金陵"推到大理国以前，间接承认了双重正统的历史叙事。

小　结

大理士人建立新身份时，必须循着新的文类与体例来建构其合法性。墓志铭与族谱，代表着不同的书写策略与不同语境下的读

1　郑天挺：《大理访古日记》，收入赵寅松《白族文化研究》，第29页。董氏后裔修谱者在杨琪与李元阳所撰之墓铭上，以补注方式更正之。

者。尤其第一批自南京返乡的乡进士们，以新兴士人精英的身份重建地方历史，首要之务是为父祖辈撰写墓志铭，为其彰显士大夫身份，而后则有编纂族谱之举。前者有维持世系优越的身份的意思，后者有助于建立其与"正统"历史的谱系关系。这两种文类分别有其预期的社会效果，也有其仪式性的意涵。

　　本章以塔桥赵氏、龙关赵氏与喜洲董氏三个个案，来讨论其不同叙事策略与重构历史的过程。不论以墓志铭还是族谱来编纂历史，他们仰赖的是地缘性的姻亲关系，虽然我们无法进行全面的分析，但以女婿士人身份为妻方（外祖）撰写墓志铭或者族谱序者相当普遍。龙关赵氏族谱、塔桥赵氏族谱，乃至于史城董氏族谱，大多由其乡里之姻亲士族来着手：塔桥的赵寿与杨玺是姻亲关系；段子澄与李元阳双方是龙关赵氏之姻亲家族；喜洲之杨森与杨士云也是董氏之姻亲。这批士子采取地方既有的联姻基础，建立了一个外表看起来符合士大夫理想、以父系血缘为主的宗族社会。

　　再者，更重要的是世系建构时所呈现家庭内部的社会关系。父子继承的世系原则，有利于巩固社会内在秩序，但是大理之社会基础，并不单以父系继承制为原则。早期地方传统政治，更倾向以联姻与招婚来维持巩固政治集团间的势力，女性在政治上亦扮演重要角色。[1]于是，即便以族谱建构父系世系的历史，仍是由姻亲关系来扮演这一股"看不见的力量"。段子澄与李元阳皆为龙关赵氏之岳父，他们为女儿之夫家（婿）写族谱序；杨森与杨士云是喜洲董氏族人的女婿，他们为其妻／母之家族撰写墓志与族谱。在城里的赵寿是杨玺之妹婿，而他们彼此之间也是乡里学友与师生的关系。很明显，这些受了朝廷功名的士大夫为其妻／祖母／女儿家撰写谱序，是以姻亲的身份来推动父系为主的族姓世系。从族姓的意义上

---

[1] 明初大理周边仍出现几位女土官，其中如太和县神摩洞土巡检赵俊，因其无子，由妻子与女儿承继土官职。这说明了社会运作亲属原则非父系，而在联姻与联盟。参见本书第四部。

来看，他们以外来者自居，却不证自明地揭示族姓世系编纂背后姻亲的重要性：他们一方面推动儒家父系家族的价值，另一方面以姻亲身份为其妻／祖母／女儿建构她们的父系世系。换句话说，族谱是家庭内部社会关系的延续，也是通过姻亲网络来推动的。

第九章　改造佛寺

　　滇地普遍存在着将佛寺改建为符合官府正统祀典仪式场合的工程，姑以儒制化的佛屋称之。大理世族长期拥有仪式权与治理技术，随着世族身份的分化，其族裔也开始用新的文化标签来适应新的政治与仪式架构。明中叶以来，大理乡士大夫对其祖先是否列入"乡贤"或"名宦"有许多不同的想法：有的祖先原被奉为一方之主，在祀典结构中降转为乡里香火；新兴士人又再将其家族佛寺改造为士人的宗祠，官府之祀典架构为他们提供新身份的合法性。与此同时，另一些人为争取身份合法性与乡里仪式权，也纷纷将其祖先抬升为乡贤、名宦或边臣武将等。直到明中晚期，官府在各地大兴土木，建置符合正统礼制之庙学，并在其旁设置名宦与乡贤二祠。在禁僭越与崇正辟邪之风气下，地

第九章　改造佛寺

方社会着手一系列的历史改造运动：除了响应官府倡议之历史人物（典型人物是诸葛武侯）；老百姓还致力于将地方人物与祖先塑造为符合正统历史知识系谱架构下之一员。清初裁撤卫所时，一批移民而来的汉人，纷纷仿效将祖先改造为乡贤与名宦的做法，向官府呈请其"开滇"祖先是具有边功的军臣，并以此名义向官府申报建立报功祠。

本章将正统祀典视为机构化组织（institutionalized organizations）的合法性基础，讨论大理乡士大夫如何重新组织仪式与符号：他们将佛寺转型为书院或社学，或将之改造为宗祠；又随着官祀架构，抬高祖先为乡贤与勋臣。我们从中可以看到以大理为首的边境人群擅长以此边陲政治之特殊性格，采用官府仪式的话语来整合社会及其地方利益。

以下分为四个部分来说明：(1) 佛屋易以儒制；(2) 正祀典；(3) 佛寺化的祠堂；(4) 边臣祖先。

一　佛屋易以儒制

大理世族精英开馆授课，与其根深蒂固的地方传统有关。依据明初规定，天下各处乡村人民每里一百户内立坛一所，祀五土五谷之神，以轮办祭祀的方式来建立社会秩序，而社坛也成为基层社会宣示礼法与教化的场所。[1] 佛寺很自然地成为符合乡里仪式之场合，而社学与书院也从佛寺延伸出来，"佛屋易以儒制"成为滇地普遍存在的情形。[2] 明末之《邓川州志》记载当时循"洪武礼制"进行乡里社祭的情形：

---

[1] 张卤辑《皇明制书》卷7《洪武礼制》，收入《续修四库全书》第788册，第316页。
[2] 彭纲：《通海县儒学记》，周季凤纂《(正德) 云南志》卷32，收入方国瑜主编《云南史料丛刊》卷6，第419页。

> 洪武礼制曰：凡乡村一百家共立一坛，以祀五土五谷之神，立春后五戊日为春社，祭五土。立秋后五戊日为秋祭，祭五谷。本州十二里并四所，各就寺庙立社以祭，并立训蒙在内。乡官艾自修于关圣祠内独立一社，塑五土五谷之像，缵立各神之号，更制乡约警言开后。

此引洪武礼制规范的百家立一坛，设有春秋二祭，是为社坛。然邓川州有十二里四所，"各就寺庙立社以祭，并立训蒙在内"，乡里社祭随寺庙举办，训蒙之所亦然。然引文想要凸显乡官艾自修为知礼之士，故独自在关圣祠设置专祀社坛，并塑五土五谷的神像与神号，制作乡约警语约范并教化乡里。这段话的重要性不在于艾自修在关圣祠"独立一社"，而在于告诉我们当时之普遍情形并不是如此。也就是，各乡村为实践新的礼制，多采取就地合法的方式，即将社坛与训蒙之所寄托于寺宇，使得佛寺和社庙书院成为衔接新旧政治传统与仪式的乡祀机构。[1] 这段文字指出当时寺庙、社坛与社学并置的情形。

对大理社会来说，合祀是相当合理的安排。该地佛寺林立，世家大族多设有家族佛堂，教授子弟亦有其地方传统。他们遇到的最大问题是太和县之行政层级不符合大理世族对其既有政治与仪典格局之期待，况且，喜洲在元朝虽为州级之行政单位，但其居民并不以一州一乡之民自居，而是以首府贵族之姿来期待新的祀典制度。也就是说，大理世族身份和其现实所隶属之行政层级二者间产生格格不入之情景，而这种身份和祀典格局与政治层级之落差，造成后来文献屡屡提及的"僭越"问题。也因为如此，佛寺改兼具社坛与训蒙之馆、供奉孔子像等，也不会令人感到意外。前文李元阳曾提

---

1 《邓川州敖父母迁州建城功完碑记》提及"不期月，而堂廨、仓狱、捕厅、土卫、学舍，与院署宪司、社庙、书院等处俱完"。收入艾自修纂《(崇祯)重修邓川州志》卷15，第120页。又见"里社"条下，第92页。

第九章 改造佛寺

及的当地分庠而祭孔子之事，应放在这样的地方脉络下来理解。也就是说，地方社会在佛寺基础上搭建了一套合祀架构，也接纳并吸收洪武礼制对乡里仪式的期待。

官祀也出现合祀的情形，如山川城隍与风云雷雨之祀典。以土官治区楚雄府与姚安府为例，《楚雄府志》记载：

> 国之大事在祀，先王以崇德报功，祈年报岁，事莫大焉者也。郡之祀典，若先师孔子，山川社稷，城隍以及厉腊，明荐有时，俎豆有品，献飨有礼矣。其他祠庙，有合祀典者，亦得食于兹土焉。[1]

这段话的重点在于"其他祠庙，有合祀者，亦得食于兹土"，前半段说的是祀典仪制，但地方若有符合山川社稷官祀性质之神明，仍得以食于兹土。这种宽松又弹性的政策使得地方神庙可以借由正统祀典的架构保留下来。《大姚县志》祀典项下也提及：

> 国之大事惟祀与戎，社稷又祀之最大者也。明洪武二年始，令天下郡县立社稷坛、山川坛，六年定风云雷雨及境内山川城隍，三主共为一坛。[2]

其有社稷、山川、城隍与风云雷雨等，三主共为一坛，是为合祀的精神。这种合祀有许多好处，一是官祀得以通过土神合祀，获得地方认可；二是土神得以通过官祀，建立仪式合法性。祀典也就成为官府与地方社会相互协商与认可的重要场域。

这种合祀精神发展出许多不同的祀典形态，而将佛寺与孔子像

---

[1] 徐栻、张泽纂修《(隆庆) 楚雄府志》卷4，第92页。
[2] 刘荣黼纂修《(道光) 大姚县志》卷9《祠祀志·坛庙》，收入《楚雄彝族自治州旧方志全书·大姚卷》(上)，云南人民出版社，2004，第201页。

并列也未尝不可。世族转型儒吏时，直接将佛寺之一隅改建为蒙训之馆，或使其兼具乡里社坛之所，以便培养年轻子弟进入仕途。据志书记载，大理府社学设置的情形是"城内外皆有之"。[1] 虽不知社学具体规模与设置，但从当地佛寺与世族大家之兰若精舍拥有大量常住土地的情形来看，其不仅足以支持社学之运作，也提供社学和书院稳定的物质与经济基础。况且，前已提及世家多儒释兼备，增置书院或捐建社学，并不会产生太大的冲突。太和县有许多书院与社学，明初先有丛桂书院与五峰书院，后来不见史册记载；明中期，设有四座半官方书院——苍山书院、源泉书院、龙关书院及桂林书院。[2] 这些书院多由佛寺改建而来，书院与佛寺并置相当普遍。苍山书院建于弘治二年（1489），当时侍御谢公奉命，曾下令：

> 有司毁浮屠之刹若干，命有司改创书院于苍山之下，延名师以教庠序弟子员，若郡人之俊秀有志者，崇正黜邪之旨，于是乎晓然矣。[3]

弘治年间，官府令有司负责设置书院。苍山书院建成不久，便显局促，空间不敷使用，生徒聚处以至不容于榻。嘉靖年间，大理府同知江应昂在府学西之学宫近处王舍寺的基址上另外置地构堂，增置讲堂三楹、号舍二十楹，称为源泉书院。后来，他又在龙尾关建置龙关书院。[4] 第四座书院是桂林书院，建于嘉靖年间，由喜洲士子张

---

1 李元阳纂修《（万历）云南通志》卷8《学校志》，第191页。另在云南县、宾川州、邓川州、浪穹县、云龙州等地皆有社学（第191~193页）；鹤庆府"甸头凡十二所，甸尾凡十所，中路凡六所，东路凡三所，西路凡五所"，计36所社学，参见李元阳纂修《（万历）云南通志》卷8《学校志》，第211页。此三十余所社学为张廷俊时所倡设，参见佟镇、邹启孟纂修《（康熙）鹤庆府志》卷15，第492页。

2 李元阳纂修《（万历）云南通志》卷8《学校志》，第191页。

3 王臣：《苍山书院记》，周季凤纂《（正德）云南志》卷32，收入方国瑜主编《云南史料丛刊》卷6，第413页。

4 李元阳纂修《（万历）云南通志》卷8《学校志》，第191页。

第九章 改造佛寺

拱文（嘉靖己未科进士）倡建。桂林书院之建置，主要是因为当时喜洲聚讲会文无处，张拱文决定捐己资：

> 偕有识者相地，得隙园于佛庐之左，而筑室焉……开辟位置，中为圣籍阁，严像设储书史，而以讲堂附焉。阁后故有文昌祠，重加修饰，以观童蒙，俾知俎豆之事。阁前为翼楼，左右共得二十四户牖，以居生儒……孙公乐观其成，给都养田十二亩。[1]

他在喜洲某佛庐之旁寻得隙地，筑室、楼阁以及二十四间学生宿舍，后来又在一旁之玉皇阁修建文昌祠，置有养田十二亩。从桂林书院为喜洲都图十六村乡里士子读书之处，到孙公给"都养田"的记载可知，书院由地方精英将"佛庐"一侧空地改建而成，后来成为半官方色彩的乡里书院，有官方核可的学田。书院依附在佛寺与庙宇的情形显然相当普遍。

不论是书院还是庙学，多由官员倡议，实际则以乡士大夫力主其事合作而成。它们遇到的问题非常类似，除了修建硬件建筑以外，还有后续维护的经费，如师生廪馔、科贡道路之费等。这些费用并没有经常性的经济支持，多仰赖地方官以一己之力，或一时之喜好为之。以蒙化府为例，官员曾以铁矿余课来充学资，后来矿苗微细不给，师生亦不乐受。解决方式则由地方世族张聪首倡，将田捐舍入庙学，以田租助学。其间，署印同知胡光"隐核"废寺田及等觉寺之余田入于学。这是弘治年间蒙化府学之经费来源。

> 本府师生廪馔与凡科贡道路之费，皆视司上者之喜怒为上下。成化初，按察司佥事董纲始隐核本府罗求场铁窑余课以

---

1 李元阳纂修《（万历）云南通志》卷8《学校志》，第191页。

充用。其后矿苗微细不给，师生不乐受。弘治间，义官张聪首捐己田，请于副使林俊舍入本学，俾收其租以助之；后署印同知胡光又隐核废寺田与等觉寺余田，郡民张宗净偿役田，俱入于学，通前以亩计田六十，地十有四。初，田之入于学也，田上赋役独累其主，张聪卒，其子诉于上，挂其师生，有司不能决。适提学副使彭纲行部至府，乃稽卷籍征双方，谓张聪子曰："是田汝父畀学已定，文字具在，汝焉得事之，若税之尔征，则有司之过也。"遂令掌印流官通判周同别立学户，置于黄册畸零项下割收，其税官自输纳，而蠲除各户田上差役，具其始末，复于巡抚右副都御史陈金报可，行移本府遵依，于是田业定而争讼息矣。[1]

引文以两次"隐核"来指官员私下以非常规的方式核定庙学经费，这很可能是地方常态：一由世族大家捐田充为学田，二为划拨废寺或佛寺常住土地给庙学。这段故事指出，张聪虽捐己田为庙学，但赋役仍由张氏承担，后来其子甚累于田，故官员别立学户以承担学田之赋役。本书下一章将重提这位捐田的义官张聪，他是蒙化白人世家大族。蒙化府后来又增设一书院，也是由废寺改建而成，是为崇正书院。

书院和佛寺的关系，相互消长，情形不一。正德年间，李元阳为鹤庆文庙撰碑，记载当地守令在鹤庆乡里为诸生讲析经义时，"楫退，起而视见屋脊欲脱，斋舍槛垣与庙无异"，[2]指出庠生借用当地庙宇作为讲会之所。鹤庆庙学建于玄化寺的寺址，是一个主客易位的典型例子。再者，楚雄府的庙学原来坐落在一座山上，很可能是佛寺之遗址。因为学子前往甚为不便，弘治年间，将之迁到城里，其

---

1 周季凤纂《(正德)云南志》，收入方国瑜主编《云南史料丛刊》卷6，第168~169页。
2 "又叹曰：此非吾事乎哉？……盍改？诸师生曰唯唯。于是取材赋役，各以其道，庙庑堂斋，虽仍其位置之旧，然皆撤而新之。"参见张了、张锡录编《鹤庆碑刻辑录》，第12~13页。

第九章 改造佛寺

"即废尼寺为之"，[1] 也是由废弃佛寺改建而成。其他地方如元谋之义学也是设在佛寺。[2] 万历《云南通志》记载许多社学就设在佛寺的情形，在此不再一一列举。[3] 庙学、社学借用佛寺之场地，也就造成孔子像与诸佛并列的情形。当然，还有其他组合的方式，包括在城隍庙、土主庙、武侯祠，甚至在废弃衙署上设学，使得边境行政和教育机构产生联合办公的情形。[4]

然而，庙学与佛寺并置以及供奉孔子像二事，后来被视为违背礼制的做法。嘉靖年间，皇帝倚重大学士张璁对礼仪进行全面改革，诏令天下撤孔子之像，天下士子也掀起一股崇正辟邪之风。大礼议被贬的士子如杨慎，对张璁之议便不以为然，西南士子也多抵制张璁之议。大理府之拔贡何邦渐曾撰文对此事进行讨论：

> 国朝嘉靖九年，命天下学宫撤去圣像，改王号，盖起于张璁之议……成化又加以八佾之舞。是皆有加无已之心……宇宙之有肖像，其来已久，璁大概谓像乃佛氏之夷俗，夫佛入中国自汉明帝始，今撤吾圣人之像任佛老之象其像，则曷若去佛氏之像存圣人之像，以为天下人之瞻仰。嘉靖八年，甫敕令禁中撤佛老像，止存孔子像，奉之，此我肃皇帝慕圣人拒佛老之本心也。何不移时又转为圣祸耶。璁敢发之世宗道行之何也。我太祖洪武初，凡天下祀典神祇多更易其封号，独孔子仍前代之旧，盖尊礼圣人不以制限也。三年及以孔子祀像设在高座，而器物陈于座下，弗称其像，因定为高案。其笾豆簠簋悉代以瓷器，未尝以立像为不可也。永乐八年，敕天下学宫，凡绘塑先

---

[1] 徐栻、张泽纂修《(隆庆) 楚雄府志》卷3《官政志》，第63页。
[2] 如元谋义学设在佛寺者，有广福村准持寺、热水塘观音庵、龙翔寺义馆等。见檀萃纂修《(乾隆) 华竹新编》卷7《学校志》，收入《楚雄彝族自治州旧方志全书·元谋卷》，第280页。
[3] 李元阳纂修《(万历) 云南通志》卷8《学校志》。
[4] 徐栻、张泽纂修《(隆庆) 楚雄府志》卷3《官政志》，第61~63页。又张嘉颖等修，刘联声等纂《(康熙) 楚雄府志》卷4《书院志》，第284页。

> 圣先师衣冠悉如古制，盖俾瞻望圣贤者，如见其真气象于当年，亦未尝以塑像为不可也。正统三年，又禁天下不得祀于佛老宫，盖不使与二氏并列之意，在尊崇圣人像而则之也。此诚为辟邪崇正之道，亦未尝谓圣人祀像之非宜者。[1]

从引文可知，正统三年已有孔子不得祀于佛老之宫的禁令。嘉靖年间更严格要求所有的学宫应立"木主牌"而去其像。皇帝听取张璁之议要求天下撤孔子塑像，使得朝廷政治斗争蔓延开来，在云南形成一股正邪、华夷之辨，而崇正辟邪的学理讨论也如火如荼地扩散到庙学体制问题。[2] 对大理士子何邦渐等而言，若撤毁孔子之像，其行犹如焚书坑儒，于情于理，难以接受，其理看似尊孔，但实为毁儒。官方对祭孔仪式的改革，受到云南士子的反对。也因为如此，佛教被划为"夷俗"，在双重压力之下，许多书院逐渐独立于佛寺以外。

姚安府是土官治理之地，崇正之风也吹进乡里，大举推动社学的建置。《社学碑记》记载：

> 嘉靖己丑冬，刺史洛东王公，承天子命……擢守姚郡，孜孜以民事为心，端本澄源，举废兴颓，尤以学校为首务。辛卯建社学，适承巡抚顾公，用夏变夷，移檄州县，兴举社学，以敷文教，顾公之政与王公之心，相契吻合。王公遂命属官诣乡相地，建社学二十八所，为诸乡社学之首，乃命义民靳子贤董其事，公则朔望视之。学正堂五间，左塾房四间，右塾房四间，屏墙一，基址四方三亩，周围二十丈……而规模之与儒学一致，虽遍滇省而仅见设也。每一社学，择老成教读一员，训

---

[1] 何邦渐：《圣庙仍旧祀像论》，收入罗瀛美修，周沆纂《(光绪)浪穹县志略》卷11，第450~459页。
[2] 李元阳纂修《(万历)云南通志》卷8《学校志·云南府与大理府》。

诲愚蒙，将党庠、家塾标榜灿然，遍于四境之中。[1]

为导夷俗，竟以儒学规模来建社学，而且同时建了二十八所。明朝对西南之治理，除了军事以外，就以教化为要，所以社学、书院与庙学也成为官员治理之核心内容，故其建置较他处尤力。

二 正祀典：武侯祠与乡贤名宦祠

在云南推动的正祀典礼仪改革不只是崇正辟邪，还有"以华变夷"的文化改造与政治企图。崇正之风深深影响合祀共享的模式，地方开始大兴土木，改建祠宇。明朝官员试图在雄长政治与神话之上，大力推动诸葛武侯的崇拜，塑造一个更具整合性的文化符号。正德年间，周季凤以滇地多"淫祠"，令地方毁之，使其"改建诸葛等庙及功臣名宦祠"。[2] 其目的是打破各部酋政治集团间的仪式界限，在平行而分离之政治文化上建立更高的权威。于是，在仪式主义盛行的人群中，强化官宦与正统人物的祀典，有助于建立一组超越人群界限的心理图像。更重要的是，这些祀典背后所试图建立的，是将西南人群划入"统治者"与"被统治者"、"华夏"与"边夷"两种不对称的意识架构中。政治秩序向来是通过祀典秩序的名义来维持的，对于西南地区之武侯信仰与崇拜，应将之视为明朝治理边区社会，为巩固其政治与文化权威而抬高其祀典地位的后果。以下将讨论当时兴建诸葛武侯庙以及乡贤名宦祠的情形。

---

[1] 额鲁礼、王垲纂修《（道光）姚州志》卷4《艺文志》，收入《楚雄彝族自治州旧方志全书·姚安卷》，云南人民出版社，2005，第394~395页。

[2] 杨一清：《巡抚应天都察院右都御史周公季凤墓志铭》，收入焦竑《国朝献征录》卷59《都察院六》，第196~197页。

（一）武侯祠

孔子像被禁后，诸葛武侯之祀典逐渐兴起。杨士云曾为楚雄府的龙冈书院撰文，描写："威楚城西有阜隆起，曰卧龙冈，旧传汉诸葛武侯南征，尝屯兵于此。"楚雄之士子先建有龙冈书院，但讨论立祠供奉先人时，不知该祀何人，故杨士云建议追祀诸葛武侯。诸葛武侯也成为滇境书院特有的奉祀对象。[1]其他如姚安府的栋川书院，与武侯祠亦关系匪浅。董金撰有《南中书院记》指出："姚安旧有书院，名栋川，卑隘且圮，后奉裁，改祀武侯，竟废矣！"[2]以武侯征南中，将栋川书院改为南中书院。嘉靖十六年，吴嘉祥又为姚安府东山撰写《武侯祠碑记》：

> 山之半，旷且平，汉武侯诸葛氏南征驻卒之所也。后人因祠侯而祀之，于祠左创寺居僧，以主香火。年久，祠宇倾圮。余丙申来守是郡，往谒增慨。姚人赵文明同僧悟海白于余，愿领修葺之役，余可之……姚之人，老老幼幼，指其山曰诸葛山也；入其寺与祠曰诸葛祠寺也。[3]

这里指出该祠是一座由僧人维持香火的祀典，又称诸葛寺。后来，姚人僧俗同修，复增置武侯祠的义田：

> 寺久倾圮，郡人赵文明尝鸠资葺之，焕乎美矣，续偕胡友金者，出金若干两，易田为祠阁，常住以居僧也……捐兹田为

---

1 杨士云：《新建楚雄府龙冈书院记》，《杨弘山先生存稿》卷11，第203页。
2 额鲁礼、王垲纂修《（道光）姚州志》卷4《艺文志》，收入《楚雄彝族自治州旧方志全书·姚安卷》，第388页。
3 额鲁礼、王垲纂修《（道光）姚州志》卷4《艺文志》，收入《楚雄彝族自治州旧方志全书·姚安卷》，第382~383页。

第九章　改造佛寺

俗产者，非祠之僧耶？[1]

也就是赵文明和僧人共同修葺诸葛祠寺，并捐一己私田作为祠寺常住，充寺之香火。如果把修葺过程倒过来看，这应是把佛寺改奉诸葛武侯的寺庙，算是一座仿官祀的佛寺。就文字上来看是诸葛祠，但实际上多是由佛教僧人与寺院的脉络发展而来的。

这种情形也发生在大理府之苍山书院，其原址为王舍寺，武侯祠后来也从佛寺书院发展而来。大理佥事王惟贤与两位士人杨士云、李元阳皆撰碑记事，分别有《汉相祠》、《忠诚祠记》与《修大观堂碑记》三个碑记。嘉靖元年，军事官员金沧道分守大参刘公到大理，以大理"多侈佛宫，三塔为表，习之睽正，旧矣，而侯独弗祠何居"召请地方吏员、学校师生与乡里老人等倡议建忠诚祠。其记文记载："南中各郡秩祀相望，乃大理无专祀，郡人像侯杂厕佛寺中，非所以安明神以称崇德之意。"地方士人将武侯像混杂供奉于佛寺，甚不恭敬，所以令建专祠供奉诸葛亮。王惟贤甚至引用明初佛光寨之役，指诸葛南征孟获于佛光寨：

初，孟获据佛光寨，去大理百五十里，守关隘，侯不得入，乃由漾濞而北破佛光，驻军大理，尽览形胜，以定规划，则侯在大理，经营最久。[2]

为了合理化明朝的治理，引用佛光寨此历史记忆之时空脉络，并把诸葛祠建在废寺王舍寺之址上。众人听其一席话，甚欢，曰：

公之惠也，兹土之幸也。乃去诸狄像并图阃刹若干。来视

---

[1] 额鲁礼、王垲纂修《(道光)姚州志》卷4《艺文志》，收入《楚雄彝族自治州旧方志全书·姚安卷》，第382~383页。
[2] 王惟贤：《大理府武侯祠记》，收入刘文征纂《(天启)滇志》卷21，第701页。

曰正殿巨而丽，侯祠无逾是已，法堂豁而邃，是可为讲堂已，僧舍翼而整，是可为左右斋已。其他迤逦而相附者皆可为书舍已。[1]

文中说"去诸狄像"，狄像是佛像，将佛寺之法堂改为书院之讲堂，僧舍改为左右斋舍，其他"迤逦而相附者"改为学生宿舍。杨士云应其要求撰写了《忠诚祠记》。毁佛建书院之余，还要倡导并表彰武侯精神"忠贞大节，塞宇宙贯日星，尤后学之所当依归者"，倡导文化正统的历史观。

后来，大理知府蔡绍科与吏员共同前往祭拜诸葛武侯，在半途之苍山书院休息，遇到田间乡耆，征询坐落其间的王舍寺古塔典故。时值李元阳在乡里修复佛寺，乡耆告之：武侯祠旧址废寺即王舍寺遗址，此王舍寺塔攸关大理水患。是以，蔡公答应为民修复佛塔，并建置大观堂。于是，官府在民间耆老的要求下，以大理水患频仍为由，开始重视佛寺古塔的修复。换句话说，大理府的汉相武侯祠、大观堂以及苍山书院等新的殿宇，是在王舍寺遗址上建置起来的。[2] 后来，李元阳为大观堂作碑记，赞扬蔡公"可谓务民之义，知神之道，而不泥于所闻矣"。意指蔡绍科不以田间乡耆身份之卑微而漠视其地方传统，是以安置民之所神者。

西南各书院供奉武侯的情形相当普遍，蒙化府官绅重修崇正书院时，也在一旁设诸葛武侯祠。[3] 蒙化府虽是左氏土官辖地，但庙学的建置不敢稍迟，府城内之书院原称崇正书院，始于弘治年间之蒙化通判胡文光。[4] 其名崇正，也是因为书院是由佛寺改建而来的。胡

---

[1] 杨士云：《忠诚祠记》，《杨弘山先生存稿》卷11，第204~205页。
[2] "创庙以祠孔明者也。祠之左有关将军庙二，守蜀泸王公作以翼祠者也。祠北有苍山书院，南有射圃，前人作以肄士者也。"见李元阳《修大观堂碑记》，收入张培爵等修，周宗麟等纂《（民国）大理县志稿》卷26，第18页。
[3] 李元阳：《明志书院记》，收入蒋旭纂《（康熙）蒙化府志》卷6《艺文志》，第160~161页。
[4] 蒋旭纂《（康熙）蒙化府志》卷4《秩官志》，第125页。

第九章　改造佛寺

文光署事蒙化,"顾城中地无相当者,天知斯文,默弼其鉴,爰得浮屠废寺于附郭西隅",又借田十六亩充岁时祭奠,建学舍。后来又购民居地如寺址之数,土舍左侧"徙别墅故宇为书院之堂"。胡文光认为这个地方昔日为"缁流咒梵之所,兹为逢掖咕哔之区",故名之崇正书院。[1]

后来崇正书院屡经修葺,易为明志书院。李元阳为明志书院写下记文。其文曰:

> 汉相诸葛忠武侯平定南中,南至产里,西底洋海,大而都邑,小而聚落,其丰功盛烈,在在昭著,崇立而表显之,使人知所向,慕奋发……蒙郡故有书院,创于胡卒文光,历岁既久……拓书院之隙地以建侯祠,因建祠之余材以补书院,为屋以间计者凡五十有六……合而名之曰明志书院。于是蠋吉肖侯之像而修其俎豆,诸生从之如云。[2]

此文未言明究竟是先有诸葛祠,后来才建崇正书院,还是嘉靖时明志书院已备而有武侯祠。但书院附祀武侯祠已是当地惯见的潜规则。武侯祠与书院相互弥补,前者供奉征蛮忠臣,象征西南由夷变夏;书院是使其文化转向的机构,二者共同将西南文明打造成华夏正统的架构。

诸葛亮是一位很适合被官府采纳并加以提倡的历史人物,"蜀汉"与"南中"提供了一套合理建构西南历史叙事的时空架构,而诸葛亮"以德服蛮夷"的历史形象正可使他被用来作为收服西南夷的典范人物。乡士大夫在佛寺延伸空间中重建书院时,莫不有保留地方仪式权的意图,故其将佛寺转化为书院或武侯祠,使得他们得

---

[1] 郁容:《崇正书院记》,收入蒋旭纂《(康熙)蒙化府志》卷6《艺文志》,第156~157页。
[2] 李元阳:《明志书院记》,收入蒋旭纂《(康熙)蒙化府志》卷6《艺文志》,第160~161页。

以顺利地将仪式与其附属之常住土地让渡在武侯祠的名下，整个仪式权逐渐转移到以士人为主的地方精英。这种机构化的组织使得僧人的角色边缘化，然又因其无子嗣，没有侵占常住的疑虑，故逐渐成为掌管香火的代理人。这些僧人担任庙宇的守护者与仪典代理人，在祀典中的地位无疑是下降的。我们从陶珽为一位官员所撰写的碑记《赵公生祠记》来看当时僧人与官祀之间的关系：

> 太府赵公于郡人既留百世思……有堂有寝，堂以奉公像，寝以奉西方圣人，使浮屠氏梵诵修持于中，以妥灵魂。复核旧日亩籍而再拓之，计田若干，坐落某所，输若干，祭品供费若干，食僧租若干，余以为接年修祠之费亦若干……[1]

大抵说明当时僧人成为守护官祠香火之人。

（二）乡贤与名宦

礼仪运动在天下展开后，以庙学为中心之官祀格局也越来越制度化，被派遣到边境之官员也在庙学四周纷纷增置名宦、乡贤、报功、忠孝与节烈等祠。建祠之余，奉祀之对象究竟为谁，势必引起官民的一番议论。对西南边地来说，崇正使得"儒佛"之争还附带着"华夷"之辨的意味，也因为如此，昔日开化有功之圣僧，势必被排除在官府所定义之"乡贤"与"名宦"之外。

以邓川为例，其乡里多祀南诏大理国王，乡士大夫杨南金以此为僭越之举，他在乡里提倡崇正，主张供奉"宜祀"之人物来取代僭越的神明。然，宜祀的对象是"凡生于地方，并仕于地方者，贤行善政，取其大节，略其微疵，下之州县儒学，各举以报"。所以，

---

1 陶珽：《赵公生祠记》，收入额鲁礼、王垲纂修《（道光）姚州志》卷4《艺文志》，《楚雄彝族自治州旧方志全书·姚安卷》，第396~397页。

第九章　改造佛寺

他大力支持在鹤庆毁淫祠打击佛教的林俊，并认为百姓就应该崇祀林俊。[1]对士子而言，"宜祀"的对象必须符合正统历史的价值，但昔日"有功于民"的历史人物，如国王后妃与神僧等，是"夷俗"，不在讨论之列，故应予以摒除。于是，民间如何将不逾越规则的"宜祀"对象，放在祀典架构中来奉祀，就有相当大的操作空间。

前已提及，诸葛武侯成为正统历史叙事中象征边境英雄的代表性人物，故当偏远地方无符合正统叙事之历史人物时，多以诸葛武侯充之。那么，在人文荟萃的大理府中，究竟哪些历史人物才符合官府心目中的形象？官员与乡儒师生势必对历史人物详加考证，重新筛检并评价之，使其符合规范，并将之供奉于庙堂之上。[2]嘉靖以来的士子，如高𨱈、李元阳、永昌进士张志淳与杨慎等士人留下不少碑记，其中高𨱈撰有大理府之《乡贤祠记》；李元阳撰写《大理府名宦祠记》《大理府儒学田记》，他也为蒙化的书院撰写《明志书院记》；杨慎撰有《临安府乡贤祠记》《定远县儒学记》；林俊则为永昌府撰有《永昌名宦乡贤祠记》；张志淳为蒙化府撰写《重修蒙化府儒学记》等。这些地方士子与官员共同参与重构历史的书写工程，对后来西南历史叙事影响甚深。

大理府庙学竣工后，官员高镰与周鲁在文庙两侧修建名宦与乡贤祠，请高𨱈撰写碑记，名为《乡贤祠记》。此碑有助于我们了解该祀典对民间的意义。高𨱈在碑记中写道：

> 今天下郡邑学宫皆祀乡贤，即《一统志》所载人物是已。大理郡学有祠，始于郡守祁门汪公标……钟英毓秀，生于其乡，道德积躬，足以可法可传，斯谓之贤，贤之尤者则祀之。所谓乡先生没，有祀于社，此则自社而升者。[3]

1　杨南金：《崇正祠记》，收入侯允钦纂修《（咸丰）邓川州志》卷13《艺文上》，第161页。
2　杨慎：《临安府乡贤祠记》，收入李元阳纂修《（万历）云南通志》卷12《祠祀志》，第287页。
3　高𨱈：《乡贤祠记》，收入张培爵等修，周宗麟等纂《（民国）大理县志稿》卷27，第1页。

对官府而言，乡贤的定义，一是生于其乡，二是道德高尚，可供百姓效法，并为社会典范者。然而，地方传统是"乡先生没，有祀于社，此则自社而升者"，指的是乡里人物，有功于民，则被供奉于社坛，乡贤祠之乡贤是由社中选拔提升至官祠之列者。这与南宋毁禁淫祠的做法类似，官府将有功于民之乡里人物供奉于乡贤祠，一方面可以调节地方既有的信仰，另一方面则有利于推广官府之权威。[1] 是以，大理老百姓充分利用这种乡贤的概念，将过去由观音、僧人、国王、英雄、贵族及部酋领袖所组织出来的历史，融入乡里祭祀，并视之为合乎官府乡贤标准的人物，而其香火也就持续地拥有符合官府标准的合法地位。

前章已提及，大理向有以僧人为圣，并视之为开基祖先的传统，然在林俊毁佛后，崇奉圣僧是夷法，不符庙学之制，圣僧无法列名乡贤之位。圣僧不符儒家圣者的标准，更不符地方乡贤形象，那么，若要舍弃此类对地方有功之圣贤，易之者为谁，便成为一个有意思的问题。姑以列名大理府乡贤祠内的历史人物，来说明华夏正统和儒教道统在西南地区重新被发现的过程：

  汉置郡建学，张公叔者从司马相如公授经，归教乡人，而乡献自此始。晋唐宋元间，有若庞遗辈载诸志，可考已。我圣朝治化渐被，凡厥郡民，丽藻咀华者济济。贤而祠祀者，按旧祠，庶吉士杨公荣以下若而人。[2]

他们在乡贤祠中要追出的是以儒学为中心的道统，那么只有获功名的士人才符合其标准。是以，乡贤祠依据景泰《云南图经志书》甲

---

1 韩森：《变迁之神：南宋时期的民间信仰》，包伟民译，浙江人民出版社，1999。又见 Richard von Glahn, *The Sinister Way: The Divine and The Demonic in Chinese Religious Culture*（Berkeley: University of California Press，2004）。
2 高斗：《乡贤祠记》，收入刘文征纂《（天启）滇志》卷20《艺文志》，第679页。

科者条目,将明初以来地方贤者庶吉士杨荣等人列名其中,开始建构一套符合儒学正统教化的儒士体系。此举也鼓舞了大理世族精英致力于仕业。

再者,谁可供奉于名宦祠呢?嘉靖年间,御史高镳到大理府,往名宦祠祭拜时,他"一见恻然,诸生曰:是尚可以为典礼乎?"因祠宇简陋,实不足为仪典,所以,高镳和大理府同知周鲁讨论如何重新修建。名宦祠的问题不只是建筑物本身,还在于里面供奉的对象。理论上,官府认为名宦祠应供奉历来有功之守令,"然主皆近代守令,而前者所载有功斯土者,尚尔阙如"。故跻身大理名宦祠者多"近代"官员,而昔日有功斯土的"郡守"大多阙如。后者多为世家大族的祖先,也可广义地指过去之国王与土酋。但国王是否可被视为郡守?在道统与治统合一的政治意识形态下,供奉昔日的国王也已几近僭越,如何在僭越的国王贵族与乡贤名宦间找到平衡点是最为困难之处。

高镳与周鲁认定前朝有功斯土者"阙如"时,民间也不是没有声音的。李元阳在碑记中指出当时的情形:

> 环桥门而来观者,有指某公之主而拜焉,有望某主而举手加额焉。然主皆近代守令,而前史所载有功斯土者,常尔阙如。

文中指当时官员与乡士大夫讨论应祀对象时,围观者指某公之祖先得以列入乡贤祠。这里用"某公之主"与"某主"很有意思,不知是不是长期以来的地方习惯,用"主"来指"主人"或"祖先"之意。后来,二公请郡之缙绅加以讨论,其情景是:

> 考论沿革而摭其勋伐,在汉为益州,得三人;在蜀汉为建宁郡,为云南郡,得三人;在晋隋为宁州,得三人;在唐为

南宁州，得七人；在元为大理路，得六人。国朝使臣有功德在人而可绎思者，不可无书，又得十一人。与令守师儒并为主以祀。[1]

嘉靖年间大理府名宦祠的重建过程，表面上看是为整治地方仪典，实际上是试图将"斯土"的历史记忆放在政治正统的时间与价值系谱中来讨论。

李元阳《云南通志》所列入之乡贤名宦应该就是当时二祠所供奉的对象。志书列有汉之卤承，蜀汉张佑那，唐朝蒙归义、蒙伽异、尹仇宽、杨奇鲲，宋朝李紫琮，元朝杨升、段福、段日、陈惠、杨渊海、杨保、杨名、苏隆等。明朝人物包括永乐以来开科取士之进士人等，包括杨荣、杨禧等。列名大理府"名宦"者多摘自常璩《南中志》，所列举之人物自三国到晋，包括建宁太守杜良、耿容、陈楷等。唐宋之名宦以遣使边臣和征蛮名将为主，如何履光、王建方以及袁兹，皆为正史名臣。元明则以流官为主。值得注意是大理相国世家高量成，他名列名宦，应该也历经一番讨论。想必还有许多历史人物不符官员心目中的"乡贤"与"名宦"典范。[2] 其他不符合官祀的历史人物，如国王、后妃、灭蟒英雄段赤城等，只能在"社祀贤者"的架构下为百姓所奉祀！在其他边境地区要找出符合中央王朝理想形象的乡贤与名宦，则更加困难。囿于边境治理之权威，官员士人对乡贤与名宦的人选反而抱持更严格的标准。以永昌府为例，林俊和其儒学师生讨论并详加考证后，仅得一位乡贤，是汉署太守吕凯；名宦则有八人，都是平蛮有功之士。在这一考核历史人物的过程中，能够获得名宦身份的要点在于其能巩固文

---

1 李元阳：《大理府名宦祠记》，《中溪家传汇稿》卷7，第1~2页。
2 李元阳纂修《（万历）云南通志》卷10《大理府·名宦》、卷11《大理府·乡贤》，第242~243、262~263页。高量成之事迹，可参见连瑞枝《隐藏的祖先：妙香国的传说和社会》，第124~131页。

第九章　改造佛寺

化之正统，"攻蛮服夷"为关键指标。[1] 杨慎在临安府考察乡贤人选时，遍寻不获一人，并指出"临安在唐宋为剽分，元世无闻"，故从严录有四人，为皇明四公。当时认定名宦的标准不在服夷与否，而在居官之德行，故唐宋时期之南诏、大理是为"剽分"，不录名宦，表示当时挑选名宦的潜脉络还是一套政治正统的概念。[2]

土官或土酋自然不会被考虑。其中，北胜州、武定府、广西府、鹤庆府、蒙化府、澄江府、楚雄府等，在明朝以前，并无土官跻身于乡贤名宦之列，这些土官辖区并非没有乡贤名宦，只不过没有符合官府心目中理想的人选。若要将这些土官列入名宦或乡贤，势必经过一番讨论，而且必须是极为重要的土官祖先才会被加以考虑，如姚安府之乡贤列有高氏土官祖先高升泰；丽江府之乡贤项下，列着木氏土官祖先麦宗。[3] 在此正统历史与仪式框架下，土官人物与历史之阙如，正可说明朝廷以淡漠态度面对其定位。被列入乡贤名宦的土官祖先也成为我们了解西南土官政治与中央王朝二者对话的参照指标。

（三）祀典经费

若要维持合宜的祀典，稳定的经济基础便很重要。嘉靖年间，祀典革正也将祀典经费纳入制度化的考虑，尤以庙学的正常运作为主。庙学是培育府州县儒学人才的机构，官府除了开列文庙以及附属祀典之经费外，还必须设置儒学之学田以供师生讲教之用。嘉靖二十八年（1549），大理府公告学田亩数及佃户，以保障儒学的物质基础。前面论及喜洲士子将佛寺改建为书院时，官府也核可书院之"都养田"等，将书院就地合法化，使其成为官府核可的机构。此后，云南各府州县纷纷建学，地方世家精英亦响应筹办，向官府请示核

---

[1] 林俊：《永昌名宦乡贤祠记》，收入刘文征纂《（天启）滇志》卷20，第682页。
[2] 刘文征纂《（天启）滇志》卷20《临安府乡贤祠记》，第681页。
[3] 李元阳纂修《（万历）云南通志》卷11《人物志》，第279页。

可，使其成为庙学体制之一部分。此后，各地兴建书院与儒学之风潮越来越盛。杨士云撰写《大姚县新建儒学记》提及将设学培养士人的工作交由地方来经营：

> 滇徼黉校相望渐增，县若所若司，其乡官乡父兄子弟合言于县，愿建学以广教，思新人文百尔经营，弗烦于官，弗勤于民，我泉我谷我输以成。维时县令王子佩白于府，郡守赵侯澍白于巡抚都宪顾公应祥，巡按御史林公应箕下三司详议以竢上请署印……会报如议，两院具疏以闻，下礼部，复宜如议，诏允之降印，铨官寄学诸生悉归于县，斋膳科贡悉如令……[1]

为解决寄学诸生问题，乡官乡父兄子弟愿意建学以广教，合言于县，便得以自行筹办。这些地方精英当然乐于捐建书院，通过合理的方式保留其原有的香火。次年，官府开始将庙学与书院经费制度化，其得以独立运作。云南按察司副使着手清查大理府与太和县之学田，委职掌民政与卫所的两位代表从事清查工作。从当时留下的碑刻判断，府县两学之学田位于邓川州，计有147亩余，由佃户李秀实等负责耕种。学田经费主要用在"两学教官升迁事故，及各生员间有贫乏不能自存者，及婚丧未能举者，该学查明，酌量具数申府支给"。[2] 大理官府正式划拨学田作为学院之常设经费，这套身份制度的物质基础更加巩固。

除了学田，文人士子也开始组织会社，如文昌会。嘉靖二十六年，李元阳在大理城内买下指挥常氏之故宅，将之改为文昌宫。他和地方士人共同供奉文昌，并以文昌帝君主人间桂籍、禄嗣与社仓之事，欲以文昌祠配置社仓，出资率里人说服郡丞江应昂请"籴

---

[1] 杨士云：《大姚县新建儒学记》，《杨弘山先生存稿》卷11，第205页。
[2] 大理府学田可参见《大理府为清查学田碑记》，收入张树芳主编《大理丛书·金石篇》第10册，第87页。

第九章 改造佛寺

谷"以建社仓。然因"本谷既少，市价难平，遂以谷易价，赎荒寺废院田，每岁入谷七十石，以六石五斗并家园八亩为本宫常住，十石四斗为玄真观常住"。[1]此时大理米价甚昂，故其赎"荒寺废院田"，以文昌之名义改社仓，一方面支持了乡里文人信仰的经济基础，另一方面支持乡里社仓之运作，使得文昌庙成为结合士人信仰与乡里经济的仪式场合。

学田始于嘉靖二十九年，随之而来的是万历八年的土地清丈。万历年间赋役改革，进行土地清丈，寺田被占用的情形终于浮出水面。当时，大理东部宾川州发生民田与寺田争执之事，讼后，官府立碑告示。其碑文内容如下：

> 大理府宾川州为清查寺田以崇祀典，以苏民困事。奉云南布政使司分守洱海带管金沧道右参议骆札付，蒙巡按云南监察御史刘批，据本道呈详：犯人王禹招由并清查鸡足山寺田文册。蒙批，王禹依拟。内此件田亩，连大理府见问明月田亩，事完之日，俱要行州收入册内。其册集所开，本仍驳该州再加细心清查，必惧势要，但要寺田、军田、民田各自分明，不相假借，不相侵夺……不致后议，并不致日后为奸豪隐骗张本，不遣良善无穷之害，方可勒之于石，用垂永鉴。又访得寺僧柔善，傍近豪徒百端扰害，非有所凭借，则不能安业。夫凭借之苦与豪徒之扰害，二者病则一般。并行该州刊示明谕，事完，将批辞一一勒石，取实收领状缴。奉此，仰鸡足山各庵僧，即将寺院田地税粮租谷数目，尽数开报，勒入碑内，毋得隐瞒，查出重究不恕。须至给者。万历八年庚辰九月吉旦。[2]

---

1 李元阳：《大理文昌宫记》，《中溪家传汇稿》卷8，第40~41页。
2 《圆通庵常住碑记》，收入张树芳主编《大理丛书·金石篇》第10册，第109页。

这份碑记的时间是万历八年，当时由于王禹侵占鸡足山寺之寺田土地，引发纷争。云南布政使司分守洱海金沧道札付，令大理府宾川州对辖境之土地进行造册，才有鸡足山寺清查寺田文册一事。此事虽起自宾川，但大理各地佛寺纷纷仿效之，为免民间侵夺，故引用宾川正祀典清寺田事例，宣示佛寺常住之产权，将常住田土刻碑造册，向官府开报申明税粮租谷等项，强调佛寺常住土地也具有合法性。这项改革使得原来已经逐渐残破的佛寺获得一线生机，它不仅成为保护佛寺常住土地的政治措施，也使得寺院经济体系暂时得以恢复。大理出土了许多万历年间有关佛寺常住赋役的碑刻，都采用同一刻本，向邻近豪强宣示其常住土地之范围。[1]

清丈土地与赋役折银，使得官府与地方财政越来越依赖行之已久之祀典机构作为巩固政治的中介者，地方社会也仰赖祀典机构之物质基础作为巩固社会关系的媒介，不论是庙学还是佛寺，大抵暂时获得政策的保护。明末《邓川州志》记载当时儒学教育经费分配与定额化的情形，可知列籍生员的乡绅不仅可以获得地方官府公费支给，中举会试另有公费补助，他们在乡里又得以优免赋役杂派，这些都是制度带给士人阶层的好处。[2] 游于学，即获得士人社会的、经济的与政治上的优势。周洪谟在云南石屏州看到的现象是"其徭既蠲，其廪亦丰"，[3] 指出儒生获得不同性质的优免，其他附带之社会与政治资源更不在话下。在寺田、民田和学田划分清楚后，又有赋役折银制的实行，这使得乡里社坛书院甚至佛儒合祀的传统产生了

---

[1] 大理出土万历八年的常住碑记有《八角庵碑记》《圆通庵常住碑记》《大士庵常住碑记》，收入张树芳主编《大理丛书·金石篇》第10册，第109~110页。

[2] "会试举人盘七十二两……儒学斋夫四名，共四十两；膳夫三名，三十六两；书手一名五两。宾兴科举生员约三十五名，每名二两三钱二分，共八十一两二钱，该银二十七两六分。新中举人约二名，酒席银五两，花红锦标银二两，每名该七两，共十四两。年该四两六钱六分，岁贡盘缠年编四十四两六钱六分。"艾自修纂《（崇祯）重修邓川州志》卷8《赋役志》，第48~50页。

[3] 周洪谟：《石屏庙学记》，收入周季凤纂《（正德）云南志》，第418页。

第九章　改造佛寺

较大的变化。

书院的学田与佛寺的寺田，逐渐成为乡里用来组织社会或间接回避赋役征银的新媒介。地方官府为维持祀典，也开始配置祀田。万历九年，太和县知县孔宗海撰有《敕建报功祠祀田碑记》：

> 本县因措置各项祀田，共计二十二亩，以门役更代不常，召择僧人明从，俾令住持随将前田踏给，收入本祠，以充常住。其各田岁租计谷三十六石一斗五升，小麦一石五斗三升。每年修理祠宇，约用谷十一石，朝夕芗膏，约用谷四石，其税粮共计二石六斗五升四合，及条编粮差二两二钱五分，以谷七石当其数。其住持工食不足，以谷十四石一斗五升、麦一石五斗三升补其乏。则租有常入，而守者不致轻费；田有定租，而佃人不敢妄减……除先申奉巡按云南监察御史刘奉批，但凡田地若干，系公务者，必须通详列之坚石，竖于公所，方可垂之永久。有期于事，不致后来劫豪侵夺，据议公买各田送敕建表忠报功祠，事已盛美，今欲勒石，尤见妥当。仰照议施行缴遵照外，本县今逐一分列勒石，本祠并将各项购置田亩名数及坐落四至夏秋税粮佃户姓名俱详之左方，以备稽考，以戒侵夺，以垂永久。[1]

此为解决报功祠祭祀所设置之公田碑记。昔日祀典维持多责成守者，但往往难以督实，祠宇倾坏崩倒，多摊责民间修理。然土地清丈后，门役不再，故祀典责成僧人住持，为确定各项经费，勒石公告。也就是说，象征正式仪典的机构配置祀田，以僧人—佛寺—常住的模式来维持之。这使得佛寺、报功祠、书院与宗祠都受到朝廷

---

[1] 孔宗海：《敕建报功祠祀田碑记》，收入张培爵等修，周宗麟等纂《（民国）大理县志稿》卷29《艺文部》，第5页。

礼制的保障。

再者，基层官员为征收赋税，也在乡里设置香火以为乡税所。以一通康熙五十四年（1715）的碑刻说明明末清初太和县西北凤羽乡赋税和乡里关圣香火的关系：

<blockquote>

本府给凤宇乡关圣宫碑记

大理府正堂加四级刘为叩天赏准勒石以杜后患分夺事。据凤宇乡税所关圣宫住持僧源溙诉前事情，因圣宫之建，出升任巡司李父母官，有杨伏奇、杨龙甲弟兄，因为无嗣，将秋税二石五斗之田乙段为常住，彼时父母官详明，本县将钱粮编入□尚里册末庆明一户，递年收租完粮无异。己□今二十二年，于五十三年陡遭阴谋之徒，有占常住之举，住僧软弱，法门听其分夺，本村士民不时连名具诉靳太爷台，蒙批照旧。幸际恩主再加建造，工尚未完，伏乞天恩赏准勒石，庶阴谋者无复萌其念，则圣宫香火有永，实洪恩之再造矣等情。到府，据此为照，有寺无僧终归无寺，有僧无食终是无僧。凤宇乡之关圣殿乃本府税所创建，为一乡之福神、合乡之香火，正虑圣前之香火不继，住持之衣钵无资，适有土住善民杨伏奇、杨龙甲弟兄，舍田乙段以作此宫常住，诚善举矣。况又折粮过户与他人何与焉，竟访得有土豪势棍等欺僧软弱，谋意夺取。谚语云：损坏功德林，成就阿鼻狱。此言信不诬矣。本府正堂欲查究问，兹据僧源溙具诉前情，合行勒石永禁，为此示仰住持源溙遵照。即将杨伏奇、杨龙甲所舍田亩四至税秋数目载之碑记，管业收租，供奉香火。其递年钱粮正供，急早完纳，免其杂差。倘有豪强争夺，许该住持【持】此碑文赴管衙门禀究，但不得无益縻费。永久遵行。须至勒石者□□

大清康熙五十四年五月初十日中宪大夫大理府正堂加四级刘有成

</blockquote>

第九章 改造佛寺

　　大理粮捕府兼摄浪穹县事靳治郊
　　功德杨伏奇杨龙甲　　　住持僧源溗　　立石
　　附各处田亩数目于后
　　…………
　　丁卯年六月初五日杨姓七世孙犀生　　凤苞／炳
　　住持人八世孙能久徒仁宏／宥孙圣恩　　重泐[1]

凤羽在明初设有土巡检，清初改凤羽乡，隶大理府洱源县。碑中的李父母官未知是何时之官员。此碑文意指大理府税吏创建关圣宫作为凤羽乡之税所，由土民捐常住供养僧人，关圣宫也成为一乡之香火。显然乡里香火已超出正祀典礼仪层面的意义，其与基层粮赋与财政问题绑在一起，僧人还被视为无害的祠庙香火经理人。上述两通引文都指出僧人沦为祀典管理人，或可说是门役之属。合祀的传统重心已由佛寺、庙学转为乡里税收，地方财政与经济的主导性也越来越重要。

　　"正祀典"是官府与乡里协商与沟通的渠道，然土地清丈后，各种流动人群与新兴社会更借由各种"祀典"名义来争取政治认可。他们一方面仿效佛寺常住的概念，视土地为维持基层社会运作的配置，另一方面在日益复杂的社会关系中，又以官府引入的祀典来巩固其新的社会关系。理论上来说，土地清丈与赋役折银将使土地在市场上流动，也有助于人口流动。但是，财政改革对寻常百姓的意义不是土地产权带来的利益，而是随着清册越来越重的杂派，况且，这种杂派往往带来比正赋更难以评估的负担。在这种情况下，官府杂派的压力使得地方社会产生不同程度的流动与重组，而具有竞争性的仪式符号也成为用来与邻近人群进行区辨的标志。

---

[1] 碑文采集自大理白族自治州凤羽关圣宫内。凤宇乡，即凤羽乡。

三 佛寺化的祠堂

世家大族为培养年轻乡俊在乡读书，将佛寺一隅改建社学与书院的情形相当普遍。然而，当书院与庙学成为越来越重要的力量时，佛寺庄园的格局也逐渐被削弱。我们先从以下两个例子来讨论明中晚期，大理世家之佛寺、家祠与书院合祀的情形。

（一）李氏祠堂

这是一个由佛寺改建为祠堂与讲学所的个案。成化年间，喜洲李姓世族曾将其佛寺改建为祠堂，后来因祠堂难以为继，又转型为乡里书院。从佛寺到书院的历史非常清晰，姑先就这个例子来做讨论。

这个故事必须用倒叙的方式来说明。万历年间，喜洲士人李五芳获功名，返乡着手撰写祠堂的历史，内容追溯到十代前之祖先，为元路判李正与州判李义兄弟。据云，两兄弟世传勋业，列名文庙，且已设置祠堂，供奉其先世。成化时，其祖有李珪者，结合族人出钱购置田园作为族田，以为永制。然而，到嘉靖年间，整个建筑只剩下祠堂和碑记。李五芳的父亲想要重修祠堂，但"其制未详"，不知该循何种礼制来建构。后来李五芳决定考察家庙之制，来说明其祠堂实于法有据：

> 大夫三庙、二坛。适士以下，各有差等，庶士庶人无庙，祭于寝，享止考妣。然礼原人情，起之以义。丧服上至高祖，而享可不及乎？于是司马、二程始以高曾祖祢祭之影堂，略加损益，为祠堂制，着于家礼，列诸性理书，为不刊之典，是祠堂之制如此……然则今日所赖，惟谱存于祠……自祖宗来，积德百余年，而始发于吾，得至大官，若独享富贵而不恤宗族，异日何以见祖宗于地下，今何颜入家庙乎？于是恩例俸赐常均

第九章 改造佛寺

于族人，并置义田宅云。又尝据窦谏议于宅南构一书院，延置师席，故其子见闻益博。今先君修祠堂，芳证以先儒定议，而谱牒固因以明矣。[1]

其实，李五芳获得"大官"建家祠的做法，和土官自京回来获官修建佛寺的举止如出一辙。他认为祖先积德百余年，名列文庙，应是士大夫等级，所以建祠堂、撰家谱，"相为表里"。他仿照范文正公之举，设义田、书院，建立祠堂。由于其义田源自祖先之恩例授田，故与族人共享，并将族亲列入家谱，祭祖则备置祠堂，另有精舍作为族俊读书之所。其云："义田以周之，精舍以教之，又所以表里乎，祠谱也。"强调祠堂、家谱、义田与精舍相为表里，符合礼仪的祠堂建置。据其文字指出，当时祠堂中供奉着三位祖先：一是始迁之祖，二是创祠之祖，三是修祠之祖。其始迁之祖是李海，蜀人，"汉建兴三年从诸葛武侯南征，为关洞寨主，留守大理"。攀附的可能性极高。大理李氏多追溯其始祖到李海，认为他是蜀汉诸葛武侯派任之留守寨主。[2] 创祠之祖是元末路判李正，修祠之祖是李五芳的父亲。此外，祠立于本家西寝之西，左右为四龛，"祀高曾祖祢，其子孙各以班衬，而易世递远，祠宗支，定昭穆，辨亲从，而别衰麻之等"，建立"始十一人之身"的祭祀结构来确定远近亲疏的关系。李五芳建了一座自认符合礼制的祠堂，不仅备有家谱、书院，还有义田。[3]

很明显，李五芳并不是依据明朝士大夫的礼制来建立其祠堂，他们的始祖溯及诸葛武侯留下的军队，若依上述之祀典架构，也应算是汉边臣后裔。李五芳试图告诉我们一个依循范文正公的

---

1 李五芳：《李氏祠堂家谱书院义田集录》，收入张树芳主编《大理丛书·金石篇》第10册，第108页。
2 见《李氏谱源》，大理州图书馆藏。该谱收于洱源县，追其始祖为李海以及元末之州判李正。
3 《重修奎星书院碑记》，收入张树芳主编《大理丛书·金石篇》第10册，第177页。

理想所建立起来的家祠义田,他没有说的是,在改建祠堂时,此地原是李家佛堂。所幸,嘉庆年间留下的一通《重修奎星书院碑记》,记载着李氏祠堂原来是一座佛寺,后来变成奎星书院:

> 先是,明季上院李姓祖代创为祠堂,西有大殿三楹,崇奉释迦佛祖,南北平房以为士子朝夕讲算之所。广置常住田亩,永为寺内香需,名为佛堂。现有碑志可凭。[1]

指出李氏祠堂的大殿供奉释迦佛祖,南北平房则为士子朝夕讲算之所,而书院的开销仰赖佛寺的常住土地。后来由于佛寺常住尽废,古刹难以为继,张、杨二姓庠生见"古刹零落,香灯几绝","虽留大殿,古刹将尽",遂谋于地方诸庠生共同出资,向李氏后裔以及乡之众姓商请,立契约"庠生李公讳鉴清等,情愿将祖遗梵刹作众姓共同香火"。这里用"祖遗梵刹"指家寺变成众姓共同香火。后来,佛寺祠堂与书院殿宇之维护极其困难,故由以乡绅张、杨二姓为首之庠生及众姓出面重修,在佛寺东楼塑一奎星像,以镇风脉,名之为奎星书院。这使得这座佛寺仍然具有"修斋建醮,上以祝皇图巩固,下以祈百室盈宁"的功能。[2]

  这座被改为奎星书院的佛寺,稍早曾被李氏依据礼制改建为"始于一人之身"的祠堂,后又转为乡里书院。佛寺之常住改为家祠之义田,是一种新瓶装旧酒的做法,祠堂运作似乎也不符地方乡里之现实,后来逐渐转型为众姓之书院,由乡士大夫共同经营。虽然这是一通书院碑记,但它没有说出来的是:它是一座佛寺衍生出来的奎星书院。明末以来乡里祀典合祀的模式相当普遍,康熙年间太和县另一座书院,名为桂香书院,也是由佛寺衍生出来,其书院

---

[1]《重修奎星书院碑记》,收入张树芳主编《大理丛书·金石篇》第10册,第177页。
[2]《重修奎星书院碑记》,收入张树芳主编《大理丛书·金石篇》第10册,第177页。

第九章　改造佛寺　　　　　　　　　　　　　　　　　　• 299 •

佛寺不仅由寺僧负责维护香火，常住也用来支持书院之运作。在此略过不说。[1]

（二）慈真庵

另一个合祀的个案是佛寺与汉人卫所的联合宗祠。前文提及大理卫指挥周能在大展屯将佛寺改建为宝林香社的故事。当时，宝林香社是否附设训蒙之所，不得而知。但周能之弟周安袭职大理卫左前所百户，与军余等众聚居在龙尾关之大展屯。正德至万历年间其子孙跻身庠序之列，转型为士人。[2] 正德年间，周安支派的周轩以大理卫百户的身份在大展屯建立一座三官殿，又称三官楼。万历年间，三官殿改建为慈真庵（图9-1），该庵有一通周维藩所撰写的《新建慈真庵碑记》，内容记载着周氏建慈真庵的过程，其碑载：

> 自国初来，户侯周氏以千域当龙关一面，因屯种之，遂于此家焉。正德初，户侯周公轩建立三官殿遗制，迨万历壬午岁万岳尊二楼，翁复修之，大都三官止于泥像，殿宇止于短椽，两旁土一平复，无甚伟观，则夫廓而大之，轮奂重新，不有赖于后人乎哉。岳尊有家□〔俗〕吾舅席，父祖业昌大家声，居官颇有能略，当路者每奇奖之。又有子步武退休田野，慕泉居之，清幽思山林之雅致，栽花榭竹，笑傲壶觞，若可以自娱矣。公自谓犹不足以尽吾也，欣然有乐善之心，诗云：靡不有初，鲜克有终。凡向善者，难于末路。公先是约朝真之会，积月竟九，盖数年于兹，礼诵王经，朝夕不辍，亦数年于兹。他如建桥梁，置谋冢、舍冬衣、赈米粟、种善行，不可枚举。此

---

1 《桂香书苑碑记》"尝观人创建寺苑，迨落成时，辄为之书其匾曰某寺某苑"，描写作者曾祖与僧人合办书院之情景。收入张树芳主编《大理丛书·金石篇》第10册，第151页。
2 《（道光）周公墓志铭》："守卫大理，以军民相长相睦为尚，因名里居曰大展屯，越正嘉隆万间，子孙青衿济济胶庠，亦盛焉。"文字于大展屯田野采集而来。

又不足以尽公之为人矣。公自谓尤不足以尽吾愿也，欣建一刹，以为终身皈依之地。冀别图之，谋于众，佥曰：本地原有殿，尔大父创建之，尔先君浚修葺之，公即就此廓而大之，亦肯构意也。遂择日鸠之，开基拓土，凿石勒垣高砌层台，尽更其旧焉。中建一大殿，中塑观音，左塑玄帝，右塑文昌，白王其塔，丹护其宇，乍睹之若金色界然。前建一楼廊，铸三官于其上，（万）月松同□绿柳苍炯，远眺则江山在望，令人顿忘尘俗之世，亦村落中一奇观也。左耳建房三间，中供伽蓝，右耳建房三隔，为子弟读书所，殿左隅建一楼为静室，殿右隅建一室为祠堂，楼左建一室为香积，楼右建一室为空舍。天启元年兴工，次年落成。竟举旧之单隘者而崇高之，□是举旧之狭小者而阔大之矣，不有光于乃祖乃父乎哉，故更其殿为庵，名曰慈真。至于慈光不烛，真庆临轩，其庇佑我公之善，又宇有涯乎哉。虽然莫为之前，虽美弗彰，莫为之□〔后〕，虽盛弗传。公有可传之美乎。若孙等能广种福田，培善□于未艾，即与庵同悠久可也。众亲友皈□之，碑□□□，□□言以彰善事。余曰：公见今酬王经，结黄箓，礼梁皇，拜水陆，设大胜会，善果圆成，其在兴故借此为之。

天启　丙寅年岁冬吉日　　施主　周维藩立乡录□□四川成都府　□□知县　　　　　郡人　赵璧炬[1]

周氏屯驻大展屯后，周轩先建有三官殿，万历年间，周刚将三官殿改为慈真庵。此碑有几个重点值得注意。撰碑者周维藩是周寿之十世孙：从《周氏家谱》中得知，周维藩的祖父往上三代分别为七世祖周轩、八世祖周昆、九世祖周刚，皆为世袭大理卫左前所百

---

[1]《新建慈真庵碑记》，笔者抄录于大展屯慈真庵。

第九章　改造佛寺　　　　　　　　　　　　　　　　　・301・

户侯。[1] 正德年间，周轩居官有功，晚年退隐乡野，每有"朝真之会"，"礼诵王经"，建三官庙为其所。同时，他也在乡里开展慈善事业，像"建桥梁、置遂冢、舍冬衣、赈米粟、种善行，不可枚举"。万历十年，三官殿已极为破旧，九世祖周刚欲建佛宇为终身皈依之所，便在三官殿旧址上扩建慈真庵。族谱中描述周刚："有才智，明令其统率卫所部，征剿土匪有功，诰封振威将军，世袭大理卫都指挥同知。"周刚将三官殿改为慈真庵，又在右耳增置子弟读书之所，殿右设置祠堂。

图9-1　慈真庵（位于今大理市下关大展屯，作者摄）

改为佛寺的慈真庵包容了许多不同性质的仪式。正德年间兴建三官殿，象征着当时作为汉人卫所百户侯的"家庙"。万历年间，三官殿又改建为慈真庵，这种配置很可能是地方乡里士族所流行的空间格局，他们将佛寺、家祠和读书之所合而为一，也具有"训蒙之学"的意味。《新建慈真庵碑记》中并没有明言慈真庵是周氏的

---

[1]《周氏家谱》，笔者田野采集，第6~17页。

"家庙",但他们在此进行佛道两种仪式,像是道教的酬王经、结黄箓,佛教的梁皇会、水陆法会等,这使慈真庵成为兼具佛道两套仪式之家寺与家庙。

更值得注意的是,笔者亲访大展屯,虽未见设有家祠,但紧邻慈真庵正后方另有一座规模较小的六姓祠,这六姓包括刘、马、金、李、杨、张,是昔日随周家同来之军余后裔。他们没有独立家祠,而是重修慈真庵时另建小祠依附其后,称为六姓祠,各姓诸祖共列其间。六姓祠供奉六姓之祖先灵位(图9-2)。

图9-2 六姓祠(位于大理市下关大展屯慈真庵后,作者摄)

在这座阖村宗祠中,中间供奉着移驻大理卫都指挥同知周寿及其母亲元氏的灵位,两侧是大展屯军余舍人之属。看起来,慈真庵与六姓祠间保持着明朝军队遗留下来之主从附属关系,慈真庵是周

第九章　改造佛寺

氏家祠，也是佛寺，与六姓祠为军屯共祖祭祀之所在。同时，此二殿宇更像以慈真庵为中心的联合宗祠暨社学。慈真庵前高挂着"慈真大殿"与"邨村家祠"之匾，将佛寺、宗祠与阖村家祠不同的仪式整合在村落之中心，显示了周家以家祠佛寺的形式保护了全村其他六姓祖先。慈真庵和六姓祠，成为卫所军屯遗留下来之祭祀单位，不仅是祭拜祖先之场所，也是具有村社性质之阖村佛寺。

将佛寺、家祠与读书之所结合的情形相当普遍。如喜洲董氏在弘圭山建立许多佛庵；明初十二世祖董庆，创有弘圭山东庵（即志应庵），董宝创有弘圭山左庵；十三世董佑创有圣寿庵；二十二世董养中创崇圣庵。弘圭古有三十六庵之称，在三十六庵中董氏拥有四座庵院。[1] 他们在族谱中记载着：祭祖所需的祭田，即佛寺弘圭寺之常住。[2] 这些祭田多来自昔日祖先之授田。《大理史城董氏族谱》中写道：

> 士大夫立庙，曰家庙，曰家祠，又曰宗祠。祠者，祭先之名，兼屋宇之名……庶人祭于其寝，不得立庙，而士大夫有庙者，其子姓昭穆，俾祔主焉。礼固缘情而起也……且夫祖宗灵爽凭于一祠，而族居则散矣，子孙远近联为一族，而粮里则分矣……有田则祭，今日之得祭，昔日之受田也。惟义置田，前人之田谷，后人之祭需也。兹录宗祠全图，祖墓各图，而以族居粮里、祭田、义田附后，庶散者有纪，分者无诬，祭者不阙，贫者有济。[3]

文中说得很清楚，"今日之得祭，昔日之受田也"，受田即授田。祭

---

[1] 《大理史城董氏族谱》卷6《宏〔弘〕圭寺》，第8页。
[2] "吾族祭田向为宏〔弘〕圭寺常住，迭经兵燹沧桑变更，今所存在惟崇圣庵田，亦仅九亩有奇，硕果留遗，尤望吾族人善为保全，扩而充之。"《大理史城董氏族谱》卷6《祭田》，第6页。
[3] 《大理史城董氏族谱》卷6《祠墓》，第1页。

祀与因功获职之授田有关，但世族和佛寺二者间的关系，转变为以祭祖家祠为主、佛寺为副的格局，其宗祠义田的仪式格局取代了佛寺常住。

四　边臣祖先

依明朝之礼制，士大夫得以祭五代祖先，但对大理士人而言，他们不只想要强调士人身份，更想要通过古老的祖先叙事来强调"边臣"的身份。

乡贤祠的设置不仅带动乡里阎间公议的风气，也使得老百姓或将祖先攀附在合宜的历史人物上，或将祖先抬升为乡贤来供奉。这样的祖先必须符合以下几个标准。第一，符合正统历史所倡议的道德标准，如忠、义、贤、能、节烈等。他们虽不必然是正统官方史册所载的人物，但还是可以经由乡耆官员之认可，将其地位由"社"升为乡贤。第二，后裔必须找到一个官衔相衬、身份相符的祖先。前章提及与赵赐密僧家族争祀李宓将军的江尾千户李氏土军，其以土军身份历经一门三桂，复将李宓将军定为祖先，这种做法有助于抬高李氏在地方祀典中的地位。唐李宓将军战死边地，对土官千户而言，他是一个相当理想的祖先。以下还有其他的个案。

（一）边将

追溯唐人祖先为当时之风尚，唐朝岭南节度使何履光也成为何姓所要攀附的祖先。《新唐书》记载两条何履光的史料：

> （天宝八载）十月，特进何履光率十道兵以伐云南。[1]

---

[1] 《新唐书》卷5《本纪第五》，中华书局，1975，第147页。

第九章 改造佛寺

阁罗凤立，袭王，以其子凤迦异为阳瓜州刺史。初，安宁城有五盐井，人得煮鬻自给。玄宗诏特进何履光以兵定南诏境，取安宁城及井，复立马援铜柱，乃还。[1]

唐末安禄山之乱，何履光曾受命征讨南诏，时在天宝八载（749），其下落史料无载。成化四年（1468），杨森为何姓大族撰写了一份墓志铭，指出其祖先：

蒙段继守斯土，始祖履光仕广府节度……功业蔓延于后世，传至坚，为监国，务布燮，谥英灵义明王。坚生泰，任青省国事布燮……[2]

该文追溯了一段何履光的历史。有意思的是，嘉靖十三年（1534），有一位名叫李清的吏员，想要改何姓。原来李清之父名何瑞，晚年生下儿子，旋即去世。故李清自幼随母姓。他年长之后，业法律，执吏事，地位越来越高，想以"事孝"名义恢复父姓，请地方乡进士为他的父亲何瑞撰写墓志铭。改回父姓是儒家敬五伦之表现，撰写墓志铭是孝道的展现，此二者对吏员而言，不仅是政治正确，而且得以动用地方历史资源来维持社会网络。有意思的是，当时之墓铭是这样描写何清祖先的：

其先湖南江夏人也。唐有履光者，天宝十三年，以广府节度使佐剑南留后李宓，率师伐南诏，全军覆没。履光得不死，遂为大理人。其八世孙曰君坚，官曰布燮，犹唐言宰相也，卒封王，谥英灵明义。子泰封监国侯。[3]

---

[1] 《新唐书》卷222《南蛮上·南诏上》，第6270页。
[2] 杨宪典编《喜洲志》，大理白族自治州南诏史研究协会，1988，第123~124页。
[3] 叶松：《隐德何公墓志铭》，收入张树芳主编《大理丛书·金石篇》第10册，第81~82页。

这里要说的是：从母姓还是从父姓无甚大碍，只不过李清系吏员，更希望通过父方追溯一个相称的祖先。这份碑刻与上述杨森为何姓所撰之祖先论述内容相仿，唯一不同的是，此碑强调他们随李宓来南诏。[1] 随即在第二年，何清又请人刻了一块碑，名为《鹤归山碑》。这块碑署名"洪武十二年荡山僧法天撰"，该年复由何清"重镌"，这里用"洪武十二年"，实启人疑窦，因为洪武十四年明军入滇，不应出现洪武十二年之纪年。当然，这也有可能是何清想借无极和尚来强化何家寺院之地位。其内容如下：

> 公讳祐，字天锡，系出唐履光将军之后裔。谨按郡志，唐天宝十三载，玄宗命云南郡督兼侍御史李宓、广府节度使何履光出师伐蒙。蒙氏遣段附克……履光遂陷于南诏，侨居邓川焉。八世孙有若坚者，南诏官之以布燮，犹唐之宰相也。建觉济塔寺，亦请苏库铜佛五……兴生陵，陵生通，通生生，构精舍于圣元寺，延缁流置寺田，乃判官之若……[2]

《鹤归山碑》指出，他们是唐将何履光的后裔，来居南诏，是为唐人世家，侨寓邓川州。后来，其一往北迁往剑川，其一往南迁往喜洲附近之庆洞。元朝以来，他们还在喜洲附近修建了佛寺庵堂等。[3] 这一碑刻收录在剑川何姓的族谱序文中，说明何清在当时颇有声望，他不仅向官府申请改姓，也重新编整以何履光为名的何姓联盟体系。

---

1 此论与正史略有出入，《新唐书》载何履光是在天宝八载伐南诏，李宓伐南诏则在天宝十三载，何履光早于李宓，故他应不是随李宓而来。虽然墓铭与正史所载不同，但这并不是时人所在乎之细节。

2 《鹤归山碑》，收入《剑阳何氏族谱》，云保华、阿惟爱主编《大理丛书·族谱篇》卷3，第1258页。

3 《鹤归山碑》，收入《剑阳何氏族谱》，云保华、阿惟爱主编《大理丛书·族谱篇》卷3，第1258页。

第九章 改造佛寺   • 307 •

何清的做法似乎也获得太和县庆洞村进士何文极的支持。嘉靖三十七年（1558），庆洞村的进士何文极为族人何东溪撰写一份墓志铭。墓志铭指出，东溪公少有智慧，业法律，从事吏事，将其祖先追溯到唐节度使何履光。[1] 攀附何履光为祖先的故事，大致说明嘉靖年间大理世族在从事吏职与官府打交道时，选择唐人祖先以抬高身份的现象。

（二）功臣

向官府争取合法的祖先祀典似乎已成为边地士人一贯的作风。直到乾隆年间，还有一批身份特殊的卫所汉人，积极向官府上疏，要求为祖先建报功祠，立春秋二祭。洪武年间，蒙化的卫所中有三位千户，分别是孙福、范成与陈生仲。嘉靖时，其裔多转型为士族，且多有功名。这是很有意思的事，康熙《蒙化府志·蒙化卫指挥镇抚千百户》中记载："洪武二十三年设，本朝顺治十六年裁。以上各官姓名俱失考。"[2] 指出编志书时，列名千户身份者皆已失考，也就是无人能辨，也无人承认。但是，清初裁卫后，此三姓千户卫所族裔纷纷把家里的历史档案重新拿出来，向官府提出作为申请建报功祠的依据，向朝廷要求建祠以祭祖德。以下来谈蒙化府三个千户的故事。

1. 蒙化孙氏

孙福，原籍湖广常德府，洪武二十一年（1388）随黔宁王定滇开蒙化，其间征顺宁、永昌，后又随征麓川，立下不少战功，先是获"武略将军中所管军千户"，其裔世袭千户之职。孙福不仅分筑巍山（蒙化府城）之南城门，而且开窑造砖建置巍山有功。其裔有名孙钊（1541~1612）者，登进士殿试，选为四川叙州府境之县令，

---

[1] 《明故杨佐郎巡宰东溪何公墓寿□□》，收入云南省编辑组编《白族社会历史调查》（四），第212页。
[2] 蒋旭纂《（康熙）蒙化府志》卷4，第13页。

返乡后建立祠堂，广置胙田，以供祭祀：

> 每立春之先一日，则总设祭醴以祀外祠，召合族之子弟享焉，非序昭穆之意乎？至次日，又设祭醴以祀内祠，召亲支之子弟主焉，非笃亲亲之意乎？于秋亦然。于祠庙修书室，命族中子弟有志者课读于中，岁捐给纸笔灯油。时当路巡，方有仁孝高风之奖焉。[1]

自此以后，其裔入郡庠生者夥，并开始学习春秋祭祀之事。第一，春秋祭祀是官祀性质；第二，其祭祖有二日，第一天在外祠，第二天在内祠，参与外祠的成员是"合族子弟"，参与内祀的则是"亲支子弟"。不论是土官还是千户，皆有"官"可袭，与世袭制度有关，故外祠与内祠成为区隔继嗣团体秩序的方式。此为祭祖联盟仪式，但内外祠又呈现二者身份与阶序的不同。

理论上，世袭以宗子为主，但实际运作时，世袭千户身份者不一定是宗子，也不一定出自嫡母。孙钊有三个儿子：守敬、守一、守愚。守敬先娶张氏，生下二子绍尹、绍奭，继配张氏，有子名绍龄。因为当时"宗子冲幼，弗克承继世职"，绍龄以非嫡妻之子的身份投笔袭千户职。后来孙绍龄袭职建功，返乡修历代祖茔，才请其姻亲家黄甲俊为其祖父孙钊撰写墓志铭。[2] 换句话说，内外祠的界定标准并非是否宗子，而是是否承袭千户职。孙绍龄获功回乡后也承其祖父遗业，置祭田，以隆祀典。这种祀典不是强调祖先是士大夫，而是强调祖先是边境武将，故享有官方春秋二祭之仪典。此大抵是明朝蒙化千户之景况。

---

1 《明四川珙邑大尹康阶孙公暨贤配曹孺人墓志铭》，收入《蒙化孙氏族谱》，云保华、阿惟爱主编《大理丛书·族谱篇》卷2，第637页。
2 《明明威将军鹤胎孙公暨恭人黄氏夏氏墓志》，收入《蒙化孙氏族谱》，云保华、阿惟爱主编《大理丛书·族谱篇》卷2，第637~638页。

2. 蒙化陈氏

《蒙化陈族家谱》收录许多档案，其目的是向官府申报祖先事迹，作为建立报功祠之依据。据家谱记载，明初蒙化卫指挥陈生仲是江西饶江府人，敕封定远将军。此后，其裔承袭蒙化卫指挥，封武略将军。直到嘉靖年间，其脉下陈一德获岁贡，自此分为文武二支。卫所转为士人多有所见，尤其明中叶以来，卫所逃溃者甚多，部分经由庠生身份转型士人。直到清初裁卫，这些不同支系逐渐意识到若要抬高其边区社会的地位，还是要将有功于国的卫所身份重新提出来。家谱收录一份文档名为《宗祠》，其内容记载如下：

> 洪武二十八年，始祖随征回卫……今幸有后裔，虽世袭武功，犹直精于文事，艺诗书可以破愚，礼乐可以复性，所以忠臣孝子，皆于读书中来。于是薄置良田数亩，以作子孙教读之费，建陈氏义馆于西门外，令有志儿孙为推广焉。后世子孙就其故址，改建宗祠，此祠堂所由来也。
>
> 至元珠观之右，有碧波室，亦陈氏祠，先世萃华公建，盖同澄和尚重修大门，立报功祠匾。后楼供奉始祖神主，因距城十余里，且于孟春致祭焉。
>
> 陈氏报功祠在郡城西门外正街，坐北向南。其祠内租石系属典契，未便刻入，仅刻于碑焉。[1]

这份档案没有记载具体的时间，唯知大约在明末清初。总体来看，其意为：蒙化陈氏留下三座家祠，第一座是巍山西门外的陈氏义馆，这原是子孙读书的场所，后改建为宗祠；第二座是巍山道教圣地元珠观旁的陈氏祠，疑是其四世祖陈谦留下的，因其"嗜善慕

---

1 《宗祠》，收入《蒙化陈族家谱》，云保华、阿惟爱主编《大理丛书·族谱篇》卷2，第1009页。

道",他把千户职传给儿子后,便"三朝武当山,六谒天师府",获道名羽化;[1]第三座是陈氏报功祠,亦不知何时兴建,地方学者认为建于明中晚期。[2]初步判断,上面三座陈氏家祠均建于明中晚期,但支系族裔随着发展不同而采取与书院合祀,或与佛寺道观合祀,或与官祀报功祠合祀的模式,其祭祀未经统整,分化得相当厉害。

3. 蒙化范氏

第三位蒙化千户是范氏。范氏族谱保存得比较完整,第一次修谱在嘉靖二十六年(1547),由开滇第六代范元恺所纂;第二次修谱是道光年间。[3]嘉靖年间的旧序记载:其祖先范成,直隶合肥人,于洪武"二十一年屯种蒙化,调后所世袭正千户,监筑城"。其支第六世范寅转而礼道教,死于武当山。其子范运吉千里寻父,背骸而还,后获嘉靖己酉举人,转而为仕宦,是以孝子举人,列名乡贤祠。[4]

范家除承千户职外,其他支系在蒙化城乡山区分流为士、商、民等不同身份。据族谱指出,范氏有六个支系,墓茔分布有二十六区。[5]各支派分别建立家祠。一是获举人身份的范运吉。据说,他和范元恺合作兴建范氏祖祠,其址在等觉寺街,此为蒙化府之官寺。[6]二是范家第六支二世祖在蒙化府东山龙华寺旁建有五瑞楼。当时留下三个碑记,分别是明成化三年(1467)大理杨禧为范氏撰写之龙华寺碑记、万历十六年(1588)范元恺撰写之碑记和清嘉庆八年

---

1 《陈氏谱略》,收入《蒙化陈族家谱》,云保华、阿惟爱主编《大理丛书·族谱篇》卷2,第1009页。

2 薛琳:《蒙化陈氏家族源流及分布情况》,收入云保华、阿惟爱主编《大理丛书·族谱篇》卷2,第1003页。

3 薛琳:《巍山范氏家族源流及分布》,收入云保华、阿惟爱主编《大理丛书·族谱篇》卷3,第1509页。

4 范寅之事迹,可参谢肇淛《滇略》卷10《杂略》,第247页。

5 《蒙化范氏族谱》卷3《祖茔》,收入云保华、阿惟爱主编《大理丛书·族谱篇》卷3,第1586页。

6 《蒙化范氏族谱》卷3《报忠祠》,收入云保华、阿惟爱主编《大理丛书·族谱篇》卷3,第1587页。

第九章 改造佛寺

(1803)其裔范大金所撰之碑记。这三通碑记记载五瑞楼之寺田常住为范家六支系所供奉，五瑞楼为其家祠。[1] 三是十世祖范悦公，他在康熙年间为母亲建慕劬庵，"正殿一间，供观音大士，范金为像，厢房二间，作客房，南厢外为花园，大殿之旁有两楹，一供山神土地，一供历代昭穆。前面为大门，大门之上有楼一间，供魁星像，寓魁临甲第之意"。[2] 看来是结合佛寺、祭祖与祈求功名的家祠。这些家祠未必以士大夫的名义建置，而是依附于佛寺与道观。

顺治十八年（1661），清廷裁撤卫所，这些千户家族也面临冲击，军户屯田悉编入民户民田。当时，千户范氏以"地方乡绅以公功在城隍，泽及后世，复远征异域，尽节沙场"，向官府请建祠崇祀。雍正元年（1723），后裔"奉文"建祠于东门外，赐名"报忠祠"。指官府应族裔之请，令其建祠，此乃范家呈请建祠之事。[3] 报忠祠为官祀，故官府每岁春秋二季前往致祭，成为一方盛事。族谱收录仪式祝文与祭田，报忠祠俨然成为结合文武二支之边臣宗祠。[4]

范氏奉文建祠之文字不见于其族谱，反而收录在孙、陈二千户后裔所编纂的族谱中，其目的是"援例准行"。兹以孙氏族谱收录文来说，其文如下：

> 云南等处承宣布政使司布政使纪录十二次军功三次宫，为祈恩援例施仁赏给祀典事。乾隆十四年八月廿八日，奉太子少保总督云贵部堂加三级纪录十一次军功二次张宪批本司呈

---

1 《蒙化范氏族谱》卷3《龙华寺》，收入云保华、阿惟爱主编《大理丛书·族谱篇》卷3，第1588页。
2 《蒙化范氏族谱》卷3《慕劬庵》，收入云保华、阿惟爱主编《大理丛书·族谱篇》卷3，第1589页。
3 《蒙化范氏族谱》卷3《报忠祠》，收入云保华、阿惟爱主编《大理丛书·族谱篇》卷3，第1587页。
4 《报忠祠祭祀仪注》《祝文二篇》《报忠祠祭田》，均收入《蒙化范氏族谱》，云保华、阿惟爱主编《大理丛书·族谱篇》卷3，第1589~1590页。

详,查得蒙化府前据生员孙瑞等呈称,缘蒙郡有范、陈、孙三姓子孙始祖,从军开滇,定蒙建城,凿池著有功绩,均受前明千户。先年范姓子孙自建宗祠,呈请制主奉祀,蒙给春秋祭祀。彼时,孙姓尚未建祠,不敢遽请。今目击范姓邀恩,未免汗颜,因力自建宗祠,仰恳一视同仁,援范姓之例,俾孙姓沐旷典,等情到司。当经前批饬蒙化府确查孙姓始祖是何名讳,著何功勋,曾否载入志书,查明详报。兹据该同知详准儒学申称,查孙姓始祖名福,前明洪武廿二年从军开滇,受职千户,袭至国朝顺治十六年裁卫之时乃汰,范兴亦系千户,与孙福同时同职,著有劳绩。范姓子孙自建宗祀呈请制主奉祀,蒙前府转详上宪,予以殊典,每岁春秋本府给以腥祝鼓乐,委员致祭。在孙姓子孙,以伊始祖与范姓之始祖同职同功,范姓之祖既得邀恩,故尔援例干请,可否准行,仰祈转详。[1]

当时陈、孙二姓援范姓之例,向蒙化府呈报并提请云南布政使查核,官府最后以蒙化虽为"新辟夷疆,且一方善士,未登国体",但"虽无案籍可稽,实有乡评足据",还是核可孙、陈二姓自行建祠立主,并派员前往致祭春秋祀典。[2]这是从孙氏族谱所看到的范氏呈请报功先例的情形。

清廷裁卫并入里甲,企图整合汉人卫所和白人里民两种不同人群。惟蒙化府三个个案告诉我们:裁卫后,汉人卫所遗裔仍然想要保有他们不同于里民的身份。其动机或与族群关系无涉,重要的是,他们如何向官府诉说一段有别于"民"的历史,并且用他们有功业的祖先来区辨身份。报忠祠是披着官祀外衣的宗祠,其祭田正是祖先的"授田"。其文录于民国年间,虽仍有疑虑,但可以资

---

[1]《祀典》,收入《蒙化孙氏族谱》,云保华、阿惟爱主编《大理丛书·族谱篇》卷2,第634页。
[2] 同样的文字也收录于《陈氏祀典》,收入《蒙化陈族家谱》,云保华、阿惟爱主编《大理丛书·族谱篇》卷2,第1007页。

参考：

> 相传报忠公（即始祖范兴——引者注）以天策卫指挥屯种蒙化时，隆庆关山麓，溪涧幽深，水源溯瀑，良田万贯，颇称沃壤。公爱山水之佳，遂宅于斯，因名其地曰天策堡。今日之祭田，即原日之俸田也。[1]

这里强调的还是"今日之祭田，即原日之俸田"的概念。"边臣"是一个历史符号，但维系它的是俸田的合法性。这些后裔在现实考虑下，重新强化汉人卫所在边夷地区的历史，有助他们在地方社会上的利益巩固。

小　结

本章主要从佛寺易之以儒制，讨论大理不同人群在文化符号上的选择与改变。其中，一是寺院所延伸出来的合祀传统，包括了社坛、书院与宗祠。二是随着正德以来一系列的礼仪与财政改革，祀典以正统庙学为主导，包括乡贤、名宦与武侯等，许多祀典不断地从佛寺分化出来。三是大理士人虽建置宗祠，但认祖先为勋臣的意志远高于士大夫身份。他们追溯唐人祖先、武侯留守之臣等边臣来抬高身份，而这也延续到清初，裁卫的汉人千户家族也展开了呈报运动。四是人群重组的方式虽仰赖正确祀典架构，但祀田作为整合人群的物质基础已逐渐超过仪式本身的宗教性与神圣性。学田与祭田，成为稳定基层社会的两种重要资源，前者与士人集团有关，后者与袭职俸禄有关。

---

[1]《报忠祠祭田》，收入《蒙化范氏族谱》，云保华、阿惟爱主编《大理丛书·族谱篇》卷3，第1590页。

吊诡的是,"过去"成为人们用来宣称合法性的重要资源,不同人群根据现实世界的需求,以不同文化标签与叙事策略来确认身份。佛屋易为儒制,不只是传统仪式被改变,人群更以乡贤、祖先、边臣等文化标签将新祀典机构覆盖在佛寺常住之上。总之,不论是士人、乡里还是汉人卫所,都期盼成为不同时期的边臣后裔,顺利地将自己的世系编织在正统历史系谱之中。

第四部

土官政治与山乡

第十章　澜沧江沿岸的山乡联盟

大理社会并不是一个孤立的社会体系，许多白人游走于土官与流官两套体制之间，继续以联姻的方式来组织社会；同时，许多非白人政治势力也在土官制度的支持下逐渐在大理四周崛起，白人与非白人间也开始产生有机的合作与联盟。

非白土官开始采取新策略来适应国家政治制度。土官面临两项严苛的挑战，一是赴京告袭，二是往边境作战。有些土官在赴京告袭的途中身亡，如蒙化土官左禾之子、鹤庆高氏土官等皆死于赴京途中；明中叶以来，土官多事边战，死于战场。土官政治面临许多挑战，如果土官无嗣或仅有年幼孤子，将遇到叔侄借职或争袭的内部冲突；土官承袭手续越来越复杂，除了三司会勘、缴交宗枝图与乡老告保等，还需要纳粮或银作为承袭的条件，稍有伦理冲突，便有改土设流的危机。在此内外挑战中，他们选择积极和相邻的白人合作，而白人既有的联姻策略也传播到土官地区。

以下将从两个区域的土官政治来谈白人与非白土官结盟时所造成的政治生态改变——一是大理西方澜沧江沿山土官势力，二是大理北方金沙江沿山土官势力。笔者主要从白人的角度来说明他们如何把联姻与政治法则带到土官政治之中。以下先从明初新兴的土官势力谈起。

一 蒙化张氏与左氏联盟

蒙化州原隶属大理军民总管府，是段氏辖境之一，南诏起源地巍山亦在其境。明初沿用旧制，以蒙化州归隶大理府，虽未知人口与族群结构，但当时已设里长负责境内之税粮，推想其境内白人理应不少。这位里长名叫张保，据康熙年间《蒙化府志》对其人群的描写"僰人，即白人也，编入里甲"，可知张保出身白人世家。[1] 正统十三年（1448），蒙化由州升府，在张氏里长支持下脱离大理府的管辖，山乡倮夷左氏则从火头升为州判，又一路升到土知府，成为滇西重要的土官之一。白人里长如何和山乡火头联盟并争取设置土官，尤其值得注意。

（一）里长和火头

明军入大理之际，南方倮夷部酋因不同的政治选择而产生势力消长。其中，大理东部与东南之"蒙化蛮"自久[2]与字青持反明的态度，而大理西南边的"顺宁蛮"火头左禾则主张降明，后左禾被举

---

[1] 蒋旭纂《（康熙）蒙化府志》卷1《地理志·风俗》，第48页。
[2] 自久的故事，详见本书第11、12章。

第十章　澜沧江沿岸的山乡联盟

为摩牙村火头。火头是土酋政治之基层人物，地位并不高，然左氏逐渐成为统领蒙化两边山乡罗罗势力的领袖人物。此过程可见《土官底簿》：

> 左禾，大理府蒙化州罗罗人，系本州火头。洪武十五年，大军克复，仍充添摩牙等村火头。十六年正月，授首复业，总兵官拟充蒙化州判官。十七年实授。续该西平侯奏：据里长张保等告保左禾授任二十余年，夷民信服，乞将升任。永乐三年二月奉旨：他做判官二十余年，不犯法度，好生志诚，升做着他封印流官知州不动，还掌印，钦此。[1]

从《土官底簿》来看，里长张保向总兵官傅友德保举左禾，左禾才升任蒙化州判官。永乐三年（1405），里长张保等人又向朝廷保举左禾为知州，他才升为土知州。火头和里长是土官与流官两套体制下的基层代理人，前者是山乡夷民，是罗罗人，也是村寨头人之属；后者是编入里甲的白人，是乡村代表。[2]在当时松散的乡里政治脉络下，此两种身份分别是山乡与农业社会的代表，负责为朝廷征调土兵作战与征粮。虽然，身为土官的左氏后来登上历史舞台，成为西南地区重要的夷人势力，但更值得注意的关键人物，还是初期担任里长的张保。《土官底簿》写得很清楚："据里长张保等告保左禾授任二十余年，夷民信服，乞将升任。"从张保的立场来看，他很可能为避免明军与流官治理对乡里社会造成冲击，所以选择拉拢夷民担任土官来维护里长的地方利益。虽然二

---

[1] 《土官底簿》上卷，第60页。
[2] 清初余庆远《维西见闻记》对火头的描写如下："地大户繁者为土千总、把总，为头人，次为乡约，次为火头，皆名子其民。"此虽为滇西北维西的情形，但大抵可知火头在土酋政治中的地位。见余庆远《维西闻见记》，收入王崧编纂《云南备征志》卷18，云南人民出版社，2010，第1036页。

者身份与族类不同，但为巩固双方地位，故采取联盟策略来整合地方势力。接下来张氏和左氏土官的联姻，又强化了上述论点的可能性。

左氏特别之处在于他们原只是夷酋社会最基层的火头，借由与里长张保的合作而从土官政治中崛起。明初应袭之土官必须亲自前往南京告袭，这段路途对土官的承继是项艰巨的挑战。当时左禾之嫡子左度，起程赴京后被杀死于途中。左禾希望以另一个儿子左伽"告替"土州判，但礼部以"本部议难准理"为由，驳回了左禾的请求。直到永乐十三年，左伽才获准袭职。正统五年（1440），在里长张氏之协助之下，左伽因纳粮得以升任府同知，当时提出来的粮户人口记录在《土官底簿》中：本州奏称三十五里，人民四千一百四十八户，税粮四千七百余石。"纳粮报户"对提高蒙化之行政等级，发挥相当大的功效。直到正统十三年正式升为蒙化府，由左伽掌府印。看来张氏里长和左氏土官的政治合作相当重要，后来之联姻更值得加以分析。

（二）嫡母张氏

在西南土官政治中，"嫡母"指土官正妻，是一个越来越重要的角色。其在土官亡故后有代理土官职衔的权力，也代表着妻舅与外祖势力在巩固土官世系时所扮演的外围势力。蒙化第二代土官左伽有两个儿子，嫡子左刚，次子左晏。嫡子左刚娶了张氏，虽没有直接证据说明此张氏即里长张保之女，但张氏为白人姓氏，两方族群联盟的可能性极高。不幸的是，左刚尚未承袭土官时，生下两子后即早亡。土官早逝往往造成土官家庭内部之纷争，也威胁土官政治之发展。左刚早逝，土官职衔有可能由其弟左晏所承续，但其妻子很快就以"嫡母"角色扶持年幼土官，这或与其妻族张氏势力之支持有关。于是，张氏成为扶持孤子以及照顾接下来三代年轻土官的家庭支柱。康熙《蒙化府志》记载着张氏的

第十章 澜沧江沿岸的山乡联盟

事迹：

> 土知府应袭左刚妻，刚早殁，氏年幼，内政肃清，潜弭外侮，励志冰霜，始终如一。二子琳、瑛，相继承袭。于成化三年奉旨建坊，表其贞节。[1]

"应袭"指的是"尚未就职"的未来土官，左刚是应袭土官，但他年轻亡故，留下"年幼"的妻子张氏。张氏后来抚育左琳（？~1467）和左瑛（？~1490）二子长大。

土官壮年早逝是左氏家族首先要处理的政治危机。身为嫡母的张氏主持家务，综理土官外务，主掌接下来四位土官承袭的重责事务。《蒙化左氏记事抄本》对她扶持年幼土官承袭之事迹记载相当丰富。[2] 长子左琳后来虽承袭土官知府，于成化三年（1467）未婚亡故。两年后，张氏便"具呈本府，申奉云南都布按三司左布政使胡等官，委经历任良亲诣本府拘集通把里老亲"，请由次子左瑛承兄职为土官知府。这里的"通把里老亲"等，指的是通事、把事、里长、老人与亲族等，共同为承袭土官作保。但不幸的是，左瑛复以"抚勘彝情"劳致痼疾，弘治三年（1490）病故。同年，由左瑛之嫡子左铭（？~1500）承袭，他前往洱海平定赤石崖等贼乱，又前往南方大侯州抚彝，染患瘴疠，于弘治十三年病故。十年之间，左瑛与左铭皆因抚彝平乱病故，蒙化失去两位壮年土官。弘治十三年，蒙化府土官由地方"乡里老耆民亲族苏春等"联名告称：

> 本府人民俱系夷俅，难以抚化，乞照大侯州事例，保举七

---

1 蒋旭纂《（康熙）蒙化府志》卷5《忠烈·节列附》，第138页。
2 《蒙化左氏记事抄本》，转引自王丽珠、薛琳《研究蒙化土官历史的又一份珍贵资料》，收入云南省编辑组、中国少数民族社会历史调查资料丛刊修订编辑委员会《大理州彝族社会历史调查》，第132~148页。

世祖左正掌印，四世祖张氏协同管事。[1]

地方乡里老人在告保书中，自称"本府人民俱系夷倮，难以抚化"，其自我蛮化的目的无非希望地方继续由土官治理。当时应袭土官左正（左桢）年幼，承袭时机略微敏感，乡里族老遂引用大侯州事例，保举这位曾祖母张氏负责管事。弘治十六年，以"就彼冠带，拟合通行，速送该司"，由左正承袭土官知府，并令其曾祖母张氏辅佐。自左琳到左正，张氏辅政约35年，历经三代四位土官，角色相当重要（图10-1）。

从张保告保左禾为土官，到张氏主掌三代四位土官政务，白人里长和"倮夷"头人在土官政治框架下进行密切的社会整合。张氏主持土官政务，尤以巩固社会内部秩序为主要目的，她主导的联姻对象多是邻近土巡检、长官司之属，甚至不排除汉人卫所。在协同管事的曾祖母张氏的安排下，左正和丽江府的木氏联姻，后来，又与姚安府的高氏联姻，建立大理府中心外缘之三角土官势力联盟。[2] 张氏在这里的角色不只是倮倮土官的母亲，也是一位积极建立联姻网络的白人女性。

当时，张氏与年轻土官的身边还有一位重要的义官张聪，偶以"把事"称之。张聪是张氏的左右手，可能也源自里长张氏之家。他不仅随侧协助年轻土官，而且是推动蒙化府文教工程的重要人物。[3] 换句话说，白人里长家族在土官政治下主持内政与文化事务，

---

[1] 《蒙化左氏记事抄本》，转引自王丽珠、薛琳《研究蒙化土官历史的又一份珍贵资料》，收入云南省编辑组、中国少数民族社会历史调查资料丛刊修订编辑委员会《大理州彝族社会历史调查》，第132—148页。

[2] 左正的妻子是丽江木氏土司之女，见《蒙化左氏历代诰轴》正德十三年三月初十日："尔云南蒙化府土知府左正……朕惟国家之典，既推恩于其夫，而必褒及于其妻，所以厚人伦之本，励相成之道。尔云南蒙化府土知府左正妻木氏，恪遵妇仪，善相夫子，修职奉贡……"《蒙化左族家谱》，收入云保华、阿惟爱主编《大理丛书·族谱篇》卷1，第289~290页。

[3] 当时义官（通事）张聪协助蒙化左氏土官兴建书院，并捐助学田。参见蒋旭纂《（康熙）蒙化府志》卷5《隐逸》，第146页。

第十章 澜沧江沿岸的山乡联盟

而土官本人的职责则是配合朝廷征调,这清晰地呈现出白人和僰僳为推动各自之地方利益所从事的族群整合,我们也可窥知不同人群在土官之政治架构下所采取的合作方式。

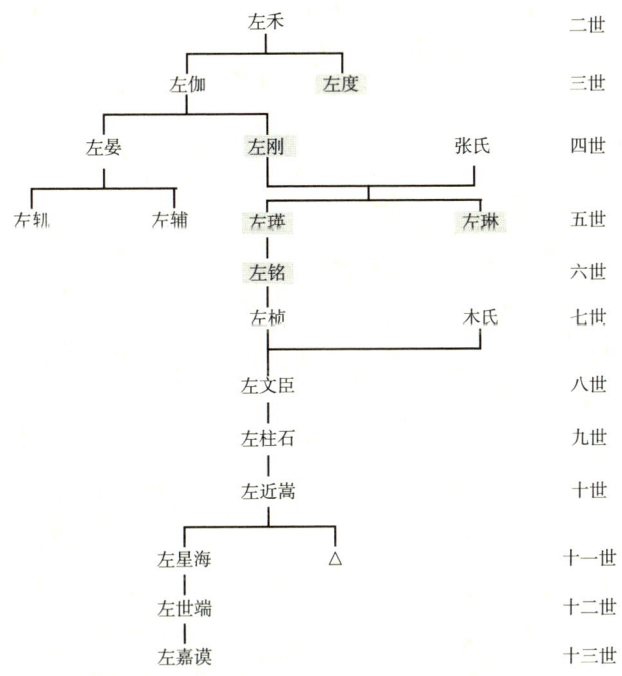

```
              左禾                    二世
           ┌───┴───┐
          左伽    左度                 三世
        ┌──┴──┐
       左晏   左刚───张氏              四世
      ┌─┴─┐  ┌──┴──┐
     左轨 左辅 左萍  左琳              五世
            左铭                      六世
          ┌──┴──┐
         左柿   木氏                   七世
          左文臣                       八世
          左柱石                       九世
          左近嵩                       十世
         ┌──┴──┐
        左星海  △                     十一世
         左世端                       十二世
         左嘉谟                       十三世
```

图 10-1 蒙化府张左联姻及土官世系
说明:阴影者为承袭土官,△表示男性。

(三)张氏建佛寺

僰僳左氏与白人里长合作,顺利受封为掌州印、府印的土官,在当时应是重要的大事。由于左氏仅是山乡夷酋之基层火头,要摆脱大理府流官的治理,势必要有另一套足以说服官府的说辞与作为。左氏联合里长张氏积极从事南诏古老佛寺的兴建,此举有助将他们的祖先和南诏国王的历史串联在一起,进而奠定府级土官的地位。[1]

成化年间，土官左琳派"义官"张聪请求云南按察使司提学何俊撰写寺碑。何俊自认是一名儒者，不太愿意为佛寺撰碑，但他到蒙化后，听说该地的佛寺相当灵验，而且左琳是一位品行良好的土官，所以他还是为其撰写了一通佛寺碑记。何俊在寺碑中记载：

> 蒙化乃云南之名郡，而龙〔巃〕屿图山乃蒙化之名山，去郡城一舍许。昔细奴逻筑城以居，并在山巅建云隐寺。[2]

指出南诏开国国王细奴逻在巃屿图山筑城而居，并在山巅建了云隐寺。对地方历史来说，土官左琳重修此佛寺，意义深远。此举说明左氏和细奴逻具有身份的连续性，也强化他作为地方领袖的角色。然而，云隐寺的修复虽然成于左琳，但出于其母亲张氏的意志。在另一份《重修巃屿山云隐禅林碑记》中记载：

> 云隐禅寺也，谁建之？曰：世守左先人之所创立也。自蒙诏雄踞此邦，爰有古迹，而左侯曰琳、曰瑛之母张恭人，自前明天顺年间启建此梵刹也。[3]

指出张恭人是两位土官儿子重修云隐禅寺的重要推手。至今蒙化仍然流传着张老太太主持几代土官承袭，以及其子土官奉母命兴修云隐寺的历史记忆。[4] 云隐禅寺，在地方又被称为天摩牙寺，这和它

---

1 杨政业：《白子国国王张乐进求及其家世评述》，《云南民族学院学报》2001年第5期。
2 何俊：《云隐寺记》，收入薛琳搜集编注《巍山碑刻楹联资料辑》，内部资料，《巍山彝族回族自治县志》编纂委员会办公室印，1987，第60~61页。又见《巃屿山天摩牙寺联》，同书第198~203页。
3 《重修巃屿山云隐禅林碑记》，收入张树芳主编《大理丛书·金石篇》第10册，第152页。
4 薛琳：《南诏王室蒙氏后裔口碑资料》，收入云南省编辑组、中国少数民族社会历史调查资料丛刊修订编辑委员会《大理州彝族社会历史调查》，第50~51页。

坐落在摩牙里有关，因为缺乏直接史料，我们无法得知是先有天摩牙寺，还是左氏先居住在天摩牙里，再由火头左氏的聚落延伸出此佛寺。

天摩牙里后来被视为南诏开国建城之地。《土官底簿》记载着左氏定居在蒙城乡天摩牙里。[1]《滇志》记载："土官左禾，蒙城乡摩牙里人。"[2] 摩牙与天摩牙互通，都是里名，位于巄屿图山山脚。他们将里居之佛寺追溯到南诏国王时期，所以明朝史册也以其居地为昔日南诏国王建城之处。据万历《云南通志》载："巄屿图城，在巄屿图山上，周围四百余丈，昔细奴逻筑此以居，遗址尚存。"[3]《明一统志》云："龙宇（巄屿）图山城西北三十五里，蒙氏龙伽独自哀牢将其子细奴逻居其上，筑龙宇（巄屿）图城，自立为奇王，号蒙舍诏。"[4] 正统史料不断强化巄屿图山为南诏起源之地，此说和后来考古报告研究结果略有出入。据巄屿图山考古出土报告，该地确有许多南诏时期砖瓦与佛像等，但综合来看，该山应是南诏皮罗阁时期所兴建之离宫，并非细奴逻之发源地。[5] 虽然这些考证与当时如何记忆历史没有直接关系，但左琳为了巩固土官身份，强化巄屿图山是南诏开国国王细奴逻起源之地，应是可以被理解的做法。

左琳除了修建云隐寺，也在蒙化府之府城巍山修复南诏古刹，并重新建造二座佛教宝塔。巍山城内有一座佛寺，名为等觉寺，又名昭觉寺，据说是南诏古刹。当卫所势力进入蒙化瓜阳江沿岸时，一名军人姜无用向军方与土官两方募劝建寺。此庙修于永乐十六年（1418），完工于正统丁巳（1437），在第二位土官左伽以及卫帅葛氏等土流大族的共同努力下修复完成。等觉寺也因此成

---

1 《土官底簿》上卷《蒙化府知府》，第 345 页。
2 刘文征纂《（天启）滇志》卷 30《羁縻志》，第 980 页。
3 李元阳纂修《（万历）云南通志》卷 3《地理》，第 86 页。
4 《明一统志》卷 86《蒙化府》，第 821 页。
5 见李绍明调查整理《云南巍山县南诏遗迹调查》，收入云南省编辑组编《四川广西云南彝族社会历史调查》，云南民族出版社，2009，第 208~210 页。

为蒙化汉人卫所与土官积极护持的道场。[1]后来，等觉寺成为蒙化府官寺僧纲司所在地，也是官员定期举行习仪与为国祝厘之所。

在等觉寺修建后不久，土官左琳奉其母张氏之命，在等觉寺寺前建立了等觉寺双塔。他请大理府儒学教读儒士陈清撰写《新建等觉寺双宝塔记》，记载建造宝塔的缘由：

> 等觉寺双宝塔者，亚中大夫蒙化府土官知府左侯琳之造也。侯在幼冲三年，席〔袭〕祖宗之职，以德礼道齐于民，民俗丕变，安且乐矣。侯之母夫人张氏，贤德而好善。一日，私谓侯曰：汝未生之初，吾与尔父（即左刚——引者注）祈诞贤胤，当许建造宝塔，果应所祈。辄感娠，生汝及弟瑛。汝父早世〔逝〕，今而汝之长成，得以叨享禄位，世膺荣怀，虽曰承先世之余庆，荷圣上之洪恩，亦莫非觉皇慈荫之庇佑也。[2]

说明左琳的父亲左刚和母亲张氏在等觉寺求子，后来果然生下左琳、左瑛两兄弟。由于父亲早逝，左琳三岁继任土官衔，由母张氏代理土官职。当时之蒙化，民俗易化，百姓安居乐业。左琳长大后从征有功，返回蒙化述其父职后，为还母愿，又在等觉寺前建造两座宏伟壮丽的宝塔，其塔"皆出自侯之私资"，后来还舍常住田地等。万历年间重修佛塔时，另有碑记，指出"土衙张恭人造二浮图于左右"。[3]虽然等觉寺由土官和卫所两方势力捐建修复，又是僧纲司所在之官寺，然自左伽到左琳，背后张氏祈嗣建双塔出资出力

---

1 刘童：《明昭觉寺碑》，收入张树芳主编《大理丛书·金石篇》第10册，第43页。
2 《新造等觉寺双宝塔记》，收入张树芳主编《大理丛书·金石篇》第10册，第53~58页。
3 上有莲叶盖，盖上系有二十四个风铃，莲盖上有铜葫芦，各高四尺余。塔为密檐式方形梵文砖塔，塔有九层，叠阁，每层四方小佛龛内各塑小佛一尊。见《等觉寺双塔铭文碑》，收入薛琳搜集编注《巍山碑刻楹联资料辑》，第78~80页。万历三十五年另有碑《重修等觉寺碑记》，王执中撰笔，蒙化僧纲司性定立石，收入张树芳主编《大理丛书·金石篇》第10册，第119~120页。

第十章 澜沧江沿岸的山乡联盟

不少。

张氏支持云隐寺与等觉寺双塔的修复，又请家臣张聪在蒙化郡东南山上兴建一座佛寺，名为圆觉寺。天启年间一份《重建圆觉寺后院新置住田碑记》记载：

> 郡东应灵山圆觉寺，创自左世家之张恭人，命把事张聪肩其任，一时金碧辉煌，称蒙胜概……废修坠举，左世家功德其重朗矣。又念寺守在僧，妥僧在食，复谋于众，置田于寺……[1]

张聪其人的历史可见康熙《蒙化府志》：

> 义官，沉毅有谋，好善乐施，助建尊经阁，兴修明志书院，送田十四分为学田，以资诸生月课考试诸费，功在学校，迄今未艾也。[2]

很明显，张聪以义官与把事身份辅佐左氏修建佛寺，并在蒙化府境内推动儒学教育的工作。张聪的家世相当显赫，从史料得知，他为蒙城乡东葵里人，他的祖父是张升，自其以来，便"潜德弗耀，仗义轻财"，以此为其家风。他年轻时曾担任郡译，是左氏土官之通事，赞佐土官。又因其家富，捐"白金"千两建蒙化文庙之尊经阁，建寺修桥，政绩颇丰。何俊同时也为他所建的尊经阁撰写记文，指出：

> 成化十九年秋，乃劝谕本府蒙城乡东葵里义官张聪字仲谋者，出白金千余两，鸠工集材，陶灰运甓……舍田地十数

---

[1] 李奇英：《重建圆觉寺后院新置住田碑记》，又参见张锦蕴《新置圆觉寺后殿常住碑记》，收入薛琳搜集编注《巍山碑刻楹联资料辑》，第72~73页。

[2] 蒋旭纂《（康熙）蒙化府志》卷5《隐逸》，第146页。

双，以给师生之会馔，建廪廒以贮岁入之稻粱，是虽圣人神化之所感，亦可见仲谋能心太守之心，以圣人之化，而厚于斯文也……且闻仲谋乃祖升，潜德弗耀，丈〔仗〕义轻财，厥考觉，公平正直，里有争讼，悉趋质辨。仲谋尤能克继父祖之志，其存心制行不苟，少为郡译，替佐土官，忠以事上，惠以临下，罔敢怠忽。至于周贫恤匮，建寺修桥，其绩尤多。又遣其子洪缉学芹宫，待时而动。一门公孙父子，世以道义诗礼相尚如此……[1]

这份记文记录了张聪的祖父张升以及父亲张觉在地方乡里的角色：其仗义轻财、解决乡里争讼，户大粮多，犹如里长之角色。张聪在捐建庙学以后，他的儿子张洪缉始进入学校芹宫，转型为儒士。他不仅捐助蒙化庙学以及学田，在左刚过世、年轻应袭土官左琳和其母张氏等应授诰命时，还替他们远赴京师奏准。张聪与土官母亲张氏关系必然极为密切，否则也不会承担如此重要的任务。天顺年间，张聪又随下一任土官左瑛前往洱海宾川平定社会秩序。《蒙化左氏记事抄本》记载："五世祖左瑛带领民兵、通事张聪等一千员名，前往洱海，直抵宾居等处驻扎，保障地方，至六月内回任。"[2] 但实情更像是年长的张聪带着年轻土官前往抚夷，军功则算在土官左瑛的头上。

张氏世族对土官左氏的重要性，不言而喻。虽然我们没有更多史料论证张保、张恭人与张聪之系谱关系，但仍无法抹去身为里长的张氏和土官幕僚精英的张聪等白人世家在蒙化政治上的象征地位。张保为蒙化里长；张聪以把事、通事、义官等不同的名称出现

---

[1] 见何俊《新建尊经阁记》，收入张树芳主编《大理丛书·金石篇》第10册，第65页。
[2] 《蒙化左氏记事抄本》，收入王丽珠、薛琳《研究蒙化土官历史的又一份珍贵资料》，收入云南省编辑组、中国少数民族社会历史调查资料丛刊修订编辑委员会《大理州彝族社会历史调查》，第132~145页。

第十章 澜沧江沿岸的山乡联盟

在文献中，可知其有相当多元的身份。同时，也说明蒙化府左、张二氏在政治生态上互为表里：一者为夷，一者为白；一者为武，一者为文，结盟合作，建立跨越不同人群的土官政治集团。

明初左氏与张氏的关系，不禁令人联想到昔日白国国王张乐进求把部酋联盟的领袖位置传给细奴逻的一段传说：在南诏王国未建之前，白国之国王张乐进求，原是部落联盟之领袖，后来将女儿嫁给细奴逻，并传位给他，复有南诏。《滇略》记载：

> 张氏十七至张乐进求时，哀牢人细奴逻耕于巍山，数有祥异。社会之日，众祭铜柱，柱故有金镂鸟忽飞下奴逻左肩，众骇异以为天意所属，进求乃以女妻之，因让国，是为南诏。[1]

当细奴逻成为南诏开国国王之时，张乐进求的女儿便成为南诏国的后妃。也因为如此，大理张氏世族多自称国舅，直到14世纪，其族仍以张乐进求后裔自许。[2] 这段古滇史的政治关系和后来张氏、左氏的联盟有结构上的类似性：白子国张氏将政治盟主转移到南诏细奴逻，而张氏以里长身份将地方领袖转移到土官左氏的世系，此二者都是通过联姻的方式传递政治正统。同样的，我们也无法证明张乐进求即里长张氏之祖先，细奴逻即左氏之祖先。但系谱之考证并不是核心问题，重要的是地方政治有其长期的系谱结构，而地方文化对此历史结构产生了投射作用。这种结构的类似性表现在以下两点。（1）白人以姻亲扩大结盟，将政治的合法性传递给系谱关系中的"他者"，如细奴逻和左氏。其中之张恭人和张乐进求的女儿扮演着权力转移的重要媒介，在联姻结构中她们的角色是白人女儿。

---

[1] 谢肇淛：《滇略》卷9《夷略》，第218页。
[2] 《张长老墓碑》（约13世纪）中记载："长老姓张，讳明，释号道真，乃蒙国张乐进宁之遗……"此张乐进宁即《南诏图卷》中之张乐进求，也就是昔时云南诸酋之盟主。收入张树芳主编《大理丛书·金石篇》第10册，第16页。

（2）两位女性同时也是将佛教引入政治，强化政治合法性的推动者。在古老的《南诏图卷》中，细奴逻的妻媳奉食供养梵僧，使南诏建国奉佛教为国教；而明初的张恭人修建天摩牙古寺，到他的儿子土官左琳完成云隐禅寺、等觉寺等，也传达了相同的宗教趋力。地缘政治的传统似乎提供了一套面对转变与危机的模式，国王妻子以及土官母亲等之饭僧、建寺的功德，在在呈现西南政治中特有的宗教性与延展性。他们通过历史传说与结盟关系寻求生存之道，也以此作为整合人群与建立新社会秩序的方法。

尤值得注意的是，土官历史叙事中的土官妻子与母亲角色越来越重要，她们从用来拉拢丈夫方的女儿形象，进而成为土官的妻子，很快又变为年幼土官的母亲的形象，这些转变说明了女性在建立联盟或巩固政治合法性时具有不可抹杀的地位。土官母亲重修云隐寺，这可能是当地建立政治威望的做法。然此举使云隐寺不仅有左氏家庙的意味，可以预期的是，也暗藏着追认细奴逻为祖先的意图。

（四）土官祖先

正德年间，滇西土官掀起一股编纂家谱的风气。丽江木氏土官请永昌进士张志淳为《丽江木氏宦谱》撰序文，约同时，蒙化土官左正也请张志淳编写《蒙化左氏家谱》，又请云南布政使右参政朱应登撰写《蒙化左氏家谱序》。值得注意的是，左正的妻子是丽江土官木氏的女儿，这种姻亲网络和土官阶层重构历史系谱的文化改造，几乎是同时发生的。左氏家谱序文强调他们身份来源具有地方的正统性，并将祖先追溯到南诏国王细奴逻。朱应登所撰的序文内容如下：

蒙化之左氏，以土官世其家。其先有世奴逻者，唐贞观间耕于蒙巍山之下，所居成聚，此盖六诏之先也，遂得蒙舍诏。

后与诸酋长祭天,有异征,人心止归之,再封为云南诏。已而破吐蕃奉朝请,遂有六诏之地焉。左氏之昌,逻其肇基也,逻之后五传而至凤阁异,由异以后谱逸而中微矣。元有青罗者,始复其业,仕为顺宁府同知,寻易府为蒙化州。高皇帝兵取云南,青罗之子禾首内附,奉职得领九部部落……又招集亡散而归之农也。[1]

其中"其先有世奴逻者""左氏之昌,逻其肇基"中的"逻"即南诏开国之细奴逻,凤阁异也是南诏国王。文中指出凤阁异以后,因其家谱散佚,故世系五传后不详,直到元末左青罗担任顺宁府同知,才接续到明初左禾统领九部降明等事。他们将南诏细奴逻、元末左青罗、明初左禾等世系串联起来,宣称几千年来的左氏世系,也宣示其世系在大理南方的正统性。朱应登的左氏土官家谱序文标榜了左氏和南诏国王一脉相承的世系关系。

自此以后,左氏顺理成章地成为大理南方的土官代表。据第十一位土官左星海的墓志铭记载:"公讳星海,字壬源,乃细奴逻之后也,世有功德于民,其历代世系见诸典籍者可稽也。不知何代时徙于蒙境之天摩牙,遂家焉。"[2]时值明末,土官左星海也继续在巃屽图山天摩牙寺下重修一座云壑庵。[3]土官为维护土人之政治身份,追溯于公认的南诏世系,更可凸显其地方正统的代表性。这种历史叙事一直持续到清末,其蒙化地方志书记载着左氏"为南诏细奴逻后世,居天摩牙里"。[4]身为土官的左氏成为南诏王室的承继者,而南诏历史也找到了其得以继续依托的载体。

---

1 朱应登:《蒙化左氏家谱序》,《凌溪先生集》卷13,收入《四库全书存目丛书》集部第51册,第460页。该文也收入陈子龙编《明经世文编》卷123,第606页。
2 赵士麟:《壬源公墓表》,收入薛琳搜集编注《巍山碑刻楹联资料辑》,第104~105页。
3 徐宏泰:《鼎建云壑庵碑记》,收入薛琳搜集编注《巍山碑刻楹联资料辑》,第62~63页。
4 梁友檍纂修《(宣统)蒙化县乡土志》,收入国家图书馆地方志和家谱文献中心编《乡土志抄稿本选编》(九),线装书局,2002,"氏族"条下"左氏",第264页。

左氏土官与当地文士合作，共同建构一套符合地方正统的历史叙事以及政治身份，他们不仅自称细奴逻的后裔，也采用正史所引用的哀牢夷的说法，自称哀牢夷族。然而，这种土官仪式与政治身份，也把左氏土官和南方倮罗区隔开来。清末梁友檍纂《蒙化志稿》有："倮罗，有二种。一种即古之罗罗摩，为哀牢九族之一，唐南诏细奴逻之后也；一种为蒲落蛮……"[1] 指出前者是土官家族的辖属，后者则是南方顺宁府山乡夷人。

左氏为了整合山乡夷民部落，也在山乡辖境内建供奉南诏国王的庙宇，除了在蒙化西山建云隐寺供奉南诏开国国王细奴逻（该庙当地人现在称为土主殿），[2] 也在东山供奉着南诏隆舜国王（878~897年在位），庙名为嵯耶庙。清初蒙化士人张锦蕴写了一份碑记《嵯耶庙碑》，强调南诏历代国王的祀典对乡里社会之重要性："迄今千有余岁，帝之声灵赫濯，无敢或射其功德，从可识矣。况其储祥、降康、悍灾，恤患，正有叩必应，捷若桴鼓耶。"[3] 这些庙宇的历史已不可考，最迟不会晚过清初，但笔者推测这些祀典最早可以前推到明中叶左氏土官建构历史的文化运动。此外，蒙化山乡还有许多南诏历代祖先的庙宇，由于缺乏具体之碑刻来讨论其时间性的问题，故只能在这里提出来一并参考，其中包括甸北山乡利客村附近供奉着南诏国王皮罗阁（？~748）的庙宇，其庙联写着"佑庶民于乐土，合六诏以归蒙"。[4] 蒙化甸北永利村有供奉南诏副王凤伽异的佛寺，名为北山寺。[5] 这些佛寺的年代已不可考，从供奉南诏国王来判

---

1 梁友檍纂《蒙化志稿》卷16《人类志》，德宏民族出版社，1996，第136页。
2 薛琳搜集编注《巍山碑刻楹联资料辑》，第203页。
3 "嵯耶"是南诏开国阿嵯耶观音之名号，南诏第十二位国王隆舜则是佛教成为国教的重要推手。此庙将国王视为阿嵯耶观音之化身，这不仅是地方传说，也可能是昔日佛教王权之特色。张锦蕴之《嵯耶庙碑》把"观音授记"改为"老子眷顾"，应是受当地道教势力崛起的影响。见张锦蕴《嵯耶庙碑》，收入薛琳搜集编注《巍山碑刻楹联资料辑》，第92~93页。
4 《营盘利客村土主庙联》，收入薛琳搜集编注《巍山碑刻楹联资料辑》，第205页。
5 《甸北北三〔山〕寺联》，收入薛琳搜集编注《巍山碑刻楹联资料辑》，第191~193页。

断，很有可能是左氏土官在辖境之山乡社会以此仪式来确定土官与土民间的领主关系。

这些散布各地的神祠是否源自南诏时期已不可知，但左氏强化其与南诏国王的世系联系，又在山乡世界重建祖先庙宇，二者是同一种地方思维逻辑，他们通过奉祀南诏国王宣称山乡的统领权。进一步的，巃屽图山云隐寺所建立起来的，不只是正统化土官的身份，也是左氏在整个山区社会所象征的权威地位。云隐寺居高俯视着整个瓜阳江河谷平原，国王祠宇分布山乡，它象征着河谷平原的白人与山乡倮夷政治的交汇。云隐寺建筑群有金姑殿，供奉着白干女儿金姑，每年盛大的"接金姑"活动时，大理各村村民组织队伍结伴到巍山将白人公主接回大理，据称此仪式已历千年。虽未知其实，但云隐寺也因此象征着白族贵族女性以女儿、妻子与母亲等不同身份所扮演的关键角色。[1]

左氏土官有意把自己的聚落和巃屽图山塑造成一个象征权力来源的地方，同时也是南诏王权的起源地，又将天摩牙寺修复为象征左氏土官家族祖先之佛寺，甚至将左氏历代土官祖坟放在巃屽图山上。[2] 从聚居、建寺到祖先崇拜等，在政治、宗教与历史上将地景重构成一幅具有正统意义的土官历史图画。土官要证明自己是土人，还要在不同土人间区辨其优越性，历史话语权便成为其争夺的重要资源。无疑的，通过强化过去国王始祖的记忆、历史地景以及象征物的再造，左氏由火头身份转化成具有威望的南诏国王后裔，进而创造具有正统意义的身份以及和此身份建构有关的地方历史。明末徐霞客到蒙化，即指出巃屽图山"有浮屠及云隐寺。始知天姥崖

---

[1] 云隐寺旁有一座庙宇是三公主庙，又称金姑殿。传说金姑是张乐进求的第三个女儿，嫁给了细奴逻。大理地区每到三月便有一场规模相当大的"接金姑"（又称接三公主）宗教活动，大批大理白族村民到巍山巃屽图山云隐寺三公主庙前接公主。这个活动也是跨界与跨人群的宗教活动。可参见梁永佳《地域的等级：一个大理村镇的仪式与文化》，社会科学文献出版社，2005。

[2] 蒋旭纂《（康熙）蒙化府志》卷1《地理》，第38页。

（即天摩牙——引者注）即云隐寺，而其山实名巃岏图也。其浮屠在寺北回冈上，殿宇昔极整丽，盖土司家所为。今不免寥落矣"。[1]指出明末以来云隐寺已略显破败，但其昔日整丽景象仍不难想象。

土官政治背后是联姻的社会关系，母亲世系往往是土官的重要靠山。接下来的例子说的是一个相反的故事，即白人如何随着贸易成为夷酋女婿，复在明朝治理下成为土官。

二　云龙土官段氏

云龙州也有一段赘婿为土官的故事。赘婿是西南风俗，部酋多以招女婿和封赐土地的方式来扩大统治。[2]云龙州位于大理府极西偏远的山区，地处澜沧江畔，西与永昌府相接。其地初无文献，若要重构历史，只能依赖官府文献如《土官底簿》与《云龙州志》等。然而，清初官员王凤文初至云龙时，当地贡生依据口传历史撰写了一部《云龙野史》，后由王凤文稍加润饰改编成《云龙记往》，该书遂成为重构云龙历史的重要依据。[3]

首先就《土官底簿》的记载来看明初云龙州土官段保的故事：

> 段保，本州民。洪武十六年归附，本年十月总兵官札拟本州知州，十七年实授，二十六年故。嫡次男段海，三十年四月西平侯委令署事，本月钦除云南大理府云龙州知州。[4]

从姓氏来看，段保应是大理之白人，《土官底簿》并没有用僰

---

[1] 《滇游日记》卷12，徐弘祖撰，朱惠荣校注《徐霞客游记校注》，第1162页。
[2] Richard Von Glahn, *The Country of Streams and Grottoes: Geography, Settlements and the Civilizing of China's Southwestern Frontier, 1000-1250*（Cambridge, Mass: Harvard University Press, 1987）.
[3] 董庆善：《云龙记往》，收入方国瑜主编《云南史料丛刊》卷11，第326~343页。此书最早为董庆善抄本，故署名董庆善。
[4] 《土官底簿》上卷《云龙州知州》，第347页。

第十章 澜沧江沿岸的山乡联盟

人登记之，不知其属。然而《云龙记往》描写了段保担任土官以前的地方史，其书记载：明以前之云龙尽是夷境，附于邓川、浪穹管辖，其地形沿澜沧江呈南北走向，"北至苗委，南至苗寨"，计有117里，南接顺宁，始有村落；当地夷民原有三种，十之七为摆夷，十之二为阿昌，十之一为蒲蛮；传说当时一座山只有五六户人，至多不超过十户，不成聚落，散处山上；山中力壮善射走者，自为领袖；其民刀耕火种，无头目，亦无赋役；摆夷曾为诸部落之领导部酋，其有名阿苗者管山，他将山分给四个儿子管理；后来，又有阿昌人早氏为大酋长，统领诸夷，当地诸山"夷众畏服"，向阿昌早氏"岁贡物产以为常"，形成松散的小型进贡关系。其中阿昌：

> 传十余世，其地愈拓，其民愈众，金齿（今永昌府）、僰国（今大理府），商人皆通。诸山未知开田，树木丛杂，多出芦子，夷人不识，商知而采之，多获利，客商益众。又四五世，有早疆者，大理王段氏遣人抚之，疆降，受其诰命，岁有常贡。往来商贾，有流落为民者，教夷人开田，夷人喇鲁学得其式，此夷有田之始也。[1]

云龙诸夷在阿昌早氏的统领下，稍有拓展，大理"僰国"与南方"金齿"商人前来通商，客商益众。随着交换需求的扩大，大理国王段氏遣人招抚，早氏始向大理朝贡。同时，往来商贾也带来外面的农耕技术，教夷人种田。这里说的是一段大理国时期山乡阿昌部酋早氏的故事。

此后，又过了十余世，早氏部酋不贤，重用客民李贯章、段保二人代为处理庶务。二人往来大理办公，多获利，亦素不误公。后来早氏将"长女妻贯章，以次女妻段保，使之同居"，将长女许配

---

[1] 董庆善：《云龙记往》，收入方国瑜主编《云南史料丛刊》卷11，第338页。

给李贯章，次女许配给段保。用地方逻辑来看，这更像是早氏酋长招婿李贯章与段保二人。后来，段保的妻子死了，李贯章与其妻夺早氏之位，此已是元末之事。这些地方传闻，并没有其他史料可佐证。重要的是，其描了一段早期大理与云龙之间的交换、贸易与联姻故事，说明部酋招婿联结其与外来人群关系网络之习俗，使段保由客商身份转为阿昌部酋的女婿，进而在明初担任云龙土官。明初授予段保土官这段历史叙事，应看作客商女婿变成土官，也反映山乡土酋政治秩序"反客为主"的情形。

我们很难得知明军入境之时，段保以什么理由出面承充云龙州土官。据载，当时段保招集夷兵四十余人投降：

> （保）乃返，招集夷兵四十余人，投迎而服之。保欲立早氏后，而无其人，夷众亦不许，乃治事。立寨蛇山，始有衣冠，用书记，教人识字。雪山、鹿山、卯山、凤山及穷谷之夷皆来贡物，保令从征之士分理之，编各夷入册，夷始通于汉。大理诸赋役繁重，避而来者日益众，乃大开田亩，遂科粮，（沐）英以闻于朝，明太祖敕赐保云龙土官知州印。[1]

段保统领四十多名夷兵降明，获土官衔，看来相当不可思议，其统治的群众基础似乎相当薄弱。洪武十六年，段保受傅友德征调，又率夷兵千人攻佛光寨。[2] 这是段保获土官身份的重要凭据。土官制度使得原来松散的部酋政治与其社会关系产生微妙的改变。当地原有传贤重婿的习俗，但贤能者不一定是土酋的儿子，土酋可能将贤者

---

[1] 据《云龙记往》记载，云龙夷人分布情形如下："阿昌中有傑作者，居今松牧村，号象山酋长。"又"夷人服其神明……寨立牛山（今下坞村），其雪山、马山（今漕涧地）、鹿山、鹅山（今浪宋地）、卯山、凤山（今赶马撒等处），各夷皆拱服。"可知阿昌亦有其酋长组织。清初时人仍指涉其地，可知地方仍有夷人历史记忆。见董善庆《云龙记往》，收入方国瑜主编《云南史料丛刊》卷11，第338、343页。

[2] 董善庆：《云龙记往》，收入方国瑜主编《云南史料丛刊》卷11，第338、343页。

招为婿或养子，但土官制度要求在土官世系内挑选承袭者，这便巩固了以段氏父系为中心的政治模式。段保担任土官不久，卒，其子段海承袭。自洪武三十年以来，来到云龙避世的客商越来越多，夷人越来越少。永乐十年，土官编夷民册，绘地理图献之，是以世袭土知州。自那时起，土官也面对嫡子年幼无人辅佐的问题。段海以降两代，皆年幼无法治理辖境。宣德十年（1435）设流官巡检司，虽能治民，不能治夷。待第四代段荣长大，识异人，学习读书，令夷人信服。正统六年（1441）才袭土官职位。段氏虽得以立足云龙山乡，但其合作对象是为躲避赋役而来的大理世族，其后来潜在的竞争对手也是这群人。

段保原是阿昌土酋早氏的女婿，依据联盟共享机制，理论上应该持续与早氏联姻。然而他在充任土官后，山乡诸夷亦被编入夷册，其妻族阿昌等反而变成受土官段保管束的人。雍正《云龙州志》指出：

> 阿猖……性驯顺，受土官约束，男女戴竹笠，饰以羊皮……刀弩不去身，以畜牧耕种为业，婚聘用牛马，其种散处于浪宋、漕涧、赶马撒之间。秋末农隙，腾（冲）、永（昌）背盐者，多此类。[1]

段保将夷民纳入约束，不仅化之以衣冠、教人识字，还将原来平行的、对等的社会关系转变为上下的关系。段保妻族阿昌人主要以游耕畜牧为生，在五井盐提举司设置后，这些散居山间的夷人逐渐成为山乡背盐之族类。此外，另有一群傈僳人，居于云龙北边与兰州交界处，因其长期抗拒土官治理，被描写成一群从事"伺隙劫掠"的人。上述历史虽然出自传说文献，但对无文字记载的山乡社会而

---

[1] 陈希芳纂《（雍正）云龙州志》卷5《风俗》，无页码。

言，也足以说明地方刻意留下之历史记忆，可看出以中央政治体制为中心的人群分类架构，分别是：土官、受土官约束的夷民、劫掠者。拒斥土官治理的人群，成了官府眼中的劫掠者！

段氏担任土官后，似乎无法有效巩固其世系的治理权。他们或许曾努力和周边的土官联姻，然史料不多，有两段故事或可窥其状。第一个故事是嘉靖年间他们与北方兰州进行一段"失败的"联姻。兰州虽隶丽江府，但兰州、剑川到云龙是一条沟通吐蕃与南方的重要通道，故南北纵向的联姻至为重要。嘉靖年间，云龙土官段表章与北方丽江府兰州土官罗氏之女联姻，但是段表章宠爱嬖妾，引起嫡妻"罗氏忿恚，携其子奔归兰州母家，割去浪宋七寨为养赡庄，其后遂不复还"，指出罗氏因不满土官丈夫宠爱其妾，所以"割去浪宋七寨"作为养赡。浪宋七寨位于云龙与兰州交界之地，也是大理府与丽江府交界之区。[1] 此处"养赡"有两个意思，一是罗氏土官嫁女到云龙时所送出去的嫁妆，另外也可能是土官供其妻子使用之私庄。总之，她不满其土官丈夫宠妾，将父家与夫家交界之区划入自己的领地。这位罗氏之养赡地，后来竟成为官府眼中傈僳人劫掠之区，也因此成为往后两府山乡盗匪扰攘之渊薮。很难说浪宋之傈僳越境打劫道路与段、罗二氏之联姻失败有关，但是联姻的确有助于山乡夷地之交通与治理。罗氏割去养赡庄七寨一事，说明土官"妻子""母亲"在土官平行结盟过程中所象征的牵制、约束与保护意义。第二个故事是万历年间土官段嘉龙"纵妻虐夷"，为族舍段进忠所杀，造成革土归流的命运。这件事表面上是由段嘉龙纵妻虐夷引起，实际是上述事件所导致之后果。段表章之妻罗氏在

---

[1] "浪宋，壤接兰州之石门关，旧有十二寨，嘉靖间兰州据七寨，今止五寨。"其地为傈僳散居之地，为丽江府兰州土官辖地，直到清初，云龙、兰州边界仍纷扰不止。引自陈希芳纂《（雍正）云龙州志》卷3《疆域》，无页码。又见顾芳宗《咨询地方利弊通行节略》一文中对丽江府傈僳越境打劫之描写，收入陈希芳纂《（雍正）云龙州志》卷12，无页码。

携子奔归兰州之后,使土官无子嗣承袭职衔。[1]后来继任的土知州是段文显,其殁后,又无子,由其妻尹氏"育他姓子冒段氏裔",名为段绶。可知土官嫡妻拥有嗣子决定权,比段氏土官旁支更强势。认养异姓儿子引起段氏支庶段进忠的不满。[2]万历年间,段进忠以土官"非段氏所出",屡向朝廷告讦,似乎没有得到官府的回应。直到段绶之子段嘉龙将袭职时,进忠"不胜恨怨",结仇杀段嘉龙。故史册中称段嘉龙"纵妻(喇忠)虐夷",其"土舍"段进忠争袭,杀死土官段嘉龙。段进忠因而在西南边境极西之地自行称土知州。对官府而言,此事原不甚重要,但因段进忠四处劫掠,威胁永平与大理之交通,便有围剿之议。[3]

然而,土官内部的冲突主要源于官方认可的承袭法则和当地婚姻、承袭习俗互斥。《明史》指出段进忠与段嘉龙为兄弟,段进忠是土官"养子",与嘉龙争袭,流劫杀掠,致使官军进讨。[4]段进忠的真实身份仍是一个谜,他很可能在辈分上与段嘉龙是兄弟。山乡腹地广袤,仰赖分土而治,在尚未建立有效的政治管理体系以前,本来就必须通过赘婿或养子安置领地,此乃地方惯习,他们更重视如何维持平行、对等的能扩大统治联盟的政治运作机制。官府对土官伦理的控诉永远是合理削弱其势力的最好理由,如段嘉龙"纵妻虐夷",是土官德行的问题,段进忠弑族兄也算是伦理禁忌,二者皆不容于儒家伦理。时值裁革五井提举,盐课并归流官,土官面临的形势雪上加霜。实际上,土官身边另有支持设置流官的潜在商人

---

1 陈希芳纂《(雍正)云龙州志》卷2《沿革》,无页码。
2 "段文显殁,无子。其妻尹氏嫉夫弟锦鲜之得位也,与其党构陷,毙之狱。育他姓子冒段氏裔,要众保结,广贿豪有力,得袭官,是为段绶。"陈希芳纂《(雍正)云龙州志》卷2《沿革·平段进忠》,无页码。
3 陈希芳纂《(雍正)云龙州志》卷2《沿革·平段进忠》,无页码。
4 《明史》卷313《云南土司》,第8081页。文中有"云龙土知州段龙死,子嘉龙立,养子进忠杀嘉龙争袭"的描写。正史与地方志对段嘉龙的父亲的记载不同,《明史》指前土官是段龙,而《云龙州志》指段嘉龙的父亲是段绶。

势力，导致土官被裁革。这批外来流寓客商追求盐井利益，在谋取利润后渴望进一步转型为士人，这些冲击土官政治的竞争对手，也是段氏在山乡夷人社会中越来越难以维持平衡的主要原因。万历四十八年（1620），云南巡抚周嘉谟诱擒争袭的段进忠，"理其地，定赋税"，以其后继无人，改设流官知州。

云龙的故事所要凸显的不是官方版本中的土官德行问题，而是盐井区内潜藏的人群与社会流动，土官必须在此竞争局势中继续保持联盟的稳定性与政治敏锐性。总体来看，段氏无法在更广大的范围内保持土官联盟的机制，其在滇西土官局势中显得更为孤立。

云龙州向来有盐井之利，商贩往来是常态。史料虽然不提，但这正是土官政治以外另一潜在的社会力量。尤其云龙已成"逋逃难问之区"，许多自大理而来的流寓客商逐渐成为与土官势力匹敌的势力。[1]

三 离开太和县

大理世族对明朝的治理采取不同的因应之策，本节将从移徙山乡改事盐务的世族来讨论。其实，白人移徙各地从事商贸的情形相当普遍，外表看来，他们是为了躲避国家赋役才移居云龙，但这种人群移动与其长期所经营的地方网络有关。白人熟悉土夷风俗，有丰富的地方经验，他们不仅在西南土流衙门获得一席之地，也积极寻求新的机会。其中，承揽卤盐成为灶户，掌持盐销与盐课，在当时是一个获利颇丰的行当！

我们必须再次回到地方社会的脉络来了解白人在西南地区的

---

[1] 自明初以来，大理诸郡赋税繁重，因而移徙到云龙者为数不少。见董善庆《云龙记往》，收入方国瑜主编《云南史料丛刊》卷11，第326~343页。毛堪《台中疏略》卷3《云龙州改设流官裁革五井提举疏》，收入《四库禁毁书丛刊》史部第57册，第603~604页。

第十章 澜沧江沿岸的山乡联盟

流动性。首先，缅甸北部离海甚远，该地之人长期食用云南之盐，滇缅边境的互市主要便是将云南的盐运往八莫，再将缅甸的布与金带回云南。13世纪马可·波罗在行旅途经其地时，曾记载云南和邻近人群如金齿百夷（后来称为缅甸、掸等）用盐作为交易媒介，而缅甸属地则输出大量的金银珍宝与云南盐进行交换。[1] 顺着这样的地方脉络，可知当时白人还有其他的选择。下面史料也提供相关的线索：弘治年间，巡抚云南监察史谢朝宣向皇帝上奏，提到当时边境"非法"贸易的问题，其中包括大理逋逃之人：

> 臣闻蛮莫等处，乃水路会通之地，夷方器用，咸自此出，货利之盛，非他方比。以故思录屡抚不退。况迩年以来，透漏边情，不止恭们段和而已，又有江西、云南、大理逋逃之民多赴之，盖镇夷关巡检地职微势轻，不能禁此故也。云南官员，一差抚夷，即谋多赍违禁货物，往彼馈送互市。[2]

蛮莫是缅甸北部克钦邦之重要贸易城市，今称八莫。其依傍于伊洛瓦底江，是江外诸夷会聚之商业大城，也是中国与印度交通史上之重要贸易站点。[3] 据朝臣指出，16世纪初，西南边境巡检人微言轻，把守不严，许多自江西、云南的"逋逃之民"前往从事贸易活动，虽有官员派往"抚夷"，但不是为商人所贿赂，就是为当地贸易带来的大量利益所打动而进行"走私"。随着明朝太监镇守云南搜刮边境宝石愈演愈烈，边乱发生，其后乃有三征麓川之举。西南边臣一时哗然，纷纷进言治边之道。当时之大理人具体扮演什么角色，

---

1 "其货币用金，然亦用海贝，其境周围五日程之地无银矿，故金一两值银五两，商人多携银至此易金而获大利。"A. J. H. Charignon 注《马可波罗行纪》，冯承钧译，党宝海新注，河北人民出版社，1999，第439页。
2 《明孝宗实录》卷153，弘治十二年八月辛亥条。
3 有关元明清时期云南边境贸易之研究，请参见陆韧《云南对外交通史》，云南人民出版社，2013；赵小平《历史时期云南盐币流通探析》，《盐业史研究》2007年第2期。

仍有待考察。但大理人从事跨境贸易的能力毋庸置疑，从大理世家之族谱所记载族人"走夷方"中尤可见一斑。[1]再者，清朝入关，永历帝与遗臣逃亡云南，前往边外缅甸属地时，居中协调缅甸当局与流亡明臣的通事便是一位"大理人"。[2]

大理人深知盐井对山乡的重要性，对它保持高度的敏感，这是可以理解的事。尤其盐是边境贸易重要物资，那些被编入里甲的太和县民比其他人拥有更丰富的政治资源来掌握此项经济活动。以下仅以移民云龙州成为当地盐井灶户的太和县民为例来说明。

（一）白人土酋与盐井

云龙虽被文献描写成一极边之区，但它是个重要的古老盐产区。明初设云龙州土官，盐井设五井盐提举司管辖。据李元阳《云南通志》记载：

> 五井盐提举司，在大理府浪穹县地，洪武十六年设提举一人、吏目一人，诺邓井盐课司大使一人，大井盐课司大使一人，师井盐课司大使一人，顺荡井盐课司大使一人。[3]

五井盐提举司辖有诺邓、大井、师井与顺荡等盐课司。从事盐井研究的学者皆注意到五井提举司实设在诺邓，但很可能地方偏远，直

---

[1] 参见《太和段氏族谱》《大理史城董氏族谱》。此两大家族应具有相当的代表性，其中段氏族人"走夷方"之记录出现在明中期。

[2] 明永历帝（1623~1662）和诸臣逃至缅王属地。"时缅妇自相贸易，杂沓如市，诸臣恬然以为无事，屏去礼貌，皆短衣跣足，阑入缅妇贸易队中，踞地喧笑，呼卢纵酒，虽大僚无不然者。其通事为大理人，私语曰：'前者入关，若不弃兵器，缅王犹各远迎，今又废尽中国礼法，异时不知何所终也。'"《也是录》，收入王崧编纂《云南备征志》卷13，第796页。

[3] 李元阳纂修《（万历）云南通志》卷6《赋役志》，第154页。

第十章 澜沧江沿岸的山乡联盟

到成化二年（1466）才有首任提举黄孟通正式上任。[1]

不论五井盐隶归提举司还是土官管辖，对移居云龙的大理客商而言，都不太理想，因为客商终究也需要一个合法身份，于是他们产生兴学入仕的想法。嘉靖年间，朝廷曾将五井盐提举司改设雒马。据雍正《云龙州志》记载："正统间设流官吏目一人。后因令署州印，理其赋役词讼。复设提举司于诺邓，端理盐课；嘉靖间，改治雒井。"正统年间始设流官吏目掌云龙州印，并于诺邓设提举司。嘉靖年间，五井提举司改设于雒井，即现今之雒马。后来雒马士民以其地文风渐兴，建议设学，但"士民"认为盐井提举仅主盐政，民事不得预，所以请改州学。也就是说，盐区"士民"认为提举司不负责文明教化之事务，所以希望提高流官的地位。很明显，由商而士的士民支持设置流官。后来适值云龙土官因承袭内争，故在万历四十三年（1615）改流官治理，裁提举并于州。[2] 这虽是流官的胜利，但云龙士商在背后的支持极其重要。

理论上来说，明初实行开中法，将盐引发放给商人，由商人采买谷粮运到边境军区以取得盐引权。[3] 那么，五井盐课实际是如何运作的呢？官府如何克服山乡诸酋以及丛箐深山的道路，又如何派遣提举官与商人到五井盐井区征收盐课呢？明初虽设提举司，但盐井实仍由旧有的白人土酋所掌理。洪熙元年（1425）、宣德六年

---

[1] 首任提举司黄家后裔仍居住在诺邓，其裔墓志记载："（成化二年）公之曾大父黄孟通以乡进士提举五井……顺荡之课未完，例不得归，遂羁縻公署，以终其身。"黄孟通以及其裔遂入籍云龙。参见李元阳《明处士黄公孺人段氏墓铭》，收入李文笔、黄金鼎编《千年白族村：诺邓》，云南民族出版社，2004，附录，第321~322页。

[2] 陈希芳纂《（雍正）云龙州志》卷2《沿革》，无页码。又，不同史册记载之时间略有出入：万历四十二年，盐课改由云龙州印官征解。见刘文征纂《（天启）滇志》卷6《盐课》，第214页。又，万历四十八年朝廷以土官内斗废土改流。见云龙主修《新纂云南通志》卷173《土司考》第7册，云南人民出版社，2007，第663页。

[3] 有关明朝盐产、盐销制度的研究，可参见徐泓《明代前期的食盐运销制度》，《台大文史哲学报》第23期，1974年；《明代中期食盐运销制度的变迁》，《台大历史学系学报》第2期，1975年。

（1431），分别有山井巡检司和盐课司以及顺荡井盐课司"土官"向朝廷贡马，可知当地基层土盐官也向朝廷争取合法身份。再者，从《土官底簿》之浪穹土酋改授顺荡井盐课司副使可知，云龙一带之盐井仍由土酋与白人所掌理。[1]其中，山井盐课司土副使是杨坚，据《土官底簿》记载："杨坚，大理邓川浪穹州县民，洪武十六年总兵官札充本司土官副使。"此土盐官在正统年间才被废止。又，顺荡井盐课司土副使杨生："大理府浪穹县灶户，洪武十六年归附，总兵官拟充本司副使，十七年实授。"指出杨生原来就是灶户，即掌理土盐的土酋。据民间传说，杨生因主动向朝廷报课有功，被封为护国将军。这说明当地土人承充盐课司之情形。当然，当时王朝对此低阶土官承袭采取暧昧的态度，他们得费劲前往北京向皇帝亲自告袭，但仍屡遭回绝。[2]以上种种，足以看出他们是一群相当活跃的地方精英。

盐井的实际运作也仰赖当地基层土官，像师井土官杨胜、顺荡井土官李良、上五井土官杨惠等。这些土酋之所以获土官衔，是因为他们"率众来归，以粮济师"，如师井土官杨胜，带众及粮投奔明军。顺荡土官李良，"率众归义"，随鹤庆知府董赐，任土巡检。杨惠，从讨邓川杨娜，授浪穹主簿。依据地方可能的情形，土灶户推举土盐官，土盐官仰赖维护沿路治安之土官，这也是盐课司土副使和土巡检在山乡合作无间、推动山乡社会运作之机制。再者，明初土官的职责多为押饷、输马，运送前线所需各项物资。剑川土千户赵氏墓碑记载着当时运饷之情形："（六世祖）洪武二十七年内，督押粮储前往盐井卫接济大军，行至北胜州蛮场与

---

[1] 见柳兰松编写《云龙县历史大事记（上）》，收入中国人民政协云南省云龙县委员会、文史资料委员会主编《云龙文史资料》第2辑，1990，第112~113页。又，相关土官世系可参见陶胜辉主编，谢道辛编撰《云龙县民族志》，云南教育出版社，1994，第173~174页。又参见李正亭、孔令琼《明清云南盐务管理盐课考述》，《盐业史研究》2007年第4期。

[2] 谢道辛：《云南土司考校》，收入中国人民政协云南省云龙县委员会、文史资料委员会主编《云龙文史资料》第4辑，1990。

之接战，适地方桥梁倒塌，因此阵亡。（九世祖）正统六年内自备粮米运赴金齿协济兵粮，仍听调征。"[1]这些都是白人势力。

由于边境盐井仍隶诸土酋，无法以全国通用的开中法来管理，故明朝封赐大理豪族土官衔，动员他们从事军事性的粮食运输。明初剑川土官千户赵氏押粮到滇蜀边境盐井卫［四川盐源，洪武二十六年（1393）设］，途经北胜州，遇到蛮酋反抗。到正统六年（1441），赵氏还负责"自备粮米"运往极边之金齿。边境土官所司之职相当有弹性，从其运饷目的地北至四川，南到金齿，可知他们在跨境山区的活动范围之大！

再者，从大理府北方的弥沙井盐课司，也可以看出大理世族经营盐井的情形。弥沙井盐课司位于剑川州西南150里。万历《云南通志》记载洪武十六年设置盐课司，后来盐课岁银约有290余两。天顺四年（1460）署名剑川州弥沙盐课司前任副使的高本，为其盐课司辖下的"总甲"李久成（1397~1459）书写一份墓铭。李久成世为弥沙井巨族，"由高曾祖考世以僧业相仍，乃充本井盐课司丁之总甲"，其为僧侣世家，也充盐课司之总甲。到了李久成时，家益裕。从"上官借其能，下人赖其安，凡过往使客，靡不称道其贤"，可见总甲负责盐务分派、收纳，甚至是负责将盐运送到官衙的中介者身份。[2]由上述史料可推知当时滇西山乡之盐井由当地世族掌理，甚至以运粮巩固盐井之实权。

（二）太和县民

自太和县移徙而来承担灶户者越来越多，云龙盐井的政治生态也产生微妙的变化。成化至嘉靖年间，另一批喜洲世族大家纷纷离开太和县，加入开采盐井的行列，这些世族包括太和县喜洲的市上

---

[1] 杨仲谟：《武略将军赵公之墓碑》，收入张树芳主编《大理丛书·金石篇》第10册，第41页。
[2] 李文海：《故阿吒力僧李久成墓志并铭》，收入张树芳主编《大理丛书·金石篇》第10册，第54页。

里杨氏与市户里董氏。据《大理史城董氏族谱》记载，成化年间，董氏族人有一支前往姚安黑井，从事盐井经营；[1] 另有一支前往云龙经营盐井。云龙出土的《五云董氏家乘》，记录开卤缘起，约在成化十年（1474）："至探得卤脉灵源，纠合三五大户，首事开井，有功蹉政者，岁贡生万卷公也。"[2] 这与《大理史城董氏族谱》所记载"万卷生三子，俱随父入云龙，开雒马井"相符，这种移徙开井，似乎不是单独的行为，而是持续在亲族间流行的结群活动。[3] 当时一同移居云龙的族人还有董诗、董诏、董诰、董大道、董大迁等。[4] 族谱中写着"首事开井，有功蹉政者"，意思很清楚，指的是刚开始开井时的重要人物。董氏在雒马成为富豪之家，后来转型为仕宦之族。

再者，大理府太和县弘圭乡市上里第七甲下甲的杨氏，嘉靖年间前往云龙开井。[5] 据《云龙杨氏家谱》记载，祖先杨世春：

> 将太和县房屋、田地、对象，所有一切与其弟世明公。来云龙五井提举司（此时州官未设，八井未开，提举司出在分单），后在石门买田置地、房屋、卤水，为石门井灶户，卤有五十背（即今大老公排、二老公排、松毛排之类是也）。山有三十六块（山形簿至今独在）。凡此俱本始祖分单，房屋、牛

---

[1]《大理史城董氏族谱》卷4《迁居外县·黑井一支》，第91页。

[2]《太和寺功德碑记》，收入《五云董氏家乘》，第18页。同时收入张树芳主编《大理丛书·金石篇》第10册，第169页。

[3]《大理史城董氏族谱》卷3《世系·十九世》，第21页。

[4] 二十世有"诏祖率六子入籍云龙州"之记载，见《大理史城董氏族谱》卷3，第24页。又，明初族人迁徙移居到洱源，又移居雒马，见《洱源一支》《云龙一支》《云龙鸡翼曲》《云龙坊》《云龙旧邑塝》，均收入《大理史城董氏族谱》卷4《世次附谱·迁居外县》，第1、53~88页。

[5] 杨家自称南京应天府人，明中叶以来大理喜洲世族集团也有类似的宣称，乃为区辨"非土民"虚饰之词。他们族谱记载约在唐朝时是南京人，但未知何时迁至大理府太和县弘圭乡市上里第七甲下甲，很明显是大理世族被编入里甲后的情形。见《云龙杨氏家谱》，谢道辛提供复印，无页码。

马、田地、物件，多少不知其数。公享年七十以上，恩赐寿官（分单万历十年写，为提举司）。[1]

据这份民间收藏的《云龙杨氏家谱》指出，嘉靖年间，杨世春将太和县所有的房屋田地分给其族弟，到云龙石门井从事灶户的工作。家谱内容经后裔增注，虽不清楚增注时间，但也保留几分真实性。尤其引文括注"此时州官未设，八井未开，提举司出在分单"一句，重点在"提举司出在分单"，指出其祖抵达时，盐井未开，仍属首创之举，杨氏世族领有提举司之"分单"负责开井。这份分单内容包括山场36块，其还要负责50背的卤井盐课。这符合明朝授予灶户的合法经营模式。当时灶户不仅负责纳盐课，同时也分得卤盐所需木材煮盐的草荡地36块。

大理喜洲之市上里杨氏也到云龙州从事盐井的工作：杨一诚，喜洲九隆族裔，"世处五峰下史城（即喜洲——引者注）之市上（里）"，祖先杨思敬曾为布政司令史，到杨一诚时"以家政累就簿书，从事五井"，居于雒邑（即雒马）。和大理许多世族一样，其明初为吏员，后来家境充裕，改业儒。其谱记载其子："虽处赢余，恪守朴素，虽居井亩，不竞锱铢。"接下来几个世代往来云龙与大理间。杨一诚迁居雒马的时间，大致与五井提举司设置时间相符，他很可能前往从事盐司文书的吏员工作。谱中更清楚指出："寿官云台，讳一诚，以簿书务盐䓈政富于骆，遂家焉。"其子至"礼部冠带"，到孙辈杨禹川（1563~1615）大拓事业，杨氏在云龙的事业已达"阖室以千金之子，惟逸居厚养，不令从学"，但杨禹川之母令他从事儒业，后得补永平邑庠弟子员，继而增厚产业。[2] 这份材料

---

[1] 《云龙杨氏家谱》，无页码。
[2] 《云龙杨氏家谱》，无页码。杨氏转业儒后，其裔有杨名扬者于清初任陕西巡抚，为一时之名宦。见《清陕西巡抚杨公名扬行述》，收入云南省编辑组编《白族社会历史调查》（四），第243~249页。

没有明确指出他们买置卤盐，无从判断他们是否为灶户，但他们显然是负责盐课的相关吏员，重要的是文中"阃室以千金之子"这句话，指出他们到五井以后，快速积累财富，主角杨禹川在母亲的督促之下从儒业，后来中举，成为云龙有名的科举世家。杨氏之族人则分布在昆明、大理以及雒井等地。[1]

云龙盐井的研究者大多留意到云龙州有"九杨十八姓"的说法，这里的杨氏包括前文的土巡检与土官之属，但对明中叶大理府太和县移徙而来从事盐务的历史则较少触及。这批灶户甚至托言祖籍南京，有可能系逃籍逃役与避免成为土官辖民之一种托词。[2] 除了这些大理世族从事盐井开发以外，还有其他流寓者，因与本文无关，姑略不论。理论上来说，明朝以盐课来充实边境军粮，实行开中政策，引进商屯。但从五井盐井管理和白人灶户之间的关系来看，太和县民也跻身于该地的灶户，担任深山盐课的中介者。后来，这批致富的大理人，以"士民"身份推动云龙改由流官治理，使其得以设置学校来提升他们的地位。

当灶户专责盐产时，与身份相涉之权益也进一步获得官府制度性的保障。官府为控制盐的产销，将山乡资源让渡给这些有关势力，一系列机构性设置随之而来，如灶丁编户、粮食运送、林木开采、出盐销售运送、山区路权以及外来商屯等。盐课政策执行之初，盐产与灶丁户数还不至于冲击山区生活空间，但是，灶户编籍意味着：（1）卤盐成本皆由官给，但实际上，灶户却必须自办柴薪；（2）正统年间，朝廷才开始派拨余丁，专门为灶户承担采薪的工作，添拨余

---

[1] 另一个例子也可供参考。太和县士子赵端益（万历年间人）的祖父赵祜有五子，其中两子赵琛、赵瑄在明中叶时到雒马，"子孙至今，蕃且富焉"。参见《明德寿撑史赵公墓志铭》，收入云南省编辑组编《白族社会历史调查》（四），第149页。
[2] 这些由喜洲移民云龙之大姓，其族谱多记载其祖先自南京来。舒瑜的研究已注意到族谱内的祖先叙事多南京人，但从火葬习俗可知其原来的白人身份。参见舒瑜《微"盐"大义：云南诺邓盐业的历史人类学考察》，世界图书出版公司，2010，第35~37页。

第十章 澜沧江沿岸的山乡联盟

丁则成为官府通过灶户阶层，扩大对山乡劳动人口管理的变相方法；[1]（3）在云龙地区，官府具体的做法是将附近山区草荡地划拨分配作为灶户卤盐之用。上述三项做法中，灶户与余丁采办柴薪等行为，无异于将山乡土地划编入灶户社会，而山区草荡之地也被划作盐井卤盐柴薪之用。[2] 万历年间，盐课征银使得以盐井开采为中心的货币化活动成为改变山乡社会的重要机制，开采盐井所需的柴薪以及米粮，也造就了深山群箐中的小型市镇。为了满足深山峻岭的小型市镇之运作，其卤盐所需的柴薪则来自北方澜沧江上游的兰州。雍正《云龙州志》描写当时诸井之薪柴大抵为"夷猓"背卖，其中金泉井"柴自兰州顺荡一带砍伐，前一年运入溪侧"，是为"溪运"。其他如诺邓井、大井、天耳井、山井、师井等，其"柴系四山所产，杂木或夷猓背卖，或自雇夫采取"。[3] 换句话说，灶户除了合法拥有采薪余丁及草荡山场外，盐销负贩之事也由其统筹，上述的"夷猓"背卖，或是自雇夫采买，使山乡劳动力开始卷入盐销市场之中。

康熙年间，顺荡灶户与丽江土官在边界地区爆发一场冲突。顺荡盐井紧邻丽江府辖下兰州土官的辖境，其"柴山灶丁"亦邻其境，当时兰州土舍罗维馨有家奴杨黑生等七户，出银赎身，希望脱离土官管辖，成为顺荡灶户之夫子户，负责运盐的工作。但兰州土官仍强占其地，致使顺荡灶户联名协助此七户夫子户告状，助其脱离上官家奴的身份。这些土官家奴后来虽被划入云龙州归化里，但从此依附顺荡井灶户之下，世代成为为顺荡灶户背盐负贩之夫子户。[4] 灶户和土官

---

1 "云南布政使司奏：所属各井盐课司，俱自办煮盐柴薪，惟黑盐井诉告艰难。户部准令岁除盐引三千三百四十引，货薪煮盐，以至官课不足。请移文各司：每灶户添拨余丁一二人，复其他役，专令采薪，其岁办盐课，不得擅除。"见《明英宗实录》卷125，正统十年正月辛丑条。
2 《云龙杨氏族谱》，无页码。
3 陈希芳纂《（雍正）云龙州志》卷6，无页码。
4 王符：《详结大石壁人丁山地文》，收入陈希芳纂《（雍正）云龙州志》卷12，无页码。又《云龙县顺荡盐井调查报告》记载了康熙五十五年（1716），兰坪土官辖境之土民赎身前往顺荡井成为灶户之夫子户的情形。参见《云龙县顺荡盐井调查报告》，收入云南省编辑组编《白族社会历史调查》（三），第308~313页。

二者虽不必然发生竞争关系，但这种官府盐课的灶户体系正沿着险隘深陡的山径，一步一步扩大它在深山中的势力。灶户带着国课所赋予的优势，将势力扩大至土官边境，不仅挤压土官对山乡劳动力的控制，也争夺山场资源，这些都逐渐改变了山乡人群的社会关系。与此同时，夷民也随着山乡之羊肠曲径，以货币化的形式脱离既有土官体系，试图成为盐销网络中的一员。

整个云龙州的局面似乎已由五井之客商灶户所控制。自嘉靖以来，云龙州土官争袭屡遭变乱，时"五井之人"应包括这批从大理移徙而来的世族。这些灶户以盐致富后，便前往澜沧江江外购置田亩，然其地"多盗"，即便田熟亦不得收租。时已倡议废土，后来才又由乡衿头人保举云龙土官段绶"复职"，双方立约，"凡江外租谷倘有疏虞，愿代赔"，江外之地由土官负责弭盗，立哨防守，成立保护五井富户江外土地之武装组织。[1] 万历年间，云龙之所以改土归流，主要和白人客商与灶户转型为"士民"身份关系密切。他们以建学为名，敦促建置流官，使其进一步掌握更多边城社会的政治资源。虽然废除土官，但他们仍然继续支持澜沧江外的土官势力，因为这些土官仍有利于保障他们江外的土地资源。段氏支庶土官势力也因此一直在澜沧江外的老窝、六库等地担任土千总，各治五六十里地，成为大理外围驻守二江之重要土官，直到中华人民共和国成立。[2] 看来，客商灶户与土官二者之间，似乎在政治地理空间上找到了互利的平衡点。

从太和县转往五井采盐的人群来看，流官辖境下的白人成为官府与山乡夷民的重要中介者，他们逐渐成为一种足以与土官势力相抗衡的势力。太和县赋税沉重与云龙盐井开采不必然有因果关系，但这些来自太和县的白人为解决乡里沉重之赋役，徙居云龙从事盐

---

[1] 董善庆：《云龙记往·段保世职传》，第344页。
[2] 陶胜辉主编，谢道辛编撰《云龙县民族志》，第160~164页。

井之开采，可视为传统生存策略的持续推进。从区域政治与经济生态的脉络来看，他们以灶户身份巩固山乡与坝区的社会网络与经济资源，也合乎自身利益。于是，我们可以看到一个山场夷民逐渐希望脱离土官治理，并随着官办盐课而参与负薪贩卖的货币化过程。这个时间点，大约在明末清初。

小 结

本章主要讨论澜沧江沿岸的白人。合作与联盟是区域政治的传统，白人与山乡夷人曾保有各种合作的关系，有的是出于资源交换的需求，有的是出于政治结盟的需求。具有宗主身份的白人，在西南人群中象征着耕读入仕的稳定势力，也扮演着官府与夷民的中介者。在蒙化土官的讨论中，白人张氏选择与左氏土官合作，发展出一套白人/母亲支持的佛寺与祖先叙事的仪式建构，其嫡母、佐臣张氏及土官成为平行的两股势力。在云龙土官政治的讨论中，段氏由客商赘婿身份获土官衔。不论是南方猓猓与白人的关系，还是从摆夷、阿昌到段保等的故事，都说明原来松散的部酋社会与山乡社会人群流动，受到外来政治尤其是土官政治的影响，并产生族群政治之消长。但是，与土官政治相平行的制度性力量，还包括了盐销与灶户，段氏虽然是白人土官，但因为与太和县之白人扮演了迥然不同的结构性角色，段氏无法在地缘区域政治中建立强有力的联姻与结盟网络，最终在大理客商灶户之竞争下，沦为澜沧江外之武装组织。客商与灶户，不仅象征着国家的盐销制度如末梢神经般伸入山乡，而且通过货币化的力量，将其势力带到滇西北深山之处，直达丽江木氏土官之辖境。

第十一章　从山乡盗匪到编民

大理东部山乡的故事和前一章澜沧江沿岸略有不同，其纷扰动乱不止。大理府与姚安军民府之间有一道由北而南蜿蜒之深山丛岭，明初以来，先有自久之乱，万历年间盗贼四起，史称铁索箐之乱。弘治年间，以夷乱难治，划太和县、赵州与云南县三境，增置宾川州。本章分四部分来谈大理东边山乡土酋的境遇：一是明初的政治部署；二是土酋和盗匪；三是封锁与孤立；四是山乡部署。

一　明初的政治部署

大理府与姚安府之间是大片的崇山峻岭，山箐丛集，其山势南北相连，北达丽江府与四川交界之处。大致的范围包括大姚与洱海东边宾川一带的山乡部落，其北接丽江之永胜，南至宾川一带，此片山乡位于大姚、大理、浪穹、鹤庆与北胜州的交界区。元时，此山区之北半部隶属丽江路军民宣抚司，"有盐七井之货，领寨五百余处"。[1]金沙江自此山区北去，沿江为产金之区。[2]鹤庆与洱源交界之处有佛光寨，寨通鹤庆为北衙，也是重要金与银之产区。稍南邓川一地是矿场，据李元阳《大理府志》，邓川一州便有十所矿洞。[3]山区稍南之处东临姚安，有白羊厂，即白盐井。此盐自南诏以来主要运销本地，供皇室及贵族之用。简而言之，此地"川原广衍，土泽膏沃，民物富饶，惟四山峻矗，岩谷峣邃"。[4]这种地理天然条件为早期部酋政治的联盟奠定了基础，而居处山乡之夷民与川原居民互通有无，也是维持区域政治平衡之原则。

明初的几项制度影响山乡政治结构，分别是盐井提举司、卫所以及土巡检。以下就这些制度实行及其所遇到的问题提出讨论。

（一）盐井提举司

洪武十五年（1382），明军入云南，随后在大姚设置白盐井盐课提举司，管理白盐井。不久，已降明的姚安土官自久起兵反明，具体原因不明。他先是攻克白盐井，俘虏了盐井提举熊以政，明年又往南流窜游击至品甸等地。洪武十九年四月，设置洱海卫指挥司，令指挥佥事赖镇修屯堡、堤防，设斥堠，又重开白盐井。随着盐井提举被杀，白盐井在严密的军事保护下被重新纳入官府治理。[5]不久又增置白盐井巡检司（即白羊厂），把守白盐井四周关

---

1 《元一统志·丽江路军民宣抚司》，收入方国瑜主编《云南史料丛刊》卷3，第95页。
2 《明史》记载，赤石崖与铁索菁有龙蛟江出，正是产金之地。见《明史》卷46《地理志》，第1182页。
3 李元阳纂《（嘉靖）大理府志》卷2《地理志·物产》，第79页。
4 萧绍：《重修大罗卫记》，收入张树芳主编《大理丛书·金石篇》第10册，第93页。
5 《明史》卷313《云南土司》，第8069页。

津要道。[1] 可知白盐井在明初治滇西时所扮演的重要角色。

白盐井盐课提举司的设置，冲击了山乡部酋开采、运输与资源分配的网络与结构关系。品甸张氏曾是负责运盐以及守护盐道的世家大族，其祖先张中降明之后，被编为土官百夫长，"敕封忠勇二字、赐碛砂十板、珍珠一串、大红缎子一匹，世袭把事职员，随写'百夫乡勇'，御宴一席，张中行起动作，赐拥兵五名"。张中担任世袭百夫长，也成为明军征调之土军军源。[2] 张氏史料不全，未知是否持续从事负盐相关事务。再者，真正冲击山乡政治的是募商输粟的开中政策。正统年间，朝廷为解决西南边境之麓川战事，在粮食极度缺乏的情形下，调遣各地兵马进入边境，为解决粮食问题，鼓励盐商运粮到云南以取盐引。这些商人因为运米成本过高，宁可高价买下云南之粮食，来取得盐引。这些政策的实行，与山乡夷民持续的动乱有极其密切的关系。[3]

（二）卫所

为控制政治局势，朝廷逐渐在各地部署卫所屯田。洪武十六年，先设大理卫；后来，自久反明，洪武十九年设洱海卫指挥。十年后，又建卫城于南方的云南县。北方之澜沧卫也在洪武二十九年设置，部分山区土地划为屯田。[4] 随着边境动乱不断，军费开支庞大，为补财政匮乏，永乐年间开始在大理附近开采银矿。

云南土酋自古便有采银之例，然明朝官府之正式采银应始自永乐年间，地点也从大理开始。到了宣德年间，银课已成为百姓沉重

---

1 《明史》卷46《地理志》，第1182页：大姚境南有"白盐井提举司，辖盐井九，又有白盐井巡检司"。
2 《祥云大波那张氏沿革碑》，收入云南省编辑组编《白族社会历史调查》（四），第50页。
3 方国瑜：《明代在云南的军屯与汉族移民》，第234~236页。
4 澜沧卫设在北胜州治南，洪武二十九年建。见李元阳纂修《（万历）云南通志》卷7《兵食志》，第177、182页。

第十一章 从山乡盗匪到编民

的负担。[1] 当时之大理官办银厂有七处，依据考古报告，初期之主要的银场有大理府宾川一带的白塔与大兴二场。[2] 宾川有一通碑刻《重建宾居神庙碑记》，记载永乐十一年（1413）朝廷内官来此采银，分别设置白塔与大兴银场之细节，指出大理附近开设两处官办银厂。[3] 此后，随着明军征边军费耗繁，宫廷索费甚多，对云南银矿的需求量也随之增加。除宾川外，官府还陆续在大理北方佛光寨山区附近采银，具体地点在大理与鹤庆交界的南衙与北衙。北衙又记载为北崖，是云南九大矿场之一。[4] 然而，开采银矿耗损军力，地方财政也面临沉重的银课负担。以宾川银矿来说，其原委大理卫开采，大理卫所余丁不仅承担银矿开采的差役，而且有的被调往讨伐安南，这使得大理卫所军屯人力极度缺乏，甚至造成劳役过重卫所人员逃逸的情形。[5] 景泰年间大理宾川银矿还一度引起洱海卫的盗采。[6] 再者，北衙银矿的开采也为附近居民带来极大的负担。15 世纪下半叶，内监钱能致力于开采南衙厂，因殊求无度，后为王恕所弹。[7] 大理银矿开采，虽有利于官府之财政与军饷，在地方上呈现的却是卫所人员逃散、投机者四处流窜，留给地方社会的是日益沉重的银课。

如果注意到明朝为控制云南所进行的军事布置以及为筹措军粮而制定的盐课与银课政策，那么我们很容易了解整个统治技术如何

---

1 相关研究可以参考梁方仲《明代银矿考》，收入刘志伟编《梁方仲文集》，中山大学出版社，2004；全汉昇《明清时代云南的银课与银产额》，《新亚学报》第 11 卷上册，1974 年。

2 包括了大理新兴、北崖（北衙），洱海之宝泉，楚雄之南安、广运，临安之判山及罗次县。

3 《宾川县志》编辑委员会编辑《宾川县志·附录二·碑记·重建宾居神庙碑记》，第 906 页。据云南考古出土银锭上有"盐税司课银"的字样来判断，其银多出自宾川、大罗、太和、永北、蒙化、鹤庆等地。见汤国彦主编《云南历史货币》。

4 《郡伯张公革北衙陋规碑》，收入张树芳主编《大理丛书·金石篇》第 10 册，第 125 页。

5 参见刘如仲《明弘治敕谕与云南的银矿》，《中国社会经济史研究》1989 年第 3 期。

6 《明实录》景泰元年二月戊子条，指洱海卫千户集聚旗军盗矿于白塔、宝泉诸银场之事。引自方国瑜主编《云南史料丛刊》卷 4《〈明实录〉云南事迹纂要》，第 274 页。

7 《郡伯张公革北衙陋规碑》，收入张树芳主编《大理丛书·金石篇》第 10 册，第 125 页。

将地方资源与运输网络，抽离出地方支配的架构，重新建立一套以明朝军事与行政为中心的经济体系。那么，接下来要讨论的铁索箐事件，其所涉及的便不只是贼匪作乱、掠夺城邑的问题，而是区域经济、人群网络与族群生态面临的新的挑战。

（三）土巡检

明朝在各山区河口津关要道设置巡检司，主要为防止粮里人口流动。大理四周之土巡检虽秉持以夷治夷的羁縻精神，但也为地方社会带来许多衍生问题。明初将其衙署设在适合农业生产的坝区，在广袤的山乡大量设置土巡检作为检哨之站。[1] 然山乡夷民各有其土酋政治，究竟谁足以代理夷民成为山乡领导者，他们的立场又是什么？从《土官底簿》可知大理姚安间设有四位土巡检：两位在洱海东部山乡，是为神摩洞土巡检与蔓神寨土巡检；一位在北方，为金沙江土巡检；一位在南方，为定西岭土巡检。神摩洞土巡检赵俊，是大理府太和县民，明初授职为大理府录事，后因招谕金齿土兵，被封为是职，永乐时由其女袭职。蔓神寨土巡检董保（宝），也是大理府太和县人；金沙江土巡检得力玉石随降明土军李观作战，是来自昆明之土酋，后于川滇边境担任金沙江土巡检。[2] 此四位皆是降明有功的土官，而赵俊与董保为大理世族，被编于太和县之民籍，他们是否亲身把守是值得讨论的。[3] 前文曾提及，蔓神寨土官董保在感通寺三十六院兴建班山佛庵，其

---

[1] 设置巡检司主要是为避免里甲人丁逃离，特别是在山区关隘与河口进行捕捉盗贼、稽查行人走私的工作，其相关设置与功能可参考吕进贵《明代的巡检制度：地方治安基层组织及其运作》，明史研究小组，2002。

[2] 《土官底簿》上卷，第11~14页。

[3] 明初之时，土巡检的承袭并没有制度化，往往需要赴京告袭，旅途中要承担相当大的风险。再者，有的土官不仅身为土巡检，而且有太和县民双重的身份，如赵俊与董保，他们更可能依县城而居，或令其子弟转身入仕。其中，尤可参考《大理史城董氏家谱》中有关董保土巡检世系的发展。

族人亦聚居喜洲。那么，值得进一步思考的是，山乡未降明或未及降明之土酋有无可能是潜藏的山乡势力？

从何孟春的疏文可知大理山乡与土巡检间存在着微妙的冲突。由于疏文是官员上呈给皇帝的文字，所以我们需要将疏议内容倒过来解释，以理解其原有之地方脉络。何孟春在其疏中提及：

> 大理府地方盗贼最难缉捕……各巢素皆结为亲党，出则彼此相应，其锋莫敌；入则散居巢穴，其踪难追。[1]

指出当时最难对付的"盗匪"在大理府境内，这些山乡夷民相互结为亲族，形同政治与军事联盟，其军事战斗能力非明军所敌。文中又以"彼盗贼虽产夷玃，亦皆人类，类有土官为其主宰"等描写之。另一方面，在山乡哨口担任土巡检者，多为受降土酋，这些受封之土巡检往往无法在地把守，不是玩忽职守，就是子孙难以为继，很明显不是在地土酋。何孟春曾描写鹤庆清水江巡检司的情形，指出其土巡检衙门位于深陡山箐之中，"四围皆是夷贼之薮"，故巡检司和其妻子皆被杀死，继任官吏往往寄住府治，不克前往。又，大理府楚场巡检司之土官"阘懒不肯住守衙门"，常年"偷安"于彼处。这些土官巡检的主要职责是保护山乡之盐路与官道，但因为不常驻守而导致盐道不通，官道阻塞。[2] 这些文字由官员所写，反过来看，其实际的情形更可能是这样的：盐道官路自有其土酋散居把守，但新的政治势力进入山乡，使得既有土酋网络受到挑战，这些原有的土酋便成为官员笔下的"盗贼"。重要的是，官府新设的土巡检形同虚设，又虚糜俸禄。

再者，土巡检配置弓兵与哨勇作为执行任务之武装员额，其

---

[1] 何孟春：《何文简疏议》卷7《地方疏》，第166页。
[2] 何孟春在其疏议中提到巡检到山乡被杀死，衙门倒塌，额设弓兵多随之逃散之情形。参见何孟春《何文简疏议》卷7《地方疏》，第164~165页。

实际运作时,由于巡检衙门位于深山陡箐之中,被编入弓兵的夷民穷日文移往返,岁无虚日,以致逃脱者众。一旦公项被劫,责成地方,守哨者累赔不止,形成山乡夷民社会内部之恶性循环。何孟春甚至在疏议中提及,由于山乡土军百夫逃散,官府无土丁可供调用,必须另行招募罗罗佣兵把守山路。他提到鹤庆、剑川交界山区清水江巡检司的情形,当地夷贼出没频繁:

> 被劫者因无衙门,责任地方又每告害,临近守哨之人描陪〔赔〕赃物,以此百夫、队长、土军人等,只得备用年例谷麦,顾募本府宣化关罗罗守把,保障一带山路,商贾始通,而巡司竟为虚设。[1]

从这种社会关系来看,地方土官、土军等人,只好"备用年例谷麦"来招募罗罗人作为山乡保障。换句话说,"罗罗"对官府而言,形同一批可供"雇募"的山乡土勇。明中叶以来,招募罗罗把守山乡通衢已不是孤例,在大理府邓川州的阿氏土官也是如此。阿氏是滇南百夷土酋,被分派到太和县北方担任邓川州土官,由于其所辖山乡范围极大,也必须招募罗罗为之巡守:

> 地方有盗,责在阿知州戢捕,但管下猡罗得能各乡村顾之,昼夜巡守以保田宅,若有窃失,伊愿赔偿,但朝夕派与饮食,到成熟时,派与谷麦,名曰看窝。[2]

罗罗因娴熟山乡通衢并善于野战,土官与官府皆欲雇募以为辖境内之山勇,他们成为保障农业社会之武装势力,也成为山乡路途贸易

---

[1] 见何孟春《何文简疏议》卷7《地方疏》,第164页。
[2] 艾自修纂《(崇祯)重修邓川州志》卷3,第20页。

安全的保护者。土知府与土巡检辖下之土丁逃跑，愈演愈烈。直到万历赋役改革，实行摊丁入地之时，佥编弓兵纷纷纳银企图逃脱，由此大抵可知此等弓兵在货币化过程中急于逃离山乡武装差役的情形。[1] 土官巡检因而无法发挥功能，虚縻俸禄，弓兵逃散。山乡夷民无法负担越来越重的警哨、巡防等武装任务，随之而来的还有遇贼赔偿等问题，这使得山区人群益趋流动。后来这批雇募而来的罗罗也很容易随着山乡生存之压力逃往他处，或演变为文献中所谓的盗匪与劫抢之徒，尤其是在改土归流、土官地位被削弱之后。咸丰《邓川州志》中记载了这些土勇的境遇：

> 猓猡（即罗罗——引者注）占据邑之东山盘衍数寨，曰菝地坪、草海子、瓦厂、胭脂果、大龙潭、赶羊涧，皆山，崎岖险阻……不务职业，专以劫抢为生涯……兼以地势负嵎，居民畏其滋扰，岁敛豆谷与之，令其画地看守，名曰看窝。以盗御盗，因地制宜也。[2]

明中叶以来土官雇募之罗罗，在邓川土官被废以后，成为地方官府口中不务正业专门从事劫抢的盗匪。地方官府为了加以管理，以"以盗御盗"的方式，设立一种特殊的编户制度，将其称为猓户。这种制度又强化了地方族群政治中的人群分野。[3]

二 土酋和盗匪

自明初以来，大理姚安间的夷酋动乱未曾止息，从最早夺盐印

---

[1] 何孟春：《何文简疏议》卷7《地方疏》，第165页。万历年间具有弓兵身份者通过儒学摆脱该身份，见《两院详允永充弓兵户额经制碑》，收入张树芳主编《大理丛书·金石篇》第10册，第115页。
[2] 侯允钦纂修《(咸丰)邓川州志》卷16，第207页。
[3] 侯允钦纂修《(咸丰)邓川州志》卷16，第207~211页。

的自久,到后来铁索箐动乱,山乡夷民为适应新制度做出许多不同的反应。以下分别从自久与铁索箐之役来谈。

(一)土酋:自久

自久在山乡部酋政治中声望颇高。当时围绕大理姚安间山乡腹地之政治势力,包括了丽江木氏、和氏,鹤庆府土官高仲,云南县土官杨孥以及自久等,其彼此维持着特定的联姻关系。在前文已提及鹤庆高氏联姻的对象之一是云南县的杨氏,而自久则是鹤庆土官高伦之外祖母的兄弟,也就是母亲杨氏的舅家。[1] 值得注意的是,自久后来也出现在鹤庆土官高氏之碑刻中,其头衔是"锦衣卫指挥"。

当明军攻下姚州之初,先以自久为姚安土官。不久,自久与当地高氏贵族高昌渐联合反明。《明实录》洪武十六年八月庚子条记载:

> 姚安府土官自久作乱,都督陈桓率兵讨之,兵至九十九庄,自久遁去。[2]

指出自久先为姚安府土官,但后来作乱,都督陈桓追讨至九十九庄,仍然让自久逃走了。洪武十七年,《明实录》又再次记载:姚安府蛮贼自久寇品甸。[3] 指出自久势力扩张到大理南方的品甸(即云南县一带)。最后,自久之所以被平定,是因为明军联合其旧盟友高保与高惠土官围剿之。《明史》也记载了这一段自久反明的

---

[1] 高伦等立《阳间安居恭人杨氏生坟墓碑记》中指出:"弘农杨氏……前云南县土官杨孥之四女也。母李氏,乃锦衣卫指挥自久之妹,与孥鞠育。恭人以壬申生,赋性严明,资质俊丽,自总角时许高侯讳宝。"收入张了、张锡禄编《鹤庆碑刻辑录》,第266~267页。

[2] 《明太祖实录》卷156,洪武十六年八月庚子条。

[3] 《明太祖实录》卷159,洪武十七年正月戊辰条。

第十一章 从山乡盗匪到编民

故事：

> 西平侯沐英奏以土官高保为姚安府同知，高惠为姚安州同知。保、惠从英击自久，平之。[1]

官方史料记载自久作乱时在洪武十六年或十七年，地方史料则记载为洪武二十七年，二者有出入，可能是指其潜匿的势力维持相当一段时间。[2]

明初西南各地大小不一的反明势力不胜枚举，但自久之重要性，在于凸显官收盐井在地方中所造成的冲突。自久先任土官，但降明不久便与高昌渐等叛明，应是与盐的管理权有关。地方史册对自久举事的地点以及事由，提供了一些不同的说法。据乾隆《白盐井志》记载，自久扣押首任白盐井提举司熊以正及其印信：

> 洪武间，有逆夷叛乱，（高）惠奋身击贼，追至白井，大败之。救免提举熊以正等官吏三人并印信，井民赖以全生焉。[3]

此"逆夷"即自久。当时姚州土同知高惠奋而败之，救回首任提举盐官并夺还印信，这说明自久掠夺印信以及挟持提举司，和明朝官府设置白盐井提举司有关。另外，光绪《续修白盐井志》提供了另外一位助明平乱的高寿保（即前引史料中之高保）的细节，内容也提到自久：

---

1 《明史》卷314《云南土司》，第8091页。
2 《明史》载自久作乱为洪武十六年（1383），但《滇云历年传》则记为洪武二十七年。顾祖禹《读史方舆纪要》亦指出："明朝永乐初，蛮酋自久险犯顺处。"参见倪蜕辑《滇云历年传》卷6，第264页；顾祖禹《读史方舆纪要·云南纪要·云南四·楚雄府》，收入方国瑜主编《云南史料丛刊》卷5，第757页。
3 郭存庄纂修《（乾隆）白盐井志》卷3《名宦·高惠》，收入《楚雄彝族自治州旧方志全书·大姚卷》（上），第468页。

> 高泰祥之裔，元姚安路总管高明寿之子。明初归义，授世袭府同知。彝贼自久叛，攻姚州，杀知州田本、吏目杨信实。寿保拿印归洱海冯都督，进兵讨之。以寿保为前部先锋，败贼于白井，救官吏熊以政等，获伪元帅张光于东山箐。又连败贼众，获其部头高昌（渐）、阿普等。招民复业，定租税，开府治，聿著功绩。[1]

此文虽主要歌颂姚州府同知高寿保开府之功，但也记载了其他细节，像是"彝贼"自久杀害姚州知州和吏目，挟持熊以政，夺其印信。同党还包括张光、高昌渐及阿普等人，其在白盐井败于高寿保之手。综合地方文献对自久与白盐井地缘关系的描写来看，大致可知此冲突背后，应与官收盐井威胁土官利益有关。

自久反明是地方利益的冲突，自久认为其是在捍卫山区既有政治秩序。自久败后，被擒送京，和皇帝的一番对话也被记录下来。这段话是官方史料中少见的反对者的声音，相当重要。明隆庆年间《楚雄府志》记载：

> 国初，叛首自久据山为寨，以拒官兵。及被擒赴京，上召问曰："如何擅杀官军？"对曰："奴为主耳。"善其对，授以燕山卫指挥，至今世袭。[2]

这段话不仅记录了自久被擒后的下落，也指出其后被授以燕山卫指挥的情形。自久和皇帝的对话，指出其反明是因为"奴为主耳"，是忠于传统政治伦理。明朝皇帝是否授自久燕山卫指挥之职，无其他史料佐证，若与前述宣德三年（1428）鹤庆土官高伦为其母亲杨

---

[1] 李训铉、罗其泽纂修《（光绪）续修白盐井志》卷5《名宦·高寿保》，收入《楚雄彝族自治州旧方志全书·大姚卷》（上），第714页。
[2] 徐栻、张泽纂修《（隆庆）楚雄府志》卷1《古迹·自久寨》，第30页。

氏撰写的墓志相互印证，高伦的外祖母，也就是杨氏的母亲是"锦衣卫指挥自久之妹"，那么很可能指的便是明初自久入京后封爵的一段隐晦历史。[1]

至今，滇西山区仍有自久寨的地名，位于今天蒙化境东山区南涧一带。[2]另外，《读史方舆纪要》指出楚雄也有名为自久寨的地方。[3]清初，姚安仍有百姓自称自久的后裔。[4]姚安山区还有供奉自久的庙宇，可见他在山乡社会的历史记忆中所扮演的重要角色。

（二）铁索箐山乡夷民

自久反明后二百年间，该山区持续扰攘不安，史称铁索箐夷之乱。铁索箐是人们往来的重要通道，但在分府而治以后，成为夷人散居的边陲之境。铁索箐成为被概念化的山乡总称，李元阳在其万历《云南通志》中记载："铁索箐，在大姚县西北山阿水偎，箐夷党聚，专以剽掠为业，百年遗诛。"[5]指出铁索箐在大姚西北大山丛箐之深处。但实际上，整个山乡夷民的动乱范围更大，涵盖了隶属于大理府东部的山区，即赤石崖与白石崖一带。因为铁索箐夷最为顽强，力拒官府至万历年间，故以铁索箐夷统称此二百余年山乡夷民的动乱。

文献多称铁索箐夷民是倮倮人，又以倮倮最为强悍。李元阳在描写这些山乡夷民时指出：

---

1 高伦等立《阳间安居恭人杨氏生坟墓碑记》，收入张了、张锡录编《鹤庆碑刻辑录》，第266~267页。
2 杨书纂《（康熙）定边县志·古迹·自久寨》，大理白族自治州文化局翻印，1985，第19页。
3 顾祖禹：《读史方舆纪要·云南纪要·云南四·楚雄府》，收入方国瑜主编《云南史料丛刊》卷5，第757页，"在（楚雄）县东紫甸乡，明朝永乐初，蛮酋自久险犯顺处"。
4 地方百姓仍有自称自久后裔者，居于姚安，改姓周。见云龙总纂《（民国）姚安县志·人物志下·氏族表》，收入《楚雄彝族自治州旧方志全书·大姚卷》（下），第1597页。
5 李元阳纂修《（万历）云南通志》卷3《地理志》，第95页。

> 其蛮夷种族不一，统名之曰㑩。㑩性犷悍，业习强努〔弩〕，以毒涂矢镞，中人立死，莫敢撄其锋。部落七十余，而铁索箐、赤石崖其魁也，地属宾川州，而蒙化、姚安、楚雄诸郡咸被其害。[1]

文中将东边山乡夷民总称为㑩，领有七十余部落，以铁索箐与赤石崖为雄长。蒙受其害者主要在宾川州，也包括府城郡邑之山乡腹地。《明史》记载的内容与上述略有不同，侧重大姚县境的铁索箐夷：

> 所属大姚县，有铁索箐者，本僰种。依山险，以剽掠为业，旁郡皆受其害。弘治间，稍有归命者，分隶于姚安、姚州。[2]

山乡夷民作乱的范围不仅在宾川州，还包括了大姚县山区的铁索箐一带。弘治年间抚乱后，曾将部分夷民划归东边的姚安与姚州，由高氏土官代为管辖。

这些倮倮（罗罗、猡猡）之中，有一群人被称为㑩㑩，最为善战。诸葛元声的《滇史》指出铁索箐夷中最厉害的是力些人："力些，言摩些而有力者，居丽江之兰州、剑川、姚安、五井等处山谷间。"其人"不治生，敢死而善斗，专事劫夺，凡女择婿，必问其能剽御者，方乐归之"。[3] 指出力些夷是善战之山区部民。力些，便是李元阳笔下的㺐㺐，也就是倮倮。《南诏野史》记载着力些人：

> 即㺐㺐，衣麻披毡，岩居穴处，利刀毒矢，刻不离身。登

---

[1] 李元阳：《洱海兵备道铁索箐军营厅壁记》，《中溪家传汇稿》卷7，第21~22页。另见李元阳《苴却督捕营设官记》，收入云龙总纂《（民国）姚安县志·文征》，《楚雄彝族自治州旧方志全书·大姚卷》（下），第1906~1907页。

[2] 《明史》卷314《云南土司》，第8092页。

[3] 诸葛元声：《滇史》，第326页。

第十一章 从山乡盗匪到编民

山捷若猿猱，以土和蜜充饥，得野兽即生食。尤善弩，每令其妇负小木盾前行，自后射之，中盾而不伤妇，以此制服西番。野力些披发插羽，尤凶悍。[1]

指出力些是山上善战、矫健又穴居的夷民。明朝视力些为抵御西番的缓冲人群，其分布范围相当广大，包括丽江之兰州、剑川、姚安、五井等山谷，但官府一直无法有效治理这些居于崇山深箐之人。再者，除了力些，还有黑猡猡。《滇苗图说》中《黑猡猡图说》视铁索箐夷主要组成人员为黑猡猡（图11-1），图说之文字记载：

> 黑猡猡……彝为贵种，凡土官营长皆其类也。土官服虽华，不脱彝习。土官妇缠头彩绘，耳带金银，大圈服两截，杂色锦绮，以青缎为套头，衣曳地尺许，背披黑羊皮，饰以金银玲索。各营长妇细布短毡，青布套头。

其类分布于曲靖、澄江、安宁、禄丰、武定与鹤庆等地，各地习俗略有不同。在安宁、禄丰多负盐于途；在武定、荞甸尤为"凶顽"；分布在鹤庆者称海西子四十八寨，其性最为暴烈："铁索、宾川州、赤石崖、螳螂、古底，旧称渊薮，自明万历初芟汤以米，底今宁帖。"[2]《滇苗图说》所记载的黑猡猡分布甚广，最暴烈的来自鹤庆之海西子四十八寨，其位于大理与姚安间整片群山的铁索、宾川、赤石崖等地。从上面对铁索箐的描述，大致可看出铁索箐、白石崖与赤石崖山乡夷民，至少有两种不同人群，力些（傈僳）散居于滇西北之群山，而黑猡猡则散布滇东与东北山区。

自久与铁索箐夷民是不是同一批人，我们不得而知。明初文献

---

[1] 杨慎：《南诏野史》卷下《南诏各种蛮夷·力些》，第32页。
[2] 顾见龙绘《滇苗图说·黑猡猡图说》。

并不以倮倮称自久,但随着后来官府剿乱,便采用特定族称来标志铁索箐夷,名称包括了倮倮、猡猡和猓猓等。

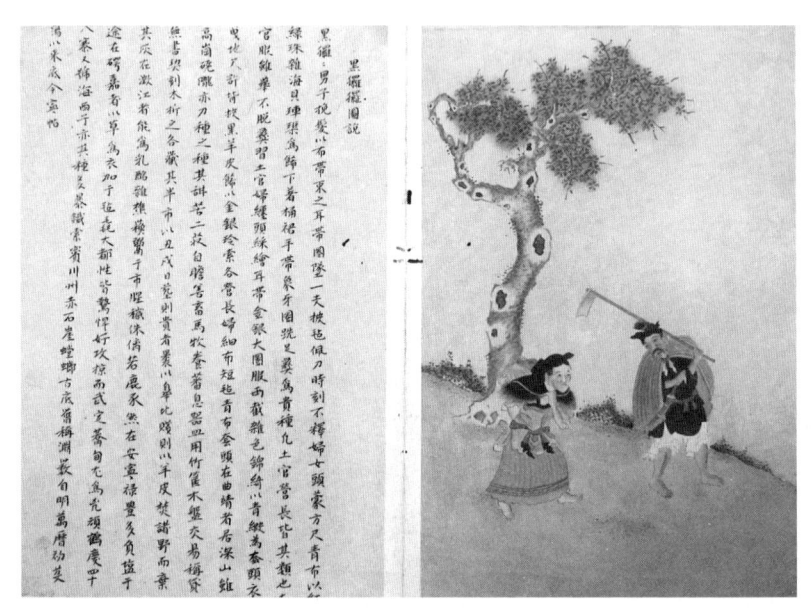

图 11-1 《滇苗图说》所描写之黑猡猡

三 封锁与孤立

铁索箐山乡动乱真正始自何时,并无史料记录。较早出现在史料中的是宾川一带的白石崖与赤石崖等渠酋。[1] 弘治嘉靖年间,其山乡态势越来越无法控制,以致北方铁索箐强悍的部酋领导山乡夷民到山下掠夺,时"有名贼巢,若铁索箐、赤石岩、螳螂、古底俄、打喇口山、大凹"等,其啸聚结党,逐渐扩大势力并延及整片山乡,事后便有铁索箐贼匪之称。[2] 到了嘉靖末年,其势力往北扩大到

---

1 李元阳:《宾川平盗记》,收入张树芳主编《大理丛书·金石篇》第10册,第91~92页。
2 萧绍:《重修大罗卫记》,收入张树芳主编《大理丛书·金石篇》第10册,第93页。

第十一章　从山乡盗匪到编民

四川的会川，西至云南县，南至元谋，西北到北胜州，皆为崇山深箐之山乡地区。[1]以下分别从三个阶段来说明官府与山乡社会之互动。

（一）明初迄弘治年：招抚与增置卫所巡检

有关稍早之山乡动乱的记载，曾零星地出现在官府史册以及土官墓志铭之中。其中，天顺七年（1463），云南总兵官都督同知沐瓒（1439~1481）奏报大理与澜沧等地贼盗四起，流劫乡村，阻截道路。[2]这里的大理、澜沧一带，指大理卫与澜沧卫之间的山乡。当时邻近土官被派往征讨，剑川施氏土官的谱牒记载了当年其祖先施威奉命征讨赤石崖，并获战功。[3]成化十九年（1483）大理府洱源土官王昊奉命助剿铁索箐之乱，其裔王瑞复于嘉靖二十年（1541）随巡按前往赤石崖、荞甸平乱。[4]从剑川土官征讨到大理洱源土官受功前后约八十年来看，官府当时之治理策略，主要是派遣土官就近剿乱或招抚，似乎没有太重视之。

此外，官府也以增置土巡检司、卫所与州治的方式来治理山乡夷民。弘治年间，官府进行一系列的山乡整治工作。首先，招抚夷民土酋为土巡检。弘治二年（1489）增设三个土巡检：楚场土巡检、你甸土巡检以及安南坡土巡检。[5]其次，弘治七年割邻近赵州一

---

[1] 李元阳：《铁索川平贼记》，《中溪家传汇稿》卷7，第22、23页。
[2] 《〈明实录〉云南事迹纂要》，收入方国瑜主编《云南史料丛刊》卷4，第274页。
[3] 杨延福整理《剑川明龙门邑世袭土官施氏残碑》，收入云南省编辑组编《白族社会历史调查》（四），第49页。
[4] 田怀清整理《洱源清世袭土官王氏世系调查》，收入云南省编辑组编《白族社会历史调查》（四），第46页。
[5] 三位土巡检包括楚场巡检司土官杨波日、你甸巡检司土官李义、安南坡巡检司土官李纳麟。从《土官底簿》对此三位弘治年间增置的土巡检的记载来看，他们早在洪武年间就以不同的职衔助明平各种乱事。以杨波日为例："元右丞不花颜之裔。洪武中，选为百夫长。造金沙渡舟及筑城运盐，累劳绩，充冠带把事……僧寿有武勇，从征麓川、佛光、蒲窝、镇康，累功给勘合，管办巡检司事。寻具奏，实授土巡检。后东川、武定、铁索箐诸役，或戮力行阵，或护饷馈军。今沿至杨阶，听袭。"参见刘文征纂《（天启）滇志》卷30《羁縻志》，第974~975页。

里、太和县海东九里、云南县二里等三县十二里为宾川州。[1] 再次，建大罗卫城于宾川城，并调拨洱海卫与澜沧卫所，分布于其左右。[2] 后来复于山乡增设弥渡戍、普淜汛，增加防御力量。[3] 换句话说，解决山乡夷民动乱的方式是一方面扩大招抚对象，加封土巡检，另一方面增设宾川州与大罗卫、哨戍汛站等，用以挟制山乡夷民。但官府设置了宾川州治、巡检、营戍等，并无法有效控制山乡夷民的势力，反而使得山乡部酋结党势力越来越大。以大理府所新置的宾川州为例，被视为夷穴的赤石崖被划入宾川州之粮里，又有新置之赤石崖巡检司，隶属于云南县。山乡一地二属，夷民一身二役，"夷民因此不服"。[4] 这些设置反而强化山乡夷民的不满与移徙。这种情形不仅发生在赤石崖，铁索箐方面亦如是，原先反明规模不大，但随着山乡土官封赐越来越多，动乱规模反而越来越大："初时二三十人为党，既而千而万，横行州县，造伪印檄，武吏戍卒，莫之敢撄。"朝廷的处理方式反而强化了铁索箐夷民势力向外扩展。他们不仅在山区孔道"横行自恣"，骚扰商贾，而且更激烈地到城郭附近的村落掠夺农作物。李元阳指出：

> 始而劫掠商贾，中而焚房村屯，既而族党日众，所过杀人无厌，孔道之上横行自恣……自城郭之外，凡有室庐田土者，自一尺以上皆输谷麦，以丐宽免。家蓄、器物、衣毡、布帛、鸡豚，恣其攫取，不敢少挠。苟违其意，大祸立至。二百年

---

[1] 刘文征纂《（天启）滇志》卷2《地理志》，第55页。
[2] 萧缙：《重修大罗卫记》，收入张树芳主编《大理丛书·金石篇》第10册，第93~94页。
[3] 云龙总纂《（民国）姚安县志·文征·兵备道姜公去思碑》："弘治中，始州宾川，卫大罗城、弥渡戍、普淜汛以弭之，而竟不弭。"收入《楚雄彝族自治州旧方志全书·大姚卷》（下），第1897页。
[4] 何孟春：《何文简疏议》卷7《地方疏》："查得大理府宾川州系弘治年间添设，故赤石崖里各巢夷民，版籍虽属宾川州，而赤石崖巡检司仍属云南县，夷民因此不服所在巡司钤束。"（第165页）

第十一章 从山乡盗匪到编民

来，百尔运筹，为之调军监卫不已，又为之增粮置御不已，又为之募土兵，倩酋长。公帑日见其损，寇偷日见其益。[1]

李元阳的文字描绘了一幅商贾在山乡孔道被劫掠，村屯被焚，甚至近城郭一带百姓被掠夺的图景。这些山乡"盗匪"甚至令城郭附近凡有室庐田土者，其一尺以上作物皆输谷麦。看来是附郭粮米不到山乡，因而造成盗贼下山掠夺。官府则以招抚土酋、招募土兵、设置卫所、增粮置御来治理之。然二百年来，地方财政仍日益破败。这一段话点出了山乡土酋、附郭居民与官员三者之间的紧张关系。官府措处无效，复又加剧动乱的局面。

嘉靖初年，云南兵备副使姜龙亲自招抚山箐夷民，流寓云南的士人杨慎为之撰写《去思碑》，记载当时姜龙亲自招抚，以及他和当地夷民进行的一番对话，道尽明初以来山乡百姓的境遇。[2] 碑中引述夷民的陈述，指出：明初以来，从来没有官员到山乡招抚山民，山民到城邑便被诬为贼民而抓起来，甚受歧视。山区没有粮食，也无法与城邑百姓互通有无进行贸易，有苦难言。姜龙遂招抚此等夷酋并请开夷市，其内容如下：

> 又单骑躬至夷箐，传谕之曰："有司顷无尔恤，悉以尔民为盗；今吾尔抚，悉令尔盗为民，皮裳菜食，任尔生息，龙街虎街，贸易往来，尔能从乎？"众皆貗腾獧呼曰："前此我辈下山即执，诬指为贼，闭箐深居，又难以得食，求活之道，非劫无由也。生未尝见官莅此地，亦不曾闻此言，有苦莫伸。今上知

---

[1] 李元阳：《洱海兵备道铁索箐军营厅壁记》，《中溪家传汇稿》卷7，第21~22页。
[2] 李元阳纂修《(万历)云南通志》卷9《官师·按察司》："姜龙字梦宾……嘉靖初以副使为澜沧兵备，建立哨守，盗贼屏息。"（第229页）

我心，又恤我生，而今而后，不为非矣！"[1]

这是山箐夷民又一次在史料中表达他们的处境与心声。明初以来，未有官员到山乡招抚，也没有考虑山乡夷民应如何自处。夷民不得粮食，为求活，遂有掠夺之情。"闭箐深居"生动地描绘了山乡夷民孤立的情形。所以，在此招谕以后，"群蛮出箐为市，无异编民，行商宵征，哨堡晏寝，百年来未之前见也"。怎料，当时夷民中有名为亏定者，夙为盗而富，听从姜龙之劝而改业，但从良后日益贫困，妻子怨而诟语不已，后遂饮药自尽。[2]有意思的是，杨慎撰写这份碑刻是为了缅怀姜龙离去，但无意间记录了山乡夷民受到城邑居民歧视，且无粮可买的窘境。某夷酋复在姜公的感召下，改邪归正、遵守法度，却越来越贫穷，到了宁愿自杀也不愿参与掠夺百姓的地步。《去思碑》是赞扬地方官提升土官德行的一块碑刻，但从某个角度来看，它更像是对那些受教化的山箐夷民坚持道德后果的讽刺。《明史》指出姜龙在滇四年"番汉大治"，大抵是官方美化之辞。[3]姜龙离职后，铁索箐山箐夷民复又作乱。

（二）嘉靖隆庆间的剿乱与招抚

嘉靖隆庆年间，滇东武定土官凤继祖叛，再次强化铁索箐夷之势力及其动乱的范围，引来许多土官呼应，包括滇中姚安土官高钦、高钧以及滇东易门王一新等，其"首尾相应"。《南诏野史》记载：嘉靖三十六年荞甸（隶易门县）通火（即通事、火头）李向阳等以征粮太急为辞，聚众并纠集易门夷叛，易门土县丞王一新亦随

---

[1] 云龙总纂《（民国）姚安县志·文征·兵备道姜公去思碑》，收入《楚雄彝族自治州旧方志全书·大姚卷》（下），第1898页。

[2] 云龙总纂《（民国）姚安县志·文征·兵备道姜公去思碑》，收入《楚雄彝族自治州旧方志全书·大姚卷》（下），第1898页。

[3] 《明史》卷165《姜龙传》，第4476页。

第十一章 从山乡盗匪到编民

之反明。[1] 王一新的串联使得滇东武定土官凤继祖之势力不断往西北扩及姚安,甚至扩及滇蜀交界的整片山区。这次动乱结合了滇中与滇东两股主要土官力量:姚安土知府高钦与高钧二兄弟暗中与易门土县丞王一新共同助凤继祖作乱。凤继祖势力很快就发展到铁索箐,引起更多夷民的响应。

在此期间,朝廷曾派遣澜沧提都副使剿乱,短暂收服高钦、高钧等土官,斩除王一新并控制了滇中局势,但是反明势力持续集中在铁索箐山区一带。[2] 清人毛奇龄《云南蛮司志》中对当时的情形进行了具体的描写。他在文中指出凤继祖反明,其党人往姚安铁索箐一带积极活动,并鼓动"统箐贼山犯蒙化",指出乱事一度向南方蒙化府扩张。事后,凤继祖败,其余党势力在山间流窜,也使得铁索箐夷民更加活跃,当时山乡之部落包括:

> 赤石崖、螳螂、古底、乌龙坝、大波那、你甸、楚肠〔场〕、各左、木茶刺、羌浪、金旦、俄打喇、小茶喇、喇摩、歪宁、苴只、飘苴诸酋,率引箐贼为乡导。其地有所谓薄刀岭、莺过愁者,皆悬岩大箐,天险可恃,以故桀桀无顾忌。

其中火头罗思与百夫长罗勤快二人,向来结盟,另有巫人李仙子挟幻术至山箐,说服罗思称王。于是他们与罗勤快、罗革等十人,自称孟获二十世裔,立为"冲天铁面十大王",拜杨桂三为相,造符铸印,起兵作乱。史料记载山乡部酋被组织动员起来的情形,包括了诸酋、火头、百夫长以及擅长役巫鬼、通幻事的巫师等,其有称王、称相者,甚至铸造符印等,其组织之规模相当庞大。[3]《明

---

1 杨慎:《南诏野史》下卷《续纪事》,第64页;李元阳:《云南平诸夷碑》,《中溪家传汇稿》卷8,第47~50页。
2 张培爵等修,周宗麟等纂《(民国)大理县志稿》卷24《艺文部一·副使魏材杨公平武定诸夷序》,第423~426页。
3 毛奇龄:《云南蛮司志》,收入王崧编纂《云南备征志》卷15,第863~864页。

史》也记载其情形"其渠罗思者,有幻术,造伪印称乱"。[1] 换句话说,滇东武定凤氏土司的乱事,又使整个山乡夷民联盟的规模扩大,范围由滇东武定到铁索箐,南至蒙化,所包括的范围扩大到整个滇西地区。

滇东凤氏土官势力扩大到滇西铁索箐,强化夷民势力的集结,滇西地区"百里之内居死骚然,以死伤告急者百余家,失业流徙者不可胜计"。[2] 当时之宪副沈桥与姚安太守杨日赞奉命合谋进剿,[3] 围剿的范围包括"东北至蜀之会川,东南至元谋县,西北至北胜州,西至云南县",几乎涵盖了滇蜀间整个山区。为使原来已虚弱的军队不致崩溃,沈桥与杨日赞商议遣使到山上,和夷民雄长交涉约束山区势力。在谈判时,山区雄长亦惧其发兵,所以与之谈判协商,结果则是:

> 输其积逋钱若干,偿民间牛马货物各若干,再三对使者盟神立誓。使者察其窘困,因为之解。公亦不欲劳师动众,且小丑胜之不武,遂罢兵焉。[4]

从协商内容得知,"输其积逋钱若干"指夷民必须归还积欠官府的经费,还有官府"偿还牛马货物"若干给民间,并举行见证官夷和解的神盟誓约仪式。在此事件后,金仓道副宪与地方官议决,在山乡东边的姚安通山路口,依凤山佛寺筑一城垣,是为姚安苴却公馆,由姚安土知府代为管理这些铁索箐的夷民。[5] 可知,官府顾及地方局

---

[1] 《明史》卷314《云南土司》,第8092页。
[2] 李元阳:《铁索川平贼记》,《中溪家传汇稿》卷7,第22~23页。
[3] 云龙总纂《民国姚安县志·人物》:"(杨日赞)字尧臣,广东揭阳人,举人……苴却蛮作乱,民人流离,日赞白之当道,调兵剿平诸蛮。又议设守备,督营兵守御之,民感其德。"收入《楚雄彝族自治州旧方志全书·大姚卷》(下),第1355页。
[4] 云龙总纂《(民国)姚安县志·文征·苴却督捕营设官记》,收入《楚雄彝族自治州旧方志全书·大姚卷》(下),第1907页。
[5] 李元阳:《铁索川平贼记》,《中溪家传汇稿》卷7,第22~23页。

第十一章　从山乡盗匪到编民

势，虽有高氏涉事其间，但高氏土知府之地位似乎未因此而受到根本性的动摇。[1]

此外，官府也针对宾川州夷民处境加以处理。嘉靖三十四年（1555）将宾川山乡夷民纳入土兵，并开放行盐。李元阳在其《宾川平盗记》中记载了后续处理的情形：

> 借其人以为我兵，教其幼有同己子。外以粮饷答其功勤，内以拘致防其邪计。为之立市，以通有无。许以行盐，任其负载。自新更始，则立罢追之条；足食足兵，再下社仓之令。[2]

这是一段很重要的描述，指出后续的协商过程中，将宾川附近山乡夷民纳入土兵，还"以粮饷答其功勤"，又设市集，并且"许以行盐，任其负载"。对过去掠夺之事，一概不咎。立罢追之条，又立社仓，以为之储粮。此为宾川州对山乡夷民之处置方式。

从招抚过程推估，这些掠夺行为的产生，正是因为山乡粮食取得困难，盐米交易网络被阻，山乡夷民被孤立于整体交换网络之外。是以，双方解决之道便在粮食以及行盐。从协议内容来看，双方已达成共识，官方夷民皆乐从之。然嘉靖年间的抚绥，仅止于山乡外缘之区，如近姚安府之却苴以及被划入州治的宾川山乡，获得的仅是暂时的妥协，深山大箐的夷民仍处于未治理之状。铁索箐山区扰攘仍未平定，隆庆六年（1572），澜沧兵备周汝德征兵又讨之，无功而返。李元阳称此役是"如探猛虎于暗谷，狎巨蛇于深潭，毕竟无成而止"。[3] 直到万历元年（1573）邹应龙亲自入山征讨。

---

1. 高钦随之作乱，但事后，其子高金宸仍承袭姚安土知府衔，很可能与丽江木氏土司的保护有关，但其已无法统领军务。参考《崇祯二年高氏家谱》，光绪十三年（1887）后裔高国梁誊抄，2003年姚安高氏后裔复制本；毛奇龄《云南蛮司志》，收入王崧编纂《云南备征志》卷15，第860页。
2. 李元阳：《宾川平盗记》，收入张树芳主编《大理丛书·金石篇》第10册，第91页。
3. 李元阳：《铁索川平贼记》，《中溪家传汇稿》卷7，第22~23页。

（三）万历年间邹应龙剿乱

万历元年（1573），兵部侍郎邹应龙与洱海兵备副使汤凤麓奉命主谋剿贼，动员诸路从各方面进入铁索箐。明虽有卫所，早已不堪使用。[1] 故多动员邻近土官领土兵入山，如浪穹、邓川土官以及十二关副长官等。[2] 再者，在山乡东边则征调武定与苴却等地之土兵前往深山大箐。[3] 除了土官与土兵外，邹应龙也借新式武器火炮助长其势。李元阳的《平夷寇碑》中，记载当时的情形是：

> 戎卒愤而竞起，轰轰隐隐，若转石之坠高崖，硠硠嗑嗑，如激水之投深谷。矢锋雨集，炮声雷鋗，金沙之江，波涛起立，林莽之箐，飞火烛天。伏崖窟者，焚骨纵横，投江流者，漂尸蔽浪，崖寨壁立，陟之无从。[4]

描写了山区夷民惨败之状。值得注意的是，明军攻入夷寨时，山乡部落仍有储粮，"枕粟而死者甚多"，说明了山乡部酋夷长储粮的情形。明军后来"斩首五百级，捕获生口七百余人"，酋首罗思、罗革走山洞死，余贼逃往鸡足山，又被官军所破，生擒李仙子、罗勤快等人。[5] 此山夷作乱，持续二百年，滇西半省被其患。[6] 后来，邹应

---

1 刘荣黼纂修《(道光) 大姚县志》卷 8《建置志》："前明设卫置屯，措施非不甚善，然其后也，职守废而纲纪弛。弁则持禄养骄，卒则涣散失律。即如铁索箐夷阳最尔之区，跳梁猖獗，千户之兵三千余人，竟不能一战。"（第 186 页）
2 刘文征纂《(天启) 滇志》卷 30《羁縻志·大理府》，第 974~975 页。
3 毛奇龄：《云南蛮司志》，收入王崧编纂《云南备征志》卷 15，第 864 页。
4 李元阳：《平夷寇碑》，《中溪家传汇稿》卷 8，第 50~53 页。
5 王崧编纂《云南备征志》卷 15《故实·云南蛮司志》，第 864 页。
6 李元阳：《宾川平盗记》，收入张树芳主编《大理丛书·金石篇》第 10 册，第 91 页。可知其范围甚广，包括了姚安、宾川、北胜与云南县等地。李元阳又写了《铁索川平贼记》与《姚安职盗公馆壁记》，见《中溪家传汇稿》卷 7，第 22~25 页。

第十一章　从山乡盗匪到编民

龙便利用夷酋储粮，作为后续重建山乡衙署祠庙的经费。[1]

明朝文献多从官方剿贼立场，称铁索箐夷民为贼匪，但从山乡角度视之，这是夷酋的抵制行动。从官府到山乡社会，有许多的中介者，包括不在地的土官巡检、被官府动员的邻近土官，以及层级更高的土知府之属，如姚安高氏与武定凤氏等土官。大理文士李元阳与流寓文人杨慎等的立场也备受注目，他们撰文记载军士功绩及平乱过程，从稍早杨慎撰有《（姜公）去思碑》记录澜沧兵备姜龙平息盗贼之事，复有李元阳撰写《巡抚邹应龙平寇碑》、《守备陈君善职序》[2]、《铁索川平贼记》、《洱海兵备道铁索箐军营厅壁记》[3]、《姚安职盗公馆壁记》、《平南集序》[4]、《副使魏材杨公平武定诸夷序》[5]，可看出大理士子对山乡夷民所采取的对立态度。这些不同的中介者所认知的利益显然不一致，部分士子的态度则显得较为隐晦。邓川文人高桂枝曾写过几篇诗文，相当值得注意。他的诗作保留甚少，有《土军行》描写当时土军"星罗棋布环山乡"，"或时穿墉为黠鼠，或时伏莽为贪狼"，指出其反复无常，劫杀抢掳；又，"不见武寻安凤助，攻城杀宫争鸣张。不见大姚铁索箐，劫掠横行鸣刀枪。德则为兵怨者寇，东西任意纷跳梁"，[6]不仅描写山乡夷民的流徙与

---

[1] "先是崖寨壁立，陟之无从，贼有储食，恃以为固。公（邹应龙）令将士密道而断之，于是因故粮资版筑，设戍守，作城垣，建署宇，成杠梁。"指出了山乡夷民储粮足以作为后续整治建署的经费。见张培爵等修，周宗麟等纂《（民国）大理县志稿》卷24《艺文部一·巡抚邹应龙平寇碑》，第422页。
[2] 张培爵等修，周宗麟等纂《（民国）大理县志稿》卷24《艺文部一·守备陈君善职序》，第426~428页。
[3] 李元阳：《洱海兵备道铁索箐军营厅壁记》，《中溪家传汇稿》卷7，第21~22页。
[4] 张培爵等修，周宗麟等纂《（民国）大理县志稿》卷24《艺文部一·平南集序》，第414~417页。
[5] 张培爵等修，周宗麟等纂《（民国）大理县志稿》卷24《艺文部一·副使魏材杨公平武定诸夷序》，第423~426页。
[6] 高桂枝，明中叶人，洱源邓川人，著有《畸庵草》。因为不满时政，隐居山中。其有《土军行》《卫军行》等诗。《土军行》收入阮元修，李诚等纂《（道光）云南通志稿》卷197《艺文志·杂著·诗》，哈佛大学哈佛燕京图书馆藏，第42页。《卫军行》收入侯允钦纂修《（咸丰）邓川州志》卷15《艺文志下·古今体诗》，第192页。

社会失序的景况，也透露出地方士人对政治局势抱持越来越不满的声音。

四　山乡部署

邹应龙以削土而治的方式，将山乡划分三区：北方铁索箐归洱海卫，南面赤石崖归宾川州，东面则归姚安土官。以下分别以三个不同的行政区划来讨论。

（一）山乡北部：设置铁索营，隶洱海卫

邹应龙在平乱以后，奏置军营以镇守铁索箐，令大理卫指挥陈化鹏前往设置营盘，设铁索营："领汉土军、哨勇、兵夫七百余人驻守其地，起建营盘。"其在山乡重建军营，并将这些土军、哨勇与兵夫的妻母迁往该处，使其立家生根。数年之间"箐谷变为闾阎，悲泣变为歌讴"，俨然有山区聚落之样貌。[1] 其有"三百八十九户"为铁索营，隶洱海兵备道。[2] 李元阳撰《洱海兵备道铁索箐军营厅壁记》，也记载了万历平乱后铁索营军营建置的过程，包括"调发教阅之节，屯戍替易之期，耕守部伍之法，廪粮储贮之制，桥梁道路之宜，田土资养之利，董督操练之规，商贾贸易之肆"等，其内容综理微密，井然有序，有安置军队、屯戍、屯垦、社仓、交通、农业以及市集等。同时，为安置不同人群共居一村，恐水土异习，也建立神祠以萃其志。[3] 铁索营村邑成后未久，陈化鹏被调往澜沧卫。李元阳为使后人记得山区村邑设置的困难，故撰碑勉励后来军官以德治维持此难得之景况。明朝惨淡

---

[1] 张培爵等修，周宗麟等纂《（民国）大理县志稿》卷24《艺文部一·守备陈君善职序》，第426、428页。

[2] 李元阳：《洱海兵备道铁索箐军营厅壁记》，《中溪家传汇稿》卷7，第21~22页。

[3] 李元阳：《洱海兵备道铁索箐军营厅壁记》，《中溪家传汇稿》卷7，第21~22页。

第十一章 从山乡盗匪到编民

经营山区，付出不少代价。

明末天启年间，该处汉土军哨勇兵夫七百余人，只剩下"三百三十三员名，粮饷于姚安、宾川、大姚、定远府州县民屯税粮额编支给"，[1]可见山区军营之粮饷由四周州县民屯粮额来编支。然继任守备不加以维护，又复荒圮。[2]直到清初，朝廷对明朝卫所军屯土地进行核算，在其赋役清册中记载着：

> 铁索营官租田六顷七十二亩……秋粮本色米二百石一斗四升。屯种土军人丁一百三十七丁，各编不等，共银四十五两二钱六分。前件此项租米丁银，查系旧日调拨土军防守铁索营，自行开田耕食，不入经制。奉平西亲王清查编征，自顺治十七年为始，入额征收。查十七年已造入新增民粮册内……[3]

进一步记载了明末屯垦土军自行开田耕食的情形。当然，随之而来的便是土军授田。田课以秋粮，屯种军丁编有137丁，纳丁银等。这条史料应是铁索箐之役后官府对铁索箐夷民所做的处置。清康熙年间实行裁卫归县，铁索营因隶属洱海卫，故其夷民所有之田亩丁粮列入洱海卫所在的云南县管辖。[4]

---

1 刘文征纂《(天启)滇志》卷7《兵食志·云南都指挥使司·募兵》，第249页。
2 《赤川骠叛重修城垣公署记》，收入张树芳主编《大理丛书·金石篇》第10册。"自历任以来……将叛余翼一一严除，将叛产业清理收……添修寺院。民心初而未定，遂以极力调停，然使夷民知法度……四夷渐渐驯伏，边境倏尔廓清……自邹公平乱之后，立城垣，建公署，以奠华口。惜其年深，城垣倾摧，公署颓圮，故夷民浸浸构患者，为制度之规模殆尽，传习之风俗日浇。"(第92页)
3 崔之瑛、吉允迪编《云南屯田册·办理营田节略》第2册，全国图书馆文献缩微复制中心，2006，第559~560页。
4 项普联修，黄炳堃纂《(光绪)云南县志》卷3《建置·铁索营》："明万历间土贼平后，洱海卫军在所营田开有田亩。康熙五年，裁卫归县，该所丁粮实为县额。光绪五年，清丈案内该所绅粮，造有图册，存县户房。"(成文出版社，1967，第37页)

（二）山乡南部：宾川赤石崖里四十村

雍正《宾川州志》记载：铁索箐事件后，官府在赤石崖一地置赤石崖里，由40个村子组成，纳入宾川州。因其位置在山乡深箐之中，又设赤石崖巡检司，筑赤石崖土城，建公署以御之，将夷民列入土兵，令之戍守此地，就地安置。[1] 换句话说，山乡夷民在此时已被编入粮里，并配合土巡检从事戍守山乡的防御工作。

设置赤石崖里的同时，官府也兴建了一座观音寺。这座观音寺和邹应龙讨伐赤石崖时的一段故事有关。传说邹应龙平乱后，在赤石崖附近看见一位白须老人，老人忽而伫于岩前，忽而不见。邹应龙便和当时守备杨某提及此事，认为此为普陀观音现长者相。故将作战所剩军粮令守备建立寺宇，名为水月观音寺。这位白须老人是洱海地区相当有名的传说人物，梵僧观音也是以白须老人的形象化身于南诏，成为开国观音。邹应龙附会以观音示现，主要是合理化官府控制山乡的正当性，其企图相当明显。后来，此观音"佛果有灵，屡入乡人之梦"，是以自万历平乱以来，每年三月十五日，赤石崖"四十村递为迎送，胜会巡临"，邹应龙所建的佛寺便扮演着赤石崖里四十村结盟奉祀神明的角色。[2]

被编入里甲的赤石崖夷民，也开始负担起山乡治安的职责。这些夷民按甲分配土地，各自成村，并在所划归的山场修立哨房、派置哨兵，逐一轮流看守。但当时山乡初平，"山荒箐觅〔密〕，贼盗胜〔甚〕多，无人看守"，于是有些夷民便将无法看守的山场土地

1　周钺纂修《（雍正）宾川州志》卷5《城池》，第20~25页；卷6《田赋》，第26~36页。顾祖禹：《读史方舆纪要》卷117《云南五·赤石崖镇》："赤石崖镇在州东，今有巡司。志云：州境东接姚安，南接赵州，嘉靖以前夷蛮剽劫，往往出没于此，因置戍于赤石崖诸处，与姚安、云南、十二关互为形援。又有宾居巡司，本名蔓神寨，又有神摩洞巡司，俱在州界。"（收入方国瑜主编《云南史料丛刊》卷5，第772页）

2　天启二年（1622），赤石崖分巡阳公，捐资为观音寺香火，并从鸡足山请了一位僧人住持佛寺，使观音寺成为赤石崖村落信仰中心。见《赤石崖观音寺碑记》，收入张树芳主编《大理丛书·金石篇》第10册，第176页。

第十一章 从山乡盗匪到编民

转卖给其他村民,以分担无法消化的哨守范围与职责。我们来看以下一份万历十年(1582)赤石崖里三甲夷民为转让山区土地所刻的碑刻资料:

> 立永远实卖山场文约。书契人王有仁户长,同前子玉、罗寄保、李举、杞妹、彭德等,同系赤石崖三甲人氏,为山荒箐觅〔密〕,贼盗胜〔甚〕多,无人看守,只得合【村】酌议,将甸尾山场四至开明,东至一甲地方,五你喇、赶来阿倒爬呀、呵睹街,又到安谙摩底。南至姚安地方,五你喇曾路止,又至麻仪是睹傲夫亨着,又到安谙摩底。西至四甲地方,至三台山顶。北至五甲地方,来埂尾你界牌止,又至安谙摩底止,亨烹利摩箐,又到摩自奈者。西北至四甲地方,又至使食摩箐头岭……四至开立明白,永远杜卖与古底甸尾杞妹子举李(原文如此——引者注)和同合村人等,以作哨地,修立哨房,设立哨兵,逐轮流看守,不得累连卖主。实接受大剧羊三十支,作价三十一两整;毡衫一件,羊毛十斤,人手亲收,并无少欠。自实杜卖之后,户族人等不得异言争竞,如有此情,将杜契理论。恐后无凭,立永远杜卖山场存照。[1]

这份碑刻契约说明万历十年赤石崖被编入里甲之时,山场也被划作哨地,村民负责修立哨房,设置哨兵,担守山乡保安的工作。其中,赤石崖三甲户长王有仁等,因为名下的土地太广阔,无法看守,议决将土地卖给古底甸尾杞妹合村村民负责看守。虽然,买卖以牲畜计价,但对价已出现白银化现象,可知山乡夷民划归里甲,山乡土地划分哨守而产生了货币化的情形。

对这些被编入宾川州的赤石崖里民来说,更大的问题还在于

---

[1] 《甸尾山照碑》,收入张树芳主编《大理丛书·金石篇》第10册,第111页。

运盐与土地货币化。白盐井的营销范围包括滇西之鹤庆、保山、龙陵、腾越、太和、赵州、宾川、云南县（白崖）、弥渡、永平、蒙化、永北（永胜）、镇南、姚州、大姚、楚雄等处，每年派销盐480万斤，课银47000余两。[1] 其中，宾川州需要负责白盐井营销，大建月需要营销正额盐20833斤，小建月营销盐20139斤。每年营销正额盐高达24万斤，若再加上公费盐或遇闰月，每年总共有高达32万斤的盐营销。这些虽然是清初的数字，但与明末情形相去不远。[2] 官府将白盐井之盐产委托外来之商人代销，这些商人为了降低从全国各地运粮食到边境的成本，逐渐就近购买山乡土地，辟为农地，不仅节省自外地购粮、运粮的运输费用，也取得山乡土地的所有权。山场也因为盐井煎卤所需之柴火，逐渐被转卖给商人。李元阳的万历《云南通志》记载大理府境内的夷民"约信不爽，贫多借贷，如期酬偿，毫厘不欺。故江西人居之以为奇货，皆致大富，今在宾川州、云南县"，[3] 指出江西商人到宾川致富的情形。康熙《大理府志》记载宾居（即宾川州）夷民：

> 比年有赔荒之累，死徙者十之五六。土著之民，终岁勤动，输正供之外，无赢余也。追呼急则称贷，而商贾以此重权，其子母则菽粟之利尽归之，故其地曰宾居。赤石崖自贼平以来，其种皆猡猡，椎朴而善耕，急则鬻身于汉人，汉人往往鱼肉之。又有僰彝一种，性更懦弱，俗尚鬼，病则祷之，近亦稍稍从汉矣。海东皆白人种，宾居、牛井类皆汉人，婚丧奢靡多至荡产。[4]

---

1 李训铉、罗其泽纂修《（光绪）续修白盐井志》卷3《食货志·盐课》，第630页。
2 周钺纂修《（雍正）宾川州志》卷6《田赋·盐法》，第35~36页。
3 李元阳纂修《（万历）云南通志》卷2《地理志·风俗》，第53页。
4 李斯佺、黄元治纂修《（康熙）大理府志》卷12《风俗》，第141~142页；周钺纂修《（雍正）宾川州志》卷11《风俗》，第67页。

指出赤石崖山乡夷民的土地沦为汉人所有。乾隆年间，归化多日的赤石崖里，因为积欠盐金，地方头人畏法逃散。后来官府查办，以至于由义士何多见"以家资赔偿"这笔民间积欠的盐金，未及其数者，并以祖遗田租一庄抵价三百两，赔清盐款。[1] 此是赤石崖被划作粮里并施以盐课后之景象。

（三）山乡东部：苴却与茨喇，隶姚安土知府

明初姚安土知府辖有苴却，时称为苴却十二马。铁索箐夷平定后，部分随高钦参与凤继祖动乱的夷民被纳入辖下的茨喇。清初并此二者，统之以苴却，将苴却十二马增加至苴却十六里。据《大姚县志》记载："苴却十六里，在前明中叶尚属夷境。铁锁箐夷盘踞六百余里，斯亦在其中矣。自万历元年荡平以后，土司得而钳制之。村落始可稽核，然亦羁縻之而已。"[2] 可知，铁索箐盘踞六百余里，范围相当大，在清初被划入苴却十六里。文中称其在平乱后，由"土司钳制"，指万历后由该地之高氏土司管辖。

苴却十六里由两群不相统属的夷民组成，一为苴却，一为茨喇。《大姚县志》记载大姚县北之山区有个地方叫作苴却，说得比较清楚：

> 苴却十二马地方，自古荒服，每年纳马，故地以马名。每马彝长一名，曰马头，各辖数村或十余村，谓之马脚庄。自前明洪武以来，归土司管。康熙二十三年，改归县辖。[3]

这里的"马"指的是彝长，又称马头，是夷人土目所辖之单位，在云南山乡夷民颇为多见。文中虽然少了对万历铁索箐一事的描写，但大约指出了大姚北方苴却十二马的夷民村落组织，自洪武以来是

---

1 《宾川盐税碑》，收入张树芳主编《大理丛书·金石篇》第10册，第171页。
2 刘荣黼纂修《(道光)大姚县志》卷2《地理志下·村屯》，第110页。
3 刘荣黼纂修《(道光)大姚县志》卷16《杂异志·盗用印文》，第359页。

高氏土官管辖，直到康熙二十三年（1684）才划归为大姚县流官管辖。另一部分和苴却夷民不同统属的铁索箐夷被划为茨喇。[1] 后来苴却和茨喇整并，清初改土归流后则以火头重整为苴却粮里。然而，当时整个苴却的人口数量比大姚附郭军民户数还要多。[2] 可知明末高氏土官以及铁索箐山乡夷部之众。

综合来看，铁索箐山乡夷民，在万历以后被划作三个不同的政治体系：北面的铁索箐营设军卫，隶洱海卫；南方之赤石崖里则二属，一者隶宾川州大理府，一者隶土官巡检司；东面的夷民苴却与茨喇等地则归姚安高氏土司。分土而治，背后涉及国家代理人的利益，如土官、军卫以及以坝子为中心之府州县等；而赤石崖里赋役货币化，更说明了随之而来的土地分配、人口流动以及山乡城邑间逐渐阶级化的族群生态。

小　结

本章主要从行政边陲的角度来说明山乡夷民社会在明朝政治架构下产生身份流动、分化与重新整合的过程。二百年来，大理姚安间的山乡动乱，正可以视为此区域社会中族群政治生态结构转变的微观缩影。

明朝统治之下，西南地区社群网络面对新的挑战。朝廷逐渐以城池卫所为中心，建立起行政与军事系统，并在沿山关隘设巡检，形成了行政与军事官僚双重体制的中心与边陲的关系。由元末明初

---

1 刘荣黼纂修《（道光）大姚县志》卷3《户口志·赋役全书》："在昔夷村另设民约，以约束之。近年将上六村民约裁汰，以数百里之地，专其责于火头数人。且茨喇一带，即古之铁索箐也。北邻永北，西近宾川，与十六里虽近，而不相统属。昔之轻改旧章者，不知何忌也。"（第129页）

2 刘荣黼纂修《（道光）大姚县志》卷3《户口志·赋役全书》："《旧志》：城乡附郭，军民共九百七十七户。苴却十马（原文如此——引者注），户口倍于附郭，因僻处零星，难以稽核。"（第117页）

自久和鹤庆高家结盟,可知其传统部酋网络,北自姚安,南至蒙化南涧,中间包括了宾川、云南县等山间坝子,联盟范围包括云南西部。明初自久叛乱,说明了传统联盟受到威胁,尤其土官的建置威胁山乡社群,随之而来的官办盐井以及银矿开采,以及为资源控制而加强山区军事布局,进一步削弱了传统社会网络与经济纽带。换句话说,明朝朝廷重新塑造了一套以府州县为中心的政治经济体系,使得原来维系坝区与山乡之间对等的、共生的结盟关系受到不同程度的挑战。

朝廷在山乡推动的政策,还包括增置土巡检、卫所、哨守、戍兵等,这使得原来高度仰赖盐米交易的山乡夷民被排斥在整个经济网络之外。随着粮食需求量的增加以及米价高涨,沿山土酋往往叛服无常,这些反动应被视为土酋夷民重申山乡主导权的重要宣示。明朝虽曾以招抚协商的方式安抚夷民,但结构性的体制设置,使得铁索箐夷动乱愈演愈烈,这可说是明朝在体制上孤立山乡夷民的后果。邹应龙平定山乡乱事后,山乡夷民分别被编入了赤石崖、铁索营以及苴却十六里等三个不同的政治架构,其中赤石崖被纳入宾川州里甲与云南县属之土巡检的双重体系;铁索箐夷被划入铁索箐营,编入土军;苴却则隶土司代管下的夷民。这种分其地而削其力的行政军事部署,是明朝不断试错后,在山乡地区设计出来的统治策略。明中期以后,大量汉人商屯收购山区土地,又进一步使得山乡夷民卷入另一场土地货币化的风潮之中。

我们看到至少有三股不同力量的冲突:一是来自坝区之政治代理人,如巡抚、知府、卫所指挥以及文人,象征国家中央的力量;二是山乡夷酋,以叛服不定的态度作为协商的筹码;三是开采盐井、银矿的商人,其行为引起区域性政治与族群经济生态的冲突。国家为控制盐井、银矿与粮食等资源,重新扶植一套土官系统;而夷民则以边陲山乡的优势,或入城掠夺,或受降招抚,来挑战官僚政治体系的运作,也因此不断地重构山乡内在的社会秩序。山乡最终被纳入不同制度之中，夷民也被划入分土而治的编户体系，随之卷入了货币化的土地关系之中。总体来说，自明初到 17 世纪末，从云南山乡夷民与官军征战不断的历史中，足以看出山乡社会政治与财政架构的转变。直到 19 世纪，此山乡规模不一的动乱，仍可视为其人群对此结构转变的持续性反抗。

第十二章　金沙江沿岸的土官联盟

滇蜀藏边境之金沙江沿岸向来是高氏政治联盟之辖境。大理国时期，其重臣高升泰一度掌理大理国政，将八子分封境内八府，自此高氏有"遍牧八府四镇"之说，辖境遍及西南各地。高氏在滇藏屏障之区，地位尤其重要，政治势力覆盖金沙江内岸之山乡腹地。明初金沙江沿岸之北胜、鹤庆与姚安等诸州府仍是高氏土官之辖境。然，自废除鹤庆府高氏土官后，其外缘丽江木氏的地位便越来越重要，滇蜀藏之政治重心经历一段从高氏往木氏转移的过程，也从白人世族转为么些世族。在政治重心转换的过程中，我们不应视此二者为相互取代、削弱或支配的关系，而应视其为在面对中央王朝治理下，土官政治集团的扩大所形成的重心转移。

联姻是讨论政治重心转变的重要切入点。丽

江木氏积极和高氏联姻，后来逐渐扩大到金沙江另一侧之北胜州高氏、武定府凤氏，后又与金沙江南岸的姚安府高氏频繁联姻。随着各府土官受征调出外作战的频率越来越高，土官嫡母及其外家在维护土官政治秩序中扮演着极为关键的角色。本章以高氏与木氏的联盟来讨论其联姻以及文化策略的运用，并说明女性在支持土官社会运作时所扮演之看不见的力量。其中，土官母亲在巩固土官世系中的重要性逐渐强过土官女儿外嫁的重要性，而外家（妻舅与外祖）也成为保障土官世系的重要政治屏障。

以下分别讨论：（1）金沙江沿岸的联盟阵线；（2）新兴土官势力的崛起；（3）木氏土官联盟的扩张。

一　金沙江沿岸的联盟阵线

高氏与金沙江沿岸山乡多元之族群保持着相互依存的政治关系。其中，鹤庆"北接西戎，夷獠杂处"，[1]依附之山乡人群包括罗罗与么些人等。这些人居于山乡，习于攻战，"其民朴悍，好嚣讼。人性稍刚，好带弓矢"。史料也记载当时鹤庆北方有"摩些蛮，依江附险，酋寨星列，无所统摄"。这些散居深箐丛岭、依江附险的么些人，在丽江木氏崛起之前，部分形成了林立的部酋社会，多听从高氏节制。再者，鹤庆府东北方的金沙江外，还有北胜府高氏的势力，其辖境夷种则有僰（白）人、百夷、僳僳（力些）、猓猡、西番等。[2]也就是说，金沙江沿岸与滇蜀交界一带山乡腹地基本成为高氏氏族阵线所掌控的势力范围。[3]

高氏势力虽强大，但内部也有微妙的不安。明军入大理时，高

---

[1]《明故高氏墓碑志》，收入张了、张锡录编《鹤庆碑刻辑录》，第253页。
[2] 陈奇典修《（乾隆）永北府志》卷25《土司》，凤凰出版社，2009，第139~140页。
[3] 清初北胜州革土后，高氏仍与其辖境夷民保持密切关系。参见简良开《神秘的他留人》，云南人民出版社，2005。

第十二章　金沙江沿岸的土官联盟

隆派其子高仲前往大理，向明军示降纳款，傅友德令其以原职统摄鹤庆土官同知。洪武十五年（1382）夏，高隆赴京，中途病逝，时年三十二岁。次年，其子高仲入京，面见明太祖，由皇帝赐给高仲冠带、衣袄、缎匹等，正式颁赐鹤庆土官同知职衔。洪武二十九年，由于鹤庆北接西戎，夷獠杂处，为难治之区，由总兵官向皇帝奏请，升为军民府。然高仲在洪武三十二年以病终。[1] 后二年，其子高兴袭土官知府，无嗣亡故。永乐十一年（1413），高兴之弟高宝承袭土官职。短短三十年间，历经四位土官，看似稳定的政治局势潜伏着土官早逝的不安。从墓志铭可知，洪武到永乐间的四任土官，就有八次或亲自备马朝觐，或遣人赴京朝贡。

　　西南传统政治视修建佛寺、供奉藏经为累积政治与宗教声望的手段。土官赴京返回鹤庆后，便修建佛寺宣示教化权与治理权。高氏往往在两个地点从事佛寺之建设、扩增，一是龙华三十六院，二是玄化寺。龙华三十六院是高氏及其僚属之寺院建筑群，玄化寺则是土官治理之政教中心，前者依山，后者位于坝子中心。高隆先是创建龙华精舍，修玄化双塔，大兴土木；高兴则营转轮藏，修宝庵，他不仅施《金刚般若经》一千卷，又重修各地之佛寺，募匠千人修玄化寺东西二殿等。[2] 其弟高宝兴修佛寺之盛况，达到高峰。他奉母命建宅舍、创梵刹、造佛像，五度修建华严胜寺，又在龙华山建普明寺与大悲堂，营造西塔宝盖。他后来受征调领兵千人赴边剿捕，立功返回鹤庆后，改造石室，建兴教寺，又重修龙华梵刹。[3] 兴教寺位于剑川沙溪古镇，是大理与吐蕃古道上一座重要的密教佛寺，由此可见高氏在此片山乡交通要道上的经营。鹤庆府的地位可

---

[1] 《明故高氏墓碑志》《故中奉大夫前云南诸路行省中书参政□鹤庆路军民总管高侯墓碑志》，收入张了、张锡录编《鹤庆碑刻辑录》，第253~256页。

[2] 《亚中大夫云南鹤庆军民世袭土官知府高侯墓碑志》，收入张了、张锡录编《鹤庆碑刻辑录》，第257~261页。

[3] 《故世守鹤郡知府高侯行状墓碑志》，收入张了、张锡录编《鹤庆碑刻辑录》，第262~265页。

能在高兴、高宝兄弟二人执政时逐渐巩固。但大兴土木之举，也为后来林俊毁佛埋下伏笔。

再者，高氏也与邻近土酋联姻，与山乡部酋保持积极的联盟关系。在明初高兴土官的墓志铭《亚中大夫云南鹤庆军民世袭土官知府高侯墓碑志》中，可见其与邻近土酋之关系：

> 隆生仲，洪武十五年壬戌春，大理……任本府同知，即侯之考也。母和氏曰玉，乃越析诏之苗裔。有元时，丽江通安州同知阿□土之娇女□与仲育侯。[1]

元末之时，高兴之父亲高仲，与北方越析诏（即么些别称）和氏、西北边境之通安州阿氏联姻，其中与么些部酋保持相当密切的联姻网络。[2] 然而，墓主高兴不幸早逝，其弟高宝承袭土官。高宝复又早逝，当时来鹤庆参加葬礼的亲戚故旧，自丽江、云南县、邓川各地而来，大约可知土官亲族网络的范围。[3] 有意思的是，高宝妻子是云南县土官女儿杨氏，在杨氏之墓志铭《阳间安居恭人杨氏生坟墓碑记》中记载：

> 弘农杨氏……前云南县土官杨孥之四女也。母李氏，乃锦衣卫指挥自久之妹，与孥鞠育。恭人以壬申生，赋性严明，资质俊丽，自总角时许高侯讳宝。[4]

---

[1] 《亚中大夫云南鹤庆军民世袭土官知府高侯墓碑志》记载高侯母亲为越析诏"和氏"。收入张了、张锡录编《鹤庆碑刻辑录》，第257~261页。

[2] 《阳间安居恭人杨氏生坟墓碑记》，收入张了、张锡录编《鹤庆碑刻辑录》，第266~267页。另外，姚安土官的家谱《姚郡世守高氏源流总派图》中也记载不少木氏嫁到高家的例子。见《姚郡世守高氏源流总派图》，收入方国瑜主编《云南史料丛刊》卷5，第466~479页。

[3] 《故世守鹤郡知府高侯行状墓碑志》，收入张了、张锡录编《鹤庆碑刻辑录》，第262~265页。

[4] 《阳间安居恭人杨氏生坟墓碑记》，收入张了、张锡录编《鹤庆碑刻辑录》，第266~267页。

第十二章　金沙江沿岸的土官联盟　　　　　　　　　　　　　　　• 389 •

指出她是元云南县土官杨孥之女，母亲为李氏，李氏的哥哥名字是自久，身份是"锦衣卫指挥"。这通墓铭追溯的是元末明初滇西北的社会网络，撰铭者把母亲的社会关系拉到外祖母的哥哥自久，一方面指出自久是个重要人物，否则墓铭不须老远攀附到他的身份；另一方面外祖母也非同小可，她是建立高氏与自久关系的重要媒介。自久在前章已提及，明军原想拉拢山乡土酋自久担任姚安土官，但其不服，最后还是仰赖既有的高氏势力平定自久之乱。[1] 自久后来被擒到京城，皇帝授予锦衣卫指挥之职位安抚之。从以上两墓铭可看出明初滇西北山乡土官联姻之状况（图12-1）。

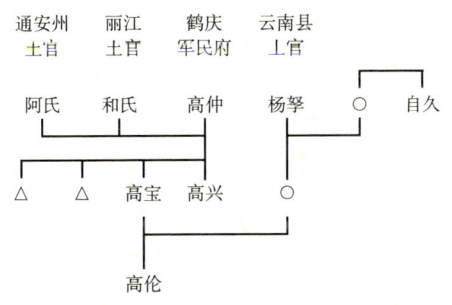

图 12-1　元末明初大理山乡土官联姻状况

自此以后，高氏继续和邻近山乡部酋联盟，其与刚崛起的丽江府和邓川州土官联姻。前述鹤庆土官高仲把女儿嫁给丽江土官木土，两代后，高氏土官又将女儿嫁给丽江土官木钦，白人土官女儿成为么些土官之妻子。约在同时，木氏土官也将女儿送往北胜州与鹤庆府，也就是么些土官女儿成为白人土官之妻。明前期，高氏和木氏的跨族群联姻为丽江府土官的崛起奠定了重要的基础。[2]

---

[1] 《明史》记载："洪武十六年，姚安土官自久作乱。"他原被封为姚安土官，先是降明，复又反明。朝廷只好联合姚安府与姚州土官高宝与高惠，共同打击自久，后来平定之。参见《明史》卷314《云南土司》，第8091页。

[2] 《木氏宦谱·文谱》，哈佛大学哈佛燕京图书馆藏，详后文。

高氏阵线虽是汉蕃屏障，但明朝在山乡腹地安置汉人军屯与卫所，也使得区域政治结构逐渐发生变化。滇西北设置两个重要的军事卫所：澜沧卫与鹤庆御。前者设于北胜州州治内，后者在鹤庆平缓之区。二者皆位于高氏土官之政治辖境，从区域政治与地方资源的分配结构来看，卫所土军部署于平缓可耕之地，其与白人土官的竞争很快就浮出水面。有意思的是，这种竞争关系是用土官内部斗争的方式来呈现。正统年间，对高氏土官造成致命一击的是叔侄内斗争袭事件。《明史》记载：

> 正统二年，副使徐训奏鹤庆土知府高伦与弟纯屡逞凶恶，屠戮士庶，与母杨氏并叔宣互相贼害。敕黔国公沐昂谕使输款，如恃强不服，即调军擒捕。五年复敕昂等曰：比闻土知府高伦妻刘氏同伦弟高昌等，纠集罗罗、么些人众，肆行凶暴。事发，不从逮讯。敕至，即委官至彼勘实，量调官军擒捕首恶，并逮千户王蕙及高宣等至京质问。[1]

外表看来，这是一场叔侄内斗。但是背后的权力关系可能不止于此，汉人卫所的角色极其微妙。副使徐训控告土官高伦与弟高纯逞凶恶。黔国公使其输款，以其恃强不服，即征调军队擒捕之。后来，高伦又被控与妻、弟纠集夷众行凶，后被调运擒捕，并逮千户王蕙与高伦之叔高宣"至京质问"。对土官来说集众行凶、恃强不服是很大的罪名。显然，高伦叔父高宣与千户王蕙是新的结盟，两人联合起来共同打击高伦。明朝外来新兴势力对土官政治造成极大的影响。后来，此案到了北京，又变成一段土官高伦谋害亲母、杀其子民的故事。大理卫千户奏报"（高）伦擅率军马，欲谋害亲母。又称其母告伦不孝及私敛民财，多造兵器，杀戮军民，支解枭令等

---

[1] 《明史》卷314《云南土司》，第8093页。

罪"。高伦之叔高宣似乎和新兴卫所势力结盟,使卫所千户不断奏报高伦之不伦不孝。《明史》也记载高伦之言:

> 因与叔宣争袭,又与千户王蕙争娶妾,以致仇诬陷。所勘杀死,皆病死及强盗拒捕之人。伦母杨亦诉无不孝,实由(高)宣等陷害。[1]

这里多了"与千户王蕙争娶妾",高宣和卫所千户王蕙联合打击土官,以不孝的名义诬陷高伦。后来,双方皆有所辩,朝廷以"复敕(沐)晟(原文如此——引者注)及严恭确访,既而奏当伦等皆伏诛",指其罪应死。从《明史》之记录可知,这极可能是仇人诬陷所引发的一桩废除土官的政治公案。其事未明所以,然事涉人伦礼法,挑战朝廷礼制中最敏感的政治与家庭伦理问题。

这个案件应是明朝统治滇西以来,对白人土官打击最大的一桩案件。后来高氏土官"无可继者",落得废除土知府的下场。鹤庆高氏由土官知府降为土通判,对滇西之土官政治来说,已造成政治警示的效果。同样的竞争也出现在北胜州,正统七年,北胜州"设流官吏目一员,以州夷苦于卫司官军侵渔也"。[2]其中之州夷苦于卫所,指出了不对等的关系以及卫所势力越来越具支配性。有意思的是,朝廷解决的方式不是削弱卫所的势力,更不是以强化土官势力来平衡之,而是采用流官吏目,使土官、卫所与流官吏目形成三股相互抗衡的势力。

金沙江两岸的高氏阵线遂因此产生重要的缺口。鹤庆土官降为土通判,其在滇西北的领导地位受到打击。从后来邻近土官与高氏仍保持持续的联姻关系可知,其虽被废土知府职衔,在退居山乡后

---

[1] 《明史》卷314《云南土司》,第8093页。
[2] 《明英宗实录》卷96,正统七年九月乙丑条。

仍具有相当的政治声望。[1] 稍后也可以在周边土官与鹤庆高氏联姻的情形中窥见其情。

然而，金沙江另一边的高氏势力更引人注意。北胜州位于金沙江外，与四川为邻，居于大理政治势力之外缘地带。乾隆《永北府志》记载当地的地势：

> 永郡在金沙江以外，界接吐蕃，明初入版图，乃城垣。地脉发于蒙番大雪山，历永宁，经浪蕖，循观音河蜿蜒而来，三面临江……南连宾邓，北拒番彝，东至元谋，西通鹤庆。作大理之藩篱，引控诸土司，为武姚之屏蔽。[2]

志书中所描写的北胜（清初改为永北府）是滇藏蜀交界之区，地处金沙江以外，与吐蕃交接。如果从金沙江的地理位置来看，它正好是一个足以控制沿江诸土司的要塞。此地也是"僰人及猓猡、猞猇"聚处之地。[3] 洪武十五年（1382），北胜土官高策才七岁，便率辖境部酋向明军归附。两年后，因其年纪尚幼，被送往南京国子监读书，年长后才回乡担任土官知州。[4] 换句话说，高策不仅身为土官，而且拥有国子监生的身份，是一位符合中央政府期待和要求的土官。

明初以来，四川云南边境纷扰不安，北胜州土官高策成为代管番夷的代表人物。嘉靖年间，其裔高聪、高仓父子二人为朝廷立下功勋，尤以高仓为著。高仓曾率土兵沿着金沙江下到滇东一带"赴调擒逆贼安铃（应为安铨——引者注）、安哲、凤朝文，保固杨林省城，收复和曲、东川等处"；嘉靖二十八年（1549），又奉令调

---

1 《武略将军赵公之墓碑》《邓川州土官知州阿氏五世墓表》，收入张树芳主编《大理丛书·金石篇》第10册，第41、71~72页；《蒙化左氏家谱》，云南省巍山县民间收藏，无页码。
2 陈奇典修《（乾隆）永北府志》卷1《舆图》，第2页。
3 陈奇典修《（乾隆）永北府志》卷3《建置》，第2页。
4 陈奇典修《（乾隆）永北府志》卷18《人物》，第1页。

第十二章 金沙江沿岸的土官联盟

兵到南方赤石崖山乡平定乱事。嘉靖三十三年，至南方元江府平乱，后在临安府患瘴病故。自高仑以来之土官如高德、高承祖、高世懋、高世昌等，都在金沙江沿岸山乡地区以及永昌边境一带为朝廷立下不少功绩。[1]常年征调在外的男性土官，必须仰赖嫡母或妻子来巩固土官世系。不论是北胜州还是丽江府，稳定的联姻关系都显得极其重要。北胜州之观音箐，有一座高氏土官家之佛寺，名观音寺。寺前竖着两通土官母亲的墓志铭，此二位墓铭主人皆是丽江木氏土官的女儿。若将此二墓铭与《木氏宦谱》比对，将会发现北胜州高氏和丽江府木氏维持约二百年亲密的联姻关系。[2]从《木氏宦谱》可看出明初第二任土官木初（1345~1426），将四女嫁给北胜州土官高铭，第六任土官木泰又将女儿嫁给高聪，第七任土官木定将女儿嫁给高仑，第八任土官木公（1499~1553）将女儿嫁给高德，第十任土官木东（1534~1579）把女儿嫁给土官高承祖，第十四任土官木懿将女儿嫁给高斗光，时已是清初。这是木氏嫡系女儿外嫁高氏的情形（详后文）。北胜州两通土官母亲的墓志还记录了木氏非嫡系的联姻情形。

观音寺前的这两份墓志铭是《诰封高氏木宜人墓志铭》与《诰封朝列大夫高公恭人木氏墓志铭》，墓铭主人分别是丽江土官木泰的女儿以及木公的女儿。若将两通碑记的时间连在一起，可知其记录了15世纪末到17世纪北胜州高氏家族的历史。木泰之女是高聪的妻子，其墓志内容如下：

> 皇明诰封太宜人丽邦世守木侯讳泰之季女。生于成化乙巳，方十又六龄，归于北胜世邦守，荷封奉政大夫高侯聪……先祖为大唐清平官，继祖讳智升，宋元时佐辅大理国主段氏，封保德岳侯……祖讳升泰，以立端难大功，推禅升泰为国

---

1 陈奇典修《（乾隆）永北府志》卷25《土司》，第2页。
2 《木氏宦谱》详细记录女儿出嫁的对象，也视女婿为此土官政治世系的重要成员。故宦谱所显示的不仅是土官嫡子之世系，还包括组织与巩固土官承袭制度必备的要素——女儿及女婿。

主……传数代，世守北胜知府。我皇太祖启运……蒙改授祖策为知州，至祖讳昶，征麓川，功升府亚守，仍掌州事。

此碑先记载唐朝以来之高氏功业、大理国时期的政治地位，后来说土官嗣子受朝廷征调作战，包括前往滇东平定凤朝文、安铨之乱以及麓川之役等，为朝廷立下汗马功劳。在以男性为主轴的叙事结构中，身为母亲的墓主木氏，其职责主要是掌理内政，培养儿子成为未来土官之承继者。碑中记载木氏训诫诸子之情形，其言："长男承袭，不读书，将何作官？诸子皆闲舍，不各居肄业，将何用？"说明母亲对嫡子与非嫡子之期待各有所别，前者以读书做官为主，后者居业，二者处世之道各有不同。

然而，木氏生有八子三女，土官家庭之内政似乎也包括为子女安排婚姻对象。她安排长子高仑和木定女儿结婚，"娶兄讳定之女为仑配"，又安排次子高岗"亦娶是府和祖世守贵之女"，又"娶弟输女为岑配"，将她弟弟的女儿配给三子高岑。四子高峰则娶邻邑章土同知的女儿。五子配其弟木连之女，六子配金沙江巡检司之女等。后来，木氏又安排长孙高德的婚配，令高德娶"侄丽侯讳公女为配"，即娶丽江土官木公的女儿。从高聪妻子木氏安排二代子孙与附近土官联姻可知，她主掌北胜州土官家庭的社会网络，其中又以连续娶进丽江其兄弟侄子的六位女儿为关键。如果从土官家庭成员来看，北胜州土官家有许多来自丽江土官家的女儿，其女性集团是一股不容忽视的力量。

然而，高聪之妻木氏并没有以交换婚姻的方式将高家女儿嫁到木氏家里，她反而将长女嫁到顺州，长孙女嫁到永宁府，皆为北胜州邻近四川边境的土官家庭。北胜州土官在高聪妻子木氏的安排下"子孙满前，倍兴家业"。墓志铭后面综论其一生，写道：

太宜人虽卒，父族乃富庶雄邦，甲超两省；夫族累朝世

第十二章　金沙江沿岸的土官联盟

禄，冠诸藩，躬屏、霞帔、珠冠，佝夫柔子，俱荷褒封。

从女性中心的角度论及父族与夫族。二者皆是金沙江沿岸之重要土官，父族是富甲两省的木氏，夫族是累朝勋臣的高氏，这正可以看出父族与夫族两家在最光辉盛世时期中女性扮演的角色。还值得注意的是，这份墓志铭由高仑出面邀请当时太和县名望极高的三位士人共同完成，由"赐进士中宪大夫政膺封功前南京户科给事中太和何邦宪撰文，赐进士前翰林庶吉士工科给事中太和杨士云篆额，赐进士前翰林庶吉士户部主事太和李元阳书丹"。[1] 三位出身太和县的进士联袂撰铭，也可以看出当时北胜州土官所能动员的社会网络，以及高聪、木氏在滇西之社会地位。

高聪妻子木氏安排接下来两任土官与木氏联姻，这对稳定北胜州土官政治发挥了不小的作用。时值嘉靖万历年间，战事频仍，土官男嗣受征召前往各地作战，其妻子皆来自丽江，故世系秩序受到丽江土官之保护。以高德为例，当他七岁时，父亲高仑见背，由母亲木氏抚育长大。后滇蜀边境纷争不断，高德由世臣辅佐建功，其地位仍然相当稳固。后来，高德娶丽江木公之女（1559~1600），生了四个女儿，由于没有嗣子，高德只好另娶一女，后育有一子，是为下任土官高世懋（？~1611）。高德正妻木氏虽没有生下嫡子，但她仍以土官嫡母居之。《诰封朝列大夫高公恭人木氏墓志铭》中称"三熙兰氏始生见任四品服府同知世懋"，指三熙兰氏才是高世懋的生母，也就是高德的次妻。高世懋六岁时，父亲高德去世，世懋"方离褓褓"，时应袭土官，但年幼无法承袭职位，是以"舍目以主少困疑，告给木氏冠带，抚子安边"，由嫡母丽江木氏冠带，代理土官职。乾隆《永北府志》也记载同事，高世懋仅六岁，"族目人

---

[1] 《诰封高氏木宜人墓志铭》。此三人皆大理名士，可知北胜州高仑土官郑重其事。收入杨林军编著《纳西族地区历代碑刻辑录与研究》，第51~53页。

等保举嫡母木氏抚孤管理地方"。[1] 也就是说，不论年幼土官之生母为谁，代管土官职衔者一定是嫡母，也就是前任土官之嫡妻。她代管其职，直到土官长大，再将职位传给土官。五年后，嫡母木氏逝去，高世懋才十一岁，由身边把总吏目等人辅佐长大成人。有意思的是，北胜州已连续五代娶进丽江木氏女，高世懋之嫡母木氏在他十一岁时就去世，但在去世前，她又为年幼的高世懋安排了一桩与丽江木府的联姻，是以高世懋也娶丽江木府之女。[2] 以上这通碑便是由高世懋和另一位同父异母的弟弟高世昌为嫡母木氏所勒的。

高世懋在二十二岁时便过世，由其弟高世昌掌理土官，族内随之发生争袭内斗。当时，高氏族侄高兰称高世昌为"奸生"，指其并非嫡妻所生，应也非次妻所生。然高世昌承袭时亦年幼，无以抵抗，只好避走丽江。《明史》记载当时之局势：

> 万历四十八年，北胜州土同知高世懋死，异母弟世昌袭。其族侄兰妄称世昌奸生，讼之官，不听。世昌惧逼，走丽江避之。寻至澜沧，宿客舍，兰围而纵火，杀其家七十余人，发其祖父墓，自称钦授把总，大掠。丽江知府木增请讨之……调增率其部进剿。[3]

高兰自称皇帝钦授的把总，其地位比非嫡生的高世昌更具正统性，故想要夺土官职衔，向官府提出诉讼。高世昌年幼，无力抵抗，走避丽江途中，几被劫杀。高兰追而杀其家人七十余人。后来丽江土官木增出兵征讨，才平息北胜州土官内争之事。木增出兵的故事出现在《明史》中，表面看来他是为朝廷平定边乱，解决北胜州高家

---

1 陈奇典修《（乾隆）永北府志》卷25《土司》，第3页。
2 《诰封朝列大夫高公恭人木氏墓志铭》，收入杨林军主编《纳西地区历代碑刻辑录与研究》，第56~59页。
3 《明史》卷314《云南土司》，第8107页。

第十二章 金沙江沿岸的土官联盟

土官内部的继承纠纷。实际上，从亲属关系来看，木增是为巩固高世昌嫡母木氏世系之地位。在北胜州土官家庭史中，我们更多看到的是木氏女儿兼土官母亲的故事，土官母亲又不断地将丽江木氏的女儿带进土官家中，使丽江土官成为高氏土官家庭的重要靠山。这两通墓铭说明的是一个土官家庭的女儿如何成为另一个土官家庭的母亲，并在土官政治中积极扮演构筑政治联盟的角色。直到清初，北胜州还有一桩"亲母木氏抚孤协理地方"的故事，当时木氏所辅佐的土官则是高龙跃。[1]

北胜州高氏土官的女儿也有在外掌持土官政务者，但材料不多。离北胜州最近的是顺州土知州子氏。洪武年间，因其宗子承继无合适人选，故"子保年幼，通把等保举正安高氏观音锦承袭夫职，锦老，清胞弟子保故，男子喜袭"。后来土官子潼"故，子鸣韶尚在襁褓，里老通把人等保举祖母高氏掌管地方"。这是由北胜州高氏以祖母身份代掌土官事务之情形。[2] 此外，高聪妻子木氏也安排其女嫁给附近土官，包括邻近之顺州和永宁府。《木氏宦谱》所载来自北胜州土官的女性，有木定之正妻高氏延寿妙香以及木东正妻高氏娴。[3]

土官嫡妻与嫡母往往是世系秩序的维护者，她们所倚重的是其父族对大家宗子世系的保障。土官妻子、母亲甚至是祖母接掌土官职衔，然从上述案例来看，她们主要的职责是巩固土官职衔在其夫之父子世系间顺利继承。女性与外祖在土官世系之外，却是保障土官世系得以持续的平衡力量，他们是维护土官联盟社会稳定的重要势力。这种双边继承的情形在不同土官政治间的运作相当不一致，所造成的效果也不尽相同。虽然，从丽江木氏与高

---

[1] 陈奇典修《（乾隆）永北府志》卷25《土司》，第4页。
[2] 陈奇典修《（乾隆）永北府志》卷25《土司》，第16页。
[3] 《木氏宦谱·图谱·十三世考·知府木定》："正妻阿室香，官名高氏延寿妙香，即北胜州高知州女。"《十六世考·知府木东》："正妻阿室鲁，官名高氏娴，系北胜州高知州女。"（第18、21页）

氏的联姻可能还看不出金沙江沿岸所面对的新的联盟局势，但我们或许可以直接从丽江木氏的历史中窥见其另一个侧面。

丽江木氏女儿在外地的"扩张"，是否象征着鹤庆与北胜州高氏已面临挑战？高氏所面临的挑战，与其说是丽江木氏，毋宁说是明朝新兴卫所以及流官势力。还有两个外部条件需要加以考虑：一是鹤庆南方的南衙与北衙，是重要的银矿生产区，卫所与非官僚体系的采银活动不断深入山乡；二是当明军越来越往北拓展地盘时，丽江府作为朝廷与吐蕃之屏障也越来越重要，木氏也就成为朝廷倚重的土官势力。相较于北胜州与鹤庆府，丽江府是一个汉人卫所仍不及之处。在这种情形下，木氏反而应被视为金沙江两岸高氏的暂时靠山。

从上述北胜州高氏土官家庭史可知：第一，跨越人群的合作是稳定区域社会的重要机制；第二，不论土官政治之合法性是否来自政治封赐，土官社会背后都有一套由女儿所建立起来的网络，此看不见的潜在势力成为维系人群合作的基础；第三，以白人为中心的政治生态逐渐变为以非白人土官为主的政治网络。在当时环伺大理的土官中，又以木氏土官所建立起来的政治联盟网络尤为值得注意。以下，再针对北方丽江木氏的崛起及其联姻来说明。

二 新兴土官势力的崛起

明朝土官制度的设计有以下两个特点：一是析地分封，削弱单一土官总体势力；二是鼓励父系承袭，建立稳定之土官社会秩序。[1]嘉靖三十三年（1554），朝廷向土官颁布有关婚姻的规定："土官土

---

[1] 明朝土司制度并没有严格规定父子承继，女儿承继土官的案例时有所见。但随着女儿、女婿争夺土官爵位，有的土官家族开始选择适合垂直转移权力的父子承继制。然而，重要的还不在于父子承袭制的形成，而是土官社会内部身份和权力分配的诸多问题，尤其是双边婚姻转移到父子继承时，出嫁女儿或土官母亲之陪嫁财业土地应当归属谁，此皆值得进一步讨论。

第十二章　金沙江沿岸的土官联盟

舍婚娶，止许本境本类，不许越省，并与外夷交结往来，遗害地方。"[1] 这里的"本境"即省内，而"本类"指"土"人。换句话说，中央王朝禁止土人与汉人或外夷通婚，以限制其联姻对象的方式来牵制土官势力，其用意在防止土官势力扩大，而土官联姻对象也因此局限在特定政治架构与范围之内。土官更大的危机还来自卫所势力、流官与士人集团势力的扩大。于是这种政策及外部条件巩固了土官社会内部的结盟关系：土官为巩固世系承继权，不重视部族内部的整合，反而重视与部族以外身份阶层对等的土官进行联盟。以下从丽江木氏土官的角度，来讨论他们如何从地缘性结盟出发逐渐联姻邻近土官世家，进而建立跨越更大山乡范围的联姻网络。

丽江土官地位越来越重要，主要和滇藏边境与金沙江沿岸之政治生态有关。首先，明初中央无力涉足滇蜀边境，先是扶植众蛮不服的土酋担任永宁州土官，又升之为土知府，令其前往"大西番"招抚蛮众。此举造成邻近蛮酋抵制，两派人马斗争多年，造成滇蜀边境纷扰。[2] 明中期以来，滇东武定土官凤继祖作乱，其势蔓延蜀滇边境之建昌，又沿金沙江向四周山乡扩张。[3] 对局势不明的滇蜀边境而言，丽江土官是一股稳定的政治力量，其在该地区之军事地位，也使得土官木氏逐渐成为中央王朝与滇蜀边区诸土酋间的主要协调者与代言者，其政治动向也攸关王朝在边区之象征地位。

其次，金沙江沿岸是重要的盐、金、银产区，丽江木氏土官在明朝支持下，不断往金沙江两岸扩张，成为地位崇高又财力雄厚的土官势力。云南多矿，然榷税沉重，各地土官辖境之矿产多听内臣开采，土官处境甚窘，唯独丽江土官因其地势险要，又扼守蜀藏边

1　《大明会典》卷121《兵部·土官袭替》。
2　《明史》卷313《云南土司·永宁》，第8097~8098页。《木氏宦谱·文谱》亦载当时木初随明军入永宁州、四川盐井卫平定乱事的情形，见《木氏宦谱·文谱》，第9~10页。
3　《明史》卷314《云南土司·武定》，第8094~8097页。

境要塞，有功于朝，方免退地之威胁。万历年间，内臣杨荣曾向朝廷提议，要求丽江土官让地听其采矿。《明史》记载其事：

> 万历三十一年，巡按御史宋兴祖奏：税使内监杨荣欲责丽江土官退地听采。窃以丽江自太祖令木氏世官，守石门以绝西域，守铁桥以断吐蕃，滇南借为屏藩。今使退地听采，必失远蛮之心。即令听谕，已使国家岁岁有吐蕃之防；倘或不听，岂独有伤国体。[1]

内官垂涎丽江财富，欲责土官退地听采，巡按御史上文制止，并以土官"倘或不听""有伤国体"二句，说明当时木氏土官势力已无可抵挡。若因此发动边战，中央朝廷也无任何胜算。几年后，木氏助饷输银共三万两，在朝廷财政状况不佳之际，赢得好礼守义的声望。此时之丽江木氏，幸免于难，坐拥各项资源，可说是西南土官之翘楚。

（一）木氏之嫡妻

木氏土官自氏族内婚到跨族群与邻近白人通婚，乃至与更远的武定府与蒙化府俾保土官联姻，这是一个其不断扩展联姻网络的政治过程。木氏留下几通重要的墓志铭，如《木公恕卿墓碑》《木高碑》《木东碑》《明赠中宪大夫丽江军民府知府木松鹤木君（木青）碑铭》。[2] 我们从这些墓铭中，看到丽江木氏如何巩固与扩展其政治势力，以及女性在土官家庭中所扮演的角色。我们将发现：女性逐渐产生制度化的角色，犹如前述高氏土官。多数土官在内外政治结构条件下发展出一套潜规则：当年轻土官出征在外，土官之嫡母或嫡妻主掌家政，她们必须维护土官嫡传的世系；当其外家发生纷乱

---

[1] 《明史》卷314《云南土司·丽江》，第8098~8100页。
[2] 均收入杨林军编著《纳西族地区历代碑刻辑录与研究》，第42~50页。

之时，其夫族也同样具有捍卫妻族土官政治秩序的作用。

以木公为例，其墓志指出：木公十六岁掌三军，控蛮戎，"克祖宗之所未克，能祖宗之所未能"，此正是木氏往北扩张的重要时机，他们与南方土官的联盟便显得重要。当时木公的妻子是武定府土官的女儿凤睦，然嫡妻（即凤睦）早逝，木公"深思远虑以杜后患，不娶异姓，鳏居九年，继娶祖母凤氏韶"。[1] 木公不娶异姓，主要是为了降低嫡子世系受到次妻子嗣威胁的风险，所以继娶的还是武定府土官凤氏之女。但用另一种视角看，他捍卫嫡妻家族凤氏在丽江的地位，也就是保障武定与丽江二者之对等与联盟的关系。嘉靖年间，滇东发生安凤之乱，主要也是因为土官争袭之事。土官木公以"女婿"身份前往平乱，后虽蒙总兵官征南将军论功奏赏，但从土官社会脉络来看，这其实是女婿为捍卫其妻族之土官政治地位的做法。[2] 木公的儿子木高，娶南方蒙化府土官左氏之女，这或许是蒙化土官嫡祖母张氏的意思，使蒙化土官多一层外在的保护，但木氏也得以在南方建立更广泛的政治联盟。另一位土官是木青，即木增之父。他二十九岁早逝，其嫡妻是兰州土官之女罗氏，她以嫡母身份抚养木增长大。后来木增奉母命向皇帝请佛寺寺额一事，将于后文再叙。

（二）诸侯世官的祀典

联姻不只具有政治联盟的意义，也间接促使土官群体通过逐渐扩大的文化网络来建立知识体系，尤其表现在土官家谱的书写以及历史建构上。正德十年（1515），木公着手编写家谱，先后请西南富有声望的文士张志淳与杨慎写序。张志淳在《木氏宦谱序》一文中，写出了土官纂谱的社群网络：

---

[1]《木公恕卿墓碑》《木高碑》，收入杨林军编著《纳西族地区历代碑刻辑录与研究》，第42~45页。

[2]《木氏宦谱·文谱》，第17~18页。

> 木生公，今丽江守之冢嗣也，与鹤庆高生友，两人者相得甚欢，盖高亦世官者之介弟也。其为欢，偕欲刊落故习，称述文义……吾初未知之也，盖得之杨君用章。用章者两为御史，非其道辄复去。吾雅愧服之，其为人慎许可甚，独于高生有揄扬焉。吾既接高生而信，又因高生之信而悉得木生之贤，其益信也。[1]

这段文字表达了土官和士人原来是两类不同身份的人，但土官与士人之间已逐渐形成相互交往的网络：高生和木公为相善之友人，前者是鹤庆土官高氏之弟，后者是丽江木氏土官。木公编写家谱时，或曾和邻邑高氏姻亲讨论过，并通过高生结识张志淳，请他撰写谱序。但对张志淳而言，他又是辗转通过朋友认识高生，然后认识了木公。此社群网络，说明土官与士子双方都郑重其事，并对撰写宦谱抱持正面的态度。土官宦谱有别于一般的家谱，也有别于士大夫的族谱，它是属于封建宗主的宦谱，其礼制与谱系各有所别。张志淳在序言中指出：

> 自封建法废，而宗法不可复举，故自诸侯王而下，仅世爵禄而无世土、世民与世政也。若文臣则莫世矣，非不欲世也，世则不肖得以病民矣。惟夫有土地之限隔，则即其人以官之，而假以长民之御，厚以世授，畀之土而命之氏，俾随其俗而施其政，凡此非特以旌其功也，求以宜其民也。宜其民者，以其山川风气之殊，非世莫可以为政也，宛然古封建之意，长存而宗法可恃……[2]

---

[1] 张志淳：《木氏宦谱序》，收入《木氏宦谱·文谱》，第1~2页。
[2] 张志淳：《木氏宦谱序》，收入《木氏宦谱·文谱》，第1~2页。

第十二章　金沙江沿岸的土官联盟

他清楚地区辨土官和文臣二者的不同。第一，封建诸侯王和文臣地位不同，诸侯有世土、世民与世政，而文臣则不得世袭。第二，土官辖有土民与土地，因为山川风气不同，由土官主政才得以"宜其民也"。这种"山川风气之殊"正是土官得以建立世袭合法性的基础。上述两点也指出了土官更需要以宗法来维系世系秩序！

这篇序言撰于正德十年，此后，木公开始建立祭祖之家庙，是为木氏勋祠。嘉靖七年，家庙建成，位于玉龙雪山之南，木公亲自撰碑，名为《建木氏勋祠自记》。他复请张志淳撰写一碑，名为《丽江木氏勋祠碑记》。同年，又请朱云熏撰《木氏崇庙记》。同一年出现三通碑记，可见木公极看重此事。木公所撰之碑记指出：

> 郡北有山曰玉龙，吾鼻祖世居其下，盖世守其郡也。祖叶古年以上十一代，惟有俗老口传名讳，而无谱牒，不敢据信。自汉唐元末迄今明朝，其间为诏、为公、为侯、为节度使、为宣慰使司、为茶罕章、为宣抚使、为参政、为知府，皆出自国家优典。而先代建功立业之显官，我所世受禄，我所世享政，我所世出谱，我所世系土地人民，我所世有德之祖宗而延及后之子孙者，非无本也……于是慕功始创木氏勋祠于黄山之阳，以妥祖宗之神，俾克享春秋祭祀。呜呼，报本反始生民之常……惟历朝恩赐优典屡代有加嗣，我大明天子锡以诚心报国之匾，虎符金牌世袭三品诰命，俾领一府五州县之民，此皆我太祖高皇帝洪武十五年天兵南下，我始祖自然翁归附有功，命授世官，及公之身今已八代……因求永昌张司徒翁先序之谱，后记勋祠以传悠远。翁之文章为海内三昧，其土大砖石采绘之类，乃大理巧工杨得如氏成之……[1]

1　木公：《建木氏勋祠自记》，收入管学宣编《（乾隆）丽江府志略》下卷，第284~287页。

木公以叶古年为分水岭，之前是口传社会，自唐以来则有历代勋功。他以地方政治正统之叙事框架来追溯祖先，旨在宣示木氏在洪武十五年以前之身份便具有代表性，后来不仅归附有功，且拥有世禄、世政、世谱、世土以及世德，直到取得一府五州县之领袖身份，等等。这都在表达其土官身份和其辖域的关系。重要的是，他通过建立一座祖宗家庙来宣示这种政治与历史的合法性。

张志淳的勋祠碑着重于男性世系祖先，尤其是从唐朝的一位始祖叶古年谈起：

> 嘉靖七年春，丽江嗣知府公，创建勋祠，以祀其先，则来征言。志淳闻古之长民者，有世土、有世官、有世民、有世政、有世俗、故有世祀……独云南世官者，尚存此制，而族类殊异，故虽有土官、有土、有民，而余悉昧也。惟丽江始祖叶古年，肇兴唐初，传二十二世而麦宗大之，二十三世而宗良拓之……二十七世祖甲得，复着忠，洪武高皇帝嘉之，胙之土而命之氏，崇之官而畀之守。[1]

指出天下仅云南世官保留世族封建之勋祠礼制，因丽江木氏族类不同于中原，仍有清晰世系可供追溯，但当地传统不用姓，故碑中以父子连名制来记录祖先之世系，强调地方传统。碑中指出自唐叶古年以下，传二十二世有麦宗，二十三世有宗良，为大理国段氏时期之地方领袖。

朱云熏的《木氏崇庙记》更重视其仪制的细节，并将"宋末元初"之麦宗描写成一位明晓心学、能领会大自然各种声音的"圣者"：

> 宋末元初，有麦宗者，七岁能文，性生聪颖，参远师，

---

[1] 张志淳：《丽江木氏勋祠碑记》，收入管学宣编《（乾隆）丽江府志略》下卷，第282~284页。该碑记也收入杨林军编著《丽江历代碑刻辑录与研究》，第12~14页。

第十二章　金沙江沿岸的土官联盟

会心学，彰往察来，秘诀诸书，并禽音语，无不彻晓。以是，群夷咸推尊悦服，时称圣者……传子讳良，适天命及元，当世祖经道迎师……自元已传四世，曰兀、曰烈、曰甲。后有讳得者，字自然，号恒忠。大明……上嘉赐今姓木，屡奏勋劳……贻兹追崇庙祀。配祖母阿氏社附享。传子初……绘像如先祖良兀公云……淑人阿氏仙，初生土……淑人高氏护，生森……列配淑人阿氏里，生钦……淑人高氏善，生泰……祖母淑人阿氏贵，生定……夫天生木氏，为中国捍制西戎，数百年来疆围敉宁，民物安堵，盖不黩威武，素以信义要结，番吏遂倾仰戴而悦服，以致社稷莫安……今世守讳公，字恕卿，号雪山。义远溯水源，奉先思孝，与名贤侍张君辈经究其制，肇庙崇祀，追宗考妣而序昭穆，宛若成周之后，世官、世守、世土、世民、世庙，咸仪备举，可以观德。予恃惠爱五代，知遇义庆……[1]

此碑有别于前碑。第一，这份碑刻指出木公和张志淳"经究其制，肇庙崇祀"是采取周礼的做法：世官、世守、世土、世民与"世庙"，世庙也就是土官的家庙。第二，其宗考妣，序昭穆，所以土官的妻子也列名其中。第三，其所追溯者非始祖叶古年，而是麦宗。麦宗七岁能文，会心学，又能解禽语，被称为圣者。适值元初忽必烈入西南，还"经道迎师"，优礼麦宗，令其子宗良为丽江宣慰司。第四，"盖不黩威武，素以信义要结"，说明他们采用信义结番的联盟原则来巩固边境社会。

换句话说，木公不仅撰写木氏宦谱，也依礼制建立世臣之家庙。木公所编之宦谱名为《玉龙山灵脚阳伯那木氏贤子孙大族宦谱》，内容分为三部分：一是开天辟地的神话；二是部酋传统；三是木氏世系。如果将编纂者的政治脉络与意图纳入对此文本的分

---

[1] 朱云熹：《木氏崇庙记》，收入杨林军编著《丽江历代碑刻辑录与研究》，第2~3页。

析，可知其内在逻辑如下。木氏先有一套土官继承的嫡传世系，然后将其世系追溯到元初获茶罕章管民官（功名），当时之氏族领袖为阿琮阿良（即宗良）。他因协助忽必烈入滇而获官爵，他之获官爵不是因为他的父亲，而是因为"获功"。然在阿琮阿良之前，部酋传贤不传子，故所罗列者为氏族中历来为朝廷立功之部酋。故此宦谱不只包括木氏，而是么些氏族政治的系谱。是以，木公将历来部酋编写在其木氏始祖之前，他借此政治系谱来划定么些人群的界限，甚至用来宣称木氏具有么些人的合法统治权。最后，木公把身边的祭司所采用的祭祖经文转译为汉文，将这一段神话起源放在宦谱的最前面，其内容转成汉文如下：

草古天能古　草俸地能俸
草羮古甫古　古甫古吕古　　古吕气吕露
气吕露吕古　露吕陆点古
一点海娘丁　海失海羮古　　海羮刺羮古
天羮从从（娶天女亏都母书）
从从从羊（娶天女当青青书）
从羊从交（娶天女集里集书）
……　……
草羮里为为（娶天女青挥蒲蒲能生三子，分三种人，寿一千七百岁）[1]

前四行是一段开天辟地时的卵生神话，由么些语直翻为汉字。第五行以下连续十一代的父子连名，是祖先与天女联姻的世系传说。据李霖灿与洛克的研究，此两段神话转译于《东巴经》。[2] 在十一代父

---

[1] 见《玉龙山灵脚阳伯那木氏贤子孙大族宦谱》，收入《木氏宦谱·文谱》，第3~4页。
[2] 约瑟夫·洛克:《中国西南古纳西王国》；李霖灿:《释丽江木氏宗谱碑：么些族的历史长系》，《么些研究论文集》，第179~196页。李霖灿所搜集到的是道光二十二年的一份宗谱碑，其内容有小字以记其汉文意思，见《么些研究论文集》，第182页。

第十二章 金沙江沿岸的土官联盟

子连名之余有一段"草羡里为为"以及小字批注,据李霖灿指出其为与天女生下的三子,分别就是么些、古宗与民家三种人的祖先。[1] 古老的阿育王的三子传说,以另外一种面貌再次出现。这段文字的特别之处是:木公为强化其世系的合法性,将仪式专家的宗教文本当作族群起源编入土官宦谱之中。此异类起源,对世居社会而言代表着新力量,其"外来性"往往也是氏族政治乐于接受并用来强化内部竞争的文化要素。此外,这份宦谱的另一个目的,是想要通过神话与三兄弟的传说来建构滇西北邻近人群的系谱关系(图12-2)。

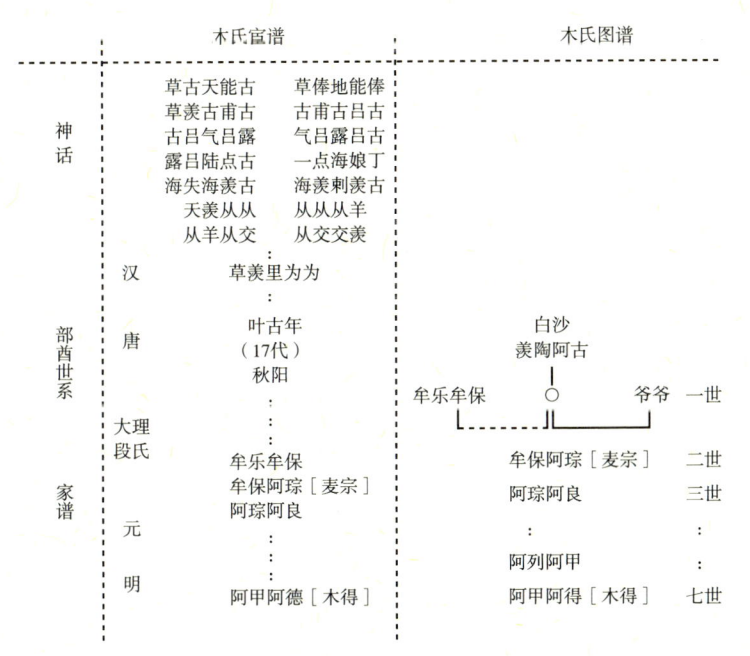

	木氏宦谱	木氏图谱
神话	草古天能古　草俸地能俸 草羡古甫古　甫古吕古 古吕气吕露　气吕露吕古 露吕陆点古　一点海娘丁 海失海羡古　海羡刺羡古 天羡从从　　从从从羊 从羊从交　　从交交羡	
部酋世系	汉 唐	草羡里为为 叶古年 (17代) 秋阳 ⋮	白沙 羡陶阿古 牟乐牟保──○──爷爷　一世
大理段氏 家谱	元 明	牟乐牟保 牟保阿琮[麦宗] 阿琮阿良 ⋮ 阿甲阿德[木得]	牟保阿琮[麦宗]　二世 阿琮阿良　　　　三世 ⋮ 阿列阿甲 阿甲阿得[木得]　七世

图12-2 《木氏宦谱·图谱》祖先叙事结构
资料来源:依据哈佛大学哈佛燕京图书馆藏《木氏宦谱·图谱》绘制。

---

[1] 古宗是丽江与吐蕃间之西番人种之一。见李霖灿《释丽江木氏宗谱碑:么些族的历史长系》,《么些研究论文集》,第184页。

编纂宦谱与兴建勋祠后，木公为宦谱增加祖先之画像，并将画像配合其功绩，另集一册名为《木氏图谱》（即《木氏宦谱·图谱》）。嘉靖二十四年，他请当时热心古滇史的流寓士人杨慎写序文。在这份图谱中，他又将其始祖追溯到一位从西域蒙古来到丽江的"爷爷"。这位爷爷的世系起源和"梵僧娶公主"的故事非常类似，也与大理密僧娶妻生子的世系传承结构相同。这说明外来僧人与女性联姻的宗教政治运作模式不断发展，并被用来重新塑造新兴土官政治的合法性。他们将大理古老的梵僧传说改造为西域爷爷的故事，其"一世考"提到肇基始祖（图12-3），这位始祖是位外来的僧人：

> 肇基始祖名曰爷爷，宋徽宗年间到雪山。原西域蒙古人也，初昆仑山中结一龛于岩穴，好东典与佛教，终日跌坐禅定。忽起一蛟，雷雨交兴之际，乘一大香树浮入金江，流至北浪沧。夷人望而异之，率众远迎，遂登岸上。时有白沙羡陶阿古为野人长，见其容貌苍古离奇，验其举止，安详镇静，心甚异之，遂以女配焉。俗兴祭宾，另择一地而祀，于从俗之中便寓离俗之意。是时村长分有五支，一云干罗睦督，二云甸起选，三云阿娘挥，四云剌宛，五云瓦土均阿乃愿崇。爷爷为五家之长，时牟乐牟保自称为大将军。爷爷生有一子名曰阿琮，生而奇颖过人。牟乐牟保见而异之，抚以为嗣，袭大将军之职。[1]

这个故事很可能和木氏没有直接的关系，但木公希望有一个足以匹配土官身份的神圣来源，所以将外来修行者的故事编入宦谱之中。[2]

---

[1]《木氏宦谱·图谱·一世考》，第6页。
[2] 有关丽江木氏族谱的分析可见 Christine Mathieu, *A History and Anthropological Study of the Ancient Kingdoms of the Sino-Tibetan Borderland: Naxi and Mosuo*。

第十二章　金沙江沿岸的土官联盟

图 12-3　木氏一世祖爷爷与二世祖麦宗
资料来源：《木氏图谱》，哈佛大学哈佛燕京图书馆藏。

这一段木氏起源的故事相当值得分析，也极为重要：一位在山洞修行的行者自西域蒙古随金沙江漂流而来，当时之白沙羡陶阿古为野人长，验其举止，以其安详镇静，将女儿配给他，此爷爷成为白沙羡陶氏的女婿。文中指出当地习俗是"俗兴祭宾，另择一地而祀"，这句话比较难解，依字面上的意思，祭宾是供奉、礼遇宾客之意，择地令之开基，是为肇基始祖。由于赐地随着婚姻而来，这与一般嫁女儿所备的嫁妆意义不同，它更像是一种由招婚联姻而启动的政治赐地。由于爷爷举止安详静穆，白沙五支氏族皆愿奉他为五家之长。依此看来，木公似乎要讲述一个从西域而来的圣僧被选为部酋领袖的故事，而这位圣僧还娶了白沙野人长的女儿！

爷爷之所以成为肇基始祖，是因为丽江木氏辖境内五支氏族必须找到一位足以代表他们的圣僧，将其作为氏族之长。然当时整个地区还有许多不同的么些土酋势力，外来者的爷爷，其地位仅止于五家之长，抬升地位还需要其他的社会关系，否则无法说服散居各处之么些氏族。爷爷与"野人长"之女生下一子名阿琮（即麦宗），故麦宗有圣者形象，是可以理解的。但重要的是，后来出现一位牟乐牟保大将军，抚养爷爷的儿子阿琮并让其袭为大将军。如此一来，爷爷世系下的阿琮拥有贤者的身份，也得以承继"大将军"之职衔。这种安排也顺利为木氏祖先找到了双重正统的依据。

丽江木氏肇基始祖的故事，说的是外来僧人如何为世系人群带来宗教的神圣性，但牟乐牟保大将军认养阿琮的描述，又进一步将宗教与政治两种声望整合在世系内部。有两种关系值得注意。第一，外来女婿。先是西域、蒙古人、金沙江，这些符号都说明其外来性；再者，爷爷好禅坐，富有宗教的德行，成为白沙野人长的女婿。这与昔日流传于南诏、大理国之外来梵僧与公主联姻的传说结构如出一辙。第二，认养。爷爷的儿子阿琮为牟乐牟保"抚以为嗣"，牟乐牟保将大将军的位置传给阿琮，这是贤者部酋的传统。然而，贤者为长的部酋社会，是无法通过追溯祖先的方式建立一条以血脉为主的线性世系的，而认养可以将贤者与祖先两组不同的世系概念弥缝在同一组系谱关系中。

所以，担任土官的木氏想要建立一套祖先系谱时，必须重新建构一套符合土官世系的典范。他们试图通过一层层的联姻与认养，把世系的合法性建立起来，并且将各种不同性质的正统典范编织在祖先世系之中。如果倒过来看此一书写文本的潜在脉络，地方上有贤者与圣者为长的政治传统，采取联姻与认养的方式来弥缝断裂的历史叙事，并用以修复、建立、强化各式各样的合法性渠道，包括神话、社会以及政治等不同层面。木公在这份家谱中表达了两种正统性，一是将么些土酋世系与神话编织在其中，以巩固他们的地方正统；二是将父系土官世系衔接其后，表现其政治正当性。《木氏宦谱》成为同时具有地方正统与政治正当性的土官档案。

木公以边藩诸侯的身份，在氏族的神话体系和土官政治的父子世系之间搭建了一整套的兄弟系谱关系与礼仪架构。正德到嘉靖年间,木氏从编纂《木氏宦谱·文谱》到兴建勋祠,以一整套的天女神话与兄弟传说来铺陈区域社会内部的族群关系,同时进一步以合乎诸侯世臣身份之祀典,来巩固他们在政治联盟中的领导地位。嘉靖乙未(1535)木公在传说中的祖先起源地玉龙雪山山麓新修了一座山神庙,名为北岳庙,里面供奉山神"三多神",两旁塑着两位夫人,据说是藏族(古宗)与白族的女性。[1] 这应与当时土官将族群政治之联盟投射并转为具象化的女神崇拜有关。从宦谱中强调玉龙山的天女神仙神话,到三多神信仰,再到木氏所建立的木氏勋祠与北岳庙,可知他们统合二元性的文化符号与价值,一方代表着世居的、神话的、女性的,另一方代表了符合正统历史叙事的父系继嗣与战功。如果我们再仔细加以分析,或许也可以说,丽江木氏宦谱采用三种元素来拉拢不同的文化符号,一是从氏族的神话到扩大型的兄弟系谱;二是吐蕃的法王起源,也就是西域来的爷爷;三是中央王朝所重视的土官世系。

当然,这种书写与文献编纂的方式不仅是地方传统对中央王朝的回应,而且与当时地缘政治的变化有关。成化九年(1473),土官木钦向吐蕃黑帽系七世活佛敬献厚礼,木泰曾邀请七世活佛到丽江,终未成行。木定也曾邀请黑帽系活佛到丽江。正德十一年(1516),八世活佛弥觉多杰婉拒明武宗之邀请,暗访丽江。一直到万历年间,来自吐蕃之九世大宝法王居住丽江多年,这都可以用来说明木氏与吐蕃法王建立了越来越亲近的政教关系。[2] 正德年间,白沙建起一座密教色彩浓厚的大宝积宫。[3] 虽不知兴建此大宝积宫与宦谱中建构西域而来的肇基爷爷有何直接的关系,但丽江土官一面向北扩展势力,一面拉拢密教法王,一位自北方而来的僧人祖先形象

---

1 三多山神信仰,参见约瑟夫·洛克《中国西南古纳西王国》,第121~125页。
2 郭大烈、和志武:《纳西族史》,第326页;杨林军:《明至民国时期纳西族文化地理研究》,中国社会科学出版社,2016,第124~130页。
3 杨林军:《明至民国时期纳西族文化地理研究》,第127页。

相当有利于合理化他们往北扩张的行为。

　　嘉靖年间的《木氏宦谱·图谱》录有一份由杨慎所写的序文，而当时新加入的西域肇基始祖爷爷的故事和当地流传之赞陀崛多传说也有异曲同工之妙。不知是杨慎对古滇史的认识为这些编谱的土官提供更多描写其祖先的灵感，还是这些土官的祖先叙事影响了杨慎编写《南诏野史》的内容，总之，圣者开化不断成为该地流传之传说主题。后来，鹤庆刊行章回小说《掷珠记》，内容则以摩伽陀祖师为主角，其主人翁被改造成从西藏到南诏的神僧，后来成为南诏国王的驸马。这又在既有的历史架构上添加不同的元素，使得僧人开基的叙事主题也成为一种稳定的传说模式。

三　木氏土官联盟的扩张

　　《木氏宦谱》不仅登录土官世系，也记载着土官家庭的女性成员，包括土官的妻子与女儿。它是一份提供姻亲网络的文本。女性是这份谱牒背后的重要支柱：女儿联姻的对象是政治结盟的方向，女婿是土官得以动员的延伸势力，而母亲与外祖则是保障土官世系运作的政治屏障。以下将《木氏宦谱》之女性成员做一整理，可看到以木氏为中心的跨族群、地缘的土官联姻网络形成的过程（表12-1）。

表 12-1　木氏联姻网络

世代	土官	妻	妹婿
一	木得	照磨所三必村和略哥女	剌土 托甸土酋阿地尧 吴烈里土酋
二	木初	通土千户何氏女	大具和麻照束和土酋 吴烈里土百户

第十二章　金沙江沿岸的土官联盟

续表

世代	土官	妻	妹婿
三	木土	鹤庆高仲女	鹤庆土知府高兴 木保巡检阿俗 通安州土千户阿束 北胜州高铭 邓川州阿招 鹤庆土千户高海 土巡检阿弥 浪蕖土知州
四	木森	木保巡检	兰州知州罗熙 剑川土千户赵瑛 通安州千夫长阿昌
五	木钦	鹤庆高观音福珍 木保巡检女 顺荡杨氏女	兰州知州 通安州同知 剑川土 千户
六	木泰	邓川土知州女	兰州知州罗世爵 北胜州副州同知章 顺州土官子海
七	木定	北胜州高氏延寿妙香	永宁知府阿绰 北胜州副州同知章宏 北胜州府同知高聪 北胜州副州同知章宏*
八	木公	武定凤氏	蒙化土同知左桢 永宁知府阿晖 鹤庆土千户高鼎 北胜州府同知高仓 邓川州知州阿国桢
九	木高	蒙化左知府女	姚安府高齐斗 北胜同知高德 兰州知州罗启明
十	木东	北胜州高知州女	左所剌马氏阿徒 兰州知州男阿杰 左所剌马良
十一	木旺	兰州知州女	姚安府同知高金宸 兰州知州罗俊才 北胜州府同知高承祖

续表

世代	土官	妻	妹婿
十二	木青	兰州知州女	兰州知州罗光 姚安府同知高光裕
十三	木增	宁州知州女	
十四	木懿	武定禄氏女	姚安土同知
十五	木靖	兰州土舍	北胜州知州高斗光

* 姐妹同嫁一人。
资料来源：《木氏宦谱·文谱》。

从表12-1可知，明初前两代的土官妻子来自滇蜀边境么些氏族，包括托甸、吴烈里、束和等地方土酋。后来木氏逐渐与不同人群开展结盟，先向邻近之鹤庆军民府联姻，第二代木初安排儿子与鹤庆高氏土官之女联姻，其女儿也嫁给鹤庆土官高兴；此后，木氏又与金沙江畔的土官进行联姻，包括北胜州高氏、北胜州副土同知章氏以及兰州、永宁、浪蕖土官等。在《明史》中，这些与木氏联姻的部酋（永宁、浪蕖）在"摩些蛮"境，该处是"蛮民顽恶"之地。[1] 木氏与金沙江两岸土官的联姻网络，是其往北方吐蕃旧地进行军事扩张的重要后盾，这也促使他们成为滇西北屏障边区越来越重要的政治中心。再者，从表12-1也可以看出，木公更系统地扩展土官联姻的范围。他拓展土官联盟的同时，也着手编纂宦谱，这两者都是极具政治意味的宣示行为。首先，他和滇东武定府土官凤氏联姻，同时又将妹妹嫁给蒙化左氏，凤氏与左氏分别是滇东与滇西重要的罗罗土官；他又将另一位妹妹嫁到邓川阿氏家，成为百夷土官的妻子。下一代土官木高复娶蒙化府左氏土官的女儿，又把妹妹嫁到姚安土官家、北胜州高氏土官家，甚至兰州土官家。也就是

---

[1]《明史》卷313《云南土司》，第8099页。

第十二章　金沙江沿岸的土官联盟

说，16世纪木氏土官的母亲来自不同人群，近至兰州，远至滇东武定和蒙化。这些土官成为丽江木府之外祖势力，同时，他们也成为丽江木氏之女婿，是土官家庭的延伸（图12-4）。

除了金沙江外的北胜州联盟，在上述广泛的联姻网络中，丽江和姚安二府土官结盟也极其重要。姚安土官是金沙江南岸高氏世族阵营中的重要势力。丽江与姚安的土官联盟，可视为木氏在金沙江南岸的势力扩张；对姚安土官而言，这也是其巩固土官势力的做法。第八世之木公把女儿嫁给姚安土官，第十世的木东、第十一世的木旺、第十三世的木增皆热衷于将女儿嫁到姚安高氏。[1]

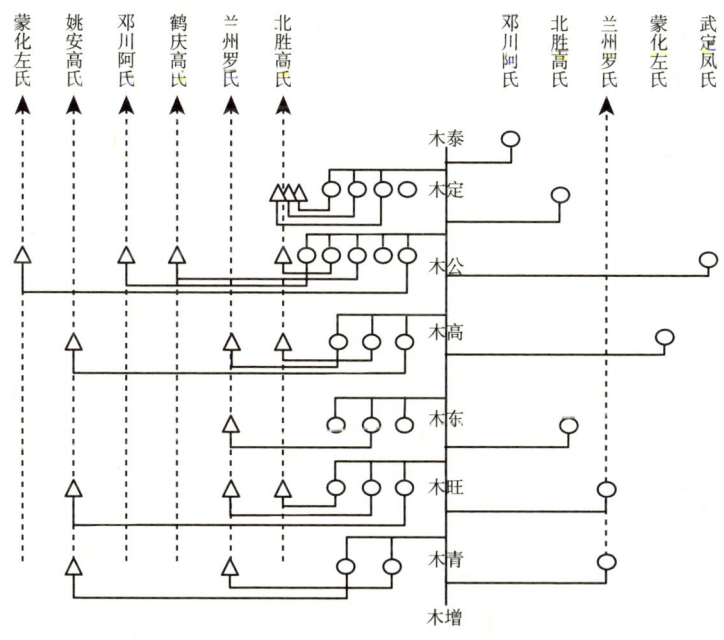

图12-4　木氏土官联姻系谱

说明：△表示男性，◯表示女性。
资料来源：据《木氏宦谱·图谱》绘制。

---

[1] 姚安高氏与丽江木氏联姻情形早有学者注意到，见余嘉华《携手走向文明：姚安高氏与丽江木氏土司关系片谈》，收入沈家明主编《高奣映研究文集》，云南美术出版社，2006，第32~43页。

姚安高氏曾经发生过几次土官承袭的危机，《崇祯二年高氏家谱》将姚安土官承袭之情形交代得相当清楚：

> （高）钦公生高祖，考讳金宸，号天衢。娶木氏文盅之女，数年在丽，回姚方弱冠，志概老成。赤脚持刀，步涉远箐险岩，且谦恭下士……[1]

高金宸娶木氏之女，在丽江长大，弱冠才回到姚安，其受大征小调二十余次，又随军征缅，立下不少功绩。高金宸有四子，长子是高光裕：

> 娶木氏姒，是玉龙木公讳旺，女木氏，公幼袭父职，循循范倍不政扰民，奉调御，同士卒甘苦。嗟呼，为国忘职躯寿齐……[2]

高光裕娶丽江木氏女，生下高守藩，未料三年后，死于战场。其妻木氏代理府事，高守藩年幼应袭土官：

> 字向葵，号玉岑，娶方伯同卿生白木公讳增，女木氏淑。公三岁而孤，母氏代理府政，熙熙家事，萧萧遭迍，光谦不忖亡兄，弗念鞠子，谋佐夺职……

高守藩三岁父亡，由母代政，后娶木增之女。然其叔高光谦欲夺职，故高守藩"避丽江"，在外祖父木府家安然长大，后来才顺利承袭姚安土官，这应与丽江土官之保护有关。高守藩有一子为高耀

---

[1] 《崇祯二年高氏家谱》，第20页。
[2] 《崇祯二年高氏家谱》，第20页。

第十二章 金沙江沿岸的土官联盟

> 向葵公生一子讳耀,字无作,号青岳,寄托僧为徒,法名悟祯。三岁丧母,九岁丧父,仅一妹方七月,怜忉孤幼相依为命。值光谦余孽守臣仍蹈前辙,欺嫡谋职,青岳公以稚弱之年遭家不造,理虽在我,而力难与争,只得移潜丽府,承生白公一力扶持,修鳞养悔〔诲〕,凡立身涉世之道,无不谆谆训勉。[1]

这是高耀在丽江木增的庇护下长大的情形。时值明亡,高耀后来在鸡足山出家为僧。然他"娶方伯同乡昆仑木公之女木氏荣,生一子讳奣映",是为高奣映。[2]从明晚期姚安高氏土官的境遇可知,其木氏母亲之外祖势力在巩固姚安土官政治时发挥了重要作用(图12-5)。[3]

我们所采用的史料源自土官家谱,其书写架构以父子世系为主轴。但如果从年幼土官多在外祖家长大的角度来看,他们实际生活在母亲与外祖所建立起来的社会关系之中,只不过是长大后回到祖先留下的辖地继续承袭土官。高耀自小在外祖父木增的保护下长大,而木增的母亲是兰州罗氏,据说她是一位善驭士卒、累立战功的女战士。[4]高耀后来又与兰州罗氏联姻,很可能受到木增母亲罗氏的影响。明末清初,高耀避世出家,其子高奣映年幼,故又由其母木氏荣掌府印,其与丽江木府的关系仍然相当密切。[5]

从上述内容来看,木氏势力似乎不断扩大,但实际上,这更像是土官社会的策略联盟。到了清初,丽江土官受征调出兵西藏,其男性世系受战争影响,几绝嗣。他们也必须仰赖高氏来保护其世

---

1 《崇祯二年高氏家谱》,第20页。
2 《崇祯二年高氏家谱》,第22页。
3 高金宸、高守藩、高耀祖孙三代姚安土官皆避居丽江外祖家。承木氏扶持,得袭土官职。见《姚郡世守高氏源流总派图》,收入《崇祯二年高氏家谱》,第20、21页。
4 谢肇淛《滇略》卷9《夷略》:"酋俗子十五即袭父职,不则求分异,独木增早失父,孺慕无间,事母尤备色养。母罗氏,善驭士卒,亲弓马,累立战功云。"(第231页)
5 《崇祯二年高氏家谱》,第22页。

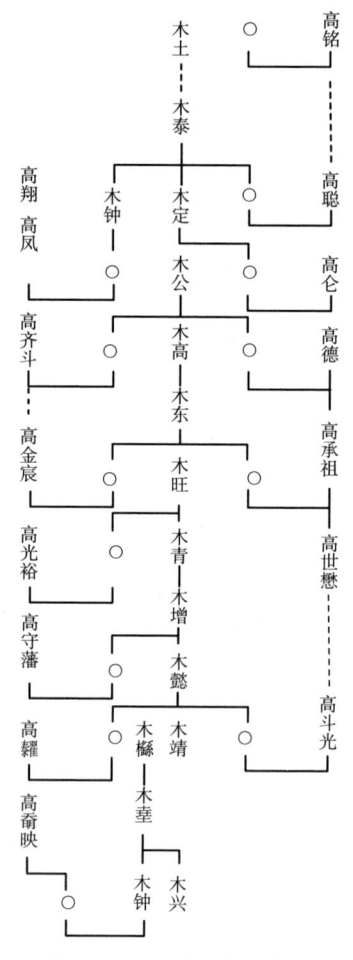

图 12-5　木氏与高氏联姻

说明：〇表示女性。

资料来源：据《木氏宦谱·图谱》《高氏家谱》《永化底志》绘制而成。

系。由于高木二家交好，姚安土官高奣映先是招木堃土官的第四子木钟为女婿，并且从小将之放在身边抚养长大；后因木氏男嗣多亡故，几无子嗣可承续土官职衔，高奣映只好将自幼养大的木钟送回丽江承担土官职衔。其过程如下：

> 木钟……堃之嫡四子，继兄职。公自幼纯雅沉静，逆亿不形，内外悦服。姚安土同知高奣映取其清雅，六岁即接去抚养，攻书。见其不喜嬉游，因招为婿，视如亲生。数年后，欲辞归应试，高公依恋不舍，在彼完娶。至康熙五十九年军兴西藏，胞兄血任勤王效死，地方无人管理，舍目接回委办军务。[1]

这里说的是一段高奣映招婿的故事。仔细看来，木钟在六岁时就被高奣映接到姚安抚养，其性质更像是认养的义子。他后来"娶"了姚安土官高氏之女，从居住关系来看，木钟更像是赘婿。这也符合云南习俗中养子兼女婿的传统。虽然"赘婿"一词夹带"汉人父系继嗣"概念，略不符其俗。然土官制度的确使土官更倾向于以父系继嗣的方式来巩固其政治秩序，故赘婿一词或许仍可以被接受。但是，由于木氏土官继承者多死于边战，土官职衔后继无人，所以丽江木府之土舍与土目们前往姚安将唯一存留的嫡派木钟接回丽江担任土官。

小　结

嘉靖年间颁布的对土官的婚姻限制，是否影响土官彼此联姻，仍有待考察。但联姻联盟促使土官之间建立盘根错节社会关系。而推动土官政治运作背后的一股看不见的力量是女性。她们在土官社会中发挥稳固又对等的力量，土官母亲代表着外祖的势力，是维持土官政治与父子承继合法性的重要机制；土官女儿代表着土官势力的延伸与扩张，尤其她可以将其影响力延伸到女婿的一方。当土官母亲的角色强过女儿所扮演的联结角色时，正好印证了父子相承的土官世系是家庭政治中的脆弱环节。从明初到明中晚期的土官政治

---

[1]《木氏宦谱·原任土知府阿挥阿住》。

来看，由土官女儿所象征的平行结盟的重要性，其主角逐渐转移到母亲的身上。正因如此，土官越来越需要通过强势的联姻网络来维持土官政治内在的秩序，使其与依附人群间产生越来越明显的身份区隔。

白人在整个土官结盟过程中渐被边陲化，其他非白土官势力则越来越重要。滇西北曾有两次重大之废除土官事件，都发生在白人身上。一是正统年间废除鹤庆府高氏土官，二是天启年间废除云龙州段氏土官。虽然废除土官表面上的理由是争袭内斗，但更主要的是边藩重心已由大理往外推移到丽江。部分被废除头衔的白人土官，地位大减，退居边缘山乡一隅，从事缉盗之事，并与其附属之夷众形成更为亲近之群体，逐渐产生"夷化"的趋势。新兴崛起的丽江木氏土官，其附属人群有么些、罗罗，乃至势力逐渐扩大的西番古宗等。傈僳在此势力消长过程中成为游走于吐蕃与么些两大政体间的中间人群，也是被排除在土司辖民辖地之外、居处深山丛箐的流动人群。以土官政治阶序为中心的人群秩序形塑了族群关系，也创造了一批跨地域的新兴土官政治集团。尤其当联姻传统从平行的联盟转而成为巩固土官世系身份的手段时，非白土官势力范围也随之扩大，并取代原来以大理白人世族为核心的网络。

换句话说，随着丽江木氏政治势力范围的建立，滇藏屏障的人群分类与阶层性也越来越清楚。土官阶层的联盟产生了两个历史效果。一是坝区人群与山区人群关系逐渐产生了二元化的情形，坝区的白人被划入流官体系，山乡则在土官制度之下。二是山乡土官政治联姻结盟逐渐造成其社会内在的分层（stratification），其上下附属的关系越来越被强化，而土官与氏族社会内部的联姻也逐渐减少。白人土官虽有被夷化或边陲化的情形，但他们在丽江木氏势力扩张的联盟体系中成为其不可或缺的盟友。在形塑土官社会及其历史的过程中，有两股隐藏在其间的力量：一是用来巩固彼此联盟与共识的女性流动，二是为向中央宣示其正统性所采用的一套文字化的祖先叙事方式，而且女性之影响力也逐渐渗透至文字化祖先叙事，这使得中国西南历史叙事和其他地方甚为不同。换句话说，国家与制度本身的运作鼓励土官彼此合作，造成界限越来越清晰的身份阶层与土官联盟。即便如此，土官巩固身份所形塑的仪式、传说与文本，也意外地成为其人群应付更复杂局势时用来标志身份的历史资本。

第十三章　土官政治与鸡足山

　　这一章要从土官政治的角度来说明他们如何通过兴建佛寺，并向明朝皇帝争取颁赐佛教《大藏经》、寺额、僧官等方式，争取其在传统领域的政治地位以及地方资源的主导权。明朝相关军事政策为地方社会带来更为复杂的人群流动与政治角力，也使得山乡局势越来越复杂。进一步的财政与赋役政策又强化地方社会的紧张关系，一是官办采银，二是差发金银。前者动员卫所开采银矿，后者之摊派，又引起大量私采及人口流动。尤有甚者，金银兑换用以应付贡赋，已成为官员与商人的重要公务。

　　在此政治架构下，联盟和动乱是西南人群在重组社会与政治适应过程中所产生的两种不同反应。土官联盟意味着其上层结构越来越巩固，其效果是强化身份与阶层的界限；山乡动乱则意味着人口流动越来越频繁，产生更多的失序与冲突。土官在夷民和官府间原来扮演着缓冲者与中介者的角色，但动乱与联盟两种不同力量，挑战山乡社会内部既有的秩序。万历年间，内臣杨荣主持滇地矿税，曾向朝廷要求两件事：一是废除丽江土官，二是开孟密宝井。从外表看此两事件并无直接关系，但金、银与宝石等在官方征收的政策下已成市场流通的重要资源，也成为内官觊觎的对象。杨荣提出废除丽江土官之议，正指出废土改流背后隐藏的地方与中央经济利益的冲突。

金沙江沿岸是产金之区，它南岸的鸡足山之所以成为佛教圣地，是因为背后有一段土官争取山乡政治权而采取相应行动策略的历史。土官可以以国家可以接受的合法性仪式权来巩固地位，鸡足山佛教传说的形塑背后，也有强烈的争取历史话语权的意味。

一 粮食与白金

吐蕃是亚洲内陆不可忽视的政治力量。唐末边臣在西南地区过度勒索，导致南诏联合吐蕃抵制唐朝，引发一场惨烈且动摇大唐统治的天宝战役。宋太祖谨守历史教训，谕诫后人"不过问大渡河以外之事"。明朝在治理滇藏边境时亦多有顾忌，其优礼丽江府，使之担任屏障与中介者的角色亦显而易见。然而，丽江府之腹地是资源极丰富、物产极富饶的地方，尤其是金、银与盐井等资源。《明史》记载：

> （洪武）二十六年十月，西平侯沐春奏：丽江土民每岁输白金七百六十两，皆么些洞所产。民以马易金，不谙真伪，请令以马代输，从之。[1]

---

[1]《明史》卷314《云南土司》，第8098~8099页。

指出丽江每年必须输白金 760 两，此白金出自么些洞。然当地之民因不辨白金之真伪，故向官府请求以马代之，马和白金成为可以兑换的贡赋项目。这或与明初对马匹的需求量较高有关，故官府顺从民情，立此权宜之计。这里么些洞只是一个含糊的地点，未知其所。然而，金沙江产金是确定的事，宋应星在《天工开物》中写道："金沙江此水源出吐蕃，绕流丽江府，至于北胜州，回环五百余里，出金者有数截。"[1] 指出丽江府到北胜州这一段五百余里之金沙江有数段为产金之区。谢肇淛的《滇略》指其金不只在江中，也在山谷之中：

> 不止沙中，又有瓜子、羊头等金，大或如指，产山谷中，先以牛犁之，俟雨后即出土，土人拾之，纳于土官。[2]

这些出土的白金，为土官所有，若百姓私藏则罪死，所以木氏土官家"贮金数十库"，并以此作为馈赏之用。清初毛奇龄的《云南蛮司志》指出丽江府木氏：

> 万历中，有弟兄三人，长名木公，次名木么，三名木厶。长即土知府也。三人皆好礼，有名，顾善取金。其法每雨过，辄令所在犁其地伺之，及又雨，耧而杂拾皆金矣。特拾金皆输之官，民间匿铢两皆死。尝贮金数十库馈人，每馈以千计，人谓之木公金。[3]

该区出土之白金已成土官专属之货币，木公治理时期，还将之标准化，时人称之为"木公金"。可知丽江府产金之盛况及其土官之

---

[1] 宋应星：《天工开物》下篇《五金》卷 14，中华书局香港分局，1988，第 337 页。
[2] 谢肇淛：《滇略》卷 3《产略》，第 130 页。
[3] 毛奇龄：《云南蛮司志》，收入王崧纂《云南备征志》卷 15，第 862、863 页。

第十三章 土官政治与鸡足山

威望。

明中叶以后,丽江府有逐渐取代鹤庆府,成为滇蜀藏之政治屏障的趋势。木氏所统辖的范围除了丽江府之宝山、巨津、通安、兰州四州以外,还不断向四边扩展,向北往中甸、德钦,向东北抵四川之木里乃至理塘一带,东至北胜州,南方则至鹤庆、剑川,甚至大理北方之邓川一带。嘉靖年间,木氏往北方征战,以平蛮乱为契机,扩大他们在边境之辖地,故屡受皇帝之封赐。清初余庆远之《维西闻见录》也记录木氏向北方扩张的情形:

> 万历间,丽江土知府木氏浸强,日率么些兵攻之,吐蕃建碉楼数百座以御……木氏以巨木作碓,曳以击碉,碉悉崩,遂取各要害地,屠其民,而徙么些戍焉。自奔子栏以北皆降。于是自维西及中甸并现隶四川之巴塘、理塘,木氏有之,收其赋税,而以内附上闻。[1]

维西中甸为古宗之区,古宗向来是吐蕃与丽江之中间人群,该地有丰富的金银矿产等资源。刘文征《滇志》记载其原为吐蕃领地,产白金,"有古宗白金,每一金可当常用之五",指古宗当地的白金质美价高。[2] 在往北征战过程中,中央朝廷通过木氏巩固滇川藏之地缘政治,木氏也进一步扩张其领地并控制该地之重要资源,树立其镇守边藩的地位。[3]

再者,木氏土官向南方扩张。嘉靖年间其势力已延伸到南方与鹤庆交界之地,控制鹤庆坝子漾弓江的水源。以下引文是鹤庆府官员治理水患时,发现该地"异境民"私占水源地的情形:

---

[1] 余庆远:《维西闻见录》,收入王崧纂《云南备征志》卷18,第1031页。
[2] 刘文征纂《(天启)滇志》卷3《地理志》,第119页。
[3] 木高:《大功大胜克捷记》,收入木光编著《木府风云录》,云南民族出版社,2006,第78、79页。约瑟夫·洛克著作也有相关的描写,参见《中国西南古纳西王国》,第190~193页。

> 漾江西至登和，地亢而藉润，桔槔鲜济，询之土人云：丽江可疏而灌之，然异境民私之，而壅其流。（马）卿乃移文丽江，委官作漾江堰，高丈许阔如之，沿江凿渠深阔几丈，旬日而就。[1]

漾江为金沙江支流，由丽江南下流经鹤庆境内，又称为漾弓江。当时官员马卿为解决鹤庆农田水利的问题，移文丽江土官协调修堰之事。文中之"异境民私之"便是指木氏控制鹤庆之水利资源。

丽江木氏得以扩张，还有来自制度层面的支持：当"承袭折银"冲击土官之财政状况时，有的土官将土地转卖给辖境土民、客民或邻近富有的土官。丽江土官也成为土地货币化过程中受益的一方，其跨境收购邻近之土地资源。北胜州与丽江土官的联姻前文已说明，然万历年间，北胜州土官高世昌欲袭土舍，缺乏承袭所需公费，故以1000两之代价将其私庄土地卖给丽江木氏土官。其内容载于《赐悉檀寺常住碑记》：

> （万历四十七年正月初三日）立绝卖庄田文约书人高世昌，系北胜州听袭土舍，同舍目高运汉、高运保等，为因承袭起急缺费用，别难凑处，原凭中可全张先胤等为立约，将祖遗自己江外私庄渔棚、小甲长、宜军赛、小沙田、桥头五处庄田……议作实价银一千两，出卖与丽江木老爷堂下永远为业。[2]

碑中指北胜州高氏急缺承袭费用，把金沙江外的五处私庄庄田卖给

---

[1] 朱睦楧：《右副都御史马公卿传》，收入焦竑编《国朝献征录》卷59，第231页。
[2] 《赐悉檀寺常住碑记》，引自和松阳《从小桥流水到经济腾飞——丽江旅游发展模式研究》，《丽江文化》2013年第3期。http://www.ljgc.gov.cn/ljwhdsq/841.htm，登录时间：2014年6月5日。此碑文亦为《白族简史》所引用。

第十三章 土官政治与鸡足山

"丽江木老爷"。这是一笔涉及数额不小的土地买卖。土官间的土地交易，使丽江木氏将其政治辖地扩展到金沙江沿岸以及四川南边之地区。[1]

木氏的扩展还带着实务性的考量，由于其地贫不产稻米，此"五谷不生"之天然局限，使其转向辖境以外购买土地。为增添更为稳定之粮食来源，木氏越界购买之田土，往南到鹤庆与剑川等地，甚至到了大理东岸之鸡足山北面山乡一带。万历年间，萧彦在其《敷陈末议以备采择疏》中指出：

> 迩年以来，强者以力，富者以财，取诸彼以与此，盖不特一二然者。姑以丽江言之，丽江，古土蕃之境，与鹤庆为邻。其地产金，不生五谷，彼其安然闲我要约而莫敢越者（原文如此——引者注），有以也。年来倍加厚值，日市剑川界内之夷田与其民田，夷与民狃于目前之利，而忘其世守之业，于是丽江之辖駸駸出疆界之外。[2]

这一段话非常重要，指丽江原是古吐蕃境，因其地不产五谷，所以向外扩张，取得邻界之土地以求增加粮食生产。丽江木氏"侵占"南方剑川土官赵氏田业之事也出现在官员的墓志之中：

> 剑川有土官赵贤者，与丽江木知府构怨。连岁举兵，毒延于民，（曾玒）君召贤饮，倾心以利害谕之，贤闻而惭悚，曰：愿自今悉改过。又至丽江语木亦如贤者。木喜，遂设休兵之宴，归虏掠反侵田。以白金百两、金花二枝及彩段绫绢为君

---

1 丽江木氏土司之经济崛起在此姑不细述，其在西南边境的崛起与他们控制金沙江一带各种富饶之地下资源以及贸易路线有密切的关系。参考郭大烈、和志武《纳西族史》，第307~319页。
2 萧彦：《敷陈末议以备采择疏》，收入刘文征纂《〈天启〉滇志》卷22《艺文志》，第740~743页。

寿，君固辞，乃送至剑川……[1]

指出木氏往南扩张侵夺剑川界内土地，双方连岁举兵相互攻讦。官员曾琪为解决两姓土官冲突，游说双方，他先召剑川土官并晓以利害，又到丽江与木氏协商，晓以大义，木氏才归还掳掠之田。为表彰官员之清白，墓志还留下一段不经意的史料，即木氏复以祝寿为名，送"白金百两、金花二枝"等，可知木氏多金。丽江多富，然粮食生产有限，向南方争取更多耕地养兵，是其生存之道。

木氏也倚其财富，闻名朝野，其事多见史册。土官承袭，手续复杂，费时多日，木青曾循例以千金送官员以求速勘，此为其例。[2] 木氏每遇征调，即输军饷，则免出兵。[3] 丽江与四川边境土官于金沙江相互厮杀时，木氏土官也以"土金"贿赂会勘者。[4] 该境产金之盛，使得木氏成为西南新贵，其曾请杨士云为之撰文，酬以优厚的丽江金，却为清白正直的杨士云所拒，并以"丽金何义"询之。[5] 旅行家徐霞客在游记中记载他在丽江的情形：求贤若渴的土官木增久闻徐霞客大名，在他抵达鸡足山时，便邀请他前往丽江做客。当时之丽江戒备森严，一般汉人无法自行前往，若已入其城，亦不得擅自离开至他地。徐霞客曾通过把事向木增要求去北方旅行，但木增以北方古宗与盗匪横行不便前往为由劝止之。徐霞客只好闲居丽江。木

---

[1] 刘春：《明故普安州知州曾君墓表》卷19，收入《东川刘文简公集》，《续修四库全书》第1332册，第270页。

[2] 《贺方伯济寰杨公奏最蒙恩叙》，收入孙继皋《宗伯集》卷3，《景印文渊阁四库全书》第1291册，第239~240页。

[3] 毛奇龄：《云南蛮司志》，收入王崧编纂《云南备征志》，第862页。

[4] "及徙云南分巡洱海道，丽江土官川蜀争金沙江仇杀，公会勘其事，土官以土金赂同勘者，久伺，卒莫敢略。（孙玺）公由此解仇，奉约束如故。"见《金事孙公墓志铭》，收入唐顺之《荆川先生文集》卷14，《四部丛刊初编》集部第85册，艺文出版社，1975，第277页。

[5] "丽江土官饶金征文，弘山力绝却之。或请孺人曰：'兹冬际礼尽转移，为子孙置产谋。'厉色拒曰：'遗子孙以清白，丽金何义？'"录自高峣《敕封孺人杨母阳氏墓志铭》，收入张树芳主编《大理丛书·金石篇》第10册，第102页。

第十三章 土官政治与鸡足山

增遂请他为诸子作文并增润文稿，令把事"赠金五两"作为赏金，这也是木氏以金馈赏士人之史料。[1] 徐霞客无法前往北方继续旅行，正说明木氏土官对其北方辖境之通行权具有绝对之权威与主导性，这也与该地系吐蕃与四川交界地区，各方势力对资源与通行道路的争夺有关。

丽江木氏也是主导西南政治的领袖型人物。铁索箐赤石崖山乡乱事曾在滇东凤氏土官之串联下成为越滚越大的动乱，时土官凤朝文曾联合寻甸府土官安铨一起叛乱，史称"凤安之乱"，涉事之邻近土官还包括滇中姚安府土知府与易门县土丞等。丽江木氏在这场动乱中的态度一直暧昧不明，直到我们在一份官员的墓志铭中发现当时木氏是叛乱者背后的支持者。尤其凤朝文之姐是木公的妻子。凤朝文乱起时，身为凤朝文姐夫的木公之态度尤值得注意：

> 丽江土官木公之妻，（凤）朝文之女兄，众畏其兵悍，视其顺逆为从违。卿约会兵境上，告之曰：汝兵诚精，然赖累朝恩命而然，汝叛朝廷，兵不能叛汝耶。汝受厚恩而忘之，兵受汝恩与汝之受朝廷者，厚不待较，一旦反噬何难？……木公感泣，出兵二千往援会城，滇人曰：丽江兵难调也。由是二酋失助瓦解矣。[2]

这是从鹤庆知府马卿的角度所书写的历史。但在另一份主角同样是马卿的人物志中，木公是武定府凤朝文的姐夫，"阴借为助"，也就是私底下支持滇东凤安之乱事，所以，马卿约木公"会兵境上，且

---

[1] 徐霞客在丽江受木氏馈赠的细节，可参考《滇游日记》卷7，收入徐弘祖撰，朱惠荣校注《徐霞客游记校注》，第933~941页。
[2] 张萱：《西园闻见录》卷81《兵部》，收入《续修四库全书》第1170册，上海古籍出版社，1995，第2651页。

谕以利害，木公感泣"。[1] 正史对当时参与平乱的官员多所着墨，而且多强调官员劝诫之劳或是平乱之功，殊不知在整个地方社会的脉络中，真正的关键是土官之间盘根错节的网络以及木氏背后的支持，这些都是没有浮出历史台面的地方运作。

换句话说，丽江木氏土官的优势在于盛产金银盐井等利，其居滇藏屏障，是官府倚赖的中介；再加上土官承袭征银与西南各府穷于上纳差发金银等外在局势之变化，丽江土官成为控制重要资源并得以顺利向四周扩展政治势力之工具。木氏势力也逐渐往南延伸到大理东部的鸡足山。

二　山乡腹地与鸡足山佛寺

鸡足山原名青巅山，位于洱海东部。自15世纪以来，鸡足山突然成为天下名山，其盛名与逐渐深入山乡的外在力量有关。自明初以来，此地人口流动所造成之动乱不断，持续近二百年，即前文所称之铁索箐夷乱。与此同时，山乡社会仍有为数众多未籍之夷民、未抚之酋，还有许多为采矿、逐利以及逃离治理而来的流动人口，新旧势力杂居于此。时人对宾川地理环境的描写如下：

> 钟英东峙，鸡足西盘。内拥赤崖、铁索之盘区，外绕金沙、洱水之天堑。

宾川州之西面为鸡足山，东面为钟英山，二者对峙；宾川之北有金沙江北去，西有洱水为屏障，居于其中者为"赤崖"与"铁索"，

---

[1] 孙奇逢：《中州人物考》卷4《马中丞卿传》，收入《景印文渊阁四库全书》史部第458册，第43页。又见朱睦㮮《右副都御史马公卿传》，收入焦竑编《国朝献征录》卷59，第232页。

第十三章　土官政治与鸡足山　　　　　　　　　　　　　• 431 •

此为山乡夷乱之核心区。[1] 正因为鸡足山紧邻宾川，每当山乡夷民势力扩张到宾川时，山乡西侧之鸡足山便成为云南县到北胜州之替代道路。鸡足山曾是山夷躲藏之处，更是官府"杀贼"必经之道。万历年间邹应龙平定铁索箐夷乱之时，征召土兵部署于山乡四周诸道，便指出：

> 它若三岔、白草岭、干海子、鸡足山、鹦鹉郎等地，此皆杀贼所必走道也。因下令三姚宾川诸军，皆深沟固垒以待。[2]

许多参与动乱之夷民亦流窜到鸡足山。更重要的是，鸡足山山形犹如鸡之三爪，往西有山脉通邓川；往北有山通罗川（今黄坪），经鹤庆，抵丽江府；往南经炼洞、宾川抵云南县。我们必须仰赖昔日行旅记录认识此孔道在山乡腹地之重要性。明人冯时可抵鸡足山时，描写其山势：

> 在宾、邓两州界，虽深山，实孔道。辛亥季秋，余将行部宾川，日晡宿官署，丁未饭五福寺，再饭怀恩寺，竟日暮始至广恩寺，乃施榻寺在茂林中，后倚鸡足，前列鹤庆诸山，如设屏焉。[3]

鸡足山虽在崇山峻岭之中，但实为交通往来之孔道。其向北延伸越过邓川州界通往鹤庆，佛寺在深山孔道接待往来行旅之官员与商贾，具有驿站与旅店的功能。佛寺在官府治理不及之处具有类官方机构的意味。徐霞客受木氏土司之邀约，由鸡足山到丽江府时，也指出鸡足山与周遭腹地之关系：

1　高奣映著，侯冲、段晓林点校《〈鸡足山志〉点校》卷1，第43页。
2　瞿九思：《铁锁箐罗思诸夷列传》，《万历武功录》卷6，黄山书社，2002，第253页。
3　冯时可：《再游鸡足山记》，收入钱邦芑纂，范承勋增修《鸡足山志》卷8，第515页。

> 山后即罗川地，北至南衙，皆邓川属，与宾川以此山脊为界，故绝顶即属邓川。而曹溪、华首，独隶宾川焉。若东北之摩尼，则北胜、浪沧之所辖，此又以山之东麓鸡坪山为界者也。[1]

指出鸡足山三爪分别延伸到西北、东北以及南方，其山脉也通往邓川、北胜以及宾川三州之边界。它包括州县山乡交界地区，看起来是很不重要的边陲地带。但是，隐藏在这条山道背后的是我们在史料中看不见的地方脉络，即传统不同人群往来之渠道，以及银矿开采所带来的人口流动及新兴势力的崛起。

鸡足山北向通道经过罗川，佛光寨，南衙、北衙银场，这些地点都是明朝重要银矿洞厂。其中有南衙道与北衙道二山道，徐霞客曾言"二衙俱银矿之厂，独以衙称者，想其地为盛也"，其地"市舍复夹道，盖炼开炉之处也"。徐霞客当时便是沿着这条山道往北经鹤庆通往丽江。明末之时，在此山间孔道中，已有许多丽江土官木氏所修建之桥梁、茶亭、哨房以及佛寺庄院等，可知此山道先有炼银开炉，商旅往来，到了明晚期，丽江木氏土司由丽江府南下，由鹤庆、邓川，逐渐将罗川道延伸到大理府境内之山乡。除了往北之罗川道，鸡足山南下之炼洞、白塔一带已是明初官采银厂之所在地，前章已提及，在此不赘述。

山乡原是土酋政治的一部分，随着夷民动乱，外来之行政军事机构逐渐进入山区，土官如何进入山乡并协助官府治理山乡，便涉及土酋、土官以及官府等不同势力在区域社会中交涉、竞争与力量消长的过程。而鸡足山逐渐受到重视，与此时朝廷力量深入山乡以及四周土官势力趁势崛起有关。

夷民、军队、开荒移民等不同人群进入鸡足山，展开了各种不

---

[1] 《滇游日记》卷5，徐弘祖撰，朱惠荣校注《徐霞客游记校注》，第887页。

同性质的活动。前面已提及官办银厂，采办内臣还重修当地之宾居大王庙。需要注意的是，官方既已在鸡足山附近之宾居、白塔等处采银，卫所军队之势力便随之进入此地。鸡足山出土较早的佛寺常住碑刻《鸡足山石钟寺常住田记》刻于正统九年（1444），指出鸡足山是一座至神至灵的神山。其记载着："鸡足，天下名山也。风景灵异之迹，圣贤标指之名，不尽缕纪。"[1]这是由一批自永乐年间始，在鸡足山山脚炼洞甸开荒成功的地方檀越所撰的碑刻，因其开荒得田，合力捐给鸡足山石钟寺常住土地。也在同时，石钟寺已历经少林寺僧人重修，并由其主持寺务。[2]所以，当这批开荒的檀越将土地捐给石钟寺时，还要请"云南都司事都指挥使"定夺，[3]可知新兴之军队势力已逐渐进入鸡足山山脚腹地。

再者，山乡"盗匪"频仍，四周土官受朝廷征调前往剿乱，我们也得以观察洱海东岸山乡政治网络之逐渐成形。其中有两位土官特别值得留意：邓川州土官阿氏以及北胜州土官高氏。阿氏是早先自南方移居大理的白夷，又称为百夷。大理总管府时期，段氏曾将洱海东边比较炎热的地方赐给白夷人，也就是阿氏的祖先。据景泰《云南图经志书》记载："在海东牛井者，曰小白夷，服食器用，与汉僰不同。传云：段氏时，海东地广民稀，又炎热生瘴疠，乃于景东府移此白夷以实之。"[4]段氏以海东气候炎热，地理条件与南方白夷人生活习性相似，故迁白夷以实其地。又据《邓川阿氏族谱》收录李元阳所撰写的《郡侯阿氏世谱碑记》记载，阿氏祖先源自南方鹿硐国思氏，是为百夷之主，其王子分辖威远州，谥刀。元末，有刀哀者避乱于老挝，复与沅江知府白长官司联姻，是为阿氏始祖。刀

---

[1] 陈渊撰，杨黼书丹《鸡足山石钟寺常住田记》，收入张树芳主编《大理丛书·金石篇》第10册，第45~46页。
[2] 高奣映著，侯冲、段晓林点校《鸡足山志》点校卷5，第199页。
[3] 陈渊撰，杨黼书丹《鸡足山石钟寺常住田记》，收入张树芳主编《大理丛书·金石篇》第10册，第45~46页。
[4] 陈文：《（景泰）云南图经志书》卷5《大理府》，第76页。

哀的儿子名阿这,"应段氏举孝廉贤良知邓赕事"。[1] 因为贤能,段氏令其主事邓川州。阿氏后来屡受征调,率领南方百夷之夷兵转战车里、老挝、元谋与宾川等地。[2] 这些文字似乎可信,李元阳在《大理府志》中也提到宾川有一批历经盗匪劫掠的百夷人,其文指出:"宾川山阿水隈,平坂可田……其种田皆是百夷,百夷有信而懦弱。"[3] 佐证了百夷在宾川从事农业生产,直到 16 世纪,其经历盗匪"劫掠",故在当地留下夷田的痕迹。换句话说,百夷在明初以前便已定居宾川、邓川一带。羊塘里便在宾川、邓川间之中枢位置,也是邓川阿氏祖庄所在地。

在赤石崖乱事中,邓川阿氏也受征召入山招抚夷民。云南巡抚邹应龙欲荡赤石崖时,调派邓川州土官阿国祯及其辖下之土兵征伐之,论功叙赉。《滇志》记载阿氏土官如下:

> 邓川州土官阿这,羊塘里民……所部皆爨属,强者依山,弱半附郭。嘉靖中,阿国祯以兵一千奉调征安凤,后又以兵一千从督抚邹侍郎荡赤石崖,论功,叙赉如例。[4]

阿氏土官居处羊塘里,位于邓川东山一带,该地又称罗川,即今日之黄坪。其位于鸡足山后,乃鸡足山通往鹤庆、丽江之重要孔道,前已叙及。然而,元末以来之百夷下落如何未可知,但阿这土官"所部皆爨属",所统领者多为山上强夷,并辖有大理西北部山乡十位土巡检,其在大理四周山乡的势力不容小觑。[5]

---

1 李元阳:《郡侯阿氏世谱碑记》,收入《邓川阿氏族谱》,云保华、阿惟爱主编《大理丛书·族谱编》,第 778 页。
2 阿惟爱:《邓川旧州阿氏族谱简述》,收入《邓川阿氏族谱》,云保华、阿惟爱主编《大理丛书·族谱编》,第 756 页。
3 李元阳纂《(嘉靖)大理府志》卷 2,第 81~82 页。
4 刘文征纂《(天启)滇志》卷 30《羁縻志》,第 974 页。
5 艾自修纂《(崇祯)重修邓川州志》卷 5《官师志》,第 30 页。

第十三章 土官政治与鸡足山

同时进入山乡的还有北胜州土官高氏的势力。嘉靖二年（1523），适值铁索箐夷四处流窜，兵备副使姜龙令北胜州土官高仑负责督捕山乡乱事，到宾川炼洞一地缉捕盗贼并安置山乡流民。李元阳的《大理府志》记载其事：

> 炼洞……因铁索箐、赤石崖诸夷为盗，民不安业，弃田而去。嘉靖二年，兵备副使姜龙，以宾川地行令土官府同知高仑督捕，盗乃屏息，流徙之民，渐复旧业。独古渠工费颇巨，官不为倡，田犹荒。二十五年，知州朱官察知其实，方拟作渠，会迁官不果。[1]

捃到嘉靖二年姜龙前往平定铁索箐乱事，令北胜州土官高仑到宾川协助捕盗，安抚流民，恢复夷民旧业。从文中提及修复"古渠"之句来判断，可知该地已有古渠供夷田灌溉之用，其夷民社会也有农耕社会之规模。然当时因为修复古渠之经费没有着落，历任之官员皆不得其法。除了高仑受征召到山乡招抚夷民，其子高德、孙高承祖等也陆续参与后续之剿贼与招抚事业。乾隆《永北府志》记载当时土官之绩业：

> （嘉靖）二十八年，（高仑）奉调领兵到赤石崖、螳螂、古底、我打哨等处，擒获强贼周保、周迫，地方宁息，抚按总镇会议，即将赤石崖等处地方委令管理。
>
> 高德，仑子，嘉靖三十三年，告袭父职。十月赤石崖等处夷贼复叛，奉调领兵前往，擒获贼首周□等余贼，招抚复业。
>
> 高承祖……万历元年，奉调领兵征平铁索箐贼。
>
> 高世懋，嘉靖二十四年父故，方六岁，族目人等保举嫡母

---

[1] 李元阳纂《（嘉靖）大理府志》卷2《水利·宾川州》，第108页。

木氏抚孤管理地方。[1]

由于正史与志书对土官描写有限，我们很难得知土官高仑在招抚流民时是采取什么样的方式来组织社会各要素。但是，从高仑、高德到高承祖三代土官皆奉令征调平贼乱，嘉靖二十八年之时，抚按总镇"委令管理"赤石崖，后又"招抚复业"来看，可知北胜州高氏土官投入山乡治理，并在其中扮演重要的角色。

北胜州和邓川州自古便有通道南下山区，两地之土官前往招抚与围剿流民，证明其在地缘位置中具有一定的重要性。除了北胜州和邓川州两位土官，当时位于滇中的姚安府土官也值得注意。万历年间，滇东凤氏土官残余势力延及铁索箐时，姚安高氏土官族内抱持两种不同的态度：土官高凤积极参与官府军事征调，他自山乡东侧进入贼薮，平定苴却贼匪、白盐井的豪灶，也"降服铁索箐夷猡，暨北界结喇等八村俱入版图，招抚纳粮加报户口六百七十夷丁"。这位高凤经历征调，八征八捷，功绩甚伟。姚安高氏开始和丽江府保持比较频繁的联姻关系，也是始于高凤，他娶丽江木氏女。[2] 相对的，在另一方支持铁索箐夷乱的姚安土官前后有高钦与高钧二位，他们对山乡乱事之态度模棱两可，可能与其世系内部的分化及其所代表的利益不同有关。不论是站在官府还是山乡夷民的立场，地缘政治本来就有其动态性的一面。高氏与鸡足山的渊源还有一事值得注意：大理国时期有两位身份尊贵的高氏祖先净妙禅师与慈济大师出家为禅僧，据说就是在鸡足山修行。[3] 故姚安高氏长期护持鸡足山之佛寺塔院。高奣映的父亲在明亡之际又于鸡足山出家，高奣映后来重新编纂《鸡足山志》等，这些都是鸡足山腹地之地缘政治条件。

---

1 陈奇典修《（乾隆）永北府志》卷25《土司》，第138页。
2 《崇祯二年高氏家谱》。
3 高奣映著，侯冲、段晓林点校《〈鸡足山志〉点校》卷7，第264~265页。

这些新旧势力进入山乡腹地后,纷纷在鸡足山兴建佛寺。土官捐建了几座重要的主寺,前往招抚的官员也捐建庵院,其目的无非是想以佛教导化夷民,消弭动乱之暴戾气氛。当时积极参与建寺的土官包括:北胜州高氏、姚安高氏、丽江木氏、邓川阿氏、洱海土县丞杨氏,甚至还有南方威远州土官刀氏等。[1]

鸡足山有几座重要的主寺。其一是迦叶寺,正德年间北胜州土知州高世懋应僧人圆成之募,捐资铸铜瓦,将之改为传灯寺。其因以铜为瓦,故又名为铜瓦殿,是鸡足山主寺之一。[2]李元阳曾修复之,又称迦叶院。[3]从北胜州土官高仓、高德到高承祖三代奉令征调,到第四代高世懋在鸡足山捐建传灯寺,说明了北胜州高氏土官在近百年内,得到官府授权治理经营其南方之大片山乡。重要的是,外表看来佛寺是由土官兴建护持而成,但实际上,这些土官往往以奉母命为由修建佛寺塔院。其中如土官高世懋年幼丧父,其母木氏"抚孤"并代儿子管理辖地。这位出身丽江府木氏之女性,于推动高世懋在鸡足山兴建佛寺时,扮演了重要的角色。后文将提及的木增建寺,也有强烈的母政色彩。佛寺不只是宗教信仰的一种表达方式,也是土官政治势力之延伸。

另有一座迦叶殿,又称为袈裟院,与邓川州之土官世家有密切的关系。据《鸡足山志》记载,迦叶殿是嘉靖三十一年(1552)由僧人元庆向邓川州土官阿子贤劝募兴建,复由土官阿国桢重修。万历四十年(1612),土官阿岑增修迦叶殿,僧人又向姚安土官高凤募建万佛铜塔。[4]可知邓川州阿氏土官几代是迦叶殿之主要檀越。然而,《鸡足山志》所记载的阿子贤信息和阿氏墓志所呈现之时间不符,阿子贤是邓川州第二任土官,据阿氏留下之墓表指出,阿子贤

---

1 高奣映著,侯冲、段晓林点校《〈鸡足山志〉点校》卷5,第198~227页。
2 高奣映著,侯冲、段晓林点校《〈鸡足山志〉点校》卷5,第203页。
3 李元阳:《鸡足山迦叶院记》,《中溪家传汇稿》卷8,第40页。
4 高奣映著,侯冲、段晓林点校《〈鸡足山志〉点校》卷5,第199页。

卒于洪熙元年（1425），不可能在嘉靖年间筹建迦叶殿。[1] 嘉靖年间之邓川土官应是阿荣宗。

第三座佛寺是大觉寺。嘉靖四十二年，僧人儒全向洱海土官杨宗尧募建小庵，到了万历三十年僧可全又向姚安土官高斋斗募资扩寺，将此小庵拓建成大寺，是为大觉寺。这座大觉寺后来成为姚安土官高氏之家族佛寺。明亡时，姚安土官高𦶎出家于此，其子高奣映复建大殿，捐常住，每年在山上举办香客斋茶等事，每遇其父母忌日亦在寺中延僧诵经举行法会。大觉寺俨然是高氏土官荐亡祭祖之所。鸡足山佛寺虽然有的由土官主导，有的由僧人向土官募劝，但我们还是可以从中看出鸡足山在地缘政治中的宗教地位。

除了土官建佛寺，官员将佛寺视为有助教化夷民之重要平台，也积极倡导佛教。当时，鸡足山腹地之新附地区有两座佛寺，一是庆丰寺，一是水月观音寺，从其建寺历史可知佛寺对安抚山乡夷民具有象征性的政治意义。

庆丰寺位于鸡足山山脚，其建寺缘于官府招抚山乡夷民，与夷魁在庆丰寺和谈，双方以其作为誓盟之所，以示不忘之志。外表看来，庆丰寺只是官府和夷酋立约之处，但该寺不仅止于盟约教化，也具有水利灌溉的功能。该寺旁有甘泉，此泉水成为灌溉良田重要水源，佛寺也成为统筹乡里水利之所在。在农业治理的过程中，庆丰寺兴建的个案告诉我们：佛寺是官夷誓盟的所在地，也是国家与乡里社会相互建构彼此合法性的基础。[2] 这种例子在大理附近相当多，尤其是世居居民移徙重新建立新的村落时，往往共同兴建佛寺以盟其志。

水月观音寺，又称赤川观音寺。赤川，又名赤石崖，位于山乡夷乱之核心区。官府入山抚乱时曾短暂安抚赤石崖夷民，将获取

---

[1] 杨南金：《邓川州土官知州阿氏五世墓表》，收入张树芳主编《大理丛书·金石篇》第10册，第71~72页。
[2] 李元阳：《鸡足山庆丰寺记》，《中溪家传汇稿》卷8，第29~30页。

之叛产夷业用来修建赤石崖城垣、公署与庙宇等，安置流民。[1] 但夷乱抚之又起，最后官府依据观音显灵的传说故事新建一座观音寺，令受降夷民轮流供奉。这座水月观音寺有一段特别的传说：万历年间，云南巡抚邹应龙奉命到大理山乡剿贼乱，直捣赤石崖。当时，他在山脚下看见一位白须老人，忽立于岩前，忽而消失不见。其甚感怪异，遂以观音默示为由，建立了水月观音寺，供奉白须老人观音。白须老人的传说在大理相当普遍，且有悠久的历史，他在夷民心中的地位根深蒂固。自古以来当地便崇奉观音，尤其是男性观音，以其为南诏、大理国之开国观音的化身，而白须老人也被视为观音化身。史书塑造这样的传说，无非是要强化官府平乱的合法性，也借此宣示官府在山乡建立政治正统性的地位。所以，邹应龙不仅将他所看到的白须老人附会成具有正统地位的观音，还试图兴建观音寺来整合那些由盗匪身份转入赤石里的夷民。

邹应龙不仅兴建了水月观音寺，还将赤石崖诸夷纳入里甲，设置了赤石崖里，辖有四十村。据地方碑刻指出：此寺建后，观音甚为灵验，每每托梦给乡民，令各村相互迎请供奉。自万历建寺后，每年于三月十五日由赤石崖四十村轮流恭迎观音，"递为迎送，胜会巡临"，直到七月中旬中元节，又复将观音送回水月观音本寺，这种巡行活动一直持续到今日。据笔者实地考察，该地计有40村，每村迎请观音到村内供奉3日，观音在诸村巡游共计120天，与庙碑所言之三月十五日至七月十五日共计120天，其数吻合。也就是说万历乱平后至今日，奉迎观音轮流供奉，其情不减。地方传说，凡观音巡行之地，即瘴疠不作，蝗虫不生，风调雨顺。[2] 看来，这座水月观音寺不只是一座佛寺，据明朝对乡里仪式之设置来看，此观音

---

[1] 李元阳：《赤川瑳叛重修城垣公署记》，收入张树芳主编《大理丛书·金石篇》第10册，第92页。内容记载官府修建宾川城署，守备将叛产夷业用来修建村落、屋宇，并且修建寺院的情形。

[2] 《赤石崖观音寺碑记》，收入张树芳主编《大理丛书·金石篇》第10册，第176页。

是赤石里四十村的守护神，此寺还是一个乡村仪式的联盟中心。观音屡入乡民之梦的真实性很难加以验证，但邹应龙采用观音示现的灵验传说来强调官府治理山乡的合理性，可知当时之官府与山乡夷民双方依循观音巡行的方式，找到政治的平衡点。

　　水月观音寺是山乡村落联盟之中心，其住持僧人也由鸡足山寺僧分派而来。天启年间（1621~1627），赤石崖分巡万公巡行到此，以观音屡有显灵之故，到佛寺中礼拜，后又捐资延请鸡足山觉华庵僧人前来，住持水月观音寺。自此以后，赤石里四十村便与鸡足山觉华庵支派僧人脱离不了地域性仪式的从属关系，这种情形一直持续到清中叶。[1] 赤石崖里水月观音寺的设置，清楚勾勒了地方社会如何通过佛寺庄园将山乡夷民和明朝乡里架构组织在一起，其乡里仪式专家仍然仰赖该地具有威望的僧人来担任。鸡足山寺僧派驻水月观音寺，一方面满足了赤石崖里四十村联盟为明朝乡里赋役的单位，另一方面也重新恢复佛寺和僧侣在基层社会中所扮演的仪式角色。如此一来，官府通过佛寺对基层社会进行政治性整合，而地方夷民则通过佛寺重新建立村落联盟。佛寺和僧人成为山乡社会与官府之间最安全的代理人。

　　另外，官员也积极在鸡足山上兴建佛寺阁塔。具体的做法是官员购置山乡土地，捐作山寺常住土地，以僧人与佛庵作为治理山乡社会的中介单位，如此也使鸡足山佛寺的势力延伸到山脚周遭之村落。万历以来，任职宾川州牧者，若想要有所作为，多兴建佛寺稳定地方秩序。外表看来，兴建佛寺是为了教化，但其有更具体的作用。宾川州牧廖士伸在万历年间奉檄宾川之时，捐四百金为之劝募三摩禅寺。[2] 明末宾川州守蒋尔第，复奉宪檄，"征他州赎锾"，买百

---

[1] 天启二年，赤石崖分巡万公捐资，从鸡足山请了一位住持，并设下了佛寺香火，使水月观音寺俨然成为一座具有常住的佛寺。《赤石崖观音寺碑记》，收入张树芳主编《大理丛书·金石篇》第10册，第176页。
[2] 钱邦芑纂，范承勋增修《鸡足山志》卷10，第630~632页。

第十三章　土官政治与鸡足山

金之田，以为鸡足山天长阁之常住田。[1]对宾川州牧而言，山乡难治理，盗匪抚之复起，若将这些无人之田捐入佛寺常住，由佛寺僧人来管辖山乡之土地，一者可以教化夷民，二者可以巩固地方社会的秩序，佛寺无异成为辖区内最为稳定的一股社会力量。如此一来，官府只需要向佛寺征粮，便省去向山乡百姓征银之困扰。清初姚安土官高奣映在其《鸡足山志》中写道："昔主政者，知舍佛无以辅教，御史巡方，多以锾赎置田为常住。"[2]指出这些官员皆深刻认识到山乡治理之困难，故捐建佛寺招抚夷民，其教化目的自不待言，夷民自然心悦诚服成为良民。而官员教化夷民的具体方式，是使其成为受到佛寺庇护之良民，也是佛寺常住里之佃民。从山乡新附村落与鸡足山寺僧关系可知，佛教寺院已成为山乡流动人群相互组织、动员以及维系关系的一种机构性建置。

　　明朝之山乡治理，顺应着这样的地方传统，视僧人与佛寺为维持社会运作的政治机制。官员捐建佛寺之政治寓意相当浓厚。佛寺作为官府治理山乡的延伸性机构，也被充作官员巡访往来接待之所，后来竟被纳入整个山乡夫马差役摊派体系之中。明末崇祯《重修邓川州志》记载着坐落在其辖境内的鸡足山佛寺"应院道巡临"接待夫马之役的情形。[3]陈垣在《明季滇黔佛教考》中也提及僧徒降龙与拓殖本领之种种，这些讨论都应该放到地方脉络之中进行——西南地区之山乡治理，与寻找水源有关系，故佛寺与僧人往往在山乡扮演着资源分配、整合不同人群与基层社会教化的角色。[4]对官员而言，鸡足山的佛寺不只是具有教化意义的政治设计，还是政治不及之地的延伸性机构。当然，其他士子文人流寓者在鸡足山捐建佛寺的情形也相当普遍，如大理士子李元阳在鸡足山建佛寺数量最

1　钱邦芭纂，范承勋增修《鸡足山志》卷10，第627~630页。
2　高奣映著，侯冲、段晓林点校《〈鸡足山志〉点校》卷8，第316页。
3　艾自修纂《（崇祯）重修邓川州志》卷12《祠祀志》，第91页。
4　陈垣:《僧徒拓殖本领》《僧传开山神话》，《明季滇黔佛教考》卷4，汇文堂，1987，第159~177、178~190页。

多，他很可能便是为了复兴传统文化。[1]

到万历年间土地清丈时，鸡足山之佛寺便与四周土官以及州官发生更具体的紧张关系。

三 崇祀典与土地货币化

明末士大夫以檀越身份捐修佛寺相当普遍，卜正民（Timothy Brook）认为这是地方精英通过修建佛寺与护持佛教来进入公共社会与文化活动的表现。[2]这种现象也发生在西南地区，但是对土官与流官而言，他们的动机在本质上与江南士大夫不同。有别于在公共领域累积社会声望，佛寺更像是土官庄园经济的一部分；土官与佛寺并不是私有财产制度下的个人与土地的关系，而是通过佛寺形塑了庄园经济，佛寺被用来作为国家与土官社会缓冲的仪式机构。土官和佛寺构成一套互为表里的政治体系，是地方传统政治的运作方式。官员的职责至少必须维持地方稳定，于是他们很快学习并仿效土官既有的传统治理技术，以兴建佛寺护持佛教来达到乡里治理的效果。

鸡足山腹地在经历约二百年动乱之后，分裂为至少三股不同的政治势力：部分山乡划归大理府宾川州管辖；又因增置大罗卫，复列入军事卫所体系；当卫所无力入山剿乱之时，又征调土官入山乡招抚流徙之民。故鸡足山至少有流官、卫所与土官三种不同的政治势力。万历年间实行赋役改革，流官开始负责清丈土地，山乡面临土地清丈，更大的问题则是如何厘清流官与卫所之间的土地、土官

---

[1] 李元阳正德年间曾在鸡足山筑室读书，嘉靖年间解职还乡时，入山修寺。由他捐资修建的佛殿庵院便有普光殿、放光寺、传衣寺、龙华寺、宾苍阁、持待寺、大士庵、净云庵、观音庵、传灯寺、千佛阁、雷音寺等。高奣映称"鸡足之盛，惟公为首"。见高奣映著，侯冲、段晓林点校《〈鸡足山志〉点校》卷6，第247页。

[2] Timothy Brook, *Praying for Power: Buddhism and the Formation of Gentry Society in Late-Ming China* (Cambridge: Harvard University Press, 1994).

第十三章　土官政治与鸡足山

私庄与佛寺寺田错综复杂的关系。

宾川州之土地多寄托佛寺,亦有卫所军营于其间,土地从未正式登记造册。适值万历年间在全国实施土地清丈造册,才发现佛寺土地往往为民所占,万历八年(1580),云南兵备道令宾川州以"清查寺田以崇祀典,以苏民困事"为由,发布了一份清丈土地的公告,要求厘清寺田、军田与民田,并令鸡足山各庵僧将寺院田地税粮租谷数目,勒石碑内,以公告天下。[1] 鸡足山的佛寺与僧人也重新面对新的挑战。

这段时期护持鸡足山佛教的三种土官势力特别值得注意:一是北胜州高氏土官,二是邓川州阿氏土官,此二者因随明军征调前往平乱,先后在鸡足山建佛寺,前文已略提及;第三股势力,是稍晚进入鸡足山的丽江木氏土官。以下分别加以论述。正德年间,北胜州土官高世懋应僧人圆成之请,在鸡足山捐建传灯寺。他捐建传灯寺并不是一个偶然性的事件。他的曾祖父高仓、祖父高德以及父亲高承祖三代皆受官府征调前往山乡平乱,官府令其代为治理山乡夷民社会。再者,北胜州土官很可能将被招抚之夷民纳入统辖,并通过鸡足山之佛寺来处理土官离境飞地的问题:万历十五年,慈圣太后懿命颁赐免除鸡足山寺土地条编杂派的敕令,从中可知其梗概:

> 兹恭承圣母慈圣宣大明肃皇太后懿训,命将云南鸡足山年纳大理府直隶北胜州粮税一千二百八十四石,所有条编、丁差、杂款,悉行豁免。呜呼!教崇恭默,敦以克孝克诚,政尚慈明,贵期辅仁辅义。仰从圣母之慈诲,永庆万□于文修,勒石以垂,违者不敬,故谕。万历十五年八月十六日。[2]

---

1 《大士庵常住碑记》,收入张树芳主编《大理丛书·金石篇》第10册,第110页。
2 《神宗皇帝奉慈圣太后懿命免条编杂派敕》,收入高奣映著,侯冲、段晓林点校《〈鸡足山志〉点校》卷10,第366~367页。有意思的是,由钱邦芑纂,范承勋增修之《鸡足山志》竟未录该敕文。

这是一份由万历皇帝的母亲颁定的懿旨，从敕令内容得知，万历土地清丈后，宾川的鸡足山寺被视为一个纳粮的单位，每年向大理府直隶北胜州缴纳粮税1284石，还有条编丁差杂款等杂派。然其潜在脉络指出鸡足山粮税归北胜州，说明两个重要信息：（1）北胜州土官奉令招抚山乡时，将山乡土地纳入鸡足山的佛寺下代为管辖；（2）虽然他将宾川州之山乡土地捐给鸡足山的佛寺，但鸡足山之佛寺仍须向北胜州纳粮。也就是说，早期山乡治理由北胜州土官就近代理，嘉靖年间，北胜州土官高仑就将其部分招抚山乡之地捐建鸡足山佛寺，委由佛寺代理。此地虽属于大理府流官州县之辖地，但在平乱后成为土官的离境飞地，依照大理地方传统，此佛寺就是土官领地之代理机构。

对北胜州土官而言，其更大的冲击来自土地清丈，宾川州治的流官企图将其州内土地予以清丈，并将辖境内之丁差摊入地银之中，这使土官在鸡足山的这片飞地也被卷入宾川州之条编与杂派之中。照理来说，土官辖境的佛寺常住土地免于流官之丁差杂派，然而从这份敕文强调僧人"不需"服差役，"故寺院土地仍旧应免其条编"的句子来看，其情形似乎正好相反。事实是鸡足山僧寺往往因为常住土地而被卷入丁差杂派的沉重负担之中。佛寺若承担地方官府摊丁入地之杂派，将对其造成极沉重的负担。是以，当寺僧向皇太后要求免除杂派时，背后便涉及土官在鸡足山寺既有支配地位已逐渐受到实行土地清丈的流官的威胁。佛寺一旦面临流官之土地清丈，山寺常住也将被卷入杂派，遂有皇太后免去山寺"丁差杂款"之敕文。此一敕文正说明赋役改革时，土官和流官对鸡足山佛寺的经营权和治理权的竞争问题。

再者，明末与清初出现二份碑刻《详允鸡山直隶僧户碑》与《豁免鸡足山杂差门户采买碑》，这是鸡足山寺僧集体向官府呈请豁免位于羊塘里之佛寺常住杂差的碑刻。其内容记载了鸡足山山寺之常住土地位于邓川州之羊塘里，故山寺必须向邓川州纳约175石粮

第十三章 土官政治与鸡足山

税。[1]羊塘里原来是邓川州阿氏土官的祖庄,据志书记载:

> 罗陋川,即羊塘里四十八村,皆威远州白夷,随土官始祖阿这归附而来,遂为一里。管橡猪峒为听调制造器械之用,后以地远,田产多卖与军商。[2]

这里指出羊塘里是邓川阿氏土官的祖庄,其地多专门制作器械之所,但后来这块地被卖给了军人和商人。羊塘里从邓川土官之祖庄变成军商之地,复又成为鸡足山寺的常住田,可能是在以下两种情形下发生的:一是与上述北胜州情形类似,阿氏土官将羊塘里之祖庄寄托于佛寺之下;二是邓川州土官阿氏将其祖庄之地转卖给有力之人,后又成为鸡足山寺之常住土地。[3]上述引文,应该是指后来之商人与军人将羊塘里转卖或捐给鸡足山作为佛寺常住土地。

羊塘里,又称罗川,位居附近重要之南衙与北衙两大银厂之间,也是鸡足山往西北通往鹤庆、丽江之山间孔道。[4]羊塘里之土官祖庄后来流入佛寺,是土地货币化的结果。嘉靖年间,朝廷定土官承袭纳银之制,土官为取得承袭所需之银两,将土地转卖商人以换取白银,导致土官辖境土地之货币化。[5]约在同时,鸡足山出现僧户

---

1 见《邓川州奉道府厅明文碑》《详允鸡山直隶僧户碑》《豁免鸡足山杂差门户采买碑》,均收入钱邦芑纂,范承勋增修《鸡足山志》卷9,第650~683页。
2 艾自修纂《(崇祯)重修邓川州志》卷3《风境志》,第15页。"邓川州土官阿这,羊塘里民。"见刘文征纂《(天启)滇志》卷30,第974页。杨南金所撰写之《邓川州土官阿氏五世墓表》也记载了始祖阿这葬于"羊塘里罗城山"。
3 阿氏土官除将羊塘里土地转卖给下文将会提到的丽江木氏土司以外,也卖给鸡足山寺的僧人。鸡足山寺有一通《寂光寺田产碑》,描写有僧人贡法买到邓川州土官名下之地,复捐给寂光寺的情形。见张树芳主编《大理丛书·金石篇》第10册,第129页。
4 羊塘里北可通鹤庆、丽江,南抵鸡足山,位置极其重要。明末徐霞客由鸡足山入丽江时,便由此径前往,沿途桥梁与庄房多木氏势力之延伸,更北又可抵南衙、北衙,是明朝大理重要之银矿产地,可知其情景。《滇游日记》卷6,徐弘祖撰,朱惠荣校注《徐霞客游记校注》,第919~923页。
5 参见罗勇《明代云南土官袭职制度研究》,《学术探索》2013年第3期。

这种身份,即具有度牒身份的僧侣,因其名下有田粮,是以官府将之造册纳粮。[1] 僧户获得羊塘里土地,或为阿氏土官捐地,或为军商捐地,不得而知。问题是赋役改革以后,州县官府想将僧户土地纳入杂派的摊银对象,使得这些僧户不断向官府申明其欲免于杂派之苛扰。一份明末崇祯年间《邓川州奉道府厅明文碑》记载了羊塘里土地被课以175石4斗3升的赋税,其粮编在邓川州里甲项目之下,因此被附以"里排科派侵收"。鸡足山寺僧人联合向金沧道、大理府等"院道府老爷"呈请批允置直隶僧户,输纳正赋,免一切夫马杂差。[2] 此文内容本质上与上述之万历敕文相仿,只是请求对象层级不及皇帝,而是止于院道。可知,邓川阿氏土官之羊塘里祖庄已成为鸡足山山寺之常住田,复因杂派苛扰,鸡足山僧成立僧户向官府要求免其常住土地所担负之丁差杂派。即便如此,羊塘里之土地仍然摆脱不了来自邓川州里长强制推行的各种门户采买以及夫差之杂派。明末以来,沉重之夫马杂役等差扩及山僧,寺僧逃散情形极其严重。清初虽屡豁免杂差,但流官知州里长等新兴势力,仍不断地将夫马杂派摊到寺院之中。陈垣对鸡足山僧派系诤讼以及世俗化之描写,说明此现象应与鸡足山背后土流政治势力竞争、土地清丈乃至地方财政紧张有关。[3]

鸡足山寺常住田土的问题也可以从清初范承勋所撰写的《鸡足山志》序文中得知。他在序文中写道:"至于山寺土田,多在宾、邓

---

[1] 鸡足山之寺院经济以及僧户身份的出现还需要进一步的研究。嘉靖年间鸡足山出现以僧为户的情形,其僧户须向州官勘明请帖,以免杂派。《寂光寺田产碑》中提及嘉靖三十二年宾川州苪村里十甲僧户年纳税粮情形。见张树芳主编《大理丛书·金石篇》第10册,第129页。

[2] 见《邓川州奉道府厅明文碑》《详允鸡山直隶僧户碑》《豁免鸡足山杂差们门户采买碑》,均收入钱邦芑纂、范承勋增修《鸡足山志》卷9,第650~683页。鸡足山石钟寺寺前一石碑《石钟寺常住田记》,记载了明末石钟寺僧人购置羊塘里为常住土地,说明土官祖庄羊塘里土地商品化情形相当严重。该碑比笔者田野采集而来。

[3] 明朝赋税制度改革对佛教寺院经济的影响,可参见对五台山之佛教寺院研究,如韩朝健《明中叶赋税制度在五台山区的推行——以寺庙碑铭为中心》,收入郑振满编《碑铭研究》,社会科学文献出版社,2014,第252~273页。

二州间。盈缩无常,增损不一。其田粮赋役,自有司主之,志内俱略而弗载,惧混也。"[1] 指的便是鸡足山寺之常住土地多在宾川和邓川交界之山乡腹地。其原隶土官所辖,虽看似为佛寺辖理,但佛寺之"田粮赋役,自有司主之",即寺田之常住另有其主,或即土官势力。清初以来,邓川、宾川二州与山僧各有争执,令范承勋有难以置喙之感,是以不载其常住土地,以免混淆赋税,此正说明佛寺常住土地与官府间盘根错节的关系。

万历以来,赋役财政改革所引发的土地货币化也冲击着土官政治势力的消长。佛寺原来是土官和地方社会之中间机构,前述北胜州高氏土官因为招抚有功,采取兴建佛寺的方式来治理辖民,并通过佛寺之定额纳粮来支持土官治理,其在山乡俨然是合法的官方代表。赋役改革后,鸡足山佛寺常住田土成为流官与土官治理的模糊地带,土官和佛寺的主客关系,随着土官越界成为越来越敏感的政治议题。土官反而将人丁与土地寄附于佛寺产业之下,使得佛寺更像土官政治辖域下的经济保护伞。土官与佛寺互为表里的政治体系,也产生逆转与错置。随着各种势力进入山乡,鸡足山寺的僧人积极寻求不同的政治庇护者来保护其常住免于各种侵占杂派的干扰,这也造就了鸡足山佛寺常住土地背后越来越庞杂的政治与社会关系。这里虽然只谈土官与流官,实际上,明末来自各地的僧团势力也已成为另一股力量,在此不论。[2]

明晚期中央之财政状况,也加深土官社会内部的紧张关系,大理四周诸土官受到土地货币化冲击,唯独丽江土官木氏地位不断提高。木氏通过不同性质的行动来扩张土官势力,包括向北方的军事扩张、同邻近地区买卖土地以及平行的土官联姻。前两者比较容易理解,然通过婚姻所产生的土地关系(即妻子或母亲的嫁妆),史

---

[1] 范承勋之序文收入高奣映著,侯冲、段晓林点校《〈鸡足山志〉点校》卷首,第7页。
[2] 参见陈垣《明季滇黔佛教考》。

料很少，但应是相当重要的资源，稍后我们会论及木增母亲的嫁妆如何被引入佛教活动。但更重要的还是土地货币化后所引起的扩张行为，其例子可见北胜州与丽江两位土官之间的土地交易。北胜州土官因缺钱缴纳承袭所需的定额银两，故以 1000 两的代价将北胜州境内金沙江以外祖先留下之私庄卖给丽江木氏土官；木氏土官在买得这大片山乡土地后，复将此地捐给他正在鸡足山筹建的悉檀寺作为常住土地。[1] 就在同一年，木增还从邓川州土官阿岑的手里买下土地，连同上述北胜州高世昌的土地一同捐给鸡足山悉檀寺作为常住土地，取租供办，作为每月朔望圣诞法会所需的香烛斋供经费。[2]"供办"指佛寺之特定土地是用来支付官府派下之仪式与采办物项。此外，木增也积极在鸡足山周边腹地增购私庄，包括以价银 250 两购买宾川山场，添为悉檀寺之寺产。[3] 也就是说，木增非常有意识地在建置鸡足山悉檀寺的同时，在四周购买土地，其不仅将北胜州金沙江附近的土地捐为悉檀寺之常住土地，又捐邓川州常住田作为仪式所需之香火。万历以来，土地货币化使得土官将从未曝光的私庄转卖出去，土官间的土地买卖也造就彼此势力之消长。木增建悉檀寺之时，正是丽江土官地位如日中天之时，而木增的影响力与声望也引起全国的注目。

四　山乡仪式正统

我们应将木增向皇帝请赐寺额和《大藏经》之举，放在川滇藏区域政治以及丽江木府土司与吐蕃之政教关系脉络下考察，如

1　《赐悉檀寺常住碑记》，引自和松阳《从小桥流水到经济腾飞——丽江旅游发展模式》，《丽江文化》2014 年第 3 期。http://www.ljgc.gov.cn/ljwhdsq/841.htm，登录时间：2014 年 6 月 5 日。
2　木增：《请颁藏典并乞寺名疏》，收入高𢇻映著，侯冲、段晓林点校《〈鸡足山志〉点校》卷 10，第 369~370 页。
3　《悉檀寺产权碑》，收入张树芳主编《大理丛书·金石篇》第 10 册，第 131 页。

第十三章 土官政治与鸡足山

此才能理解鸡足山在整个区域纵谷要道上的重要意义。木氏除了向北军事扩张以及与邻近云南境内之土官进行政治联姻，也积极采取宗教策略来经营滇西北之政治。正德十一年（1516），土官木定邀请吐蕃噶玛巴派之活佛弥觉多杰赴丽江说法。木氏不断向北方中甸与四川边境出兵扩张势力的同时，也以兴建佛寺的方式与北方势力达成各种不同层次的政治协议。当时北方喇嘛噶玛噶举派遣高僧到丽江说法，木氏便允诺不再出兵攻打中甸，并且答应每年派出五百名僧差到中甸。木氏在滇西北边境扩张的同时，也通过兴建佛寺、供奉活佛、派遣僧差等宗教性活动与不同人群缔结政治联盟。[1] 万历四十二年（1614），木增花了九年的时间刊刻藏文版大藏经《甘珠尔》，将此作为珍贵的礼物奉献给拉萨的大昭寺。[2] 徐霞客到丽江木府做客时，在旅行日志中记载当时吐蕃的两位法王也在丽江木府做客，并经丽江木氏之引介至鸡足山朝山。[3] 木氏与藏传佛教的关系非本章之重点，在此不多谈，但木氏在鸡足山的经营也与其在北方川滇藏区域政治势力的扩张有关。

正当木氏土官的政治与军事地位到达巅峰之时，连续两代土司木旺、木青战亡，仅留下孤子木增。木增承袭土官职位时，年仅十一岁。[4] 幼子继位是其世系最危险的事情，当时，木增的母亲罗氏之主要职责便是全力保护年幼土官顺利长大，并维护嫡子的政治优势。罗氏是兰州土知府的女儿，她鼓励儿子木增向万历皇帝建言，在鸡足山顶兴建一座足以为国家举行祈福仪典的佛寺。木增承袭土

---

[1] 许多有关西藏的研究已逐渐注意到16世纪西藏政治宗教势力的分化、竞争以及在外缘地区扩大的情形，尤其是藏传佛教噶举派逐渐在青海、四川与云南北部扩张的历史事实。17世纪以来，密教噶举派和丽江木氏土司产生密切的合作。此合作对整个外缘川滇藏宗教与政治生态的影响，相当值得注意。参见约瑟夫·洛克《中国西南古纳西王国》，第129~131页；郭大烈、和志武《纳西族史》，第320~331页；赵心愚《略论丽江木氏土司与噶玛噶举派的关系》，《思想战线》2001年第6期。
[2] 今枝由郎《丽江版的藏文甘珠尔》，耿升译，《国外藏学研究译文》第5辑，西藏人民出版社，1989。
[3] 徐弘祖撰，朱惠荣校注《徐霞客游记校注》，第1189~1191页。
[4] 木增于十一岁，万历二十六年保勘袭职。

官职位后，便以母寿为由向万历皇帝请求建寺祝寿，以表达孝意。土官实践孝道是天经地义之举，更符合儒教所倡导之人伦情操，这正是其向皇帝争取兴建悉檀寺的合理性基础。

以木氏在川滇藏三角地区的政治声望与经济实力，要在鸡足山筹建佛寺完全不是问题。但是依据明朝宗教政策规定，佛寺的总数受到官府严密管控，新建佛寺需要获得官方的许可才能兴建。再者，万历以后，土官领地不断受到各种地方势力的威胁，木增直接向皇帝请求新建佛寺，将建寺之要求提高到最高的政治层级，足以保障土官在山乡的地位。万历四十五年（1617），木增以其母罗氏寿诞为由，向皇帝请建佛寺。但实际上，木增早已自备工役建好两座佛寺，一座位于鸡足山，另一座位于丽江芝山。然而，此二寺建成却未有寺额，所以才有向皇帝请求赐给"寺额"之举。有意思的是，木增的母亲罗氏在请求寺额事件中，扮演重要的推手。文献指出当时木增遵从母亲罗氏的指示建寺，经费源自罗氏的嫁妆。罗氏认为供养佛寺可以协助身为人臣的儿子木增增加福报，进而教诲其恪守忠君之道，而木增遵从母命所表现出来的孝道、忠道，到为国祈福等，在道德上完全不容置疑，符合儒家正统的行为。所以，木增以母寿为由，向皇帝请求寺额，很明显是希望通过皇帝赐额来强化木氏的政治声望。除了建寺的合法性以外，木增也向皇帝保证：其母罗氏所捐的嫁妆也将用于未来刊印《大藏经》；他会将鸡足山附近祖庄捐给鸡足山作为寺院永久之常住田地，以确保作为国家祈福仪式的悉檀寺之物质基础无匮乏之虞。木增向皇帝请藏的疏文中记载着其母罗氏的愿望：

"慎守封疆，人臣之职也；祝国永寿，人臣之愿也。吾之妆奁，为吾建寺印经，祈福助公，吾瞑目矣。"臣尊母命，于邻境鸡足名山，修建祝国悉檀禅寺一所，于中创万寿圣殿崇奉

第十三章　土官政治与鸡足山

> 焉。并舍置附近祖庄，永为常住……又府治芝山，景致清胜，为诸山发脉之宗。臣创建习仪祝厘招提一所，未经题请，不敢擅名。是此二寺，有佛像、僧众而无藏经……谨因朝觐之役，敢自备纸张工价，请刷佛《大藏经》二藏，奉置二寺，朝暮诵阅，以祈我皇上景运天长地久。[1]

这里写得很清楚：土官创建"习仪祝厘招提"，是为皇帝祈福之仪式场合；"未经提请，不敢擅名"指的是木氏已将佛寺建好，只希望皇帝赐以象征性的寺额便可。后来，为答谢皇帝准许建寺，木增便在悉檀寺另外兴建万寿殿，以显其祝国之诚。[2] 这也是木增的政治语言。他身为一名土官必须向皇帝表示忠诚，故兴建一座举行向中央政治表达崇高敬意之仪式的大殿，这就是鸡足山悉檀寺的来由。除了"乞额"，还有"颁藏"一要事。木增在悉檀寺中供奉《大藏经》，以提高佛寺的地位。木增母亲罗氏也早已备妥刊印《大藏经》的经费，足以应付所有刻版与印工工程。所有工程、经费以及仪式香火之需皆已备足，最终只须皇帝应允即可。上述这段文字之重要性不在于物质的要求，而在于背后的象征性意义：木氏想要兴建一座以皇帝名义赐予寺额的佛寺，并供奉《大藏经》，以此在地缘政治中建立土司和皇帝之间的直接关系。

为了在鸡足山建立一套象征土官正统的仪典，木增派人赴京请求赐藏，从请寺额到印藏经，一共费时十余年。自万历四十五年到天启四年（1624），木增延请僧人释禅禅师（？~1632）负责悉檀寺之事务，并派遣释禅的弟子道源法润（1596~1670）带着木增的书信，前往京师活动，祈请皇帝颁寺额以及允刻《大藏经》。天启初

---

[1] 木增：《请颁藏典并乞寺名疏》，收入高𦱋映著，侯冲、段晓林点校《〈鸡足山志〉点校》卷10，第369~370页。

[2] 木增：《请颁藏典并乞寺名疏》，收入高𦱋映著，侯冲、段晓林点校《〈鸡足山志〉点校》卷10，第369~370页。

年，法润和尚入京请藏经。天启四年，终获敕颁藏经并获赐额"祝国悉檀禅寺"。其有《敕谕云南大理府宾川州鸡足山祝国悉檀禅寺颁赐藏经碑》：

> 朕惟尔地僻在南滇，比邻西竺，崇尚佛教，自昔已然。兹以木增奏称，伊母罗氏凤好修持，捐赀建寺，护国佑民，命僧释禅虔恭护持，奏请藏经。该部议复，特允颁赐。尔等尚其益坚善念，率领合山僧众梵修，导悟番夷，阐扬宗教。皇图巩固，圣化遐宣。钦哉！故谕。[1]

法润在京师待了八年才获皇帝钦赐之法藏，当他即将返回云南时，皇帝又赐其师徒二人分别为僧录司左善世与僧录司左觉义。[2] 僧录司是掌管全国佛教事务的机构，左善世与左觉义是六品官衔，师徒二人获僧官的封赐更巩固了悉檀寺尊贵的政治与宗教地位。换句话说，皇帝颁赐悉檀寺之寺额，其寺也需要有地位的住持僧人为朝廷与皇室进行祈福仪式，这才足以匹配该寺院之政治规格。重要的是，在皇帝心目中，敕文中提到的"导悟番夷"攸关教化，这正是边境土官的优势。

悉檀寺有了皇帝赐颁之寺额、《大藏经》以及僧官荣衔，已逐步提高了在鸡足山的政治地位。木增在呈给皇帝的疏文中，向皇帝保证将督责僧人住持看守佛寺与藏经，并且"于每月朔望节序及圣诞日，云集合山各寺僧众于万寿殿，启建无量寿道场，恭祝圣寿，永为定规"。[3] 木增所主持之悉檀寺将"云集合山各寺僧众"于万寿殿，

---

1 《敕谕云南大理府宾川州鸡足山祝国悉檀禅寺颁赐藏经碑》，收入张树芳主编《大理丛书·金石篇》第 10 册，第 126 页。
2 蔡毅中：《云南鸡足山建悉檀寺本无上人记》，收入张树芳主编《大理丛书·金石篇》第 10 册，第 128~129 页；洪宗：《皇明钦赐紫衣大戒沙门法润禅师实行序》，收入张树芳主编《大理丛书·金石篇》第 10 册，第 144 页。
3 木增：《请颁藏典并乞寺名疏》，收入高奣映著，侯冲、段晓林点校《〈鸡足山志〉点校》卷 10，第 369~370 页。

每月朔望定期举行庆贺活动，并在皇帝圣诞等重要节日，为皇帝举行祝寿之佛教仪式，此一承诺强化了悉檀寺在整个鸡足山诸佛寺中的领导地位。从悉檀寺建寺、请藏与僧官等争取过程中，可以看出丽江土司木增努力不懈地建立悉檀寺与朝廷皇室的关系，通过机构性建置，如僧官身份以及公开定期的佛教仪式，来巩固其寺院在鸡足山的政治地位。对土官而言，由皇帝直接颁赐寺额和《大藏经》，是朝廷对土官地位的肯定与礼遇；而土官承诺在佛寺为皇室祈福并定期举行法会，也是其对中央王权表达认同的政治语言。

　　崇祯年间，徐霞客旅行抵达鸡足山，木增邀请他撰写《鸡足山志》一事，应该放在上述这一连串的历史事件中来理解——当外来势力不断进入山乡社会之时，土司试图巩固他们在山乡既有的政治地位，接下来要着手争取的是地方历史的话语权。虽然李元阳在嘉靖《大理府志》中已经记载了许多大理之佛教胜境，但木增邀请徐霞客撰写《鸡足山志》，更强化土司在山乡政治中的地位。若要比较李元阳与木增，前者是士大夫，后者是土官，二者的身份不同，对历史的记忆方式也不尽相同。木氏积极推动山志之举，与其说是代表其自身的利益，倒不如说是为了解决丽江木氏和姚安高氏双方共同面对的问题，即据守山乡土官的历史话语权。

五　自己写历史：《鸡足山志》

　　万历年间，鸡足山寺僧前后向皇帝请赐藏便有三次，木氏请赐藏之所以特别重要，是因为其留下相当完整的论述，供我们认识土官面对中央王朝时所采取的政治文化策略。木氏建悉檀寺，复置尊胜塔院，又在鸡足山往北通往丽江之沿途，建立悉檀寺附属之静宜、庄房、桥梁与庵院等。[1] 土官的意图似乎不只是经济资

---

[1]《滇游日记》卷5，徐弘祖撰，朱惠荣校注《徐霞客游记校注》，第883~884、919~920页。

源的控制，还想要从他自己的角度建构具有宗教正统意义的一套历史叙事。

佛经中有关大迦叶入定于鸡足山等待未来佛的内容已在前文中提及。大迦叶入定于云南鸡足山的佛教传说，似乎没有引起太多的争议，也不是一个值得争辩的典故。然而，塑造鸡足山形象的重要推手是一批通晓佛教原典的文人，他们全情投入编修与增修山志。明末清初短短的百年间，鸡足山历经四次山志的编纂与增修，这正为我们提供了分析其之所以成为佛教圣山的重要线索。[1]

木增和高奣映二位土官皆投入山志编纂，其世代联姻关系提醒我们，山志书写应非偶发事件。姚安土官高奣映自其父亲以上三代皆娶丽江木氏土司之女儿。不仅如此，高奣映的祖父高守藩与父亲高耀皆因年幼丧父，为顾及年幼土官的安全，自幼"潜移"丽江府，在丽江外祖父的庇护下长大成人，丽江府木氏土司对姚安土司的影响至为深远。高奣映受到母亲木氏的影响，亦深受外祖父木增之感召。[2] 明末木增请徐霞客编写《鸡足山志》，后来高奣映在清初又编修山志，这两件事看起来不甚相干，但从上述之土司联姻与受庇护情形来看，贯穿这两本史册背后的是土司的地方意志与历史意识。鸡足山虽隶大理府，但土官以非比寻常的态度重新编写鸡足山山志，正说明鸡足山对四周土官社会的重要性。

经历四次编纂后，高奣映《鸡足山志》并没有受到应有的重视，主要是因为其内容神异怪诞，世人以其不足为信，不甚

---

1 有关《鸡足山志》诸版本比较分析，可参见郑志惠《鸡足山诸志简析》，收入沈家明主编《高奣映研究文集》，第117~140页；舒瑜《山志言"山"——以高奣映〈鸡足山志〉为个案》，《民族学刊》2013年第3期。

2 《崇祯二年高氏家谱》。

第十三章 土官政治与鸡足山

流传。[1] 但是,高奣映在书中写下一段明志之言,内容非常值得注意,他说:

> 遡挈濮久会孟津,竟滇之为滇,何以不一其治也。夫郡隔邑分,俗尚何以各异其情也。此其中有难以明言之者矣。举信佛之俗,稍寓其意以知滇。然寓之为言,宁能矢口乎?但寓之于佛已耳。则通滇之佛俗自鸡足山始,独不可以通滇之佛俗志鸡足乎?此佛俗之于郡志无关书,兹乃于山志书之,转觉明其难明,潜寓政治之关键。[2]

高奣映此言相当隐晦,其意大抵是批评府州具以"郡志"为中心的历史视野以及"郡隔邑分"的书写架构,无法真正说明云南的历史。他认为云南历史始自佛教,而通滇之风俗也是佛教,云南佛教之起源地就在鸡足山。如果要认识云南历史,必须从鸡足山开始。也就是说,云南历史无法以行政切割后的地区界限作为历史知识的架构。云南人群的历史源自山乡,而不是源自明朝统治者的眼光,更不应以郡志城署为中心的视野观察之。这是一段非常具有土官历史意识的申明!此论点揭露了他身为土官的使命感,也是他要从鸡足山的角度来重构云南历史的主要原因。此外,他强调之前虽有志,但范《志》内容多所缺漏,所以以"转觉明其难明,潜寓政治之关键"表达土官撰史之心志。明末亡国可能强化了其撰志的动力。高奣映撰写山志的行动,应可说是承继木增的意志,并再次通过其幽微之文字来表达其强烈的政治寓意。从上述角度来理解木增与高奣映的身份与背景,那么高奣映所撰写的《鸡足山志》是有别

---

1 民国初年赵藩与李根源又编纂了《鸡足山志补》,未提及高《志》。见赵藩、李根源辑《鸡足山志补》,广陵书社,2006。侯冲曾经对高《志》版本进行校对,见《高奣映著,侯冲、段晓林点校〈鸡足山志〉新识:代点校前言》,收入高奣映著,侯冲、段晓林点校《鸡足山志》点校。
2 高奣映著,侯冲、段晓林点校《〈鸡足山志〉点校》卷首《志例》,第10页。

于一般山志的，其不仅具有宗教史的意义，也具有分析土官政治与历史的价值。[1]

六　明王下山

鸡足山以大迦叶的名义受到天下诸名士的注目。大迦叶是中国禅宗各派共同追溯的祖师，但其何时在云南流传仍是未解之谜。[2]自鹤庆毁淫祠打击赞陀崛多后，大迦叶很可能逐渐取而代之成为新兴且合法的圣僧形象。大迦叶是中国禅宗各宗派的共同祖师，其也符合滇西之赞陀崛多活佛之圣者形象，两方皆乐于在鸡足山找到能够满足彼此期待的圣者形象，并将之合法转移到边境圣山之中。但是，大迦叶传说兴起前，鸡足山上两座血祀之明王庙极其重要，可作为观察信仰转型的例子。

大迦叶传说之所以根植人心，主要是因为其奠基于当地的土人传说与土神信仰。李元阳曾撰文提及大迦叶在鸡足山入定的传说，所依据的是当地父老的传闻；他也提及山僧建寺时，挖地得古碑传载其事。此二者都是土人传说，根源于地方传统。后来被文人用来强化大迦叶信仰的几个地点，像迦叶洞、迦叶殿，原先都是当地"土人"作会之处。这些地点极其偏僻，一般人很难到达，若要实地考察并标志其确切位置，非得当地土人向导并指示不可。[3]更重要的是，土官高氏和阿氏在鸡足山所支持的传

---

[1] 限于篇幅，本书无法在这里对高奣映《鸡足山志》之历史叙事加以分析，其撰写特色，是由印度佛教与中国政治二元历史架构交织而成。参见连瑞枝《书写"西南"：两种历史典范的对话与建构》，《历史人类学学刊》第16卷第2期，2018年。

[2] 侯冲认为大迦叶传说源自《白古通》，该传说文本是明朝大理士子托古之作。见侯冲《白族心史：〈白古通记〉研究》，云南民族出版社，2002，第274~285页。从大理梵像的佛教图像来从事相关研究，可参见马克瑞《论神会大师像：梵像与政治在南诏大理国》，《云南社会科学研究》1991年第3期。

[3] 李元阳：《游鸡足山记》，《中溪家传汇稿》卷7，第63页。

灯寺和袈裟院，便是在土人圣地与土人朝山作会之地点上兴建起来的。

北胜州土官高氏是捐建传灯寺的大施主，该寺位于巨大石门华首门百步之遥的地方。[1]邓川阿氏土官所兴建迦叶殿之寺址，原是土人朝山作会之处，也是传说中迦叶尊者守衣之处，故迦叶殿又名袈裟院。[2]明中叶元庆和尚在建寺因缘中指出，每年元旦之时"四方慕圣迹而来者以万计"，往往到山顶时，饥者待哺，渴者求浆，置炊无所，无休憩处。为解决信徒无处休憩之困难，元庆和尚凿岩为殿，供土人休憩煮食。后来又因为朝山土人越来越多，元庆之孙辈在殿中铸起铜佛像，使其略具完备，是为袈裟院。[3]也就是说，元庆和尚是因为朝山土人甚夥，欲建立煮食之处供土人休憩，才逐渐拓展殿宇以为供食之处，复又因而供奉佛像。而当时最早护持此迦叶殿道场的便是邓川土官阿氏，且其世代为此院之大檀越。[4]虽然我们不清楚土官当时对大迦叶信仰的认知是什么，但两位土官对土人朝山胜会的护持不遗余力，可证土官和土人朝会是大迦叶传说立论的重要助力。换句话说，他们在鸡足山兴建佛寺，是在土人既有的传统上建立大迦叶传说。

土人朝山是地方盛事，但土人祭拜土神所采用的却是血祀。自各方势力不断进入鸡足山以后，万历年间发生了一桩以血祀污秽为名，将土神赶下山的重大历史事件。鸡足山之土神，范《志》称为土主，高《志》则称为明王。对范承勋来说，土主指的是土神，是地方守护神；对土官高奣映而言，此神是明王，明王是密教对守护

---

1 李元阳：《鸡足山迦叶院记》，《中溪家传汇稿》卷8，第40页。
2 此二者意义相近，一是缘于佛经所记载的大迦叶持佛袈裟以待弥勒下生之传说，二是"迦叶"与"袈裟"发音相近，口传转译成文字时，有抬高其义的变化过程。
3 李元阳：《迦叶殿记》，收入高奣映著，侯冲、段晓林点校《〈鸡足山志〉点校》卷11，第432~433页。
4 李元阳：《袈裟院记》，《中溪家传汇稿》卷8，第42页。又可参见高奣映著，侯冲、段晓林点校《〈鸡足山志〉点校》卷5，第199页。

神的一种称法。两本志书对土神采取不同的称法，表示了流官与土官对地方传统的认识不同。[1]关于明王信仰，李元阳也有所闻，他曾撰写一篇文章，提到嘉靖年间有僧人在山上建寺，掘地得古碑，碑中有"明歌之坪"一词，他解释是"迦叶波领佛衣入定之日，八明王歌颂之"。[2]所以鸡足山一址"明歌坪"，便是佛教八大护法神歌颂之处。这种护法神信仰源自当地佛教化的山神崇拜，但此山神一直为当地之土人所崇奉，信仰佛教的高奣映更愿意用明王来称呼他们。理论上，土官与士子都理解土人以血祀供奉明王的传统，只不过在中原佛教的视野下，其被列为不符正统的土神。

鸡足山之土神庙有两座，高奣映称之为上明王殿与中明王殿，范承勋则称之为上土主庙与中土主庙。[3]上明王庙，其址位于鸡足山金顶，又称为阿育王庙，供奉阿育王三子；中明王庙，便是朝山作会之所在地，又称为沙漠天神庙，僧人元庆在筹建迦叶殿之寺基时，该地便有此明王庙。上明王庙所供奉的阿育王是流传西南的古老传说与地方崇拜，早在13世纪的《纪古滇说》中已记载其事，在此不再赘述。[4]中明王庙供奉的是沙漠天神，其传说不知出处，尤难详考。然而，在高奣映《鸡足山志》的"迦叶殿"与"中明王殿"条目下，记载着两个不同版本的故事。在"迦叶殿"项下记载：

> 旧有土主殿，相传为沙漠土主。其神盖八大明王之一，自

---

1. 据高奣映之《鸡足山志》记载，当地传说"观音大士化为八大明王以卫灵山，而滇则独曾感大黑天神灵异，故以牲醴祀之者愈重"。参见高奣映著，侯冲、段晓林点校《〈鸡足山志〉点校》卷3，第153页。
2. 李元阳：《建圣峰寺常住碑记》，《中溪家传汇稿》卷8，第29页。
3. 高奣映著，侯冲、段晓林点校《〈鸡足山志〉点校》卷5，第224~225页。
4. 阿育王是大乘佛教的国王为使其百姓信服其为转轮圣王，在国内所推动的信仰之一，也是弥勒信仰文化的一种表现。是以，阿育王庙在鸡足山也可能被视为南诏、大理国推动弥勒信仰的依据之一。参见古正美《南诏、大理的佛教建国信仰》，《从天王传统到佛王传统：中国中世佛教治国意识形态研究》，商周出版社，2003，第425~456页。又，对阿育王传说结构与西南王权系谱关系的研究，参考连瑞枝《隐藏的祖先：妙香国的传说和社会》，第59~67页。

第十三章 土官政治与鸡足山

西域随迦叶尊者至此山护法。

"中明王殿"条下则记载如下：

> 详考之沙漠天神，自西天竺从毱多尊者来妙香国，制鹤拓暨越析毒龙，遂携天神朝华首门。天神立誓，顾护石门胜迹，以待迦叶出定，毱多嘉焉。其后赞陀崛多于越析之南，伏观音浮匏，显迹撒珠，穿海作百八孔，泄水以为陆地，即今鹤庆府也。亦毱多尊者默遣天神为之助力，天神盖多显灵于此，乃循俗以荤酒。[1]

高奣映称沙漠土主为沙漠天神，也视之为八大明王之一。依据"中明王殿"内容来看，沙漠天神随西天竺毱多尊者来华首门，成为守护石门、等待迦叶的天神。后来，此天神又助赞陀崛多在大理治水。从这两则叙事内容可知，土人试图将天神信仰和佛教故事串联在一起，沙漠天神转化为明王的形象出现在地方版的佛教叙事中。

再者，前面一条是说沙漠土主是自西域随迦叶而来，后面一条则说沙漠天神是随毱多而来，这使得迦叶和毱多尊者在两则传说中的角色一致，而毱多尊者和崛多尊者很可能是一组衍生的概念。如果将大理国时期张胜温所绘之《大理国梵像卷》赞陀崛多像与明末《鸡足山志》所附之迦叶尊者比对，可见二者皆呈祖师像，形象重叠（图13-1、图13-2）。不论毱多、迦叶或赞陀崛多的形象如何衍生、分化乃至转化，此世居居民／土官观点的天神叙事，不只靠拢佛经故事，也强化土人传统与信仰。

---

[1] 高奣映著，侯冲、段晓林点校《〈鸡足山志〉点校》卷5，第199、224~225页。越析原来指宾川一带，但南诏时迁越析部到北方北胜、丽江一带，所以到了16世纪时，丽江又有越析之称，而越析之南便是鹤庆。

·460· 僧侣·士人·土官：明朝统治下的西南人群与历史

图13-1 大理国时期张胜温所绘《大理国梵像卷》（局部）的赞陀崛多（居中者）

资料来源：李昆声主编《南诏大理国雕刻绘画艺术》，云南人民出版社、云南美术出版社，1999。

图13-2 大迦叶守衣入定像

资料来源：钱邦芑撰，范承勋增修《鸡足山志》迦叶尊者守衣入定像，摘自中华佛教研究所"中国佛教寺庙志数字典藏"。

第十三章 土官政治与鸡足山

在传说中,大迦叶是不在场的,他隐身于鸡足山华首门大石后面,等待着未来佛的来到,故其化身也是无所不在的。这种化身的概念足以合法化当地土神沙漠天神、神僧西天竺毱多尊者以及赞陀崛多,并将土神与土僧的祖师形象串联在一起,也将周边土官地区的传说整合在大迦叶的传说体系之中。那么,天神以及荤酒血祀的传统,显然是土官可以理解的地方传统。

更有意思的是,范《志》对赞陀崛多一字不提,其"中土主庙"记载:"祀沙漠土主,相传此神自西域随迦叶尊者至此,又称为迦叶土主云。"[1] 只提及西域来的迦叶尊者,甚至以沙漠土主就是迦叶土主。很明显,范《志》简化地方传说,删除地方诡怪和不足录入志书的情节。若与高《志》相较,范《志》化约地方传说,描写了一套符合正统佛教的故事。

如果综合高《志》与范《志》两本志书对中明王庙的传说叙事来分析,我们会发现,代表世居居民眼光的高《志》强调了鸡足山明王之一的沙漠天神,同时守护了赞陀崛多与迦叶。对逐渐被汉地禅宗势力所覆盖的鸡足山而言,禅宗始祖迦叶祖师的地位也如日中天。从天神信仰到明王信仰,再从明王转变成大迦叶道场,供奉沙漠天神的中明王庙,也成为一个整合大理佛教土僧世系以及汉传禅宗世系双重正统的叙事场域。

再者,灵验是此明王信仰的特色,也是圣山名声得以传播的重要条件。僧人元庆和尚建迦叶殿后,请李元阳撰写佛寺碑记。奇怪的是,李元阳在迦叶殿碑记中并没有描写佛教之迦叶尊者与此殿的关系,反而对这位灵验的明王多所着墨。他以"伽蓝神"与"土主"来称呼这位后来被称为沙漠天神的明王。碑中记载:李元阳在年轻时初入鸡足山,当他初抵山寺时,便有山僧出门远迎。李元阳

---

[1] 钱邦芭纂,范承勋增修《鸡足山志》卷6,第371页。

甚感怪异，山僧便指半夜"土主"报钟，告以异人到访，是以僧人一早起来迎接，便遇李元阳此贵客。李元阳以此为神异，故载之于碑中。李元阳当时名其神为伽蓝神，又引山僧之言称之为"土主"。[1] 这就是高《志》中所指的明王。所以元庆所建之迦叶殿，也就是在此土主神的庙基上建立起来的。

沙漠天神庙（即中明王庙）是一座循俗血祀的天神庙，每年元旦，土人聚此共祭天神，是该地之朝山圣会。据高《志》，这沙漠天神"循俗祀以荤酒"。数以万计的土人上山祭拜，结伴朝山，形成当地重大的朝圣活动。在此崇拜土神的基础上，元庆和尚才于血祀之明王殿旁建一草宇，从铸迦叶铜像，到募建迦叶殿，逐渐形成土人明王血祀崇拜与僧人主持迦叶殿并立的情形。

大迦叶的传说和土官修建佛寺，二者看起来并没有直接的关系，但如果仔细观察鸡足山主寺迦叶殿是如何在土人朝山活动以及血祀活动中建立起来的，我们将发现，识字阶层的文字书写系统挪用了土人的传统，以佛教经典中的大迦叶传说将此土人传统打造成一种利于竞争的正统标签。明清文人雅士游鸡足山提及迦叶殿时，大多会留意当时迦叶殿的天神护法在土人朝山时所扮演的角色。[2] 他们论及迦叶殿时，也多附带论及一旁之天神起源、性质以及传说等。如果将土官角色、土人传统和迦叶殿的修建、扩大过程放在一起讨论，那么，我们基本上看到早期土人和土官长期在鸡足山活动的情形。[3] 迦叶传说曾经与血祀的明王信仰共存一段不短的时间，后来随着大迦叶传说流传、迦叶殿建立，沙漠天神信仰也逐渐边缘化，终为迦叶殿的佛教势力所取代。

随着各方佛教僧侣势力不断涌入鸡足山，血祀的明王天神信仰

---

[1] 李元阳：《游鸡足山记》，《中溪家传汇稿》卷7，第59~62页。
[2] 范承勋：《鸡足山游记》，收入钱邦芑纂，范承勋增修《鸡足山志》卷9，第597页。
[3] 其中以邓川土官阿氏和姚安土官高氏为主。参见高奣映著，侯冲、段晓林点校《《鸡足山志》点校》卷5，第199页。

第十三章　土官政治与鸡足山

逐渐被赶到山下去。[1]高《志》记载：万历十五年，一位名为澹确的秦僧向御史胡公控诉，指鸡足山为佛门清净之地，不应血祀，希望通过官府的力量将中明王沙漠天神庙移到鸡足山山脚下。崇祯年间，复有陕西僧人也以血祀为由，请求将鸡足山金顶上明王庙（即阿育王庙）的天神迁往山下。[2]前者迁到山脚成为下土主庙，后者在当时则未果。

鸡足山还流传着一段明王托梦的故事，说明这次迁神活动曾经引起土人极大的恐慌。传说中，明王将被移往山下的当晚，托梦给鸡足山诸寺僧侣以及四方之齐民百姓，向其诉说："吾为老陕所控，已移于山下，今后不得赴迦叶殿祀我。"由于鸡足山众僧与山下老百姓皆做了同一个梦，隔日清晨，山下百姓不约而同依照明王梦中所托之事，上山迎接明王下山。[3]明王托梦故事的真伪与否并不重要，值得关注的是诸志皆录其事，这堪称鸡足山史上的重大事件，其神迹历历在目，史册不得不载。明王传统原来是护持迦叶尊者，正因越来越兴盛的佛教势力将此血祀的明王赶到山下，透露了后来新兴佛教正统势力排挤土人佛教护法天神的血祀祭仪传统。这个故事提供了地方"土人"在整个朝山活动中所扮演的角色，以及迦叶传说如何在古老佛教祖师与天神信仰的基础上脱颖而出的过程。

明王从山上被迁往山下，看起来是正统佛教取代血祀的地方传统，其实也是土官与象征正统的佛教势力合作，共同排挤了土人的传统。土官与文人们通过重新编纂特定的历史人物，将土僧祖师赞陀崛多和禅宗祖师大迦叶两者不同的形象联系起来，成为一组维系不同势力的宗教符号。象征古老的、土人的天神明王信仰，因不符佛教形象而被挤压，其像被安置在山脚下，成为土人所供奉的土主。清中叶之时，上明王庙也不敌各方势力，终被迁往山脚。二位

1　这部分可以参考陈垣书中《陕西僧与河南僧之争》与《水月田租之争》两部分，收入《明季滇黔佛教考》，第65~67页。
2　高奣映著，侯冲、段晓林点校《〈鸡足山志〉点校》卷5，第225页。
3　参考高奣映著，侯冲、段晓林点校《〈鸡足山志〉点校》卷3，第155页。又参考钱邦芑纂，范承勋增修《鸡足山志》卷5，第372页。

明王至今仍被供奉在鸡足山山脚的村子里，村人改称之为鸡足山大王与二王神，建大王庙与二王庙供奉之。

不论这些土神是天神、明王还是土主，其血祀传统与昔日王权吸收土神为佛教守护神的做法有关。大理四周之土官为了巩固其国家体系下之地方利益，在土人的朝山活动以及土神传统中建立了鸡足山的佛寺；当鸡足山佛教势力越来越大之时，也无形中排挤土人传统。天神明王被赶下山脚的遭遇，正是不同佛教势力进入鸡足山后，借由佛教仪式正统来打击土人血祀传统的结果。

小　结

本章主要从大理山乡与土官政治的角度来谈鸡足山圣地形成的过程。鸡足山之崛起，或许可被视为明末禅宗在大理兴盛的一个侧面。然而，从根植于当地社会的历史境遇来看，其真正的意义是：当明朝统治力量进入山乡之时，佛寺的兴建提供了一套可以容纳不同身份，政治利益与文化得以相互协调的机制，而鸡足山的传说与叙事内容也提供了一套丰富的历史符号与语言，使得不同人群得以通过这些符号找到共同相处的文化模式。本文特别着重于地方历史的境遇，尤其是四周土官借参与官府打击山乡夷民动乱的机会，将势力扩张到山乡，通过兴建佛寺合法化他们的地方资源与网络。在整个过程中，先有邓川阿氏土官在土人朝山之地修建迦叶殿、北胜州高氏土官护持传灯寺，后有丽江土司木增建立悉檀寺、请赐《大藏经》、封赐僧官等，乃至于带领鸡足山各寺僧众定期为皇帝与国家进行祈福。由此可知他们逐渐将鸡足山塑造成一个象征土官仪式正统地位的圣地。丽江土司木增邀请徐霞客撰写山志，清初姚安土官高奣映又再度亲自编纂山志，更可看出两位土官的意图不仅是兴建佛寺、巩固地方势力，还包括争取山乡的历史话语权。在这个过程中，不只是土官势力得以进入山乡，官府也试图用佛教仪式来整合刚被平定下来的山

第十三章 土官政治与鸡足山

乡社会,从庆丰寺、水月观音寺的兴建,到鸡足山寺院势力的延伸等,均可以看到鸡足山寺僧在四周山乡社会的仪式角色。至今,鸡足山四周的许多村落,还保留有以鸡足山为中心的历史叙事与村落神明的故事。另一股形塑鸡足山的重要力量,是外来禅僧乃至明末遗民。明中叶以来外省的禅僧接踵而至,明末遗民逃禅乃至永历帝南逃至滇地,又使得鸡足山更引人注目。

这座原来风景秀丽、灵验异迹的青山转型为鸡山大迦叶圣地,不仅满足官府治理山乡与教化的政治需求,也满足禅僧与遗民隐遁的宗教需求。但大多数人忽略了鸡足山本质上是大理四周土官社会用来面对政治变化的一种文化设计。明末曾流传"鸡山以庄田而俗"[1]之刻板印象,实际上,鸡足山之俗不在于佛寺过度仰赖世俗之土地,而是本质上,鸡足山圣地就是各种不同势力在政治竞争的过程中衍生出来的一种谋略。笔者并非否认其宗教上之意义,而是想要凸显一个事实,即神圣与世俗并存的鸡足山正显出土官社会所遇到区域政治的结构性问题:一方面通过重塑圣地以及建立佛寺,巩固地方势力,实践地方历史的传统;另一方面这也是他们用以面对现实世界的一种文化策略。当外来力量推动区域社会政治生态发生变化之时,他们通过强化地方的神圣性来抵制,或用相反的方法来说,以史积极的方式来争取地方历史叙事权。无论他们要用大迦叶、天神还是地方尊崇的祖师等象征性符号来强化历史,对土官社会来说,其真正的意义是,这些符号有助于他们重构区域之政治秩序以及重新分配地方利益。当然,对明朝官府而言,山乡难以治理,容易被摒弃为盗匪之窟,一旦加以治理,也必须仰赖地方传统与既有之政治秩序来维持之。总而言之,土官、地方文人以及抚滇官员们治理山乡社会时,有意识地通过佛教仪式的力量来巩固山乡社会秩序,这使得鸡足山圣地的传说成为一种集体的文化创造。

---

1 见陈垣引王元翰《凝翠集》,陈垣《明季滇黔佛教考》,第130页。

结语　合法性的追求：仪式权与历史话语权

合法性的追求，指的是西南人群为申明身份而做出一系列的行动与选择，而身份选择的背后都有其政治与宗教的考虑。长期来看，中国历史是一个不断往南方扩张与人口移徙的过程，但是，文化并非以单一的方向与形式来发展，而是在许多不同的地方文化与社会的基础上产生丰富的多样性。[1] 在中央王朝仪式正统的架构下，"中央与边裔"之天下秩序与宇宙观，使得地方传统沦为"风俗"，更极端的，许多地方人群还被编入"蛮

1　Herold J. Wiens, *China's March Toward the Tropics: A Discussion of the Southward Penetration of China's Culture, People, and Political Control in Relationship to the Non-Han Chinese Peoples of South China and in the Perspective of Historical and Cultural Geography* (New Haven: Yale University Press, 1954).

夷"之属。[1] 尤其明中叶以来，象征仪式正统的儒学义理与论述在整个知识阶层越来越具主导性，以中央王朝为中心的天下秩序也越来越具支配性，边远地区的人群如何适应与调节这种新的政治秩序，如何寻求人群内在利益，如何建立与外缘人群的关系，重组社会与整合地缘政治，是地方社会相当核心的问题。笔者采用"合法性"一词，主要想集中于政治与宗教双重的辩证关系，来讨论地方人群如何将此二者转换成一套历史叙事，并以此作为重组社会与适应外来权力运作的文化机制。

本书所描写的大理社会，是一个广义的地域政治概念，包括我在《隐藏的祖先》中所涉及的大理国八府，或至少是元朝大理金齿宣慰司的范围。为使讨论焦点不会过于发散，本书将西南极边的永昌府排除在外，并把研究重心向北延伸到川滇藏边境，也就是滇西北一带。这样的安排，部分原因是明初设金齿司，又改置永昌府，后来引起三征麓川之役，在边境形成一组完整独特的历史议题，这无法在本书中论及；[2] 更主要的原因是大理世族产生士人化情形，土官政治的中心从大理府往北转移到丽江府。土官政治中心从大理转移到丽江，也正好说明16世纪以来中国边区政治的问题。缅甸、吐蕃与大理原是大西南区域政治中三股均势的政治力量，中国若在缅甸陷入棘手的处境，那势必要巩固金沙江这边的势力。在这种平衡政治的局势下，丽江成为中央倚重的对象，其在川滇藏边境扩大领地，奠定结构性的优势。这使得本书在区域地理的安排上，更重视大理周边的政治生态与社会重组的过程。

本书从明朝统治下的大理精英阶层着手，讨论他们和邻近人群如何通过身份选择、仪式重整与政治联盟等方式，重新建构其社会内在与外缘关系，并尝试在此过程中讨论形塑西南人群多样性的历

---

1 岸本美绪：《"风俗"与历史观》，《新史学》第13卷第3期，2002年。
2 有关清初以来滇缅中间地带的讨论，可参见 C. Patterson Giersch, *Asian Borderlands: The Transformation of Qing China's Yunnan Frontier*。

史机制。本书也希望能在此问题脉络下，提供一个社会行动者的视角，重新检视族群（ethnic group）此人群分类的架构在国家边境所代表的意义。

大理世族们在二元政治的条件下产生士人化与土官化的情形，分别在乡里社会与山乡土官政治中扮演重要的角色。为使社会内在的流动与重构更加清晰，本书以大理世族为主要切入点，来分析维持社会内在与族群界限的历史机制。综观全书，大抵可从三个角度来析论之。

一　历史过程：身份分流与阶层整合

制度为人群分类奠定重要的政治基础，但真正使制度发挥力量的，是世族追求优越身份及其与邻人联盟的地方传统。这些世族以僧族、贵胄世子或部酋领袖等身份前往南京，被赋予官吏、土军、土官、土僧或者是国子监生的身份，成为朝廷拉拢的地方精英。但后来土流并置的二元政治又将这批政治精英划入两套不同的政治架构之下。这一段由政治精英和中央政权所建立起来的关系以及政治架构，成为他们返乡后重组社会的基本原则。

（一）白人身份的区隔与分流

大理世族，又称白人，在被形塑成"少数民族"的概念以前，他们曾以佛教阿育王的历史叙事来组织佛教王权，使"白人"指一种具有统治阶层身份的人群。明朝治理下，流官区的白人被编入里甲，致力于读书科贡，成为官府和夷民二者的中间阶层。官府倾向视之为近汉的人群，故将"白人"改为"僰人"，意即"古代的"汉人。同时，土官制度又将"僰人"视为土人，将之编为土官，受国家征调作战，定期朝贡，并保有斯土斯民的世袭采邑。"僰人"受到两套政治制度的支持并形成不同身份的人群标签。在"古汉人"的官府叙事框架下，白人内部产生许多辩证性的论述与认知分化的情形。不论被归入哪一种身份制度，白人都成为中央政治与西南社会之中介阶层。

前往南京朝见明太祖的世族集团，被划入僧官、儒吏与土官三类身份中。书中所讨论的僧侣集团有无极、赵赐和董贤家族等，而儒吏集团则有中乡赵寿、上乡杨森与杨士云家族，以及下乡的赵汝濂、李元阳和段子澄等。官府册籍也记录各种层级之白人土官，他们是分布在大理四周之土知府、土同知、土知州、土知县、土巡检，密度较其他周边地区更高。这三类集团为保障身份优势，所要经营的结盟对象与政治网络并不相同。

首先是僧侣。僧侣分为两类，一是象征禅宗法脉的感通寺无极和尚，二是代表密教法脉的阿吒力僧董贤。明太祖为巩固天下正统佛教，抬高无极和尚地位，使其成为统领大理府僧团与佛寺的代表人物。之后，密僧董贤又向中央朝廷争取阿吒力僧官职衔，他也成为统领"土僧"之特别僧官。明太祖优礼无极和尚，莫不有拉拢大理佛教僧团与世族社会的意味；但明成祖为巩固边境政治，复又拉拢另一派之大理密教僧人，使得董贤家族得以通过非正式的内臣势力建立起另一个与政治核心间的关系渠道，最终获得合法的土僧官地位。

不论是出家僧人还是在家的阿吒力僧，他们在地方政治中的角色已开始边缘化。表面上的原因是世族精英积极参与儒学科贡，年轻僧族世子多转为士人或担任儒吏。身份转向造成世族内部分化，原来的僧族集团联姻网络也越来越松散，此等种种促使僧族往其他的渠道争取政治资源。阿吒力僧转向内臣集团，串通一气，后来沦为士人口诛笔伐的对象。实际上，更根本的原因是，佛教传统的合法性基础已在大理政治中崩解，在华夷二元文化架构下，佛教被视为夷类之属，沦为仅具在礼教未及之边境教化"顽夷"的功能。是以，即便大理邻近之土官也必须建置儒学，明志以表向化。

其次，成为士人是一种有利的选择。世族精英转型士人，其初有来自制度性的鼓励，后来逐渐成为积极刻意的安排。朝廷施以优礼政策，派其担任南京国子监生，也鼓励其在土官衙门担任学官与儒吏。他们先被派往各地担任学官，有的留任移徙他处，复又返回聚族于太和县；有的在土流衙门担任吏员，定期往返于就职地与布政使司衙门，甚至北京，终老他处。转型为士人的世族精英有赵赐到赵汝濂一支系，其族在大理宗教地位崇高，转型为士人后也意味着大理社会所面对的结构性转变。除此以外，我们在史册上依稀还可以看到充为四川边城儒吏的白人身影，其历经千里，以未娴熟儒学经文为由，向皇帝乞求返乡再受教育。这是相当有意思的议题。儒教教育是促使身份流动的渠道，但在边境地区，它成为一项具有政治意义的文化资本。这类故事应有许多，但不及详加讨论。边境社会往往政治资源匮乏，故官员与士子以设置儒学的方式来积累其政治资本，反而产生一片正统教育日益繁荣的景象。

再次，白人的第三种选择是土官。本书以澜沧江和金沙江沿岸的白人土官为基础，来讨论滇西北之政治生态如何由以白人为中心，逐渐转移到两江之外缘的丽江木氏。明朝以白人近汉，故以流官与羁縻治理的双重策略来拉拢他们。究竟是担任土官，抑或转型士子，哪种方式有助于维持世族之社会地位？大理世族抱持的两可态度维持了很长一段时间。一是中央王朝为抑制白人世族的势力，将非白土官安置于太和县四周山乡，先是封赐南方百夷人阿氏担任邓川州土官，令其统领大理北方到西边山乡，直抵澜沧江一带。很明显，其刻意抬高百夷土官在大理西北外缘山乡政治的领导地位。二是在南方担任蒙化州土通判的是㑩夷左氏，后来升为土知府，其抬高了左氏土官之重要性。这些非白土官的政治布局，旨在抑制大理核心区之白人势力。此外，在北方吐蕃交界之区，白人土官仍是重要的中间势力，澜沧江畔的云龙州段氏土官，既是白人客商，也是夷酋女婿；北方金沙江沿岸的政治势力，主要仰赖鹤庆府、北胜州与姚安府二府一州的高氏阵线。高氏是长期控制金沙江沿岸与滇藏蜀交界区之核心势力，也是大理北方之政治屏障。综合太和县四周土官政治布局，可观察到明朝对白人政治部署双重间隔的策略，一是在空间上部署一道非白土官的中间势力，二是在制度层面区隔并分化大理土人和土官的身份界限。

白人土官面对的是更为复杂的政治局面，他们平时受兵部调派，受征召前往边区作战；其世代承袭，受宗支图的制约，在通过层层考核与批示时，又必须和中央朝廷各部院之非规范权力网络打交道。在地方政治上，他们另有隐忧，主要来自两方面：一是卫所军屯入驻其境，势力越来越大，而此时，土官原有之盟友多转为士人；二是官府设置盐井灶户以及采银新兴势力兴起，其传统领域不仅受到严重的侵削，土官社会内部的社会关系也开始松动。正统年间，鹤庆高氏被革除土官职衔，这应是中央对白人土官所采取的一项极为严峻的政治行动，对金沙江高氏联盟阵线产生极大的威胁。同时，大理府和姚安府之间的二百年的铁索箐动乱，则是各方流动人口与地方土官对新兴势力的反制。以上种种都说明了以大理为中心的白人土官受到新兴势力的影响。

中央王朝政治体系内部的自我疏离与矛盾，使得白人社会在上述三种身份架构下失去其内部的共通精神，僧人、士人与土官各有其不同的社会网络与发展策略；中央王朝也随着其不同的社会网络，将治理技术（statecraft）传播到不同的人群中。

（二）土官联盟与女性

部酋往往通过联姻建立政治联盟，而白人尤善于以跨人群联姻的方式扩大结盟。明初，鹤庆高氏先和北方丽江木氏进行联姻，后来也与四周邻近土官，包括邓川阿氏与剑川赵氏土官等联姻。然而，鹤庆土官被裁革，暴露了金沙江沿岸土官势力的缺口，也使得高氏联盟阵线之政治重心即将从鹤庆转到丽江木氏。

土官制度使得联姻的政治传统产生微妙变化，双边政治因而产生权力的挪移与重心的倾斜。这里的挪移指的是取代既有的领导地位，倾斜则是政治重心的转换。此大抵可以分为两个方面来谈。第一，澜沧江沿岸的崇山峻岭原是不同部酋与夷人共享之领地，其土酋是阿昌早氏，他招前来山乡贸易的白人客商段氏为女婿，明初段氏受命为云龙州土官，阿昌早氏反而成为土官之辖民。这使土官联姻政治产生身份挪移与政治取代。另一个例子，白人里长张氏为避免流官的直接治理，遂支持山乡俸夷左氏担任蒙化土官，形成张氏里长领粮，左氏土官领军，合作塑造南方蒙化府政治联盟二元势力的格局。在初期的土官政治中，白人张氏仍保有其支配性，尤其表现在张、左二姓联姻以及张老夫人扶植四代土官，此为跨人群的政治联盟创造出来的具有共享性和庇护性的社会关系。最后浮现于历史台面的还是以左氏为主的土官政治，这可说是跨人群联姻后所产生的政治倾斜。

第二，金沙江沿岸的土官社会形成另一种政治格局。么些政治向来以氏族内婚来分享共同神话与既有辖域，然丽江木氏为维持土官优越地位以及避免氏族内部其他支系的政治干扰，越来越强调跨府与跨人群的联姻。明初，木氏先与邻近么些部酋联姻，后来逐渐扩大到其他结盟的对象，先跨越金沙江与东边北胜州高氏结盟。后来，其联姻的范围越来越广，包括滇中姚安土官高氏、滇东武定土官凤氏以及蒙化土官左氏。这种原来是平行与对等的土官势力，随着丽江财富增加、土官承袭折银与资源争夺治理的情形而产生倾斜，也就是川滇藏边界之土官联盟逐渐形成由丽江木氏为主，白人土官为辅的局面。

联姻是产生社会与政治资源的重要方式，白人也因而继续和不同人群联盟。如蒙化张氏的结者是山乡的左氏；客商段氏入赘于早氏，北方高氏和木氏维持了越来越频繁的联姻联盟，这种联姻结盟与其说是跨越白人的人群界限，毋宁说是地缘政治阶层性使然。

结语 合法性的追求：仪式权与历史话语权

随着土官承袭所引起的纠纷，此地缘阶层结盟不断被强化，也不断往外延伸并扩张。土官政治也溢出斯土与斯民的内部关系，进而成为边疆官僚体制下的衍生集团。这种联盟的模式很难说是白人特有的，然经由白人和非白土官联盟，土官政治势力的扩张是显而易见的。

女性在地缘政治中的角色越来越重要，其是沟通双边势力的重要媒介。在土官社会中，她们可以是女儿、妻子与母亲三种不同的身份，其象征以及所指的意义也有所不同。以行动者的"女儿"身份来说，其联结着父亲与女婿两方。她既是父亲势力的延伸，也是女婿势力的延伸。然而，随着土官内部继承纷争逐渐增加，土官妻子和母亲的形象越来越被凸显。妻子意味着土官的靠山，而母亲则意味着巩固土官的子嗣。政治危机不同，土官社会中被强化的女性身份也不同。其中，"嫡妻"的身份尤其重要，明朝之土官制度并没有限制女子承袭土官，所以，夫死由妻代袭，是为嫡妻。嫡妻具有选择未来土官及其妻子的职责，后来成为嫡母，成为守护土官承袭制度的一种特殊的身份设计，这也意味着土官嫡妻家族在夫家土官政治中扮演稳定的角色。嫡妻与嫡母扮演巩固父子世系相承的关键性角色，其功能在于确保土官头衔得以在世系内部依序传递下去。本书论及金沙江沿岸的北胜州与姚安府土官，便相当仰赖丽江木氏作为嫡母的一方，来维持其世系的稳定性。这种长期的联姻网络，正是高氏世族逐渐疏远白人社会的主要原因；[1] 而这也是丽江土官在其辖境以外，以女儿来扩展政治实力的方式。

外表来看，嫡妻与嫡母只是辅助或补充土官父子世系继承制的中间角色，但实际上，从澜沧江沿岸之云龙土官妻子罗氏携子而去

---

[1] 高氏土官的族属问题常被提出来讨论，主要有白人说、彝人说与汉人说。学者已注意到，必须注意其母系的传统。见周琼《从高奣映的族属争议看云南历史上的民族关系》，收入沈家明主编《高奣映研究文集》，第89~106页。

所引发的一系列土官争袭事件中,也可窥知其不只是补充性角色,在土官联姻的对等原则下,嫡妻/嫡母更可能是根植于地方传统之拟制度性设置,是平衡政治的角色。

联姻也是大理士人维持社会关系的重要渠道。自南京返回家乡的士人,如杨森、杨荣、段子澄、赵汝濂与李元阳等,也在乡缘基础上重建士人的社会网络。他们彼此以姻亲关系形成一套历史书写文化,包括以族谱和墓志铭等文类重建世系与祖先的历史。吊诡的是,女性成为这些从事历史建构的精英网络背后一股看不见却极为清晰的社会力量,这也造成一种特有的书写语境:为区辨异己,他们以跨越父系的氏族或祖地传说来建构祖源论述。历史书写背后的地方精英间的联姻关系与政治脉络,才是我们爬梳不对称的、多元历史叙事的关键。

(三)阶层化的土官社会

白人的身份分流及后续之联盟网络,使得本书必须不断越出将白人社会作为人群或社会的讨论框架。士人集团通过联姻与交友成为越来越清晰的人群,而土官彼此间也通过联姻与合作凝聚为独特的政治集团,此二者都具有身份阶层化的发展趋向。尤有甚者,土官为巩固世系内部的宗子世系,刻意和氏族内部人群进行隔离,使其更倾向于建立跨人群的联盟。这种阶层化的身份集团带有强烈的联盟性格,在整个西南山乡形成越来越强势的政治结盟体,也和流官治理下的官僚体系形成性格迥异的二元政治。

土官制度是中央王朝羁縻边境政治的权宜之计,其一方面具有区辨边境人群的意味,另一方面又依此区辨土官的身份意义。通过土官政治的运作,我们才得以进一步观察土官与其辖境内以及其邻近人群间丰富且具有层次的流动关系,包括与之相互联盟与依附的其他人群——其或而以无文字、刀耕火种的方式散居于山谷之间,或被称为夷人、彝人、阿昌、倮夷、傈僳、西番或古宗等,并以各种不同他称来命名之。概略来说，他们在以土官政治为中心的阶序结构下，被分为土官辖民与非辖民两类，也因而产生不同层次的责任与义务。在这种概念性的制度编排下，我们得以针对那些游走于不稳定政治体系间的游移人群进行描写，其无事则为夷属，有事则被描写成盗匪之渊薮。如果将澜沧江和金沙江的土官政治结构进行宏观讨论，我们将发现由丽江木氏及其联姻网络所支撑的金沙江沿岸之土官联盟，成为越来越重要的土官政治之重心，而澜沧江沿岸的土官们在流动人群的冲击下形成越来越松散与零碎化的政治关系。

简单来说，白人身份的分流使其社会界限被不断淡化，但作为地方人群与新政治架构的中介者，他们也不断促成各种不同人群间的整合，并推动政治阶序化社会的形成。在此历史过程中，白人将用文字所撰写的系谱作为一项知识与技术，传播到非白人土官社会中，使文字书写作为累积声望与整合人群的政治资源。

二 历史书写：经典化与正统祀典的文化工程

土官发展出一套书写的历史（written history）来巩固与强化世系的政治声望，其目的有二：一是向国家宣称其具有异质性的历史本质；二是向世居人群宣称其具有仪式与神话的代理人性格。在这个过程中，白人历史书写的传统以及官方正统祀典架构为此"异质性"论述提供合法的渠道。

白人将建构系谱的知识与技术带到土官社会。系谱建构主要与巩固身份和仪式权有关，土官们为适应国家阶序化的仪式祀典，也采取一系列历史编纂的文化工程，其内容包括重新建构神话起源、世系以及祖先世代功业等。在此知识传播过程中，大理士人及其邻近人群逐渐产生两类历史叙事的图像：一是线性的历史（linear history），由正统历史叙事所支持；二是复线（bifurcated history）、多元的历史，主要通过传说与神话的形式来表现。[1]这两种理想的历史典范并存，便成为官府与地方社会沟通、协调与对话的平台。

（一）经典化的书写：综合主义下的"异"与"己"

保罗·惠特利（Paul Wheatley）曾针对早期中国南方文化进行分析，指出：南方人群通过宣称祖先来自中国或信仰佛教来区分华与蛮，并以中国经典或佛教信仰将周边人群（indigenous folk）纳入具有政治与宗教意义的宗主领地（Chinese metropolitan territories）。[2]此观点不仅颇具洞见，而且应获得更多的讨论。这不仅打破族群为一种本质性存在，或是单方向制度性设置的观点，而且指出了各种不同性质的文字书写以及知识传播在整个南方人群中所呈现的更为广泛的意义。在西南土官阶层化的扩张过程中，大理士人以特定声望（heritage，如具有文字书写能力、谱系关系与信奉佛教等条件）跻身城市政治精英，采用佛教与儒教的双重经典，来建构系谱，他们将祖先追溯到古中国或古印度，使士人和僧人都得以在周边人群与政治空间中拥有更大的优势。在二元政治的治理框架下，这种双重历史叙事被发展到极为细致的地步。本书在讨论僧人、士人或土官三种身份集团时，发现他们都曾试图将身份联结到一份有意义的系谱关系中。基本上，所谓的有意义的系谱关系分为两类，一是正统历史的"我类"；一是边境人群的"异类"。

世系的历史不是法脉就是血脉，也就是师承或祖先。以佛教僧

---

[1] "线性历史"指人类历史发展有其方向性与目的性，国家与特定权力倾向以此叙事来建构其正统史观；而"复线历史"强调不同群体为追求自身之意义，对过去知识进行各种不同的表述。参见 Prasenjit Duara, *Rescuing History From the Nation: Questioning Narratives of Modern China*。

[2] Paul Wheatley, *Nāgara and Commandery: Origins of the Southeast Asian Urban Traditions*（Chicago: University of Chicago, 1983）, pp. 392-393.

团为例，他们或源于中原正统的禅宗法脉，如无极和尚源于中原法脉，此师承源流有助于建构西南佛教源自中土佛教的历史叙事。其不只具有宗教的意义，也有政治正统的暗喻；相对的，赵赐家族宣称法脉来自天竺之密教，有的僧人宣称祖先是天竺婆罗门僧，他们都试图通过血缘或法脉世系建构其异质性。法脉传统象征着一套根深蒂固的文化底蕴以及其自成体系的历史叙事，在当地社会具有身份的优越性。极端的例子是董贤，他称祖先为异类，以神话式的鸟卵氏族传说来强化其世居居民身份。同样的叙事结构也出现在新兴的士人集团之间，他们逐渐采取祖先南京人或是流寓南中的方式来攀附正统历史叙事；另一批世族精英则自称为哀牢九隆族裔等。这种分类方式将边境人群分为两类，即异类世居居民和他方流徙之人。

起源论述有其地方脉络，不只是为了重组社会内部的秩序，也有与邻人区隔之意图。宣称成为正统历史之"我"类或者"异"类，各有其语境脉络：若把世系起源整合到正统历史叙事架构中，有利对地方社会人群宣称其优越性；若强化世系起源之他者性，则有利于向中央王朝宣称其乃世居居民社会的代表者。潜藏在此起源论述背后的是一个"中央与边陲"的政治与文化秩序想象。对边境人群而言，他们想要通过这套政治想象在邻近人群中产生差异的政治格局，甚至成为具有边境代表性的人群。参与其中的有中央王朝对边境人群的文化想象，也有边境人群对中央王朝的想象，此历史叙事应被视为文化竞争与创造的场域。在边境二元政治架构下，白人一边建构"异类"的形象，一边不断地调整其"正确的"历史叙事来寻求有利的身份优势。再者，神话（myth）与系谱（genealogy）是两种不同的历史语言，神话攸关人群起源，而系谱则提供攀附的依据。在华夷文化架构下，大理世族社会之分化与文化选择，使世居居民异类与南京祖先两种迥然不同的起源论述皆有其优势。这两种人群来源的分类逻辑，也影响大理世族对其世系攀附之走向与文化诠释。土著异类，起源于非人，是神话式的历史；南京祖源，起源于汉，趋近于华。居于中间的有自称诸葛武侯留守将军之后裔，有自称唐将李宓与何履光之后裔等。为宣称其身份的合法性，他们善于以文字谱系来维持世系祖先的叙事，并在此二元政治架构中标志其身份与地位，这也成为其与邻近人群联盟或厘清社会界限的符号。

僭越的过去是一段刻意要回避的历史，所以，不论神话还是系谱知识的建构，都仰赖官方既定的文类与体例。从太和县的士人如杨森、赵寿、段子澄、杨士云、李元阳、高斈映等所留下的文字得知，他们以不同的文类来重构地方历史，包括墓志铭、寺院碑刻、族谱与地方志书等，这些文类在"形式"上完全符合正统文化的表达。这些白人士人在面对正统文化的同时，有意识地在不同文类中保留丰富的历史线索。首先出现的是以墓志铭为主的历史叙事，为回避政治不正确的"僭越"历史，其以九隆氏或九隆族来概括集体的过去，部分士子也附会其祖源来自南京的说法。他们以巧妙的书写态度，保持与汉人间若即若离的区隔，并将这种二元书写的文化视为改变身份的技术与力量。其次，李元阳在正统历史书写格式中，将这类"僭越"的历史编入《大理府志》与《云南通志》之"古迹"与"羁縻"类中。这种做法是当时志书之异例，也被官府所接受。吊诡的是，李元阳的好友流寓文人杨慎，比白人士子更积极地将不符合体例的传说编成《滇载记》与《南诏野史》，留下许多古老的神话与传说。整体上来说，这些文本呈现相当的分歧、不一致、挪用与混淆，也有神话与历史杂糅等特质。若将书写者的身份、文类相互比对，可以看出这些书写者用不同的文类将不同版本的历史与传说巧妙地记录下来，虽不知是不是士人间的刻意安排，但可以看出文人集体书写的文化。

这种文字书写的技术、风气与传播曾引发一连串的连锁反应。

李元阳受官府之托撰写地方志，依据府州县的行政范围与志书架构来论述地方历史，其以府州县为中心，意味着山乡是边陲之区，或是荒陬之地。但从土官的角度来说，山乡正是其辖地之所在，从政治治理以及宗教象征意义上来说，山神信仰是其统治领地的核心。丽江府的土官木增与姚安府的土官高䫥映，在明末清初积极编纂《鸡足山志》，其以山乡为中心，以地事人，以地系史的叙事架构，是对官府地方志书内容不足所采取的平衡举措，此应被视为土官对官府方志书写视角的一种抵制。两次编纂皆采用志书之格式与体例，吸纳许多不容于当局历史意识形态的龙神与神话传说。在高䫥映版的山志中，甚至将云南划归古天竺辖境，宣称云南在地理空间中曾是"古老的印度"。此叙事与地方志书试图将西南纳入中央王朝之"华夏版图"迥然不同。而这种古天竺的历史叙事，也成为结合山乡土官政治与佛教仪式正统的一次文化创举。杨慎撰写的"野史"象征着士人对遗忘的王权历史所抱持的积极态度；高䫥映的《鸡足山志》是对零碎化的志书叙事的间接评论。直到清初，佛教神话与古代历史重新以另一种章回小说的形式出现，大理刊刻了《白国因由》，鹤庆乡士大夫刊行了《掷珠记》，此二者皆是地方社会对其历史记忆重组与再造的文化表现。换句话说，这些文类为分歧的社会记忆与人群提供了更多元的发声渠道（图14-1）。

　　分歧的历史叙事虽不利于考证，却有助于我们认识不同的行动者对历史的主观的想象与期待，尤其是他们对"正统"的认知各有不同。大体来说，正统文化标签大约可以分为三类：一是象征中央政治正统；二是象征地方正统；三是象征宗教正统。人群采用中央正统符号时，虽有助于其表达向化之意，但这些符号随着语境不同产生意义的转折。如南京似乎不只是地名，也意味着明初洪武皇帝对他们曾经许下的承诺；诸葛武侯虽是历史人物，但也代表着古老的军事正统；相形之下，九隆与鸟卵此异类起源，则意味着地方正

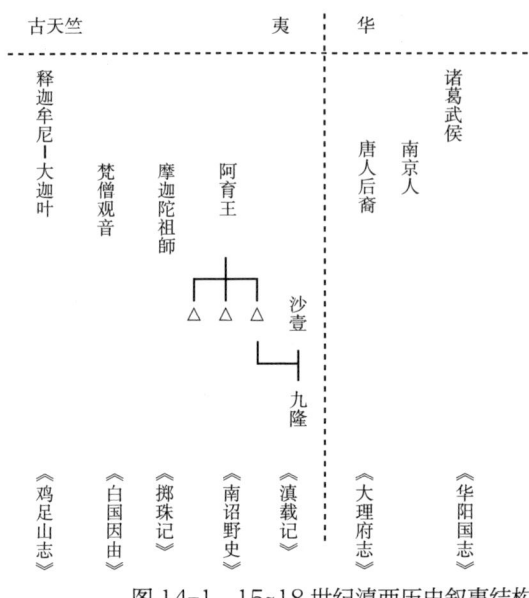

```
              古天竺                  夷           华

      释  ─                                         诸
      迦   大  梵   摩   阿                          葛   南   唐
      牟   迦  僧   迦   育                          武   京   人
      尼   叶  观   陀   王                          侯   人   后
           ─  音   祖                                         裔
                   师
                        ┌──┬──┐
                        △  △  △  沙
                              壹
                              │
                              │
                              九
                              隆

     《  《  《  《  《              《  《
     鸡  白  掷  南  滇              大  华
     足  国  珠  诏  载              理  阳
     山  因  记  野  记              府  国
     志  由  》  史  》              志  志
     》  》     》                   》  》
```

图 14-1 15~18世纪滇西历史叙事结构

统。再者，这些文化标签各有其"虚"与"实"的两面，两者相互牵动。"虚"是指符号本身有助于人群累积声望，并以相互攀附与仿效的方式来建构之，而社群也得以采用各种综合（synthetic）的方式来重组与编织故事；"实"指不同地方脉络下人们对身份的追求，这些符号本身有助于人群组织社会、建立秩序，甚至与邻近人群产生区隔。不论采取什么性质的文化标签，这些用文字表达过去和现在系谱关系的意图，其外在的形式是士人性的，也具有向化意义；然其内在呈现不同程度的不连贯性与断裂性，这与现实社会和日常生活的潜在区隔有关。

　　历史书写之所以产生这种多样性，主要与从口传到文字书写时，不同身份人群在记忆过去时所采取的不同书写策略有关。口传与文字社会并不是线性的发展关系，不是口传社会消失，文字社会便取而代之。他们之间是并存的、复线的，甚至也会产生交叉攀附与仿效的效果。这些分歧的文类与文本，正好说明不同人群处于不对称的社会条件之中，人群的流动与身份分化使其杂糅出不同的叙事文本。即便历史叙事内容没有产生标准化的版本，也透露出不同人群对历史话语权与诠释权的强烈需求。我在书中无意将这些分歧的文字书写导向考据或实证性的研究，这些多元的叙事反而提醒我们人群在适应新的文化时所产生的复线的思维，而这正是明清西南历史与社会的特殊之处。

（二）仪式正统

历史思维及其叙事风格，与地方社会的运作密切相关，而其中的关键是攸关庶民日常生活的仪式权。如果说，文字书写是乡民社会将历史"转译"为政治宣示的过程，那么，这转译背后应包含他们当下正在处理的身份与仪式问题。

仪式分为一般祀典与土官祀典。正统祀典包括乡里仪式、庙学与官祀。明朝对正统仪式的推动分为两个时期，一是明初所颁布之乡里社祭；二是嘉靖年间的正祀典。大理社会对这些礼仪政策的吸收与适应是相当敏感与灵活的。有一批担任儒吏与学官的大理世族在佛寺举行乡里社坛祭仪，将佛寺一庑改建为乡士读书之所，使佛寺兼具社坛与社学的功能。较为宏伟之段、高二氏之佛寺则被列入官寺，甚至成为官员举行习仪朝贺仪式之场合。在明中叶嘉靖正祀典的礼仪运动中，依附佛寺的正统仪式越来越遭人诟病，而佛寺的正当性也大为降低。庙学与书院浮上历史台面，与之相辅相成的乡贤名宦祠与报功祠等官祀架构，为乡里社会提供重新讨论历史正统与人物的机会。于是地方官员致力于将符合正统叙事的历史人物供奉在堂庙中，如诸葛武侯与李宓将军等征边的名将。大理世族也期待将祖先抬升为合法祀典的对象。这些被视为"共同祖先"的历史人物，也就以乡贤名宦与功臣的名义在乡里受到百姓之供奉。

同时，为确立士人身份，大理世族着手撰写家谱并兴建宗祠。明朝颁定家礼，规范士人祭五代祖先之原则，但这与大理世族之实际处境略有违和。[1] 这些世族之祖先多可溯及南诏名臣，祭祖不仅止于五代，况且其祖先留下之佛寺常住多是昔日国王赐予的授田与职田。于是这些新兴宗祠几乎伴随佛寺荐祖之传统延伸而来，宗祠多与佛寺并列。这些世族支系若被划入土军之列，多追溯祖先为唐将功臣或边臣后裔，如李宓及其部属，或更古老的诸葛武侯留将等。这些宗祠成为巩固边臣名将历史叙事的工具，也成为足以与邻人匹敌的文化标签。

从李宓将军的祀典可以看到社会内在的冲突与妥协，表现在边臣祖先和龙王信仰的竞争上：昔日佛教在吸收地方泛灵信仰时，将山川大地洞穴山脉等神明泛称为龙神；当地贵族英雄人物死后也被封为土主或龙王，二者在功能与性质上重叠。正德年间赵赐家族争取将李宓视为龙王，修建龙关龙王庙一事，说明大理仪式专家面临一个关键的转变，即僧族身怀驭龙法术，为抬升唐人边臣在佛教祀典之地位，故将李宓将军封为龙王。他们所遇到的挑战来自官府和邻近的土军世家，前者封李宓为官祀，后者则追认李宓为祖先。另一个相反的故事是段赤诚。他曾是段氏之祖先，也被封为龙王，但因为官府祈雨验效，被封为洱水神，成为官祀之一。这种边臣封功的祀典也影响汉人卫所家族：清初裁撤卫所，明朝屯驻蒙化之汉人千户家族也采用"军功"的方式，纷纷向官府呈请建置报功祠，将宗祠提升到边臣祀典的规模。

整顿乡里仪式时，大理乡士大夫也积极参与重塑地方历史的改造计划。他们将祖先抬升为祀典之成员，或将祀典之人物视为祖先，这与根深蒂固的"圣贤即祖先"政教传统有关。符合大历史正统叙事的人物被提升为正统的祀典；"僭越"的人物与历史叙事则往下流动，也往边陲山乡流动，成为乡里仪式祭典的依据。正因为如

---

[1] 这部分可以参考广东珠江三角洲宗族礼仪的演变，见科大卫《祠堂与家庙：从宋末到明中叶宗族礼仪的演变》，《历史人类学学刊》第 1 卷第 2 期，2003 年。

此，乡里所保留的国王神明与山川仪式祭典，成为士人采集民间文献与组织历史时，不可被忽略的历史资源。这种往上与往下流动的祀典与历史叙事是两种不同历史思维的模式，随着乡村人口流动、重组以及社会内部与外缘条件的改变，民间社会得以通过神明的叙事来重组乡里内在的秩序。换句话说，"历史人物"的叙事是乡里社会用来争取仪式权的文化资源，乡里士大夫将地方之龙神、英雄与祖先神，等同于官祀架构之山川、风雨与乡贤名宦，并以边境特殊历史条件来说服官员其因地制宜之合法性。

土官祀典也很重要。大理邻近之土官也逐渐采用建构系谱与正统祀典的方式来宣示政治声望与其在辖境内的合法地位。正德以来，土官在辟邪崇正之政治氛围下，除了积极兴建庙学以示向化臣服，还在辖境建立符合"诸侯"身份的家谱与祀典。

土官以诸侯封建领主自居。首先，他们在辖境内建立庙学，鼓励世子读书；其次，建置土官家庙，宣示其在辖境内的政治地位。其在建构土官世系时也涉及世系来源的问题。蒙化府土官左氏，在母族张氏的支持下，将其氏族的历史追溯到南诏国王的世系，并兴建象征南诏国王细奴逻的佛寺为家庙。配合家庙，也开始撰写家谱，以系谱追溯的方式，巩固土官宗子的领导地位。丽江木氏土官也开始编写木氏宦谱，建立木氏勋祠、山神庙等，宣示他们在特定领地辖境中的象征地位。不论是蒙化左氏还是丽江木氏，他们以封建藩臣的姿态编写宦谱，其体例是政治正统的，符合王朝对可追溯的、文字的、父子相继的世系伦理的书写架构。

重要的是，土官在学习系谱书写时，也试图将其地方传说与神话吸收到系谱之中，这使得土官系谱不只是土官世系的历史，也包括氏族部酋政治承续的历史以及开天辟地的人类神话起源。为满足中央与地方二元政治的精神，土官家谱包括两种，一是线性的系谱叙事，二是神话起源的叙事。线性的系谱向中央王朝宣示其世系之伦理以及宗子担任土官的合法性；而神话起源的叙事则确定了他们在特定辖境内，拥有举行最高祀典的政治地位。不论是吸收地方神灵信仰还是成为国家边境之次级官僚机构，佛寺作为土官政治的延伸机构还是得以获得持续性的发展。

（三）历史心性：他者的历史话语权

历史对民间而言，往往有一套阐述仪式权的潜脉络。历史必须经由正统符号来组织，不论是官府努力抬高武侯，还是土官集体将鸡足山塑造为佛教圣地，两者都以仪式与宗教的形式来建构历史，其神话性是不言而喻的。诸葛武侯是一位古代仁厚的政治家，而大迦叶是佛陀托付未来法脉的禅宗祖师，分别是古中国与古印度的典范人物。在古中国与古印度两端的历史叙事中间，可以容纳许多不同的历史人物作为承载意义的符号，包括过去的国王、后妃、贵族、祖先、外来的唐将、外来的僧侣与佛教守护神等。而这些叙事内容一方面可以合法化地方文化，另一方面可以和官祀体系相抗衡。于是，昔日"僭越"的历史人物，也得以安置于不同的祀典架构，如乡里设置社坛、山川祀典乃至于扩大乡士大夫对乡贤的定义。

鸡足山佛教圣地是地方士人与土官、土官与流官、土官与皇帝、地方社会以及佛教各宗派势力彼此寻求最终平衡点的一种文化设计。木增向万历帝要求赐悉檀寺寺额、《大藏经》和封赐僧官，这无不表现木氏在山乡政治局势中争取领导地位的具体做法。最终，这种直接将古大理视为古印度的说法，也为不同人群所默许。

笔者以"去自我中心"的他者化叙事来表示特定身份阶层对斯人与斯土所采取的文化策略。为争取仪式支配性，他们将祖先身份和领地的地景分开处理，以不同程度的自我偏离来建构二元知识。为成为具有正统身份的士人，他们建构一套祖先源于政治中心（南京）的历史叙事，僧人则依附禅宗法脉；土官则以藩臣勋功名义建构其地方政治之地位。此三者分别以不同性质的仪式来建立社会关系。没有列入上述身份的是乡里百姓。本书间接以乡里祀典来说明基层社会的集体意志：他们在乡村继续供奉香火，不论是昔日的国王后妃、贵族祖先、佛教神祇还是守护神等。阶层化的社会结构由身份与祀典架构所支撑，历史叙事亦然。换句话说，古代／僭越的历史由乡里社会所支撑着。

不同人群在身份重组与仪式重构的过程中，对祖先产生不同的想象。官祀鼓励边臣后裔或汉唐移民的历史论述，使得许多大理世族也宣称其为古老之中原移民，随之也就创造出另一群自称为异类的人，与此类正统叙事相抗衡，身份的历史叙事也在华夷二元架构中彼此形塑。从地方逻辑来看，若要扭转"西南即蛮夷"的偏见，势必将地方文明攀附在古天竺之所在地，才能与此失焦的叙事相抗衡。中国的古典文献所能提供的知识体系不足以涵括其历史经验，这使得他们要采用"自我偏离"的方式来论述历史，而这正是"他者化"的语境脉络。不论如何，大理士人、乡民和土官们，他们在既定的认知框架下，为其身份找出符合其日常生活准则的语言与意义体系，并以此来认识彼此。上述两种外表互斥的历史叙事，表达了共同的历史心态。虽然宣称不同的起源，但不同的身份集团共享着相同的心理图像与历史模式，指向身份正统性与优越性。

本书一方面从书写者的境遇解构其历史叙事，另一方面也通过书写者身处的社会的结构转变及其面对危机时所采取的策略，来厘清人群分类与社会秩序重建的过程。

三 社会流动与仪式

在西南深山丛箐中，宗教性的神话或符号是人群用来区辨异己与拉拢关系的文化语言，而神圣喻义的传统领地（territory）也成为维系社群与政治运作的场域。然而，国家在边境实行官办盐井与官办银厂，冲击土酋政治网络，其所引发的流动人口也使得社会关系越来越紧张。再者，嘉靖年间官方为推动正统仪式，将既定之土地设定为仪式运作之物质基础。流动人群为重组社会，便以巩固仪式权的方式来确定其身份与人群的合法性，随仪式而来的土地所有权的问题则将社会内部既有的政治问题推向经济层面。万历年间之赋役改革，人群更频繁的流徙，他们也越来越依赖新的仪式语言作为重组社会的媒介。这些都使得仪式从维系社会结群的意义体系，变成用来组织社会且具有经济动员意义的工具。

（一）社会流动

对山乡产生冲击的政策，除了土官羁縻政治外，还有官盐制度。大理东西两方山乡对官收盐井的适应情形不一。明初先是派员接收东部的白盐井，致使山乡长期陷于动乱，先有自久之乱，后来山乡扰动不止，史称赤石崖铁索箐夷乱。相对的，西部云龙州虽也设置盐井提举司，然因地理偏远，委由白人土官主导盐务，故维持其既有的运作模式。嘉靖年间，太和县民以灶户身份移居云龙承揽盐务，多致富改仕，推动了云龙州的改土归流。也因为如此，灶户与土官在资源分配时成为相互抵触的力量，先是云龙土官退地，留守澜沧江之外；随之，以灶户为中心的货币化经济发展到北边之山场，造成与兰州土官相互争夺劳动力的局面。这些都可以看出盐井治理对人群流动与山乡政治生态的改变。

官府在大理东边山乡开办银厂，也冲击地方社会与经济的生态平衡。明初先在大理东部宾川一带采银，一路往北在邓川州与鹤庆府边界设置南北衙两大银厂，民间私采之风也带动更多外来势力与新兴流动人口。再者，明朝视差发金银为西南特别赋贡之一，其以制度化的方式将贡金摊至各府，白银成为极受欢迎的货币。这两项政策原来互不相涉，后来却共同引发地方财政的诸多问题。正统年间，在大量的流动人口以及有限的粮食生产下，大理内部开始产生资源分配与社会失衡的情形。差发金银的特别赋贡造成人口移徙逃赋,脱离官府的治理。尽管我们对当时山乡商人的认识仍相当有限,然介于官府与土人中间的人如灶户与官办商人等,也借由制度力量将其势力延伸到深山与官府势力不及之边界地区。当16世纪末象征国家代理人的灶户与卫所势力不断深入山乡时,他们和土官终在制度的末端成为相互抵触与竞争的两股结构性力量。

正是对金银的大量需求造就了丽江的重要性。丽江是盐井与金银矿之重要产地,丽江土官利用国家倚重之边臣势力向北方川藏边界拓展领地,又向南与云南诸土官联姻结盟,随着白银货币化,丽江土官逐渐加强对南方农业生产领地之控制。丽江土官不仅利用边境土官的政治身份,也善用白银货币化的优势,使自己成为主导西南土官政治且富可敌国的边藩人物,并以跨府异族联盟的方式来抑制国家势力在山乡的扩张。明中晚期以来,木氏势力往南经鹤庆、邓川,到鸡足山,后来木增复又向万历皇帝请鸡足山悉檀寺之寺额,使悉檀寺成为统领鸡足山诸寺、为国祈福之仪式中心。整个事件外表看来是通过佛寺与仪式来表达忠诚,实际上,更可看作木氏在流官府治与卫所势力等外来新兴势力间,树立独具一格的文化与政治威望。

(二) 乡里合祀

土官继续沿用佛教与寺院作为政治运作与积累声望的方式,大理乡里社会则在佛寺的基础上进行更多综合性的尝试。嘉靖以来,为了免于杂派赋役负担,大理世族逐渐将家族佛寺转让给十方丛林,有的寺院转型为书院或宗祠,其常住土地亦被划入学田或祭田,乡里也采用常态性祭田来维持祀典的运作。这些社会再生产的物质基础大抵从佛寺常住中延伸而来。

再者,这种综合主义也表现在合祀传统,龙关的宝林寺是"就地合法"的案例,其以乡里社坛的仪式架构保留佛教寺院的规模。大展屯之慈真庵与六姓祠则以佛寺的架构实践了汉人军屯异姓的联合宗祠。佛寺即社坛香火,其好处是常住得以充作社祭所需之公田。有些世族为保留祖先留下之授田,设置宗祠或报功祠以确保阖族产业得到保障,佛寺也被充为祭祖仪式之场所。正因为如此,佛寺往往与乡里公共田业纠缠不清。佛教神祠体系也在仪式改革的运动中转换为乡里香火之祀典。大理村落普遍存在的本主庙,正是结合各种新旧仪典于一身的祭祀单位,它象征着佛寺、乡里社坛到读书之所一系列仪祀机构的某个剖面;其神明,也象征着由祖先、神祇与乡贤融合成一体的神性,后来又成为村落公田的托付者。

对西南人群来说,万历之赋役改革,其意义并不在商品化所造就的流动的人口,而在于为躲避国家直接治理而产生的仪式组织。清丈对乡里百姓来说,不是编户的身份与土地产权的获得,而是越来越难以负荷的杂派。尤其西南诸府之粮赋不多,最沉重的负担来自各式各样的杂派,包括盐课、矿税以及长途运输夫马役等。一旦土地成为国家治理的重要媒介,那么百姓便希望能够将其田业寄托于祀田、学田或是佛寺。在赋役杂派的政治与经济压力下,祀典与祀田犹如乡里社会与特定人群的庇护者。而中央王朝希望建立财税公平与数字化管理的治理原则,其效果却使百姓以不断强化社会内部的社会关系与传统辖域的观念来回应之。他们以正统祀典与乡里仪式架构作为响应国家赋役摊派之社会组织,不仅得以借此维持社会成员的身份界限,也使乡里神灵与香火成为共同承担政治责任的纽带,而乡里香火也成为基层人群与国家协商、沟通的中介单位。我们可以预料,被编入流官治理下的白人,他们沿着中央阶序官僚的祀典结构,建构一套意义丰富、符号多元的历史叙事,作为集体社会联盟的机制。

西南人群的历史不仅是"少数民族"的历史,而且是当地之氏族与部酋社会随着不同的政治与地方条件,对邻人采取区辨、合作与重组等方式来巩固地方利益的过程。国家以一套"身份"制度作为治理边境的架构，但是人群则以地方传统之社会网络与文化资源来对应之。他们提出了一套可以用来产生联结、区隔与延伸的开放体系来处理流动的社会关系，进而使得"族群"成为一种宣称"他者"身份的政治语言。乡里仪式、佛教圣地传说是一系列政治动员的后果，这些正是补充我们对西南人群历史零碎化、孤立化认识的一个渠道。

不可否认的是，这样的讨论似乎只集中于历史的上层结构，如宗教、仪式与意义体系等如何形塑社会；历史的下层结构，如农业水利、资源开采、货币、人口增加等，都是影响社会的物质基础，然而受限于书写时的各种条件，无法在本书中展开。

最后，我们必须回到日常生活来思考历史如何被创造出来。进入大理乡村，就像拜访历史现场，堂庙供奉着相貌威严的国王与官员等形形色色的本主，老百姓仍以一种日常的亲近性来实践他们的历史。这样日常生活的结构呈现我们没有看到的过去，包括人群曾在政治制度下经历流动与身份选择，也包括他们在重组社会过程中为维护其地方利益而产生的文化创造。村落与崇山峻岭间的庙宇，和我们熟悉的历史书写之间，有着许多不连贯的断裂与缝隙，彼此形成不对称和模糊的对话关系，像是一段失去焦点的历史。我想，这就是本书所要说的故事。

征引书目

史料和民间文献

《白古通记》，收入王叔武辑注《云南古佚书钞》，云南人民出版社，1996。
《大理古塔桥赵氏族谱》，大理市图书馆藏。
《大理史城董氏族谱》，大理市图书馆藏。
《大明会典》，国风出版社，1963。
《阁洞旁段氏族谱》，大理阁洞塝段氏族裔收藏。
《旧唐书》，中华书局，1975。
《龙关段氏族谱》，云南大理白族自治州图书馆藏。
《蒙化左氏家谱》，云南省巍山县民间收藏。
《秘阁元龟政要》，收入《四库全书存目丛书》史部
　　第13册，庄严文化事业有限公司，1996。

征引书目

《明实录》，中研院历史语言研究所，1966。

《明史》，中华书局，1982。

《明一统志》，收入《景印文渊阁四库全书》第472~473册，台湾商务印书馆，1983。

《明英宗宝训》，中研院历史语言研究所，1962。

《木氏宦谱·文谱》，哈佛大学哈佛燕京图书馆藏。

《太和段氏族谱》，大理市博物馆藏。

《太和龙关赵氏族谱》，大理下关赵炫杰收藏。

《太和龙关赵氏族谱》，大理州博物馆藏。

《土官底簿》，收入《景印文渊阁四库全书》第599册，台湾商务印书馆，1983。

《五云董氏家乘》，谢道辛提供复印。

《新唐书》，中华书局，1975。

《（云龙石门）杨氏族谱》，谢道辛提供复印。

《云龙杨氏家谱》，谢道辛提供复印。

《牟伽陀祖师开辟鹤庆掷珠记》，鹤庆档案馆藏，1919年蓝廷举抄印本。

A. J. H. Charignon：《马可波罗行纪》，冯承钧译，党宝海新注，河北人民出版社，1999。

艾自修纂《（崇祯）重修邓川州志》，南明隆武二年刊本，中研院历史语言研究所傅斯年图书馆藏缩微胶卷。

北京图书馆金石组编《北京图书馆藏中国历代石刻拓本汇编》，中州古籍出版社，1989~1991。

《宾川县志》编辑委员会编辑《宾川县志》，云南人民出版社，1997。

曹春林：《滇南杂志》，华文书局，1969。

常璩：《华阳国志》，巴蜀书社，1984。

陈奇典修《（乾隆）永北府志》，凤凰出版社，2009。

陈希芳纂《（雍正）云龙州志》，手抄本，翻印自云龙县档案馆。

陈钊镗修，李其馨等纂《（道光）赵州志》，成文出版社，1974。

陈子龙编《明经世文编》，收入《四库禁毁书丛刊》集部第 22~29 册，北京出版社，1997。

崔之瑛、吉允迪编《云南屯田册·办理营田节略》，全国图书馆文献缩微复制中心，2006。

大关邑村村党总支、村民委员会编《大关邑村志》，香港天马图书有限公司，2005。

大理市文化丛书编辑委员会编《大理古碑存文录》，云南民族出版社，1995。

段金录、张锡禄主编《大理历史名碑》，云南民族出版社，2000。

额鲁礼、王垲纂修《（道光）姚州志》，收入《楚雄彝族自治州旧方志全书·姚安卷（上）》，云南人民出版社，2005。

鄂尔泰等监修，靖道谟等编纂《（雍正）云南通志》，收入《景印文渊阁四库全书》第 569~570 册，台湾商务印书馆，1983。

范承勋、吴自肃纂修《（康熙）云南通志》，收入《北京图书馆古籍珍本丛刊》，书目文献出版社，1983。

方国瑜主编《云南史料丛刊》，云南大学出版社，2001。

方树梅纂辑《滇南碑传集》，云南民族出版社，2003。

高奣映著，侯冲、段晓林点校《〈鸡足山志〉点校》，中国书籍出版社，2005。

葛寅亮：《金陵梵刹志》，收入《中国佛寺史志汇刊》第 3 辑，明文书局，1980。

顾见龙绘，清人描摹《滇苗图说》，哈佛大学哈佛燕京图书馆藏。

顾炎武：《天下郡国利病书》，艺文印书馆，1977。

顾祖禹：《读史方舆纪要》，中华书局，2005。

管学宣修《（乾隆）丽江府志略》，凤凰出版社，2009。

郭存庄纂修《（乾隆）白盐井志》，收入《楚雄彝族自治州旧方志全书·大姚卷（上）》，云南人民出版社，2004。

郭松年、李京撰，王叔武校注《大理行记校注　云南志略辑校》，云南民族出版社，1986。

何耀：《武定凤氏本末笺证》，云南民族出版社，1986。

侯允钦纂修《（咸丰）邓川州志》，成文出版社，1968。

黄元治辑《荡山志略》，国家图书馆藏抄本。

寂裕刊刻《白国因由》，收入大理白族自治州文化局编《南诏大理历史文化丛书》第1辑，巴蜀书社，1998。

蒋旭纂《（康熙）蒙化府志》，德宏民族出版社，1998。

焦竑：《国朝献征录》，收入《续修四库全书》第525~531册，上海古籍出版社，1995。

李斯佺、黄元治纂修《（康熙）大理府志》，收入《北京图书馆古籍珍本丛刊》第45册，书目文献出版社，2000。

李训铉、罗其泽纂修《（光绪）续修白盐井志》，收入《楚雄彝族自治州旧方志全书·大姚卷（上）》，云南人民出版社，2004。

李元阳纂《（嘉靖）大理府志》，大理白族自治州文化局据北京图书馆1983年明嘉靖影印本翻印。

李元阳：《中溪家传汇稿》，收入《丛书集成续编》第142册，新文丰出版公司，1988。

李元阳纂修《（万历）云南通志》，收入林超民等编《西南稀见方志文献》卷21，兰州大学出版社，2003。

梁友檍纂《蒙化志稿》，德宏民族出版社，1996。

梁友檍纂修《（宣统）蒙化县乡土志》，收入国家图书馆地方志和家谱文献中心编《乡土志抄稿本选编》（九），线装书局，2002。

林则徐修，李希玲纂《广南府志》，成文书局，1967。

刘春：《东川刘文简公集》，收入《续修四库全书》第1332册，上海古籍出版社，1995。

刘荣黼纂修《（道光）大姚县志》，收入《楚雄彝族自治州旧方志全书·大姚卷（上）》，云南人民出版社，2004。

刘文征纂《（天启）滇志》，云南教育出版社，1991。

刘自唐纂辑《(康熙)禄丰县志》，收入《楚雄彝族自治州旧方志全书·禄丰卷（上）》，云南人民出版社，2004。

罗瀛美修，周沆纂《(光绪)浪穹县志略》，成文出版社，1974。

马存兆编《大理凤仪古碑文集》，香港科技大学华南研究中心，2013。

毛堪:《台中疏略》，收入《四库禁毁书丛刊》史部第57册，北京出版社，1997。

倪蜕辑《滇云历年传》，云南大学出版社，1992。

钱邦芑纂，范承勋增修《鸡足山志》，丹青出版社，1985。

钱曾、管庭芬、章钰校证《钱尊王读书敏求记校证》，中华书局，1990。

瞿九思:《万历武功录》，黄山书社，2002。

阮元修，李诚等纂《(道光)云南通志稿》，哈佛大学哈佛燕京图书馆藏。

僧伽婆罗译《阿育王经》，收入《大正新修大藏经》第50册，新文丰出版公司，1983。

沈德符:《万历野获编》，中华书局，1997。

释圆鼎《滇释纪》，收入国家民委全国少数民族古籍整理研究室编纂《中国少数民族古籍集成（汉文版）》，四川人民出版社，2002。

宋应星:《天工开物》，中华书局香港分局，1988。

苏鸣鹤纂修《(嘉庆)楚雄县志》，收入《楚雄彝族自治州旧方志全书·楚雄卷》，云南人民出版社，2003。

孙继皋:《宗伯集》，收入《景印文渊阁四库全书》第1291册，台湾商务印书馆，1983。

孙奇逢:《中州人物考》，收入《景印文渊阁四库全书》第458册，台湾商务印书馆，1983。

檀萃纂修《(乾隆)华竹新编》，收入《楚雄彝族自治州旧方志全书·元谋卷》，云南人民出版社，2005。

唐顺之：《荆川集》，收入《景印文渊阁四库全书》第1276册，台湾商务印书馆，1983。

陶胜辉主编，谢道辛编撰《云龙县民族志》，云南教育出版社，1994。

佟镇、邹启孟纂修《（康熙）鹤庆府志》，收入北京图书馆古籍出版编辑组编《北京图书馆古籍珍本丛刊》第45册，书目文献出版社，1988。

万表：《皇明经济文录》，收入《四库禁毁书丛刊》集部19册，北京出版社，1997。

王富：《鲁川志稿》，大理白族自治州南诏史研究会出版，2003。

王培孙校辑《苍雪大师南来堂诗集》，新文丰出版公司，1955。

王世贵、张伦撰修《（康熙）剑川州志》，收入北京图书馆古籍出版编辑组编《北京图书馆古籍珍本丛刊》第44册，书目文献出版社，1995。

王世贞：《弇山堂别集》，收入《景印文渊阁四库全书》第409~410册，台湾商务印书馆，1983。

王崧编纂《云南备征志》，云南人民出版社，2010。

项普联修，黄炳堃纂《（光绪）云南县志》，成文出版社，1967。

谢肇淛：《滇略》，收入《景印文渊阁四库全书》第494册，台湾商务印书馆，1983。

徐弘祖撰，朱惠荣校注《徐霞客游记校注》，云南人民出版社，1985。

徐栻、张泽纂修《（隆庆）楚雄府志》，收入《楚雄彝族自治州旧方志全书·楚雄卷》，云南人民出版社，2003。

玄奘、辩机撰，季羡林校注《大唐西域记校注》，中华书局，1985。

薛琳：《巍山碑刻楹联资料辑》，内部资料，巍山彝族回族自治县志编纂委员会办公室编印，1987。

杨金铠:《(民国)鹤庆县志》,大理州图书馆,1983。

杨慎:《南诏野史》,大理白族自治州文化局编《南诏大理历史文化丛书》第1辑,巴蜀书社,1998。

杨士云:《杨弘山先生存稿》,收入《丛书集成续编》第143册,新文丰出版公司,1989。

杨世钰、赵寅松主编《大理丛书·本主篇》,云南民族出版社,2003。

张树芳、赵寅松主编《大理丛书·金石篇》,中国社会科学出版社,1993。

云保华、阿惟爱主编《大理丛书·族谱篇》,云南民族出版社,2009。

杨书纂《(康熙)定边县志》,大理白族自治州文化局翻印,1985。

杨庭硕、潘盛之编著《百苗图抄本汇编》,贵州人民出版社,2001。

杨宪典编《喜洲志》,大理白族自治州南诏史研究协会,1988。

尤中校注《僰古通纪浅述校注》,云南人民出版社,1988。

云龙主修《新纂云南通志》,云南人民出版社,2007。

云龙总纂《(民国)姚安县志》,收入《楚雄彝族自治州旧方志全书·姚安卷(下)》,云南人民出版社,2004。

张紞:《云南机务钞黄》,艺文印书馆,1965。

张道宗:《纪古滇说原集》,正中书局,1981。

张了、张锡录编《鹤庆碑刻辑录》,大理白族自治州南诏史学会,2001。

张卤辑《皇明制书》,收入《续修四库全书》第788册,上海古籍出版社,1995。

张培爵等修,周宗麟等纂《(民国)大理县志稿》,大理图书馆翻印,1991。

张萱:《西园闻见录》,收入《续修四库全书》第1168~1170册,上海古籍出版社,1995。

赵藩、李根源辑《鸡足山志补》,广陵书社,2006。
中华书局编辑部编《宋元明清书目题跋丛刊(四)·明代卷》,中华书局,2006。
周钺纂修《(雍正)宾川州志》,大理白族自治州文化局翻印,1982。
周文林、任治忠、牛霖编《云南古碑精选》,云南美术出版社,2007。
朱国桢:《涌幢小品》,文化艺术出版社,1998。
朱应登:《凌溪先生集》,收入《四库全书存目丛书》集部第51册,庄严文化事业有限公司,1997。
诸葛元声:《滇史》,德宏民族出版社,1994。
庄诚修《(万历)赵州志》,收入《云南大理文史资料选辑地方志之二》,大理白族自治州文化局翻印,1983。

中日文专书与论文

《白族简史》编写组:《白族简史》,云南人民出版社,1988。
岸本美绪:《"风俗"与历史观》,《新史学》第13卷第3期,2002年。
白鸟芳郎「東南アジアにおける文化复合の性格と民族国家形成の一类型」『華南文化史研究』六興出版、1985。
白鸟芳郎「南詔問題研究の遍歷」「東南アジアにおける文化复合の性格と民族国家形成の類型」『華南文化史研究』六興出版、1985。
陈楠:《明代大慈法王研究》,中央民族大学出版社,2005。
陈旭:《林俊与明代"大礼议"》,《西南大学学报》2015年第2期。
陈玉女:《明代的佛教与社会》,北京大学出版社,2011。
陈垣:《明季滇黔佛教考》,汇文堂,1987。
寸云激:《白族的建筑与文化》,云南人民出版社,2011。
杜玉亭:《土司职称及其演变考释》,《学术研究》1963年第6期。

方国瑜:《中国西南历史地理考释》,中华书局,1987。

方慧:《大理总管段氏世次年历及其与蒙元政权关系研究》,云南教育出版社,2001。

方珂:《大足石刻北山288号、290号龛林俊像及碑文研究》,《文物世界》2010年第6期。

方铁主编《西南通史》,中州出版社,2003。

高金和编著《鹤庆龙华十八寺碑刻辑录》,云南民族出版社,2013。

葛兆光:《历史中国的内与外:有关"中国"与"周边"概念的再澄清》,香港中文大学,2017。

龚荫:《中国土司制度》,云南民族出版社,1992。

古永继:《明代宦官与云南》,《思想战线》1998年第1期。

古永继:《明代驻滇宦官考》,《中国边疆史地研究》2009年第4期。

古正美:《从天王传统到佛王传统:中国中世佛教治国意识形态研究》,商周出版社,2003。

郭大烈、和志武:《纳西族史》,四川民族出版社,1999。

韩朝健:《明中叶赋税制度在五台山区的推行:以寺庙碑铭为中心》,收入郑振满编《碑铭研究》,社会科学文献出版社,2014。

韩森:《变迁之神:南宋时期的民间信仰》,包伟民译,浙江人民出版社,1999。

何翠萍、魏捷兹、黄淑莉:《论James Scott高地东南亚新命名Zomia的意义与未来》,《历史人类学学刊》第9卷第1期,2011年。

横山广子:《离开"土"范畴:关于白族守护神总称的研究》,收入北京大学人类学研究所编《东亚社会研究》,北京大学出版社,1993。

侯冲:《白族心史:〈白古通记〉研究》,云南民族出版社,2002。

胡晓真:《明清文学中的西南叙事》,台大出版中心,2017。

黄国信:《区与界:清代湘粤赣界邻地区食盐专卖研究》,生活·读书·新知三联书店,2006。

黄国信:《万历年间的盐法改革与明代财政体系演变》,收入明代研究学会编《全球化下明史研究之新视野论文集(三)》,东吴大学历史系,2008。

黄敏枝:《宋代佛教社会经济史论集》,学生书局,1989。

黄敏枝:《唐代寺院经济的研究》,台湾大学文学院,1971。

简良开:《神秘的他留人》,云南人民出版社,2005。

江应樑:《明代云南境内的土官与土司》,云南人民出版社,1958。

姜怀英、邱宣充编著《大理崇圣寺三塔》,文物出版社,1998。

今枝由郎:《丽江版的藏文甘珠尔》,耿升译,《国外藏学研究译文》第5辑,西藏人民出版社,1989。

科大卫、刘志伟:《"标准化"还是"正统化"?——从民间信仰与礼仪看中国文化的大一统》,《历史人类学学刊》第6卷第1、2期合刊,2008年。

科大卫:《祠堂与家庙:从宋末到明中叶宗族礼仪的演变》,《历史人类学学刊》第1卷第2期,2003年。

科大卫:《皇帝和祖宗:华南的国家与宗族》,卜永坚译,江苏人民出版社,2009。

科大卫:《明清社会与礼仪》,曾宪冠译,北京师范大学出版社,2016。

濑川昌久:《客家:华南汉族的族群性及其边界》,社会科学文献出版社,2013。

濑川昌久:《族谱:华南汉族的宗族、风水、移居》,钱杭译,上海书店出版社,1999。

李霖灿:《么些研究论文集》,台北"故宫博物院",1984。

李霖灿:《南诏大理国新资料的综合研究》,台北"故宫博物院",1982。

李区:《上缅甸诸政治体制——克钦社会结构之研究》,张恭启、黄道琳译,唐山出版社,2003。

李绍明调查整理《云南巍山县南诏遗迹调查》,收入云南省编辑组《四川广西云南彝族社会历史调查》,云南民族出版社,2009。

李塔娜:《越南阮氏王朝社会经济史》,李亚舒、杜耀文译,文津出版社,2000。

李文笔、黄金鼎编《千年白族村:诺邓》,云南民族出版社,2004。

李正亭、孔令琼:《明清云南盐务管理盐课考述》,《盐业史研究》2007年第4期。

立石谦次:《洪武朝的云南平定之战研究》,林超民主编《新凤集——云南大学2000~2002届中国民族史硕士研究生毕业论文集》,云南大学出版社,2003。

连瑞枝:《国王与村神:云南大理地区佛教神祠的历史考察》,《民俗曲艺》第163期,2009年。

连瑞枝:《鹤庆地区契约的整理与初探》,寸云激主编《大理民族文化研究论丛》第5辑,民族出版社,2012。

连瑞枝:《女性祖先或女神——云南洱海地区的始祖传说与女神信仰》,《历史人类学学刊》第3卷第2期,2005年。

连瑞枝:《神灵、龙王与官祀:以云南大理龙关社会为核心的讨论》,《民俗曲艺》第187期,2015年。

连瑞枝:《土酋、盗匪与编民:以云南山乡夷民为核心的讨论》,《历史人类学学刊》第13卷第1期,2015年。

连瑞枝:《姓氏与祖先:云南洱海地区社会阶序的形成》,《历史人类学学刊》第4卷第2期,2006年。

连瑞枝:《隐藏的祖先:妙香国的传说和社会》,生活·读书·新知三联书店,2007。

梁永佳:《地域的等级:一个大理村镇的仪式与文化》,社会科学文献出版社,2005。

林超民主编《方国瑜论文集》,云南教育出版社,2001。

刘灵坪:《汉土之分:明代云南的卫所土军——以大理卫为中心》,

《历史地理》2013 年第 1 期。

刘如仲:《明弘治敕谕与云南的银矿》,《中国社会经济史研究》1989 年第 3 期。

刘志伟、孙歌:《在历史中寻找中国:关于区域史研究认识论的对话》,大家良友书局,2014。

刘志伟:《历史叙述与社会事实——珠江三角洲族谱的历史解读》,《东吴历史学报》第 14 期,2005 年。

刘志伟:《在国家与社会之间:明清广东地区里甲赋役制度与乡村社会》,中国人民大学出版社,2010。

刘志伟:《祖先谱系的重构及其意义——珠江三角洲一个宗族的个案分析》,《中国社会经济史研究》1992 年第 4 期。

刘志伟编《梁方仲文集》,中山大学出版社,2004。

柳兰松编《云龙县历史大事记》(上),收入中国人民政协云南省云龙县委员会文史资料委员会编《云龙文史资料》第 2 辑,1989。

陆韧:《变迁与交融:明代云南汉族移民研究》,云南教育出版社,2001。

陆韧:《云南对外交通史》,云南人民出版社,2013。

罗勇:《明代云南土官袭职制度研究》,《学术探索》2013 年第 3 期。

罗争鸣:《关于杜光庭生平几个问题的考证》,《文化遗产》2003 年第 5 期。

吕进贵:《明代的巡检制度:地方治安基层组织及其运作》,明史研究小组,2002。

马克瑞:《论神会大师像:梵像与政治在南诏大理国》,《云南社会科学》1991 年第 3 期。

孟彻理:《纳西宗教论》,收入白庚胜、杨福泉编译《国际东巴文化研究集粹》,云南人民出版社,1993。

木芹、木霁弘:《儒学与云南经济的发展及文化转型》,云南大学出版社,1999。

祈庆富、史晖:《清代少数民族图册研究》,中央民族大学出版社,2012。

钱茂伟:《国家、科举与社会——以明代为中心的考察》,北京图书馆出版社,2004。

清水泰次「明代の寺田」『明代土地制度史研究』大安株式会社、1968。

全汉昇:《明清时代云南的银课与银产额》,《新亚学报》第11卷,1974年。

沈海梅:《中间地带:西南中国的社会性别、族群与认同》,商务印书馆,2012。

沈家明主编《高奣映研究文集》,云南美术出版社,2006。

石田德性「明代南京の寺庄について-特に寺庄の賦役負担を中心として-」『禅學研究』55卷、1966。

舒瑜:《山志言"山"——以高奣映〈鸡足山志〉为个案》,《民族学刊》2013年第3期。

舒瑜:《微"盐"大义:云南诺邓盐业的历史人类学考察》,世界图书出版公司,2010。

宋恩常:《白族崇拜本主调查》,收入云南省编辑组《云南民族民俗和宗教调查》,云南民族出版社,1985。

汤国彦主编《云南历史货币》,云南人民出版社,1989。

田怀清:《宋、元、明时期的白族人名与佛教》,《云南民族大学学报》2002年第1期。

王国祥:《对元明以来北迁大理僰族之考察》,收入赵怀仁主编《大理民族文化研究论丛》第1辑,民族出版社,2004。

王丽珠、薛琳:《研究蒙化土官历史的又一份珍贵资料》,收入云南省编辑组、中国少数民族社会历史调查资料丛刊修订编辑委员会《大理州彝族社会调查》,云南民族出版社,2009。

王明珂:《华夏边缘:历史记忆与族群认同》,允晨出版社,1997。

王明珂:《王崧的方志世界——明清时期云南方志的文本与情境》，收入孙江主编《新史学（卷2）：概念·文本·方法》，中华书局，2008。

王鹏惠:《族群想象与异己建构》，台湾大学硕士学位论文，1999。

王毓铨:《籍、贯、籍贯》，《文史知识》1988年第2期。

温春来:《从"异域"到"旧疆"：宋至清贵州西北部地区的制度、开发与认同》，生活·读书·新知三联书店，2007。

温春来:《彝、汉文献所见之彝族认同问题——兼与郝瑞教授对话》，《民族研究》2007年第5期。

吴宣德:《明代进士的地理分布》，香港中文大学，2009。

伍莉:《明清时期云南藏缅语诸族关系研究》，云南民族出版社，2007。

萧霁虹:《道教长春派在云南的历史和现状》，《中国道教》2011年第6期。

谢道辛、田怀清调查整理《云龙县、漾比县罗武人的历史调查》，收入云南省编辑组、中国少数民族社会历史调查资料丛刊修订编辑委员会《大理州彝族社会历史调查》，云南民族出版社，2009。

谢道辛:《云南土司考校》，收入《云龙文史资料》第4辑，1990。

谢和耐:《中国五至十世纪的寺院经济》，耿升译，甘肃人民出版社，1987。

徐泓:《明代的盐法》，台湾大学博士学位论文，1973。

徐泓:《明代前期的食盐运销制度》，《台大文史哲学报》第23期，1974年。

徐泓:《明代中期食盐运销制度的变迁》，《台大历史学系学报》第2期，1975年。

薛琳:《南诏王室蒙氏后裔口碑资料》，收入云南省编辑组、中国少数民族社会历史调查资料丛刊修订编辑委员会《大理州彝族社会历史调查》，云南民族出版社，2009。

严耕望:《唐人读书山林寺院之风尚——兼论书院制度之起源》,《中央研究院历史语言研究所集刊》第 30 期,1959 年。

杨林军:《明至民国时期纳西族文化地理研究》,中国社会科学出版社,2016。

杨林军主编《丽江历代碑刻辑录与研究》,云南民族出版社,2011。

杨林军主编《纳西族地区历代碑刻辑录与研究》,云南人民出版社,2015。

杨煜达:《花马礼——16~19 世纪中缅边界的主权之争》,《中国边疆史地研究》2004 年第 2 期。

杨政业:《白子国国王张乐进求及其家世评述》,《云南民族学院学报》2001 年第 5 期。

约瑟夫·洛克:《中国西南古纳西王国》,刘宗岳等译,云南美术出版社,1999。

云南省编辑组《白族社会历史调查》,云南人民出版社,1988。

张彬村:《十七世纪云南贝币崩溃的原因》,收入张彬村、刘石吉主编《中国海洋发展史论文集》第 5 辑,中研院中山人文科学研究院,1993。

张方玉主编《楚雄历代碑刻》,云南民族出版社,2005。

张泽洪:《杜光庭与云南道教》,《西南民族大学学报》2005 年第 10 期。

张泽洪:《中国西南少数民族的土主信仰》,《中南民族大学学报》2006 年第 5 期。

赵敏:《隐存的白金时代:洱海区域盐井文化研究》,云南人民出版社,2011。

赵小平:《历史时期云南盐币流通探析》,《盐业史研究》2007 年第 2 期。

赵心愚:《略论丽江木氏土司与噶玛噶举派的关系》,《思想战线》2001 年第 6 期。

赵寅松:《白族文化研究》,民族出版社,2003。

郑振满:《莆田平原的宗族与宗教:福建兴化府历代碑铭解析》,《历史人类学学刊》第 4 卷第 1 期，2006 年。

郑振满：《乡族与国家：多元视野中的闽台传统社会》，生活·读书·新知三联书店，2009。

中国人民政治协商会议云南省大理市第六届委员会编《大理市重点文物保护单位揽胜》第 12 辑，编者自印，2004。

周泳先：《凤仪县北汤天南诏大理国以来古本经卷整理记》，收入李家瑞主编《大理白族自治州历史文物调查资料》，云南人民出版社，1958。

祝启源：《明代藏区行政建置史迹钩沉》，《藏学研究论丛》第 5 辑，西藏人民出版社，1993。

佐藤长：《明代西藏八大教王考》，邓锐龄译，《西藏民族学院学报》1987 年第 3~4 期。

英文专书与论文

Brook, Timothy, *Praying for Power: Buddhism and the Formation of Gentry Society in Late-Ming China*, Cambridge: Harvard University Press, 1994.

Crossley, Pamela Kyle, Helen F. Siu, and Donald S. Sutton, eds., *Empire at the Margins: Cultures, Ethnicity, and Frontier in Early Modern China*, Berkeley: University of California Press, 2006.

Erik, Mueggler, *The Paper Road: Archive and Experience in the Botanical Exploration of West China and Tibet*, Berkeley: University of California Press, 2011.

Eberhard, Wolfram, Alide Eberhard trans., *The Local Cultures of South and East China*, Leiden: E. J. Brill, 1968.

Elverskog, Johan, *Our Great Qing: The Mongols, Buddhism and the State in Late Imperial China*, Cambridge: Harvard University Press, 2006.

Faure, David and Ho Ts'ui-p'ing eds., *From Chieftains to Ancestors: Imperial Expansion and Indigenous Society in Southwest China*, Vancouver: University of British Columbia Press, 2013.

Giersch, Patterson, *Asian Borderlands: The Transformation of Qing China's Yunnan Frontier*, Cambridge: Harvard University Press, 2006.

Haar, B.J. ter. "A New Interpretation of the Yao Charters," in Paul van der Velde and Alex McKay, eds., *New Developments in Asian Studies*, London: Kegan Paul International, 1998.

Holm, David, *Recalling Lost Souls: The Baeu Rodo Scriptures' Tai Cosmogonic Text from Guangxi in Southern China*, Chonburi White Lotus Co. Ltd., 2005.

Holm, David, *Killing a Buffalo for the Ancestors: A Zhuang Cosmological Text from Southwest China*, Dekalb: Southeast Asia Publications Center, 2003.

Herman, John E, *Amid the Clouds and Mist: China's Colonization of Guizhou, 1200-1700*, Cambridge: Harvard University Press, 2007.

Herman, John E, "Empire in the Southwest: Early Qing Reforms to the Native Chieftain System," *The Journal of Asian Studies* 56:1（1997）.

Hostetler, Laura, *Qing Colonial Enterprise: Ethnography and Cartography in Early Modern China*, Chicago: University of Chicago Press. 2001.

Rock, Joseph F., *The Ancient Na-Khi Kingdom of South-West China*, Cambridge: Harvard University Press, 1947.

Lieberman, Victor, *Strange Parallels: Southeast Asia in Global Context, c. 800- 1830*, Vol.1, *Integration on the Mainland*, Cambridge: Cambridge University Press, 2003.

Lee, James, "Food Supply and Population Growth in Southwest China, 1250-1850," *The Journal of Asian Studies* 12: 4（1982）.

Liu, Kwang-Ching, "Introduction," *Orthodoxy in Late Imperial China*,

Berkeley: University of California Press, 1990.

Liebenthal, Walter, "Sanskrit Inscriptions From Yunnan," *Monument a Serica* 12（1947）.

Lian, Ruizhi, "Surviving Conquest in Dali: Chiefs, Deities and Ancestors," in David Faure and Ho Ts'ui-p'ing,eds., *Chieftains into Ancestors: Imperial Expansion and Indigenous Society*, Vancouver: University of British Columbia Press, 2013.

Mathieu, Christine, *A History and Anthropological Study of the Ancient Kingdoms of the Sino-Tibetan Borderland: Naxi and Mosuo*, New York: The Edwin Mellen Press, 2003.

MacRae John R., "Comparing East Asian and Southeast Asian Buddhism: Looking at Traditional China from Margins,"《中华佛学研究所》第22卷, 2009年。

Puk, Wing-kin, *The Rise and Fall of a Public Debt Market in 16th-Century China: The Story of the Ming Salt Certificate*, Leiden: Brill, 2016.

Patterson, Giersch, *Asian Borderlands: The Transformation of Qing China's Yunnan Frontier*, Cambridge: Harvard University Press, 2006.

Prasenjit, Duara, *Rescuing History from the Nation: Questioning Narratives of Modern China*, Chicago: University of Chicago Press, 1997.

Paul, Wheatley, *Nāgara and Commandery. Origins of the Southeast Asian Urban Traditions*, Chicago: University of Chicago Press, 1983.

Samuel, Jeffrey, *Civilized Shamans: Buddhism in Tibetan Societies*, Washington, D.C.: Smithsonian Institution Press, 1993.

Shih, Chuan-Kang, "Genesis of Marriage among the Moso and Empire-Building in Late Imperial China," *The Journal of Asia Studies* 60: 2（2001）.

Sun, Laichen, "Shan Gems, Chinese Silver and the Rise of Shan Principalities in Northern Burma, c. 1450–1527," in Geoff Wade and

Sun Laichen, eds., *Southeast Asia in the Fifteenth Century: The China Factor*, Hong Kong: Hong Kong University Press, 2010.

Scott, James C., *The Art of Not Being Governed: An Anarchist History of Upland Southeast Asia*, New Haven: Yale University Press, 2009.

Skinner, William, "Marketing and Social Structure in Rural China," *The Journal of Asian Studies* 24:1–3, 1964–1965.

Szonyi, Michael, *Practicing Kinship: Lineage and Descent in Late Imperial China*, Stanford: Stanford University Press, 2002.

Shuli, Huang, From Millenarians to Christians: The History of Christian Bureaucracy in Ahmao (Miao/Hmong) Society, 1850s–2012, Ph.D. dissertation, University of Michigan, 2014.

Took, Jennifer, *A Native Chieftaincy in Southwest China: Franchising a Tai Chieftaincy under the Tusi System of Late Imperial China*, Leiden: Brill Press, 2005.

Toh, Hoong-teik, Tibetan Buddhism in Ming China, Ph.D. dissertation, Harvard University Press, 2004.

Yang Bin, *Between Winds and Clouds: The Making of Yunnan*, New York: Columbia University Press, 2008.

Von Glahn, Richard, *The Sinister Way: The Divine and The Demonic in Chinese Religious Culture*, Berkeley: University of California Press, 2004.

Von Glahn, Richard, *The Country of Streams and Grottoes: Geography, Settlements and the Civilizing of China's Southwestern Frontier, 1000-1250*, Cambridge: Harvard University Press, 1987.

Volker, Grabowsky, "The Northern Tai Polity of Lan Na (Ba-bai Dadian) in the 14th and 15th Centuries: the Ming Factor," in Geoff Wade and Sun Laichen, eds., *Southeast Asia in Fifteenth Century: The China Factor*, Hong Kong: Hong Kong University Press, 2013.

Wiens, Herold J., *China's March Toward the Tropics: A Discussion of the Southward Penetration of China's Culture, People, and Political Control in Relationship to the Non-Han Chinese Peoples of South China and in the Perspective of Historical and Cultural Geography*, New Haven: Yale University Press, 1954.

Wilkerson, James, "The Wancheng Native Officialdom," in David Faure and Ho Ts'ui-p'ing, eds., *Chieftains into Ancestors: Imperial Expansion and Indigenous Society in Southwest China*, Vancouver: University of British Columbia Press, 2013.

Watson, James L., "Standardizing the Gods: The Promotion of T'ien Hou (Empress of Heaven) along the South China Coast, 960–1960," in David Johnson et al., eds., *Popular Culture in Late Imperial Culture*, Berkeley: University of California Press, 1985.

后　记

　　这本书整体的叙事架构源于地方的历史经验。内容由一些不太起眼的地方人物串联而成。这些看起来微不足道的人物正好导引我们进入清晰的历史现场，即便史料稀少，事件原委无法被"大历史"正确地指认而显得琐碎，但我的用意是避免从某些使人误入歧途的语词和简化的概念来诉说历史。

　　田野考察总是旷费时日，好处是参与时代的嬗递和一群人现实生活的变迁。在这期间，我为认识大理平原的佛寺和本主庙，带着地理定位系统在乡村里跑来跑去，以不了了之告终，但因此跑遍许多村子。后来，我认为必须了解山区，故数度前往云龙，看到住在古庙里的学童在羊肠曲径中背柴米返校，这使我一度紧张地从事盐井、灶户和庙学的研究。有些时候，我也认为应该注意外来汉人和道

后　记

教的关系，跟随道士长途跋涉拜访深山里清幽华丽的古道观，但守寺的年轻道士，似乎从未离开过。几次走访金沙江，见识傈僳少年在山林间畅意奔马、呼啸而去，最终在藏人圣地达摩祖师洞享用一顿寺僧的午斋。江岸山势壮阔与平原沃壤相互依峙，昔日的驻守士兵、把总与卫所似已化为常民百姓和其生活之所。熟悉地方典故的出租车师傅，在崎岖山径上，总以平淡无奇的口吻说着国民党统治时期的马帮女锅头如何折服沿途山区土匪，像是一桩家事。返回大理，必前往感通寺吃一顿斋饭，竟偶遇龙关赵氏后裔，其家谱仍收录珍贵的墓志铭。当然，大理古城还有许多外来寄籍的隐遁故事，像极杨慎这类流寓士人。

　　这十几年来，许多长途跋涉的考察都是独一无二的经验，但与后来研究内容往往没有直接关联，几可用无功而返来形容之。弥足珍贵的是，回到书房后，这些地方经验却足以使每一条史料产生无可替代的临场感与意义感。这大概是历史学工作者在田野时空交错中所独享的礼遇。

　　本书是在上述种种奇特经验下一点一滴完成的，对我而言，它是视觉暂存的另一种翻译。我在文献中追踪一些无法开展或看似无所谓的人物，像入京的和尚，士人，土官的兄弟、女儿和母亲以及夷酋等，更不用说名人雅士和他们的潜在交友网络，他们的身份和其在地埋空间上的流动也定义了本书的研究范畴。本书更像一部历史民族志，书中细节有些不易读，可能是因为我先意识到这些既抽象又真实的动态图像，才产生文字书写。从某个层面来说，它像是一个又一个的故事速写，和田野经验是孪生的关系。所有的地点、人物和事件都相当零碎，却彼此串联成庞大的意义网络。本书的叙事架构，是伴随着这样的田野经验而慢慢浮现出来的。

　　上述的考察与写作，曾受益于学界许多朋友有形与无形的照顾与鞭策。他们分别是云南学界的师长与老朋友：林超民、周琼、萧霁虹、张锡禄、马存兆、赵敏、寸云激、李学龙、简良开、杨林军等老师；中山大学、厦门大学与香港中文大学一群致力于历史人类学的师友；复旦大学一帮云南学友。20世纪80年代以来，台湾学界的西南研究、区域与族群史研究也不断滋养着我的思绪与本书的思路。我总觉自己刚好遇到并进入了一个特殊的时代，必须完成这本书。

本书是台湾联经出版有限公司所出版《边疆与帝国之间：明朝统治下的西南人群与历史》一书之简体版。感谢刘志伟老师居中牵线，社会科学文献出版社的徐思彦、郑庆寰以及陈肖寒三位老师促成简体出版，编辑团队细心加以校对，找出不少行文与引文问题。谨在此表达感谢之意！

2020 年 10 月 12 日
志于竹北

图书在版编目(CIP)数据

僧侣·士人·土官：明朝统治下的西南人群与历史 / 连瑞枝著. -- 北京：社会科学文献出版社，2020.11
　（九色鹿）
　ISBN 978-7-5201-6939-4

　Ⅰ.①僧… Ⅱ.①连… Ⅲ.①中国历史-研究-明代 Ⅳ.①K248.07

中国版本图书馆CIP数据核字（2020）第134598号

·九色鹿·

僧侣·士人·土官：明朝统治下的西南人群与历史

著　　者 / 连瑞枝

出 版 人 / 谢寿光
责任编辑 / 陈肖寒

出　　版 / 社会科学文献出版社·历史学分社（010）59367256
　　　　　　地址：北京市北三环中路甲29号院华龙大厦　邮编：100029
　　　　　　网址：www.ssap.com.cn

发　　行 / 市场营销中心（010）59367081　59367083
印　　装 / 北京盛通印刷股份有限公司
规　　格 / 开　本：787mm×1092mm 1/16
　　　　　　印　张：32.75　字　数：439千字
版　　次 / 2020年11月第1版　2020年11月第1次印刷
书　　号 / ISBN 978-7-5201-6939-4
著作权合同
登 记 号 / 图字01-2020-3211号
定　　价 / 118.80元

本书如有印装质量问题，请与读者服务中心（010-59367028）联系

▲ 版权所有 翻印必究